WESTEND

Sandro Mattioli

Germafia

Wie die Mafia Deutschland übernimmt

Ein Erfahrungsbericht

WESTEND

Gefördert durch Recherchestipendien des *Lands Berlin* sowie der *Gemeinwohlstiftung Común*

Mehr über unsere Autoren und Bücher:
www.westendverlag.de

Die Deutsche Nationalbibliothek verzeichnet diese Publikation in der Deutschen Nationalbibliografie; detaillierte bibliografische Daten sind im Internet über http://dnb.d-nb.de abrufbar.

MIX
Papier | Fördert gute Waldnutzung
FSC® C014889
FSC www.fsc.org

ISBN: 978-3-86489-435-0

Umschlaggestaltung: Buchgut, Berlin
Satz: Publikations Atelier, Weiterstadt
Druck und Bindung: Friedrich Pustet GmbH & Co. KG, Regensburg

»Auf Züge, die bereits abgefahren sind,
kann man nicht mehr aufspringen, man kann ihnen aber
sehr lange hinterherlaufen.«

Vinicio Capossela, italienischer Liedermacher

Inhalt

Eine Vorbemerkung

Als ich anfing, dieses Buch zu schreiben, gab es in Deutschland genau einen Menschen, den ich offiziell als »Mafioso« bezeichnen durfte. Es handelt sich um einen Mann, der wegen Unterstützung einer »ausländischen kriminellen Organisation« vom Amtsgericht in Konstanz am 29.10.2021 verurteilt worden ist. In dem Urteil beschreibt die Richterin auf 29 Seiten in Grundzügen die ’ndrangheta sowie den Clan, dem der Mann gedient hatte. Fünf Männer sind derzeit vor dem Landgericht Duisburg wegen Mitgliedschaft in der ’ndrangheta angeklagt, der Prozess läuft noch.

Mir erschien es zu langweilig, ein Buch nur über diese wenigen Männer zu schreiben. Um keine rechtlichen Schwierigkeiten zu bekommen, habe ich also die Nachnamen aller Mafiosi und mutmaßlicher Mafiosi in Deutschland in meinem Buch geändert und mit einem Sternchen gekennzeichnet.

Um den Umfang dieses Buches nicht zu sprengen, wurden sämtliche Angaben zu Quellen und Unterlagen, auf die Bezug genommen wird, ausgelagert. Sie finden sie auf: www.westendverlag.de/Germafia.

Ich habe mich bemüht, Dialoge und Zitate möglichst originalgetreu zu übersetzen und wiederzugeben, und habe die Stellen nur geringfügig der besseren Lesbarkeit wegen angepasst.

Jenseits von Gut und Böse

Gut und Böse, Leben und Tod, Schuld und Sühne – schnell gelangt man an grundlegende Fragen, wenn man sich in das Thema Mafia vertieft. Für mich waren gute Menschen gut, und Böse taten Böses – bis zu meiner Begegnung mit Luigi Bonaventura hatte ich mir darüber nicht allzu viele Gedanken gemacht. Es ist eine dieser Gewissheiten, mit denen man aufwächst, die man verinnerlicht. Im Märchen, im Film, bei Asterix und Obelix: Fast immer sind die Rollen klar verteilt und unmerklich sickern sie so in unsere Wahrnehmung ein. Klare Verhältnisse helfen uns ja auch, uns in einer komplexen Welt zurechtzufinden. Ich fuhr also zu unserem Treffen. Luigi Bonaventura, Ex-'ndrangheta-Mitglied, Ex-Boss, Mafiaaussteiger, Mörder, Familienvater, nun von der 'ndrangheta Bedrohter, Hilfesuchender, stand breitbeinig in der Tür und streckte mir seine Hand zur Begrüßung hin. Er war etwas kleiner als ich, weiche Gesichtszüge, leicht gewelltes Haar. »Ciao, ich bin Luigi«, sagte er. Flüchtig streifte mein Blick Akten und Kinderspielzeug, eine kahle Wohnung. Ich reichte ihm die Hand und trat ein. In das Zuhause – wenn man es »Zuhause« nennen mag – von jemandem auf der Flucht. Von jemandem, der nicht nur viele Morde in Auftrag gegeben, sondern selbst mehrere Menschen ermordet hatte. Ich trat in die Wohnung eines Mafioso.

Dieser Besuch brach meine Gewissheit in Stücke. Nicht, dass ich danach geglaubt hätte, dass Mafiosi nicht böse seien. Nein, natürlich nicht. Aber derart einfach liegen die Dinge eben nicht und ich glaube, es ist wichtig für uns, das zu verstehen. Wenn wir etwas gegen kriminelle Organisationen unternehmen wollen, Organisationen wie die 'ndrangheta, die wohl mächtigste der Welt, dann kommen wir mit Schwarz-Weiß-Denken und einfachen Konzepten nicht weiter.

Als ich Luigi damals begegnete, wusste ich, dass die 'ndrangheta eine gefährliche Organisation ist. Aber *wie* gefährlich, das stellte sich erst in den Jahren danach heraus. Denken wir an Mafia, haben wir oft Bilder voller Blut aus Italien vor Augen, Bilder aus Sizilien vor allem, wo die Cosa Nostra keinen Mord scheute. Manche mögen denken, dass die Lage in Deutschland also viel weniger dramatisch ist, hier fließt ja kaum Blut. Leider ist der umgekehrte Schluss richtig: Gerade weil sie in Deutschland kein Blut fließen lässt, ist die 'ndrangheta so gefährlich. Weil sie sich nämlich im Stillen ausbreitet, weil die Zahl ihrer Mitglieder seit Jahren krass wächst. Weil sie Kontakte aufbaut und wirtschaftlich agiert. Und weil wir die Organisation nicht als das wahrnehmen, was sie ist. Wir denken vielleicht an popkulturelle Zerrbilder, an das, was wir aus Serien und Filmen kennen: Marlon Brando als Gentleman, Tony Soprano als Mann mit Allerweltsproblemen und Sympathieträger. Mexikanische Kartelle werden meist gnadenlos und böse dargestellt, italienische Mafiosi hingegen freundlicher oder fein. Am Kern geht das vorbei: Die 'ndrangheta ist nämlich kein wilder Haufen einzelner Gangster, sondern eine einheitliche und strategisch agierende Organisation, die sich immer wieder an verändernde Gegebenheiten und lokale Kontexte anpasst, bestehend aus einer Vielzahl von Clans, die sich unter einem Dach versammelt haben und die alle den Regeln der Gesamtorganisation folgen. Und sie ist vor allem dank jahrzehntelang fließender Gewinne aus dem Kokainhandel immens reich. Diese Organisation ist sehr komplex und auf der Höhe der Zeit, unser Verständnis muss es folglich auch sein. Eine Aufteilung in Gut und Böse genügt nicht für die Analyse, wir müssen jenseits davon suchen. Und wir müssen schnellstens Gegenwehr ergreifen, um unsere politische und wirtschaftliche Grundordnung zu schützen: Die offiziellen Zahlen der Mafiosi in Deutschland steigen seit Jahren dramatisch und Instrumente, um Mafia-Infiltrationen zu erkennen, sind schlicht nicht vorhanden oder mangelhaft.

Ich hatte zuvor und habe auch danach andere Mafiosi getroffen, aktive und ausgestiegene. Manche waren nett zu mir, andere scherzten mit ernstem Blick. Carmine Schiavone, einst Boss des berüchtigten Casalesi-Clans, dann Kronzeuge, lud mich gar auf eine Woche Urlaub in sein Haus in Rumänien ein. Das Unbehagen blieb stets. Bei Luigi war das schnell anders. Wir unterhielten uns in einem fort, den ganzen Tag lang. Luigi hatte zuvor mit weniger als einer Handvoll Journalisten gesprochen, nie Aufmerksamkeit gesucht, nur ein Leben in Ruhe und Sicherheit. Nachdem offenbar geworden war, dass er das trotz der Aufnahme ins Kronzeugenprogramm nicht findet, sah er keine andere Möglichkeit, als über Medien auf seine Situation und Missstände im Kronzeugenprogramm aufmerksam zu machen. Er kannte den Journalisten Vincenzo Mulé, der war mit Andrea Palladino befreundet und Andrea wiederum mit mir. Es war also nur logisch, dass die Bitte Luigis, mit einem deutschen Journalisten in Kontakt zu kommen, zu mir führte. Wenn man eine Weile als Mafia-Berichterstatter unterwegs ist, gewöhnt man sich allerdings an, Dinge daraufhin abzuklopfen, ob sie zufällig passieren oder nicht. Denn gerade, wenn es um Mafia geht, vermutet man stets dunkle, unsichtbare Mächte und Hintermänner am Werk. Unsere Begegnung aber war ein Zufall – und eine glückliche Fügung: Viel, so viel würde ich von Luigi lernen.

Luigis Familie väterlicherseits war seit Jahrzehnten in der ’ndrangheta verwurzelt, immer wieder nahm er auf seine Ahnen Bezug. Tradition und Historie sind wichtig in der ’ndrangheta, Leute wie Luigi haben große Zeitbögen im Blick. Die drei ältesten italienischen Mafia-Organisationen – die Camorra aus Neapel, die ’ndrangheta aus Kalabrien und die sizilianische Cosa Nostra – bestehen bald schon seit 200 Jahren. Die vierte italienische Mafia, die Sacra Corona Unita, kam erst Ende der 1980er-Jahre dazu, sie ist gewissermaßen das Küken. Die ’ndrangheta ist aktuell die dominierende Organisation. In mindestens 17 Mitgliedsstaaten der Europäischen Union ist sie aktiv, darunter Deutschland, Österreich und die Schweiz. Aber nicht nur unsere Integrität bedroht sie, sondern die von Menschen auf fünf Kontinenten: Die ’ndrangheta ist global präsent.

Je höher jemand in der Hierarchie der Organisation steht, umso mehr weiß er Bescheid, und Luigi war immerhin Chef des mächtigsten ’ndrangheta-Clans in einer an Clans nicht gerade armen

Region. Ich war Luigi wohl sympathisch, jedenfalls antwortete er bereitwillig. Am Abend suchte ich vor meiner Unterkunft in den Bergen Ruhe. Grillen zirpten. Hier oben war die Luft frischer als unten in der Stadt, wo das Meer nicht fern war. Ich ließ den Tag Revue passieren. Der Kerl war mir sympathisch. Durfte das sein? Ich war verwirrt. Von der Hand, die er mir hingestreckt hatte, hatte er einst fremdes Blut gewaschen. Luigi hatte mir erzählt, dass bei einem Mord einmal etwas Hirnmasse auf seine feinen Lederschuhe gespritzt war. Auch für ihn musste dieser Tag verwirrend gewesen sein, war er doch erzogen worden, über die Mafia zu schweigen, und jetzt tat er genau das Gegenteil.

Das alles ist lange her; wir begegneten uns zum ersten Mal im Herbst 2012. In den kommenden Tagen, Monaten, Jahren unterhielt ich mich mit ihm über alles Mögliche, sogar über Horoskope. Eine Frage brannte mir schon früh auf der Zunge: Glaubte er, dass Menschen böse auf die Welt kommen? Luigi überlegte lange, drehte eine Zigarette dabei. Dann fing er an zu erzählen. Wie er von seinem Vater zum Mafioso erzogen wurde. Wie die Schläge mit dem Nervo, einem traditionellen Züchtigungsinstrument aus einem getrockneten und aufgeschnittenen Ochsenpenis, schmerzten, auch noch lange, nachdem der Vater sie auf seine Haut hatte niedergehen lassen. Luigi zog hastig an der Zigarette, die Glut leuchtete. Kann ein Täter auch Opfer sein? Noch so eine große Frage. Er berichtete vom Waffentraining als kleiner Junge und von dem Hund, dem sein Vater einen Sack über den Kopf gestülpt und blutig geschlagen hatte, damit sein Sohn sich an das Blut gewöhne. Er erzählte mir aber auch, dass ihm von klein auf viel von seiner Mutter mitgegeben wurde, die nicht aus einer Mafiafamilie stammte. Etwas, das stärker war als alle Erziehung durch seinen Vater zum Kriminellen: das Gute. Vor allem ihr ist seine Wandlung zum Kronzeugen wohl zu verdanken. Noch heute arbeitet Luigi mit Staatsanwaltschaften zusammen, auch in Deutschland.

Wir treffen uns seitdem mindestens einmal im Jahr und telefonieren häufig. Ich konnte so beobachteten, wie Luigi die erstaunliche Wandlung vom ausgestiegenen Mafioso zum aktiven Antimafioso durchmachte. Wie er im Lauf der Jahre eine NGO aufbaute, die Menschen wie ihn unterstützt und für ihre Belange eintritt, Menschen, die mit ihren Aussagen den Strafverfolgungsbehörden im Kampf gegen die Mafia helfen. Wir haben damit etwas gemeinsam, denn nach unserem ersten Treffen nahm ich das Angebot an, den Berliner Verein *mafianeindanke* in die Zukunft zu führen. Der Verein will über Mafia-Aktivitäten in Deutschland informieren und setzt sich politisch für eine effektivere Bekämpfung von Organisierter Kriminalität ein. Ich war weder Mitglied noch kannte ich welche. Als die Gründerin Laura Garavini mich fragte, obsiegte aber die Lust, etwas zu bewegen, über Zweifel und Faulheit. So wählte man mich zum Präsidenten des Vereins.

Unglaubliche Zufälle und interessante Einsichten taten sich in der Folge bei den Gesprächen und Begegnungen mit Luigi auf, von denen ich hier berichten möchte. Bis heute fühlen wir uns verbunden, zwischenmenschlich, aber auch in unserem Kampf gegen die Mafia.

Auch darum soll es hier gehen: was wir alle gegen die Mafia unternehmen können, wir als Bürgerinnen und Bürger eines Staates, als Zivilgesellschaft, und was mein Verein *mafianeindanke* tut. Die vergangenen Jahre haben mir eines gezeigt: Wir sind nicht allein im Kampf gegen die Mafia. All den Unterstützerinnen und Unterstützern, allen Mitstreiterinnen und Mitstreitern, all den kritisch Fragenden sei dieses Buch gewidmet.

Giovanni Falcone, der bekannteste von vielen wichtigen Antimafia-Ermittlerinnen und -Ermittlern, sagte einmal: »Die Mafia ist von Menschen geschaffen worden und wie alle menschlichen Dinge hat sie einen Anfang und sie wird folglich auch ein Ende haben.«

Ich kann diesen Optimismus leider so nicht teilen. Ich glaube, Organisierte Kriminalität ist eine menschliche Konstante. Gerade deshalb müssen wir auch konstant gegen sie vorgehen. Denn wenn wir alle wollen und etwas tun, vom Hausmeister bis zur Ministerpräsidentin, werden Mafiosi schlichtweg irrelevant sein. Wenn dieses Buch etwas dazu beiträgt, bin ich glücklich.

Meine (vermutlich) erste Begegnung mit einem Mafioso

Warmes Rot voller Tatkraft, in einem intensiven Orange verschwimmend, das Dunkel der Nacht hing noch am Rand des Himmels. Ich fuhr direkt in eine wunderschöne Morgenröte, welch ein Schauspiel, durch das mich die vor mir liegende Autobahn führte. Meine Stimmung war jedoch alles andere als romantisch. Kurz nach fünf, müde, und trotzdem rasten Fragen durch meinen Kopf. Was würde dieser Tag für mich bringen? Wäre mein kleiner Corsa im Zweifel schnell genug, um vor Verfolgern davonzukommen? War es eine dumme Idee, einem Mann aufzulauern, in dem viele den wichtigsten Mann der 'ndrangheta in Baden-Württemberg sahen, mindestens, und über den ich kaum etwas wusste? Der Stadtautobahnring um Rom verschwand hinter mir. Erfahrung mit Mafia-Recherchen hatte ich wenig, und doch war die Entscheidung gefallen: Ich würde zum Flughafen von Bari fahren und auf einen Mafioso warten, der für die Organisation wichtig war, von dem aber niemand genau wusste, wie wichtig. Bekannt war er vor allem als Promiwirt. Fünf Stunden auf der Autobahn lagen vor mir. Als ich auf die A1 Richtung Süden einbog, hatte sich die Nacht den Sonnenstrahlen gefügt. Ein neuer Tag war angebrochen.

Erst einige Monate zuvor, im Herbst 2008, hatte ich mich selbstständig gemacht und war als Reporter nach Rom gezogen. Seit ein paar Monaten recherchierte ich mit Andrea Palladino, einem befreundeten Kollegen, zu Giftmüllgeschäften, auch die 'ndrangheta sollte involviert sein. An einem Sommerabend traf ich zwei Kollegen, die Investigativjournalisten Rainer Nübel vom *Stern* und den Buchautor Jürgen Roth, zu einem Glas Wein. Wir saßen auf der Terrasse ihres Hotels im Zentrum von Rom zwischen Pflanzen an einem Bistrotisch und stellten fest, dass es viele Berührungspunkte zwischen unserer Recherche gab und jener, die Rainer und Jürgen hergeführt hatte. Rainer, damals 50 Jahre alt, kannte ich bereits. Bei dem Treffen führte er den größten Teil der Unterhaltung. Jürgen saß meist still dabei, wir hatten uns noch nie getroffen und er war dementsprechend zurückhaltend. Ich schaute dem Rauch ihrer Zigaretten nach. Der Zufall hatte uns auf das gleiche Thema gestoßen. Rainer erzählte von einem Treffen mit einer Quelle: »Da griff er in eine Schublade und zog einen Stapel Papier heraus. Das ist eine offizielle Liste mit 180 Schiffen. Sie wurden mit radioaktiven und toxischen Abfällen beladen und im Meer versenkt. Wenn ihr die veröffentlicht, könnt ihr sie haben.« Die Liste war natürlich streng geheim, die Geschichte wäre um die Welt gegangen. Doch das Magazin, das Rainer fragte, lehnte ab. Warum, weiß ich nicht. Die Liste ruht bis heute unveröffentlicht in der Schublade, die Schiffe auf dem Meeresgrund und mit ihnen die radioaktive Fracht. Manchmal geht bei Recherchen ein Fenster auf und man muss die Gelegenheit ergreifen, bevor es sich wieder schließt.

Ich wusste um die Verdienste der zwei Kollegen. In vielen Berichten hatten sie auf Mafia-Verflechtungen in Deutschland hingewiesen. Jürgen Roth hatte 1993 die enge Freundschaft zwischen Günther Oettinger, damals Vorsitzender der CDU-Fraktion im baden-württembergischen Landtag, und Mario Luttini*, damals Mafia-Verdächtiger, enthüllt, passenderweise bei einer Veranstaltung im Stuttgarter Rathaus mit dem Titel: »Europa im Griff der Mafia«. Roth löste eine Welle von Berichten aus, viele davon stammten aus Rainers Feder, der sich tief in das Thema einarbeitete. Überall war auf einmal von der sogenannten »Pizza-Connection« zu hören und zu lesen. Das war mutig. Im Jahr zuvor, 1992, waren in Palermo die berühmten und beliebten Antimafia-Staatsanwälte Giovanni Falcone und Paolo Borsellino in die Luft gesprengt worden; mit ihnen ihre Eskorte. Vor Rainer und Jürgen hatte ich also großen Respekt, erst recht, weil sie Politiker mit dieser Mafia in Verbindung brachten. Denn die Erfahrung hatte gezeigt: Über Verbrecher zu berichten, ist gefährlich. Über Politiker oder Unternehmer zu berichten, die mit Verbrechern kooperierten, noch gefährlicher.

Seit den Enthüllungen der beiden von 1993 bis zu unserem Treffen war reichlich Zeit verstrichen. Zuerst hatte sich Stille über Mario Luttini gelegt. Dann wurde er wieder als hoffähig angesehen, seine Restaurants in Stuttgart und Umland waren wieder gut besucht.

Wochen nach unserem Treffen klingelte mein Telefon. Rainer war dran. Er habe von einer Quelle die Information bekommen, dass Günther Oettinger mit Freunden nach Kalabrien reisen würde, um Mario Luttini auf dessen Ferienanlage zu treffen. Oettinger war seit (oder auch trotz) der Enthüllung von Jürgen Roth vom Fraktionsvorsitzenden zum Ministerpräsidenten aufgestiegen und stand jetzt, im Herbst 2009, vor dem nächsten Schritt auf der Karriereleiter. »Wenn er jetzt einen mutmaßlichen Mafioso trifft, ist das eine Bombengeschichte«, sagte Rainer. Seine Euphorie steckte mich sofort an. 400 Euro hatte ich für die erste Reportage zu meiner Giftmüll-Recherche bekommen, viele Tage Arbeit hatte ich in sie investiert. Die Mieten in Rom waren hoch, eine große Geschichte zu landen erschien mir auch aus finanziellen Gründen verlockend. Rainer berichtete, Luttini hole wichtige Gäste stets persönlich vom Flughafen in Bari ab, immerhin dreieinhalb Stunden mit dem Auto von dem Ort Mandatoriccio entfernt, wo er seine Ferienanlage direkt am Strand hatte. Ob ich nicht nach Bari fahren könne? Er schärfte mir ein, sofort zu den Carabinieri zu flüchten, falls ich aufflöge. Vorsichtshalber beschrieb er mir auch gleich, wo ich sie fände: in einem Kabuff in der Ankunftshalle. Ich solle auf keinen Fall ihm zuliebe fahren, sondern nur, wenn ich wirklich wolle.

Heute bin ich mir nicht mehr so sicher, ob diese Enthüllung tatsächlich für Aufsehen gesorgt hätte. Das Thema Mafia ist vielen Menschen in Deutschland erstaunlich oft egal, leider. Damals hatte ich keine Zweifel daran.

Manchmal empfinde ich eine merkwürdige, vorauseilende Euphorie, noch bevor ich überhaupt die ersten Bausteine zu einer Geschichte recherchiert habe. In meinem Corsa auf dem Weg nach Apulien stellte sie sich einfach nicht ein. Selbst lautes Mitsingen zu Liedern aus dem Radio half nicht. Die ganze Zeit hatte ich präsent, mit wem ich es zu tun bekommen sollte. Schließlich bog ich in Bari in die Straße zum Flughafen ein. Das Auto stellte ich im Parkhaus direkt gegenüber dem Eingang ab und schnaufte durch. Ich packte mein Telefon ein, steckte das Diktiergerät in die Jackentasche und stieg aus.

Inzwischen ist es recht einfach geworden, Bilder von Personen im Netz zu finden. Sogar manch hochrangiger Mafioso hat sich ein Facebook-Profil angelegt, den Rest erledigt die Bildersuche von Suchmaschinen. Damals war das anders. Ich hatte daher auf meinem Handy Fotos von Luttini sowie ein paar Leuten aus seiner Clique abgespeichert. Oettinger würde ich erkennen, sein Gesicht war hinreichend markant und bekannt. Aber Luttini? Er sah ziemlich unauffällig aus, keine hervorstechenden Merkmale. Der Gau wäre, bekäme ich gar nicht mit, dass er vor Ort wäre. Überhaupt, würde er allein kommen oder mit einem schützenden Trupp um sich? Was wusste ich schon davon, wie Mafiosi sich bewegten? In Akten stand, man müsse davon ausgehen, dass Luttini geübt mit Waffen sei, gegen ihn war auch schon wegen Waffenverstößen ermittelt worden.

Bis der erste Flieger aus Deutschland landen würde, war noch Zeit. Ich schaute mich um im Flughafen: ein einfaches Gebäude, graue hohe Wände in der Ankunftshalle, nicht viel mehr. An einem Ende führte tatsächlich eine Tür zum Kabuff der Carabinieri. Neben dem Haupteingang ein Zeitungskiosk, am anderen Ende die Bar. Heute strahlen Kleiderboutiquen mit Effekt-Beleuchtung ihr Licht aus, Uhrenläden wollen ein einzigartiges Einkaufserlebnis vermitteln, in einem rundweg modernisierten Bau mit viel Weiß und Glas. Der Raum damals wäre für einen Mafiathriller viel besser geeignet gewesen, er bot kaum Ablenkung. Ohne Glitzergeschäfte, die über einen Provinzflughafen hinwegtäuschten, dafür ehrlich, aber eben auch ohne Ablenkung von mir, der ich in der Schalterhalle herumlungerte.

Manchmal spuckten die Schiebetüren einen ganzen Schwall Ankommender aus und ich musste all meine Konzentration aufwenden, um die Menge an Gesichtern zu mustern. Bei den ersten beiden Fliegern kam ich mir noch halbwegs normal vor. Nach wenigen Stunden fühlte es sich ziemlich bescheuert an, dazustehen und Passagiere zu scannen. War kein Flugzeug zu erwarten, setzte ich mich in mein Auto oder hielt mich zumindest außerhalb der Ankunftshalle auf, um nicht über die Maßen aufzufallen. Irgendwann fing die Frau am Kiosk ein Gespräch mit mir an. Ich tischte ihr – notgedrungen – eine Lügengeschichte auf. Dass ich eine Freundin überraschen wolle. Dann war es Abend, kein Flug aus Germania würde mehr landen. Der Samstag hatte schon mal nichts gebracht. Enttäuscht fuhr ich zu meiner Pension, in dem Wissen, dass der kommende Tag genau die gleiche Mischung aus Eintönigkeit und Anspannung für mich bereithalten würde.

Rechtzeitig vor der ersten infrage kommenden Landung nahm ich mein Frühstück in der Bar ein. Ich weiß heute nicht mehr genau, wie viele Flüge aus Deutschland angekündigt waren. Sicher aber war, dass am späteren Nachmittag noch ein Flug eintreffen sollte, aus Stuttgart. In ihn setzte ich meine Hoffnung. Um die Mittagszeit betraten zwei Gestalten den Flughafen. Gekleidet wie Geschäftsleute, dunkle Anzüge, elegante Schuhe, Sonnenbrille, standen sie lange an die Wand gelehnt da. Viel zu sagen hatten sie sich nicht. Stattdessen beobachteten sie alles. Mussten sie schauen, ob die Luft rein war? Ich bemühte mich, sie zu mustern, ohne von ihnen gemustert zu werden. Sie strahlten eine Art von Kälte aus, auch wenn schwer auszumachen war, weshalb, hielten sich stumm die Gesichter entgegen. Wie lange das ging, ich kann es nur schwer schätzen. Lang genug, um mich zu beunruhigen, gut und gerne eine Stunde. Sie verschwanden, ohne dass sich eine Erklärung für ihre Anwesenheit ergeben hätte.

Früher Nachmittag. Nur noch ein Flug stand aus. Ich versuchte, mich auf die gekaufte Zeitung zu konzentrieren, zum Glück hatte die Verkäuferin im Kiosk gewechselt. Ich bildete mir ein, dass die Zeit schneller verstrich und ich als Tourist durchging. Endlich wies die Anzeigentafel den Stuttgarter Flieger als gelandet aus. Wieder betrachtete ich gründlich den Schwall, den die Schiebetür ausspuckte. Und wieder nichts. Die Abstände, mit denen die Flügel der Glastür auseinanderfuhren, wurden größer. Die Passagiere tröpfelten langsam aus, bis sich die Tür gar nicht mehr öffnete. Ich sah mich um. Einmal glaubte ich, Luttini gesehen zu haben. Doch ich hatte mich getäuscht. Das durfte doch nicht wahr sein! Keine Spur von Oettinger. Keine Spur von Mario Luttini. Fünf Stunden Fahrt, zwei Tage rumstehen. Für nichts. Ich setzte mir noch eine allerletzte Frist.

Dann schlenderte ein Mann von draußen herein. Ich blickte ihn kurz an: nicht zu groß, die Haare könnten auch passen. War er Luttini? Der Typ blieb im Eingangsbereich der Halle stehen. Er wirkte wie ein Fußballkumpel, nicht wie ein Gangster. Ich war mir unsicher. Aus der Entfernung studierte ich ihn eingehender. Nein, er war es nicht. Der Typ ähnelte ihm nur, mehr nicht. Ich beschloss nun wirklich zu gehen. Aber dann glitten die Glastüren, durch die die Ankommenden geschritten waren, noch einmal auseinander. Heraus schlenderte ein Paar mit Kind. Offensichtlich Deutsche. Ich erkannte in dem hochgewachsenen Mann einen Rechtsanwalt aus dem Freundeskreis um Günther Oettinger wieder. Die drei gingen an mir vorbei. Der Mann, den ich als Mario Luttini ausgeschlossen hatte, beeilte sich, den dreien entgegenzukommen, begrüßte sie herzlich. Er war es. Seine Anwesenheit machte mich schlagartig nervös, obwohl er sich natürlich keinen Deut um mich kümmerte, warum auch? Aber dennoch. Er begleitete seine Gäste hinaus. Ich zögerte, folgte mit Abstand. Die kleine Gruppe genoss unweit der Tür für einen Moment die Sonne. Ich postierte mich wenige Meter daneben. Die Luft roch nach aufgeheiztem Asphalt. Mario Luttini wendete sich abwechselnd zu beiden hin und berichtete vom Saisonausklang auf seiner Anlage. Allerfeinstes schwäbisches Gastarbeiter-Deutsch drang an mein Ohr: »Heute kommen noch vier Leute, morgen kommen noch drei Leute. Des isch net so viel. Jetzt isch's vorbei. Ab September isch tote Hose. Jetzt isch's Ende September, da isch's so schön. Oder Mai, Juni. Da kommt keine Sau.« Von Günther Oettinger keine Spur. Die wichtigsten Dinge waren gesagt und Luttini führte seinen Besuch zum Parkhaus. Der mutmaßlich wichtigste Mafioso Stuttgarts wirkte umgänglich, harmlos, wie eine dieser Personen, die man ohne zu zögern nach dem Weg fragt. Im zweiten Stock lud er das Gepäck in den Kofferraum seines Wagens. Alle stiegen ein. Ich drückte mich hinter einen Wagen. Der Mafioso und seine Gäste fuhren an mir vorbei Richtung Ausgang. Übrigens nicht in einem teuren Auto, sondern einem normalen Mittelklassewagen.

An jenem Samstag, an dem ich in Bari auf ihn wartete, wurde in Stuttgart bekannt, dass Günther Oettinger künftig als EU-Kommissar wirken und sich um Energiefragen kümmern werde. 2023 sagte Oettinger auf die Frage der Journalistin Helena Piontek übrigens, er habe nie geplant, nach Kalabrien zu reisen. Sie hatte vor der Veröffentlichung des Podcasts *Mafia Land* ein längeres Gespräch mit ihm geführt, um über Mario Luttini zu reden. Teile dieser Unterhaltung sind in der achten Folge des Podcasts veröffentlicht worden.

Mario Luttini würde ich niemals wieder begegnen. Die große Geschichte hatte sich in dem Moment auch erledigt. Erst viele Jahre später sollte ich ein Foto von ihm im Trainingsanzug zugeschickt bekommen. Luttini in irgendeinem italienischen Polizeirevier, der Beginn eines gewaltigen Schlags gegen die 'ndrangheta, gerade auch in Deutschland. Fast auf den Tag genau zehn Jahre nach unserer Begegnung in Bari verurteilte das Gericht in Catanzaro Mario Luttini in erster Instanz zu zehn Jahren und acht Monaten Haft, am 25. September 2019, unter anderem wegen der Mitgliedschaft in einer mafiösen Vereinigung. Damit waren exakt 28 Jahre und eine Woche vergangen, seit ihn ein deutscher Kronzeuge in seiner Vernehmung erstmals schwer als Mafioso belastet hatte. 28 Jahre, in denen Mario Luttini Gäste bewirten und Geschäfte machen konnte. 28 Jahre, in denen Mario Luttini Teil dieser Gesellschaft war, so wie Hunderte anderer Mafiosi in Deutschland.

Ein deutscher Kronzeuge

Gäbe es den Mann, der hier Mirko Bischki heißen soll, nicht, wäre ich wohl nie nach Bari gefahren. Bischki ist mit größter Wahrscheinlichkeit der erste deutsche Mafia-Kronzeuge, auch wenn er nach allem, was man heute weiß, selbst kein Mitglied der Organisation war. Und er hat sich inzwischen zu einem Phantom verflüchtigt. Ich fand Interneteinträge mit seinem echten Namen, Investment-Angebote in Südostasien. Ich sah ihn auf Bildern mit seiner Familie, unbeschwert am Strand, bei der Arbeit am Haus, ich bewunderte sein Motorrad. Ein trainierter, aktiver Mann, groß gewachsen, lebensfroh. Ein Hüne mit blonden, kurzen Haaren. Doch die letzten Zeugnisse von ihm, die man online findet, sind zehn Jahre alt. Bischki schien nicht mehr im Zeugenschutz zu sein. Da ich nicht weiß, ob er aufgrund seiner Aussagen heute noch in Gefahr ist, habe ich beschlossen, ihn hier unkenntlich zu machen.

Mirko Bischki war schon immer einer dieser Menschen, denen Business wichtig ist, stets bereit, einen Deal zu machen. Mit der Gesetzestreue sah er es nicht so eng, zumindest früher war das so. Wegen Diebstahls und anderer Delikte wurde Bischki 1987 zu drei Jahren Haft verurteilt.

Anhand seiner Geschichte lässt sich gut beobachten, wie Haftstrafen kriminelle Karrieren oft erst richtig befördern. Bischki, damals Mitte zwanzig, saß im Gefängnis in Freiburg ein. Irgendwie kam er an eine Haarschere, fortan schnitt er als inoffizieller Friseur seinen Mithäftlingen die Haare. Gegen Bargeld natürlich. Drei Anstaltsfriseure gab es, doch der wichtigste italienische Häftling, Basilio Cristiano*, ging nur zu Bischki. Alle Italiener aus Kalabrien hätten Cristiano als eine Art Leitfigur erkannt und respektiert, sein

Wille war Gesetz, sagt Bischki. Cristiano sei der gefährlichste von allen gewesen. Bischki erfuhr, dass der Liebhaber von Cristianos Frau ermordet worden war. Mit diesen Leuten, sagt Bischki, insbesondere mit seinem Freund Cristiano, sei nicht zu scherzen.

Ich kann mir nur schwer vorstellen, wie Freundschaft unter diesen Umständen funktioniert. Aber sie funktionierte. Cristiano erzählte Bischki viel über sich. Etwa über den Hahnenhof-Mord, der ihn ins Gefängnis gebracht hatte, benannt nach dem Tatort, einer Wirtschaft in Stuttgart. Er war mit vier anderen Italienern – Vincenzo Colilla*, Nicodemo Colilla*, Giovanni Zendra* und Cataldo Golbino* – in das Lokal in der Altstadt gegangen. Die vier Männer sind nicht irgendwer; beispielsweise gilt Vincenzo Colilla als einer der Gründer des Farao-Clans – immerhin eine der wichtigeren Gruppen der ’ndrangheta – und war eng mit dem Clanchef Nicodemo Aloe befreundet, Golbino wiederum war der Chauffeur von Cataldo Marincola, der später zur Leitung des Clans gehörte. Im Hahnenhof erschoss die Gruppe einen Jugoslawen. Ein weiterer Italiener wurde schwer verletzt, Nunzio Ciprinello*. Es ging um Streitigkeiten beim Thema Glücksspiel. Eine Milieu-Geschichte. Drei der Italiener vom Hahnenhof-Mord wurden inhaftiert. Das damalige Opfer Ciprinello ist bis heute als Unternehmer und Investor in Stuttgart aktiv. Auch in seinem Fall ergaben Ermittlungen übrigens einen Kontakt zu Mario Luttini: Der rief auf einem Telefon an und bat zwei Männer um ein Treffen. Das Telefon gehörte dem Unternehmen von Ciprinello.

Für Bischki begann mit dieser Freundschaft eine neue Phase in seinem Leben. Als er im April 1990 freikam, trug sein Knastfreund Cristiano einem Freund, Cataldo Golbino, auf, sich um ihn zu kümmern. Golbino sei zwar beim Hahnenhof-Mord auch dabei gewesen, die Ermittler hätten ihm aber nichts nachweisen können, sagt Bischki. Er begann, in der Pizzeria von Cataldo Golbino und dessen Bruder Giuseppe im hessischen Melsungen zu arbeiten. Seine Aufgabe war es, Waffen und Drogen zu transportieren und zu liefern. Bischki war dafür im weiten Umkreis unterwegs, Frankfurt am Main, Stuttgart, Mannheim, Dortmund. In seiner Freizeit las er die Akten zum Hahnenhof-Mord, ansonsten verfolgte er aufmerksam, was in der Mafia-Welt um ihn herum geschah. Ohne sein Zutun war Bischki inmitten des deutschen Machtzentrums des Farao-Clans gelandet. Sein Kontakt, Cataldo Golbino, galt als Vertreter vor Ort von Giuseppe Farao, dem Boss. Bischki lernte daher alles kennen, was im Farao-Clan Rang und Namen hatte: Giuseppe Farao natürlich (der heute eine lebenslange Haftstrafe absitzt) sowie dessen Bruder Silvio. Bischki sprach auch viel mit der rechten Hand des Bosses, Cataldo Marincola. Auch Mario Luttini begegnete er häufiger in Stuttgart, in diesem Kreis zuneigungsvoll »Mariuzzo« gerufen.

Im September 1991 wurde Bischki zum Kronzeugen. Mindestens an acht Tagen wurde er in Deutschland vernommen, in Kassel und in Stuttgart, zum letzten Mal 1993. Auch zu Luttini wurde er befragt, wie man in Protokollen der Vernehmungen nachlesen kann:

»Ich kenne Mario Luttini dank der Beziehung mit Golbino. Luttini und Golbino sind gut miteinander bekannt. Wann immer wir dort waren, feierte er mit uns, hörte auf zu arbeiten, setzte sich an unseren Tisch und plauderte mit uns. Auch bei Luttini mussten wir nichts für Essen und Trinken bezahlen. Farao und Luttini kannten sich auch gut.« »Es war im September 1990, als Giuseppe Farao, Cataldo Marincola und Giuseppe Sorrentino in Deutschland waren, sie blieben etwa 10 Tage hier, zunächst bei Cataldo Golbino in Melsungen, aber sie wohnten auch bei Mario Luttini in Stuttgart-Weilimdorf und bei einem Italiener in Frankfurt, dessen Namen ich nicht kenne.« »Luttini gehört hundertprozentig zur Familie oder zu einer Familie der 'ndrangheta, ich kann nicht sagen, zu welcher, weil ich es nicht weiß. Selbst Golbino respektiert Luttini enorm. Deshalb gehe ich davon aus, dass Luttini gut im Geschäft ist. Ich weiß nicht, ob er mit Drogen oder etwas anderem handelt. Er hat eine wichtige Rolle.«

Das also sagte Bischki Anfang der Neunzigerjahre aus.

Ich war in Bari folglich dem Mann gegenübergestanden, den die Chefs des Farao-Clans ansteuerten, wenn sie nach Deutschland mussten. Nur zwei Männern vertrauten sie so in Deutschland: Golbino der eine, Luttini der andere.

Sogar italienische Ermittler wollten damals unbedingt mit Bischki sprechen. Die sizilianische Staatsanwältin Teresa Principato reiste mehrmals an, um ihn zu vernehmen. Eine Frau mit gütigem Gesicht, aber genügend Härte, um gegen die Mafia vorgehen zu können. Bischki wusste viele Einzelheiten zum Mord an dem Richter Rosario Livatino – er hatte sie vom Mörder höchstpersönlich erfahren, Gaetano Puzzangaro, der in Mannheim untergetaucht war. Es kam gar nicht so selten vor, dass Mafiosi vor der Verfolgung in der Heimat nach Deutschland flüchteten. Der italienische Polizeichef Vincenzo Parisi fand dafür im Jahr 1993 bei einer Parlamentsbefragung einmal einen plastischen Vergleich: »Um sie nach Italien zu bringen, haben wir mehr als ein Flugzeug gefüllt.« Entsprechend oft kamen auch Ermittler nach Deutschland. Für den 21. Juli 1992 hatte sich sogar der Antimafia-Staatsanwalt Paolo Borsellino persönlich angekündigt, um Bischki zu befragen. In Italien sorgte man sich um sein Leben, nach dem Mord an seinem Kollegen Giovanni Falcone keine zwei Monate zuvor war nun Borsellino der profilierteste Ermittler. Schon vom 6. bis 10. Juli war er in Deutschland unterwegs, Borsellino hatte die Wichtigkeit von Deutschland erkannt. Zur Begegnung mit Bischki kam es aber nicht mehr. Zwei Tage vor der Reise wurde Borsellino vor dem Haus seiner Mutter von einer Bombe zerfetzt. Der Sprengsatz war in einem dort geparkten Wagen untergebracht. Ein Parkverbot einzurichten, hatte die Stadtverwaltung in Palermo unterlassen, obwohl die Gefahrenlage bekannt war. Die Information, dass eine größere Menge Sprengstoff für ein Attentat in Palermo angekommen ist, war ebenfalls nicht an Borsellino weitergegeben worden.

Nicht nur wegen Bischkis Aussagen war der Kenntnisstand, den die Polizei über Mario Luttini hatte, gar nicht so dünn. Als ich ihm in Bari begegnete, waren mehrere Ermittlungsverfahren gegen ihn bekannt. Das BKA (Bundeskriminalamt) hat die damals vorliegenden Erkenntnisse auf 13 Seiten zusammengefasst. »Personendatenblatt« ist das Dokument aus dem Jahr 2008 überschrieben, »VS – nur für den Dienstgebrauch«. 1971 war Luttini demzufolge nach Deutschland gekommen und es hatte keine vier Jahre gedauert, bis er polizeibekannt war. Gegen ihn wurde wegen Bedrohung, Verstoßes gegen das Waffengesetz, Raub, räuberischer Erpressung, Körperverletzung und Drogenhandel ermittelt. Auch in italienischen Ermittlungsverfahren war Luttini Thema. In den Neunzigern hatten Ermittler ihm Drogenhandel, Hehlerei und Geldwäsche vorgeworfen, aber nicht genug Beweise beibringen können, sodass er 1996 und 2001 jeweils freigesprochen wurde. Nach den persönlichen Daten und der Staatsangehörigkeit ist auf dem Dokument die Clanzugehörigkeit vermerkt: Greco-Crescente. »Luttini gehört dem ’ndrangheta-Clan Greco an, auch ist er mit den Clanführern direkt verwandt (Cousins). Er soll eine gehobene Stellung innerhalb des Clans Greco und auch des Clans Farao innehaben und für die finanziellen Aspekte verantwortlich sein. Luttini ist seit 1974 im Stuttgarter Raum wohnhaft.« Etwa sieben Jahre vor unserem Treffen versuchte die Polizei in Mailand gegen Mitglieder des ’ndrangheta-Clans Greco vorzugehen, die in Drogenhandel verstrickt waren. Sie stieß dabei auf Kontaktpersonen des Stuttgarter Wirts.

Den Grund für die Erfolglosigkeit ihrer Mühen beschrieben die BKA-Ermittler in dem Dokument so: Luttini verhalte sich äußerst konspirativ. Dem Bericht zufolge soll Luttini auch Geld in der Schweiz deponiert haben. Dass es beschlagnahmt worden wäre, ist nirgends erwähnt.

Geht man ein oder zwei Mal in einem Restaurant essen, bekommt man kaum etwas davon mit, wenn ein Wirt mit der Mafia im Bunde ist. Ich frage mich aber, ob bei Mario Luttini tatsächlich niemand in Stuttgart auf die Idee gekommen ist, dass er zur Mafia gehören könnte. Lassen die Menschen sich vielleicht blenden von Freundlichkeit und Dolce-Vita-Gedöns? Oder spielen allgemein bei Promiwirten Drogen wie Kokain eine weitaus größere Rolle, als wir denken, und sorgen dafür, dass ihre Lokale stets gut besucht sind?

Günther Oettinger beteuert in dem 2023 veröffentlichten Podcast »Mafia Land« des *SWR* (Südwestdeutscher Rundfunk), Luttini nach der Pizza-Affäre zuletzt 2001 zufällig in der Fußgängerzone getroffen zu haben. Er lege Wert darauf, nie in Kalabrien gewesen zu sein, um Mario Luttini zu treffen, und auch keine Reise geplant zu haben: »Mein Freund mit Lebensgefährtin war dort und hat mich gefragt, ob ich mitkomme. Aber das war für mich unmöglich, allein aus den dienstlichen Gründen. Deswegen habe ich das nicht geplant.« Seit der Jahrtausendwende habe er nichts mehr mit Luttini zu tun gehabt und seit den Kontakten Mitte der Neunziger nicht mehr mit ihm gesprochen. Rainer Nübel dagegen hatte damals die Information bekommen, dass die Tickets bereits gekauft waren. Klären lässt sich das heute nicht mehr. Gerne hätte ich mit Mario Luttini für meine Buchrecherche gesprochen oder seinen Standpunkt gehört, doch sein Rechtsanwalt ließ meine Anfrage unbeantwortet.

Für den *SWR*-Podcast hatte ich als Berater gearbeitet und war auch interviewt worden. In dem Gespräch hatte ich auch erwähnt, dass sowohl Oettinger als auch Luttini im Mai 2009 das Geburtstagsfest eines erfolgreichen italienischen Gastwirts besucht hätten, der gut mit Luttini bekannt war: Luigi Assiolo*. Von den Autorinnen darauf angesprochen, sagt Oettinger Folgendes: »Der Gastronom (der Geburtstag feierte, Anmerkung des Autors) ist ein sicher seit Jahrzehnten in Stuttgart tätiger Gastronom mit verschiedenen Lokalitäten, in die man in der Innenstadt, wenn man irgendwo Business Lunch macht, gerne geht. So auch ich. Ich muss sagen, bei dem war ich so drei Mal im Jahr vielleicht. Und dass ich da auf dem Fernsehturm in diesem damals von ihm wohl geführten Restaurant gewesen bin, halte ich für naheliegend, aber dass ich dort Herrn L. gesehen, getroffen oder gar gesprochen hätte, das kann ich ausschließen.« Dann wird er von Helena Piontek, einer der Autorinnen des Podcasts, auf Bilder angesprochen, die von der Veranstaltung vorliegen, ich hatte sie ihr gezeigt. Sie belegen, dass sowohl Luttini wie auch Oettinger recht spät zu der Feier kamen. Oettingers Ton wird schärfer, er reagiert barsch: »Es ist ja ganz spannend, Sie erwähnen, es gibt Bilder von ihm, es gibt Bilder von mir, aber keine gemeinsamen Bilder.« Die Wahrscheinlichkeit, sich über den Weg zu laufen, wirft die Podcast-Hosterin Piontek ein, sei nicht gerade gering, die Räumlichkeiten seien ja eher begrenzt. »Bin ich nicht«, sagt Günther Oettinger, »und wenn, wäre es nicht strafbar gewesen.«

Die Podcast-Autorinnen Tanner und Piontek fassen die Begebenheit in einem Dialog zusammen. Birgit Tanner: »Günther Oettinger, damals Ministerpräsident von Baden-Württemberg, höchstes Amt auf Landesebene, springt auf einer Party von einem Mann rum, der in Verdacht steht, was mit der Mafia zu tun zu haben. Ich glaub, es hakt!« Helena Piontek: »Und dann kommt noch Mario L. dazu, also da kann sich ehrlich gesagt kein normal denkender Mensch mit Zufall oder ›habe ich nicht gewusst‹ rausreden.« Birgit Tanner: »Ja, es stimmt halt einfach nicht, dass die nie wieder Kontakt hatten.«

Natürlich ist nicht strafbar, jemandem zu begegnen, der im Ruch steht, ein Mafioso zu sein. Aber als einer der mächtigsten Männer in Europa, nämlich als EU-Kommissar, sollte man es vermeiden, sollte man überhaupt solche Gesellschaft meiden. Natürlich hätte Oettinger in dem Interview auch sagen können, dass er gegen die Mafia ist und es bedauert, mit jemandem zu tun gehabt zu haben, der sich später als Mafioso herausstellte. Ja, das hätte er auch sagen können.

Grenzenloses Wachstum

Auf dem bereits erwähnten Personendatenblatt des BKA über Mario Luttini heißt es: »Er ist auch bemüht, mit Gästen und anderen Personen staatlicher, behördlicher und auch polizeilicher Stellen freundschaftliche Kontakte zu unterhalten. Er ist gewillt, diese Kontakte zu seinen Zwecken auszunutzen.« Luttini tut damit genau das, was die Organisation 'ndrangheta von ihren Mitgliedern erwartet. Und er trägt damit seinen kleinen Betrag bei zu einer Erfolgsgeschichte, die selbst unter kriminellen Organisationen außergewöhnlich ist. Eine Erfolgsgeschichte, die viele Jahrzehnte früher begonnen und für die eine Vollversammlung der 'ndrangheta im Jahr 1969 den Grundstein gelegt hatte.

Begeben wir uns auf eine kurze Zeitreise. Mario Luttini war damals 13 Jahre alt und hatte wohl eher die Mädchen seines Heimatdorfes Mandatoriccio im Sinn als Strategiedebatten einer kriminellen Organisation. In Washington trugen Abertausende Menschen ihren Protest gegen den Vietnamkrieg auf die Straße, die Deutschen hatten Willy Brandt zu ihrem Kanzler gewählt. Neil Armstrong hatte vom Mond gewinkt. In den USA wurde der erste Vorläufer des Internets realisiert. Was vielleicht in unserem Kontext am wichtigsten ist: Der Begriff der Globalisierung war eben erst entstanden. Märkte funktionierten noch weitgehend lokal. Die Europäische Union war noch nicht einmal in den Kinderschuhen, es gab die EWG, die Europäische Wirtschaftsgemeinschaft, und man stritt über die Höhe von Zöllen.

In dieser Zeit kamen in der kalabrischen Provinz, mitten im Wald bei Montalto, im Gebiet um San Luca gelegen, mehr als 170 Mitglieder der 'ndrangheta zusammen. Die Organisation tagte damals einmal pro Jahr und sprach über drängende Fragen, alle Clans, mehrere Dutzend, waren vertreten. Bisher hatte die Polizei noch nie rechtzeitig etwas über die Treffen erfahren. Diesmal war es anders. Es gab Hinweise auf Tag und Ort.

Bei dem Treffen in den Bergen kam alles zusammen, was in der 'ndrangheta Rang und Namen hatte. Nachzulesen ist das in einem Urteil vom Oktober 1970, bei dem 67 von 72 Angeklagten verurteilt wurden, und zwar wegen Beteiligung an einer kriminellen Vereinigung. Bei dem Treffen bildete sich die Organisation ein Stimmungsbild über zwei vorherrschende Richtungen: die eine Fraktion wollte, dass die 'ndrangheta weiterhin vor allem lokal agiere und sich wie gehabt in den angestammten kriminellen Aktivitäten betätige, also vor allem Erpressung, Schutzgeld und Betrug. Die andere Fraktion hatte gute Erfahrungen damit gemacht zu expandieren, zum Beispiel nach Norditalien, und verstärkt unternehmerisch zu agieren. Die Vertreter wollten künftig an staatlichen Projekten partizipieren, also etwa von großen Baumaßnahmen profitieren, wie etwa später beim Hafen in Gioia Tauro oder der Autobahn zwischen Salerno und Regio Calabria. Im Kern ging es darum: Diese Vertreter wollten das Tätigkeitsfeld der kriminellen Organisation erstens auch auf nichtkriminelle Geschäfte ausweiten und sie drängten zweitens darauf, sich territorial zu verbreiten. Diese Fraktion setzte sich durch. Kontakte zu nichtkriminellen Entscheidern waren dafür unverzichtbar und wurden von der Organisation angestrebt. Politiker rückten damit in den Fokus der Organisation.

In der Folge passte die 'ndrangheta ihre Strukturen und ihr Reglement diesem Ziel an. Man muss die Konferenz von Montalto auch deshalb aufmerksam lesen. Was damals, im Jahr 1969 (!), beschlossen wurde, ist bis heute von größter Relevanz, nicht nur für Italien, sondern für alle Länder in Europa und viele mehr. Die damals gewählte Strategie ist bis heute für den Erfolg der Organisation verantwortlich.

Eine Frage aber bleibt: Lebten damals schon Mitglieder der 'ndrangheta in Deutschland? Vermutlich schon. Mir liegen dazu aber keine Daten vor. Für die Cosa Nostra (die zur Zeit des Treffens von Montalto international viel mehr im Fokus stand) ist der früheste Beleg, den ich gefunden habe, ein alter Pressebericht aus der Feder von Mario Francese. Dieser enthüllte als Erster die Rolle des brutalen Mafiabosses Toto Riina in der sizilianischen Mafia und wird deshalb auch in einem Gerichtsurteil aus dem Jahre 2002 gegen Riina zitiert: 1976 schrieb Francese über ein gerade ermordetes Mitglied der Cosa Nostra, Rosario Cortimiglia. Der ranghohe Mafioso war 1967 aus Sizilien nach Deutschland verbannt worden, weil er in seiner Heimat für zu viel Ärger gesorgt hatte und man eine Eskalation vermeiden wollte. Ein paar Jahre später kehrte er zurück und wieder ein paar Jahre darauf, 1976, wurde er erschossen. Drei Jahre später wurde auch Mario Francese ermordet.

Der erste Untersuchungsausschuss (nicht) zur Mafia

Wenn wir uns vor der Organisation 'ndrangheta schützen wollen, müssen wir sie im Detail studieren. Ein Untersuchungsausschuss, der schon 1994 im baden-württembergischen Landtag in Stuttgart eingesetzt worden war, wäre eine Chance dazu gewesen.

Was ist das eigentlich, ein parlamentarischer Untersuchungsausschuss? Nach meinem Dafürhalten ist dieses Instrument für die Demokratie enorm wichtig, bekommt aber nicht die entsprechende Aufmerksamkeit. Untersuchungsausschüsse gibt es auf Bundes- und Länderebene. In Gesetzen ist festgelegt, wie viele Mitglieder des Parlaments es braucht, um einen Ausschuss einzusetzen. Beim Deutschen Bundestag etwa müssen ein Viertel der Parlamentarierinnen und Parlamentarier die Einsetzung eines Ausschusses fordern. In einem Beschluss wird dann genau beschrieben, was der Ausschuss ermitteln soll. Ich schreibe hier bewusst ermitteln, denn Untersuchungsausschüsse haben weitreichende Befugnisse: Sie können Zeugen laden (kommen diese der Ladung nicht nach, sind Ordnungsgelder bis hin zu Haftstrafen möglich), Falschaussagen vor dem Ausschuss sind wie vor Gericht strafbar. Auch Sachverständige können gehört werden. Solche Ausschüsse ermöglichen es den Abgeordneten, ihrer Kontrollfunktion nachzukommen und Themen wie Regierungshandeln gründlich auszuleuchten. Es ist eine große Errungenschaft, dass Staaten dank der Demokratie eine Selbstreinigungsfunktion erlangt haben. Früher konnte die Machtelite unkontrolliert schalten und walten und Untertanen ausbeuten. In der Demokratie ist das anders: Arbeiten Abgeordnete nicht ordentlich, werden sie nicht mehr gewählt. Macht eine Regierung zu viel Murks, werden die Parteien, die sie stellen, zumindest in einer Idealvorstellung, nicht mehr gewählt. Naturgemäß lassen sich die Regierungen nicht immer gerne in die Karten schauen, etwa wenn Fehler passiert sind. Ein beliebtes Vorgehen ist beispielsweise, Dokumente nicht oder erst sehr spät zur Verfügung zu stellen. Auch passiert es immer wieder, dass zentrale Zeugen sich auf Erinnerungslücken berufen wie etwa Bundeskanzler Olaf Scholz vor dem Untersuchungsausschuss der Hamburger Bürgerschaft zu Cum-Ex-Steuerbetrügen. Dass die Mitglieder der Regierungspartei in Ausschüssen zuweilen wenig produktive Fragen stellen, um so den aufklärerisch Interessierten Zeit zu rauben, ist ebenso ein bekanntes Mittel. Die Abgeordneten stellen für die Arbeit in den Untersuchungsausschüssen meist Referentinnen und Referenten als Hilfe an, um der Flut an Dokumenten und Informationen Herr zu werden. Dennoch ist die Arbeit in Untersuchungsausschüssen oft ein Knochenjob. Sitzungen dauern manchmal vom Morgen bis nach Mitternacht.

Natürlich kann man in den Untersuchungsausschüssen Parteipolitik nicht immer außen vor lassen. Zugleich sind mir bei meiner Arbeit als Journalist viele wirklich an Aufklärung interessierte Abgeordnete begegnet, etwa bei den Ausschüssen, die sich um das Attentat einer islamistischen Zelle auf dem Berliner Breitscheidplatz gekümmert haben oder um das rechtsextreme Terrornetzwerk NSU (Nationalsozialistischer Untergrund). Ausschüsse können ein wichtiges Instrument sein, um vorherrschende Narrative zu hinterfragen: Bestand der NSU wirklich nur aus dem Trio Uwe Mundlos, Uwe Böhnhardt und Beate Zschäpe? War Anis Amri der einzig Beteiligte bei dem LKW-Anschlag auf den Berliner Weihnachtsmarkt 2016? Was haben Strafverfolgungsbehörden und Geheimdienste falsch gemacht?

Der Untersuchungsausschuss Mitte der Neunzigerjahre im Stuttgarter Landtag hätte also angesichts dieser Möglichkeiten einen wichtigen Versuch leisten können, Verflechtungen zwischen Stuttgarter 'ndrangheta und Stuttgarter Politik aufzuklären. Nur war das halt leider nicht sein Auftrag.

In einem Fernsehinterview des Journalisten Stephan Wels für die ARD-Sendung »Panorama« aus dem November 1993 hatte Günther Oettinger Mario Luttini »einen seiner besten Freunde« genannt.

In Papieren des Untersuchungsausschusses steht, dass Mario Luttini umgekehrt in Telefonaten mit anderen Italienern Oettinger als »seinen Minister« titulierte. Damit war der Fokus in der Diskussion gesetzt und das wirkt bis heute nach. Luttini hatte nämlich viele »Freunde«, doch immer nur Oettinger wird für seine engen Kontakte gerügt. Das ist verständlich aufgrund seiner politischen Bedeutung, aber eigentlich unfair. Und es verschleiert die Tatsache, dass Mafiosi Stärke vor allem aus der Kraft ihres Netzwerks ziehen, nicht aus einzelnen Kontakten allein. So ist bekannt, dass ein in der Stuttgarter Region sehr angesehener Immobilien-Großunternehmer zur Clique gehörte, der Rechtsanwalt vom Flughafen in Bari und viele, viele mehr. Umgekehrt profitieren andere Mafiosi in Stuttgart von der großen Aufmerksamkeit, die Mario Luttini auf sich zieht: Sie erhalten kaum Beachtung.

Die Verbindung Luttinis zu Oettinger war vor allem aufgrund von Abhörmaßnahmen der Polizei publik geworden. Der Ausschuss sollte daher herausfinden, ob diese Praxis rechtens war, wer die Maßnahmen angeordnet hatte, wer alles von ihnen wusste, wo die Abschriften von abgehörten Telefongesprächen landeten und inwiefern sie zu Ermittlungsverfahren führten. Es sollte sogar erhoben werden, wie oft solche Maßnahmen in den Jahren 1989 bis 1993 in den USA, Holland, Großbritannien und Italien angeordnet wurden. Vor allem ging es auch darum herauszufinden, wer Erkenntnisse aus den Abhörmaßnahmen weitergegeben hatte. Und natürlich wollte man herausfinden, wer Jürgen Roth die Informationen gesteckt hatte.

Ich finde es nachvollziehbar, dass mit einem Instrument, das so tief in das Privatleben hineinreicht wie eine Abhörmaßnahme, verantwortungsvoll umgegangen wird, und auch, dass überprüft wird, ob die Maßnahme angemessen war. Immerhin erfahren so in der Sache Ermittelnde allerlei private Details, etwa ob jemand womöglich Drogen nimmt oder fremdgeht. Es ist auch verständlich, dass eine Ermittlungsbehörde besorgt ist, wenn Interna nach außen getragen werden, von wem auch immer.

Schwierig für mich ist in dem vorliegenden Fall aber, dass die Kontakte zwischen Politik und Mafia für den Ausschuss weit weniger ein

Problem zu sein schienen als die Rechtmäßigkeit von Abhörmaßnahmen. Es fehlte damals offenbar das entsprechende Bewusstsein und ich befürchte, dass sich das bis heute kaum geändert hat. Im Abschlussbericht steht immerhin, der Landtag solle über »eine Bundesratsinitiative darauf hinwirken, dass der Katalog der Straftaten, zu deren Aufklärung die Telefonüberwachung eingesetzt werden darf, um den Straftatbestand der Geldwäsche und zur Bekämpfung organisierter Wirtschaftskriminalität einschließlich organisierter Umweltkriminalität« erweitert werde. Man findet aber keinen Dank an die Ermittlungsbehörden. Kein motivierendes Signal, doch in Zukunft ähnlich engagiert gegen Mafia und Organisierte Kriminalität in Baden-Württemberg vorzugehen. Keine Analyse der Gefahr durch Mafia-Clans, die über den Kontakt zu Oettinger hinausgeht und dass dieser »unwissentlich und unwillentlich für die Zwecke der Organisierten Kriminalität missbraucht werden könnte«.

Wenn man will, kann man die Botschaft, die der Ausschuss aussendete, auch so verstehen: bitte beim Thema Mafia maximal Dienst nach Vorschrift, nicht mehr. Und ich befürchte, so wurde sie auch verstanden.

Was dann passierte: Mario Luttini wurde lediglich wegen Steuerhinterziehung verurteilt. Auch in italienischen Verfahren wurde er nicht als Mafioso verurteilt, sondern freigesprochen. Bischkis Aussagen wanderten in die Schublade. Mario Luttini betrieb weiter Gaststätten.

Es gibt genügend Gründe, das Thema ernst, sehr viel ernster zu nehmen. Spricht man mit Personenschützern und hochrangigen Polizistinnen und Polizisten, dann hört man von einem Ministerpräsidenten, der Kokain konsumieren soll, von hochrangigen Leuten in der Bundespolitik, deren Lieblingsrestaurant in Hessen einen Mafia-Hintergrund hat, man findet Informationen über Oberbürgermeister, die mit Mafia-Verdächtigen befreundet sind, die immer wieder auch in Ermittlungsverfahren aufscheinen. Man liest in Akten von einer organisierten Reise nach Kalabrien, wo hohe Kommunalpolitiker mit leitender Funktion bei einer Bank dann auch Mario Luttini trafen sowie andere Männer, bei denen von einem Mafia-Hintergrund auszugehen ist. Straftaten sind das zwar nicht.

Aber mindestens ein Zeichen von mangelnder Sensibilisierung. Einmal berichtete mir jemand, dass ein bedeutender Landespolitiker von der Polizei gewarnt worden war, ein bestimmtes Restaurant nicht mehr aufzusuchen, weil der Wirt mit der Mafia im Bunde sei. »Dann gehen wir da erst recht hin«, sei die Antwort gewesen. Mehr Ignoranz in einem Satz geht kaum.

Gerne würde ich hier wie an vielen anderen Stellen Namen nennen. Es wäre jedoch rechtlich äußerst heikel und würde wohl in ein Gerichtsverfahren münden. Manche Quelle müsste, um das hier Veröffentlichte mit ihrer Aussage zu untermauern, ihren früheren oder aktuellen Arbeitgeber um eine Aussagegenehmigung bitten. Dass diese erteilt würde, ist sehr fraglich. Kaum fraglich ist dagegen, dass die Personen danach Nachteile erleiden würden. Es bleibt daher leider unbefriedigend.

Ein richtiger Mafia-Untersuchungsausschuss

Es gibt viele Erklärungen für solche Kontakte zwischen Politik und Mafia. Hierzulande geht es Politikern nicht darum, sich ins Amt helfen zu lassen. Zwar besorgte die ’ndrangheta auch in Deutschland Stimmen für einen Politiker, allerdings kam der aus Italien. Mit den Stimmen von Auslandsitalienern hievte der Arena-Clan aus Isola di Capo Rizzuto 2008 Nicola di Girolamo in den italienischen Senat. Die Aktion wurde von Fellbach bei Stuttgart aus koordiniert, in einem Fanclub des Fußballvereins Inter Mailand, der von Domenico Pianta* und Andrea Firamidi* betrieben wurde. Die Stimmen wurden nicht nur in Stuttgart gekauft, sondern auch in hessischen Gaststätten, deren Wirte gut mit Mario Luttini bekannt waren. Gemeinsam mit Luttini feierte di Girolamo dann seinen »Wahlsieg« in Stuttgart. In Unterlagen hatte der Politiker allerdings eine Adresse in Brüssel angegeben, die es nicht gab, und so flog die Sache auf.

Dass wichtige deutsche Menschen Kontakte zu Mafiosi unterhalten, wissentlich oder nicht, hat andere Gründe. Italienisches Essen ist beliebt, man bekommt es also mit der Mafia zu tun, wenn der Wirt Mitglied ist. Das Landeskriminalamt Baden-Württemberg hat einmal eine Analyse in Angriff genommen und eine Liste mit sämtlichen italienischen Gastronomiebetrieben erstellt, um zu evaluieren, wie groß die Kontamination ist. Aufgrund datenschutzrechtlicher Bedenken wurde das Projekt eingestellt, Zahlen oder Schätzungen gibt es bis heute nicht. Um einem Generalverdacht vorzubeugen, kann ich also nur darauf hinweisen, dass viele Wirte mit den Clans nichts zu tun haben wollen. Mein Verein *mafianeindanke* ist genau deshalb entstanden: Rund 50 Gastronomen wollten sich 2007 nach dem Sechsfach-Mord von Duisburg öffentlich gegen die Mafia stellen.

Kokain zu kaufen, mag ein weiterer wichtiger Grund sein. Bedenkt man, dass der Konsum weiter verbreitet ist, als man denkt, braucht gewiss auch der ein oder andere Politiker Koks. Und wer gesellschaftlich höher steht, kann nicht beim Dealer im Park seinen Stoff kaufen, sondern bei standesgemäßen Anlaufstellen, wie es sie erfahrungsgemäß häufig im Umfeld von Edelwirten gibt. Uninformiertheit spielt ebenfalls eine Rolle: Hätten wir die von Mafia-Clans ausgehende Gefahr immer präsent, dächten wir an Hunderte schuldlos dahingemetzelter Kinder, Frauen und Männer, wäre unser kollektives Mafia-Bild auf der Höhe der Zeit, gingen wir wohl kaum bei jemandem essen, der im Ruch steht, zu einer solchen Organisation zu gehören. Stattdessen sehen wir aber das Zerrbild des Paten aus der gleichnamigen Trilogie von Francis Ford Coppola, Marlon Brando, wie er eine weiße Katze streichelt. Wir sehen vereinzelte Kriminelle, die mit Kokain handeln. Wir wissen – vielleicht! – um Clans oder haben schon einmal von Geldwäsche gehört. Aber das Wissen um tiefere Strukturen der ’ndrangheta ist kaum ausgeprägt. Wo soll es auch herkommen? Es gibt in Deutschland kaum eine intensive Auseinandersetzung mit dem Thema, nicht in der Justiz, nicht in der Wissenschaft, nur äußerst selten in Medien und schon gar nicht in der Politik, von ein paar wenigen Personen abgesehen, die den Stab hochhalten. Wir sind, gerade was die italienischen Mafia-Organisationen anbelangt, ihrer Strategie der Unauffälligkeit kollektiv auf dem Leim gegangen.

Umso wichtiger sind parlamentarische Untersuchungsausschüsse. Gerade wenn es um das Thema Mafia geht, können Medien, die in einer Demokratie ebenfalls eine Kontrollfunktion haben, diese leider kaum erfüllen. Das hat viele Gründe: Menschliche Quellen als Informationsgeber können oft nicht öffentlich auftreten, weil sie sich sonst des Verrats von Dienst- oder Privatgeheimnissen schuldig machen würden. Dokumente zum Thema aus Ermittlungsverfahren sind für Medienschaffende schwer zu beschaffen, oft sind sie erst nach vielen, vielen Jahren verfügbar und somit für die Gegenwart weniger aussagekräftig. Und selbst wenn solche internen Dokumente vorliegen, genügt das oft den rechtlichen Anforderungen an eine Berichterstattung nicht. Gerade was die investigative Berichterstattung über Organisierte Kriminalität anbelangt, haben die Gerichte in Deutschland mit ihrer Rechtsprechung eine Art Angstklima in den Redaktionen erschaffen. Viele wollen sich lieber nicht die Finger verbrennen und berichten deshalb nur allgemein über das Thema oder in der Folge von Polizeioperationen. Untersuchungsausschüsse dagegen schaffen Anlässe zu berichten und sie schaffen Transparenz.

Über Jahre hinweg hatten Journalistinnen und Journalisten über 'ndrangheta-Aktivitäten in der thüringischen Landeshauptstadt Erfurt berichtet: Zuerst beschäftigten sich der 2017 verstorbene Jürgen Roth und die Autorin Petra Reski in ihren Texten damit. Eine Gruppe von Journalistinnen und Journalisten des *MDR* (Mitteldeutscher Rundfunk) und der *FAZ* (Frankfurter Allgemeine Zeitung) blieben an dem Thema dran und stellten dar, wie sich die 'ndrangheta nach dem Fall des Eisernen Vorhangs in den damals neuen deutschen Bundesländern ausgebreitet und festgesetzt hatte. Im Fokus stand ein »Fido« betiteltes Ermittlungsverfahren der Staatsanwaltschaft Gera, an dem auch das Landeskriminalamt (LKA) und Bundeskriminalamt (BKA) beteiligt waren. Es erbrachte erstklassige Erkenntnisse zu Strukturen in Thüringen und anderen Ost-Bundesländern. Das Team von *FAZ* und *MDR* enthüllte auch, dass mehrere verdeckte Ermittler im Inneren der Gruppe platziert werden konnten. Die Ermittlungen machten nicht zuletzt Kontakte zwischen Politik, Justiz und 'ndrangheta und Umfeld deutlich. Das Verfahren wurde im Jahr 2006 eingestellt, die Gründe dafür blieben unklar. Die Berichte darüber brachten das Fass zum Überlaufen und im Thüringer Landtag wurde im Frühjahr 2021 ein Untersuchungsausschuss eingesetzt. Während ich dieses Buch schrieb, war seine Arbeit allerdings noch nicht abgeschlossen. Und der Transparenz wegen ein Hinweis: Ich war als Sachverständiger für die erste Sitzung des Ausschusses geladen, neben der Soziologin Zora Hauser, die für ihre Promotion an der Universität Oxford drei Ermittlungsverfahren zur 'ndrangheta in Deutschland intensiv untersuchte, sowie Oliver Huth vom LKA in Nordrhein-Westfalen, der über Querverbindungen zu und Erfahrungen aus Ermittlungsverfahren in seinem Bundesland berichten konnte.

Die beiden Abgeordneten Madeleine Henfling von den Grünen und Katharina König-Preuss von der Linken sind für ihre Parteien Obfrauen in diesem Ausschuss. Ihre Parteien haben in einigen Veranstaltungen Erkenntnisse des Ausschusses nach außen getragen. Bereits zwei Mal hat ein Mafia-Informationstag in der Erfurter Innenstadt stattgefunden, direkt gegenüber von einem italienischen Restaurant. Axel Hemmerling, einer der Journalisten, deren Berichterstattung den Ausschlag gegeben hatte für die Einsetzung des Ausschusses, moderierte die Premiere. Henfling, die auch stellvertretende Landtagspräsidentin ist, und König-Preuss gaben intime Einblicke in ihre Arbeit.

»Seit mehr als einem Jahr versuchen wir – und man muss tatsächlich versuchen sagen – einige Ungereimtheiten beim Kampf der Sicherheitsbehörden und der Justiz gegen die italienische Mafia hier in Thüringen aufzuklären«, sagte Henfling. »Uns interessiert dabei vor allem, wie es der Mafia gelungen ist, im kleinen Thüringen Fuß zu fassen und ob der oder die ein/e oder andere Politiker*in und Funktionsträger*in der Mafia dabei bewusst oder unbewusst geholfen hat.« Die mutmaßlichen Mafiosi kämen häufig als nette Gastronomen um die Ecke und begrüßten überschwänglich gerne auch Amtsträgerinnen und Politiker oder andere Prominente. Die Fotos dieser Leute zierten die Wände einschlägiger Restaurants. »Ich denke, viele Prominente denken, da, wo ein Minister, ein Bürgermeister, ein Richter oder ein anderer Prominenter essen geht, da kann ja kein Mafioso hinter der Theke stehen. Der parlamentarische Untersuchungsausschuss hat uns aber jetzt schon gelehrt: Natürlich kann dort ein Mafioso hinter der Theke stehen.« Das gelte auch für Westdeutschland. Henfling sagt, dass mit dem Fall der Mauer und der friedlichen Revolution im Osten Geld gebraucht worden sei. »Es wurde kaum danach gefragt, wo das Geld herkommt, es wurde eigentlich gar nicht danach gefragt, solange verfallene Städte wieder aufblühten, wie beispielsweise Erfurt.« Ein Geschäft für die Mafia. Inzwischen würden die Mafiosi in Deutschland vor allem Geld waschen, häufig aus dem Handel mit Kokain. Henfling vermisst eine ernst zu nehmende Auseinandersetzung mit dem Phänomen. »Auf der einen Seite kann man verstehen, dass Sicherheitsbehörden nicht überall wedelnd herumrennen und sagen, wir haben übrigens die Mafia hier und ermitteln. Aber dadurch, dass es nie von offizieller Seite als Problem angesprochen wurde, bleibt es im Ungefähren und es gibt keine gesellschaftliche Auseinandersetzung. Die kann es auch nicht geben, weil das Problem für die Zivilgesellschaft nicht greifbar ist.«

Für die Abgeordnete König-Preuss wurde das Mafia-Problem mit der Einsetzung des Ausschusses recht schnell greifbar, berichtete sie: »In der Stadt, in der ich lebe, begannen italienische Restaurant-Inhaber zu grüßen, die ich bis dahin nicht kannte. Ich werde regelmäßig gefragt, ob alles okay ist und wie es mir gehe.« Wie Henfling ist auch sie in der Arbeit für Untersuchungsausschüsse erfahren, sie betrieb unter anderem schon im NSU-Untersuchungsausschuss gesellschaftliche Aufklärung. Beim Mafia-Informationstag beklagte sie einen schwerwiegenden Unterschied zu den beiden Ausschüssen zum NSU-Komplex: Akten würden teilweise nachträglich als geheim eingestuft, manche sogar als vertraulich. »Bei unserem Auftrag, transparent und öffentlich aufzuklären, erfahren wir teilweise Behinderungen aus dem Innenministerium, Behinderungen aus dem Justizministerium, aber auch Behinderungen in der Form, dass das Bundeskriminalamt immer wieder beantragt, unsere Protokolle nachträglich einzustufen. Da stellt sich schon die Frage, warum es nicht eigentlich eine Unterstützung für den Mafia-Untersuchungsausschuss gibt aus Sicherheitsbehörden heraus, wie es sie gab, um den NSU aufzuklären.« Sie habe dazu noch keine abschließende Antwort. »Ich finde das sehr relevant, weil es natürlich darum geht, hier in Thüringen, in der Gesellschaft, zu einer erhöhten Sensibilität beizutragen.« Jeder Mensch, der in Thüringen in ein Restaurant mit Mafia-Verbindungen gehe, müsse sich bewusst werden, dass er damit Menschenhandel, Frauenhandel und Drogenhandel unterstütze. »Und ja, es gibt kaum Restaurants, die italienische Küche anbieten, die nicht eine Verbindung zur 'ndrangheta hier in Thüringen haben. Das betrifft Erfurt, in Teilen aber auch Jena, Weimar und weitere Städte.«

König-Preuss machte deutlich, dass der Ausschuss eine West-Ost-Migration in den Blick nehme und deshalb oft an Landesgrenzen stoße: Westdeutsche Kapitalisten hätten damals die Unerfahrenheit der Menschen in Ostdeutschland ausgenutzt und der ’ndrangheta geholfen, sich anzusiedeln, und auch gleich eine Notar- und Rechtsanwaltskanzlei mitgebracht. Die ’ndranghetisti hätten Immobilien von der Konsumgenossenschaft übernommen, auch zur Treuhand gebe es Bezüge. Juristen, Verwaltungsbeamte und Politiker hätten einiges mit dazu beigetragen, dass die ’ndrangheta sich hier so tief habe verwurzeln und verankern können. »Dafür muss es zumindest Konsequenzen in Form von einer gesellschaftlichen Missachtung dessen geben«, forderte König-Preuss. Eigentlich benötige es einen bundesdeutschen Mafia-Untersuchungsausschuss, forderte König-Preuss, oder noch besser eine Einrichtung auf europäischer Ebene.

In Italien gibt es eine Vielzahl ähnlicher Gremien. Mitglieder von Senat und Parlament bilden einen ständigen Mafia-Untersuchungsausschuss, auf regionaler und kommunaler Ebene tagen vergleichbare Gremien. In Europa dagegen setzte nur das Europaparlament einmal einen Ausschuss namens »Crime« ein, der zu Organisierter Kriminalität arbeitete. Der thüringische Untersuchungsausschuss ist also eine Besonderheit. Leider ist eine Neuauflage nach der Landtagswahl im September 2024 mindestens fraglich. Mein Verein plant, eine zivilgesellschaftliche Beobachtungsstelle für verschiedene Formen von Organisierter Kriminalität einzurichten. Doch noch fehlt es an Mitteln.

Der Aussteiger

Dann stehst du da und weißt nicht, wie du dich verhalten sollst. Du stehst da, mitten im Raum, festgeklemmt zwischen Spielzeug und Ermittlungsakten, und weißt nicht, was du sagen sollst. Du bist hierhergekommen, um seine Geschichte zu erzählen, deine Geschichte. Ein ehemaliger Boss der 'ndrangheta, jetzt in Gefahr, und du kannst ihm nahekommen. So hatte es Andrea am Telefon angekündigt. Und hinzugefügt, dass du besser schnell kommen solltest, es sei unklar, wie lange er noch rede. Die Welt staunte damals über den Arabischen Frühling, grollte ob des syrischen Diktators Baschar al-Assad, der machtgeil sein eigenes Volk massakrierte, und war gespannt, ob die Menschen in den USA Barack Obama erneut zu ihrem Präsidenten wählen würden. In Deutschland der Schrecken über ein Neonazi-Terrornetzwerk, das Männer mit ausländischen Wurzeln ermordet hatte. Die italienische Mafia war wie immer kein Thema. Dir aber sind tausend Fragen eingefallen, die du Luigi stellen willst. Das ist es, warum du deine Arbeit so liebst, selbst wenn es schwer ist, damit ein angemessenes Einkommen zu erzielen: dass du Einblick bekommst in Welten, zu denen andere nie Zugang erhalten, alle fast alles fragen darfst und danach schöne Texte darüber machen kannst. Rare Perspektiven auf andere Leben. Aber du hast dich nie gefragt, was Luigi von dir will. Und dann sagt er es: Rettung. Rettung will er. Nicht für sich. Aber für die, die er mitgenommen hat auf seinem Weg. »Du musst mir helfen, meine Familie in Sicherheit zu bringen«, sagt er. Diesen Satz wird er in deinem Kopf festtackern, wieder und wieder flehen. Er ist schmächtig, nur 40 Jahre alt, das Leben hat ihn trotzdem schon gebeugt. Man stellt sich Mafia-Bosse immer ein wenig vor wie Marlon Brando als Paten,

Männer, die mit jeder Pore Autorität ausstrahlen, stets auf ihre Eleganz bedacht. Luigi ist nicht so. Er könnte auf den ersten Blick Bankmitarbeiter sein, Schlagersänger oder Handwerker, nur hat er eben mit 19 Jahren seinen ersten Mord begangen. Die Haare umrahmen ohne Struktur sein Gesicht, sind aber gepflegt. Der Bart kann sich nicht entscheiden, ob er das Gesicht prägen will. Nie hast du einen Menschen in tieferer Verzweiflung gesehen, wirklich nie. In dieser Wohnung sitzt er fest, in irgendeiner Stadt in Süditalien, die ihm zunächst eine neue Heimat war. Wo er wieder ins Kino gehen konnte, unbeobachtet, wie er glaubte. Eis essen mit der ganzen Familie. Ein neues Leben. Wo er sich ein Tattoo stechen lassen wollte als Zeichen für dieses neue Leben, ein Phönix, der aus der Asche aufsteigt, eine mythische Figur, den Neuanfang als Bild auf dem Oberarm. Und genau dort, vor dem Tattoostudio, stand er. Einer, den er kannte. Einer, der ihn kannte. Und der ihm nichts Gutes wollte. Er schaute nur. So funktioniert das in der Mafia, es braucht keine großen Worte. In einem Blick kann Aussage genug liegen. Wir wissen, wo du bist. Luigis neues Leben, es endete in diesem Augenblick. Mit diesem Augenblick zerbrach auch das neue Leben von Paola, Salvatore und Syria, seiner Frau und den Kindern. Ein Bild in der Wohnung auf einem Beistelltisch neben der Essecke zeigt die vier. Salvatores Kommunion, alle elegant. Ein normales Familienbild, aber nicht hier, nicht in diesem Kontext. In der alten Welt ist er nicht mehr zu Hause als von der ehrenwerten Gesellschaft Verstoßener, der sogenannten »ehrenwerten Gesellschaft« der Mafiosi. Sie raunen jetzt über ihn, den Gesuchten, den Gehassten, den zu Tötenden. In der erhofften neuen Welt, wo er sich ein normales Familienleben erwartete, eine Existenz ohne die Fesseln der 'ndrangheta, ist er nie angekommen. Luigi bleibt zerrissen zwischen diesen Welten, er und seine Familie. Und so versucht er sich zurechtzufinden mit der Logik, die er in der alten Welt gelernt hat. Versucht, die Schritte seiner Gegner vorauszudenken, um ihre Pläne zu durchkreuzen. Schläft nicht, denkt nach, grübelt, zermartert sich das Hirn. Nie verharrt er, ist ständig in Bewegung, aufgerieben. Bei unseren Gesprächen fällt es ihm schwer, auf seinem Stuhl zu bleiben. Du musst meine Familie retten.

Der Ferrazzo-Clan, ebenfalls ein Teil der ’ndrangheta, gehörte zu den Gegnern seines Clans. Bei einer Hochzeit verschwanden drei Mitglieder des Clans. Luigi schwört, nichts damit zu tun zu haben. Aber das war jetzt egal. Die Rechnung war immer noch offen, neues Blut überdeckt altes, Sühne ist immer Pflicht. Der Clan hatte ihn aufgespürt, Luigi wusste um die nächsten Schritte.

Wir stehen am offenen Fenster. »Ich muss jeden Augenblick damit rechnen, erschossen zu werden.« Luigi sagt das, Resignation in der Stimme, schicksalsergeben, er zeigt nach draußen, auf ein paar Fenster auf der anderen Straßenseite. Direkt gegenüber wohne ein Mann aus Kolumbien, ein Mann der Ferrazzo. Er weist auf eine Bäckerei in einiger Entfernung, so weit, dass ich sie kaum erkenne. »Da hinten kann jetzt jemand das Präzisionsgewehr anlegen, auf mich zielen.« Du glaubst es ihm, mit Gewehren kennt er sich aus. Dir wird in diesem Moment klar, dass du keine Ahnung von dieser fremden Welt hast, keine Ahnung vom Töten, von Waffen, von diesen Gedanken, von mafiöser Logik und wie wahrscheinlich es ist, dass das, was Luigi vorhersieht, auch passiert.

»Ich habe auch meine Kinder darauf vorbereitet, dass ich jederzeit getötet werden kann«, sagt er. Ich will ihm entgegenschreien, das geht nicht, das darfst du nicht, es sind Kinder, und überhaupt, du kannst sie nicht darauf vorbereiten, sie sind zu klein. Aber ich sage nichts. Es ist Herbst 2012, Syria besucht noch die Grundschule. Es geht Luigi nicht um sich selbst. Sondern um seine Kinder. Vor allem um seine Kinder, die keinerlei Schuld tragen, seine Frau. »Hilf mir, sie in Sicherheit zu bringen!« Du bist hierhergekommen, um eine Geschichte zu schreiben. Jetzt bist du ohnmächtig. Wie bringt man eine Familie in Sicherheit? Der Wunsch geht zu weit, du bist Journalist. Es ist übergriffig. Ja. Aber er ist auch verständlich.

Dein Blick weitet sich mit den Tagen. Es geht hier nicht allein um die Geschichte des Mannes, der dir sympathisch ist. Es geht auch nicht nur darum, wie eine Familie unter dieser Bedrohung versucht, ein Leben möglichst so normal zu leben, wie es eben möglich ist, vor allem für die Kinder. Es geht um ganz andere Fragen. Warum leben die vier so hier? Tut der italienische Staat wirklich alles, um Kronzeugen zu schützen? Ist die Tatsache, dass die Papiere von

Luigi und seiner Familie nur in der Region gelten, in der sie gemeldet sind, nicht aber, wenn sie ein paar Kilometer weiter zum Einkaufen fahren, nur ein bürokratischer Fehler oder ist es Kalkül? Weil es eine Ordnungswidrigkeit ist, ohne gültige Papiere unterwegs zu sein und weil Kronzeugen sich nichts zuschulden kommen lassen dürfen und weil man die Menschen im Kronzeugenprogramm so besser kontrollieren kann? Will der italienische Staat Menschen wie Luigi überhaupt? Nestbeschmutzer, die rücksichtslos alle benennen, egal, ob der eigene Vater oder hochangesehen oder Straßenkehrer? Du stellst dir diese Fragen, sie werden dir aber auch nahegelegt. Du fragst dich zudem, wie das, was gerade passiert, sich mit deinem Bild von dir als Journalist vereinbaren lässt. Du merkst, wie diese Geschichte nicht mehr eine Geschichte ist, sondern auch zu deiner wird, wie du Teil von ihr wirst. Wie sehr der Zufall hier mit dir spielt, wird dir allerdings erst viel später klar werden.

Luigi hat eine Entscheidung getroffen, und sie ist unumkehrbar. Er kann nicht zu seinem Vater gehen, dem er ins Bein geschossen hat, um ihn davon abzuhalten, seinen eigenen Sohn Luigi zu ermorden. Er kann nicht nach Crotone zurückkehren und sagen, Papà, es war ein Fehler, Kronzeuge zu werden, ich bin wieder da. Dieser Weg ist versperrt. Genauso ist aber auch der Weg in ein neues Leben blockiert. Luigi bekommt keinen Job. Die Polizeieinheit, die seinen Schutz gewährleisten soll, kommt einmal pro Woche vorbei: ein Mal. Während eines Besuches sitze ich im Kinderzimmer, sie sollen mich nicht sehen. Zwei Männer sind es. Der mit der tieferen Stimme fragt, ob alles okay sei. Nach wenigen Minuten sind sie wieder weg. Später erzählt Luigi mir, dass in der Garage der Schwiegermutter des Chefs der Polizeieinheit ein Waffenarsenal der 'ndrangheta gefunden wurde. Und Luigi *muss* diesen Männern immer die Tür öffnen und sie zu sich und seiner Familie hereinlassen. An sie muss er sich wenden bei Problemen, so steht es in den Verträgen. Es zehrt an den Nerven. »Bring meine Familie bitte in Sicherheit.«

Es ist Tragik: Luigi wurde in die 'ndrangheta hineingeboren, hineinerzogen, schon als Kind zum Mafioso gemacht, hat das Leiden mit dem Breilöffel gefressen. Mit zehn Jahren Schießtraining am

Meer mit Kalaschnikow und schmerzendem Daumen vom Rückstoß. Und nun hat er, um seinen Kindern diesen Weg, seinen Weg, zu ersparen, einen Schritt getan, den zu wenige 'ndranghetisti tun und der seine Kinder ebenfalls leiden lässt. Dabei können sie absolut nichts dafür. So hocken sie, wenn es nicht anders sein muss, alle vier den ganzen Tag in der Wohnung, hinter Mauern.

An einem Abend sehe ich von draußen, wie Luigi am Esstisch etwas in seinen Laptop tippt, solide Zwei-Finger-Technik. Der winzige Balkon ist eine große Ausflucht, Paola und ich lehnen am Geländer. Die Luft kündet vom Abend, sie hat die allergrößte Hitze abgestreift und bringt Salzspuren des nicht allzu fernen Meers mit sich. Paola spricht leise, der Wohnblock gegenüber blickt uns aus geöffneten Fenstern entgegen. Ich bemühe mich ebenfalls, die Stimme zu dämpfen. Paola erzählt mir, dass sie Fremdsprachensekretärin gelernt hat. Ein seltener Moment, meistens steht Luigi im Fokus. »Ich sprechen wenig Deutsch«, sagt sie und lacht ein wenig, »wie heißt du?« Ich lache mit, allein schon, weil es guttut. Paola stammt nicht aus einer Mafia-Familie. Auch ihr Bruder und ihre Eltern wurden von der Entscheidung Luigis in ein anderes Leben gestoßen. Wegen Luigi mussten sie ihre Heimat ebenso von heute auf morgen verlassen. »Wie war das, als du erfuhrst, wer Luigi wirklich ist?«, möchte ich wissen. Die Frage ist schlimmer als eine Ohrfeige. Sie zieht an ihrer Zigarette, sagt nichts, weint. Mit einer Hand wischt sie sich über das Gesicht, so möchte sie nicht vor mir stehen. »Furchtbar«, sagt sie, dann geht sie nach drinnen, in die Küche.

Später erzählt mir Luigi, dass er den Schritt, sich von der Mafia zu lösen, getan hatte für das Wichtigste in seinem Leben: seine Familie. Und doch hatte er sie so gut wie verloren, Paola und er waren quasi schon getrennt. Er weiß, dass er ihr nicht hätte böse sein dürfen, wäre sie gegangen.

Kaffee darf nie fehlen. Wir haben gerade den morgendlichen Espresso getrunken. Luigi und ich bereiten unser Interview vor. Wir gehen die Fragenkomplexe grob durch. Luigi hatte uns zugesagt, über alles mit uns zu reden, jede Frage zu beantworten, nur nicht über die Entsorgung von Gift- und radioaktivem Müll, das sei zu gefährlich. Andrea will das Gespräch am Nachmittag mit der Kamera aufnehmen, wir haben für »Report München« schon einmal zusammengearbeitet, vielleicht wird wieder ein Fernsehbeitrag daraus. Die Chemie zwischen Luigi und mir stimmt, es könnten richtig gute Aufnahmen werden. Luigi hat ein feines Hemd angezogen. Er müht sich, konzentriert zu sein, während wir uns besprechen, am Tisch sitzen zu bleiben und nicht aufzuspringen. Vincenzo und Andrea verlassen irgendwann die Wohnung.

Einige Zeit später kommen sie mit Unmengen an Pizza zurück. Fast unbemerkt ist es Zeit für das Mittagessen geworden. Unten vor der Wohnung ist ein Supermarkt, es ist keine Seltenheit, dass Discounter Pizza al taglio anbieten, Pizzastücke, und diese hier ist tatsächlich so, wie sie sein soll: Die Tomatensoße kräftig und nur ganz leicht säuerlich, der Teig war genau richtig im Ofen, sodass nichts verbrannt ist, die Pizza aber durch. Alle essen mit Begeisterung, kaum etwas bleibt übrig. Nachdem der Tisch abgeräumt ist, setzt Andrea die Kamera aufs Stativ, steckt Kabel ein, richtet die Technik. Andrea ist meistens zurückhaltend und spielt sich nie in den Vordergrund. Jetzt aber wirkt er merkwürdig in sich gekehrt; er war schon beim Essen schweigsam. Luigi nimmt vor der Wand Platz, an dem Tisch, an dem wir alle eben noch die Pizzastücke verspeist haben. Er streicht sich das Hemd glatt, schaut aufmerksam in die Kamera. Ich stelle meine erste Frage, die zweite, manche dann etwas unbeholfen. Luigi antwortet unverstellt. Ich bin überrascht, wie professionell er wirkt, wenn die Kamera läuft: geschliffene Sätze, keine Wiederholungen. Ab und an schaltet sich Paola ein, sie ist sein Korrektiv, auf herzliche Art berät sie Luigi, und ihr Rat zählt. Man merkt nichts davon, dass Luigi als Mafioso darauf getrimmt worden ist zu schweigen. Immer wieder kokettiert er damit, nur die *terza media* zu haben, also einen Schulabschluss vergleichbar der Hauptschule. Solange er mit Fakten hantieren kann, antwortet er souverän. Als wir dann aber auf seine Kindheit zu sprechen kommen, schiebt sich Resignation in seinen Blick und meine Fragen gehen ihm erkennbar nahe. Manchmal sinkt er in sich zusammen, muss sich fassen, redet stockend. Die mafiöse Erziehung hat Verletzungen hinterlassen, Schläge tiefe Narben, die keiner sieht. Er habe sich oft auch schützend vor die Mutter gestellt oder war unter sein Bett geflüchtet, wenn der Vater nach ihm trachtete. Einmal hebt er seine Hand, wie als kleiner Junge damals. Er hätte sich von seinem Vater eine helfende Hand erwartet, sagt er. Doch die gab es nicht. Stattdessen nur Kälte. Die totale Abwesenheit von Liebe. An nur ein einziges Lob durch den Vater erinnert er sich: als er nach Hause kam von seinem ersten Mord. Mit dem Schritt, Kronzeuge zu werden und seinen Clan zu verraten, habe er dann auf die Hilfe des Staates gehofft. Und wieder kam da nichts. Die Hand sinkt, Luigi steigen Tränen in die Augen; er bittet, die Kamera abzustellen.

Nach dem Gespräch beobachte ich Andrea. Er wirkt abwesend, auch abweisend. Habe ich die falschen Fragen gestellt? Ich hatte mich an Luigis Vorgabe gehalten und nicht über radioaktive Abfälle gesprochen. Doch irgendetwas stimmt nicht. Ich sehe, dass er bleicher ist als sonst. Seine Wangen zittern. Ich kann mir darauf keinen Reim machen. Andrea ist immer souverän, auch und gerade als Journalist. Er tastete sich in Brasilien im tiefsten Urwald an Orte vor, wo Plutonium verscharrt worden war, ohne jeden Schutz und ohne Furcht. Er hatte einen Prozess begleitet gegen einen Mann, der das wichtigste Mitglied der kalabrischen Mafia in Norditalien ermordet hatte. Die Tat sollte verhindern – und der Plan ging auf –, dass dieser Mafioso die ’ndrangheta in der Lombardei von ihrem Machtzentrum Kalabrien abspaltet. Der Mörder blickte im Gerichtssaal auf Andrea und zeigte vor aller Augen mit seinem Daumen, wie er ihm die Kehle durchschneiden will.

Erst spät am Abend, als wir uns vor unserer Unterkunft bei einem Bier unterhalten, berichtet Andrea, was passiert war. Als Vincenzo drinnen die Pizza abholte, hatte er auf dem Parkplatz vor dem Supermarkt eine Zigarette geraucht. Ein Mann war an ihn herangetreten, hatte ihm auf die Schulter getippt und freundlich gefragt: »Entschuldige, bist du Andrea?« Andrea, schlau und schnell im Kopf, war sofort klar, was das bedeutete. Mit dieser Frage war alles gesagt. Wir hatten mit niemandem gesprochen außer mit Luigi und seiner Familie, wir bewegten uns so gut wie nie außerhalb der Wohnung, nur wenn wir ankamen und wegfuhren oder eben mal Pizza holten. Doch die ’ndrangheta wusste, wer er war und warum er hier war.

Eine Einschüchterung ohne Einschüchterung. Die Mafia braucht nicht viele Worte, nicht viele Gesten. Das ist gemeint, wenn man in Artikeln davon liest, dass die Clans territoriale Kontrolle haben. Bedrohlich.

»Sprecht über die Mafia!«

»Wenn man in der ’ndrangheta aufwächst, weiß man nicht, wie man mit den Strafverfolgungsbehörden redet«, sagt Luigi. »Es herrscht die Omertà, das Schweigegelübde. Es sind deine Gegner, mit ihnen redest du nicht.« Zunächst wollte Luigi auch keine Aussagen bei der Polizei machen, er hatte beschlossen, sich nur nicht mehr kriminell für seinen Clan zu betätigen, und hatte dies den entsprechenden Leuten damals, im Jahr 2005, auch mitgeteilt. »Ich konnte das tun, weil ich aus einer wichtigen Familie komme. Kein Familienmitglied hätte mich deswegen angefasst; sie sind maximal angegriffen für zwei oder drei Monate. Auch niemand Außenstehendes hätte deshalb einen Krieg gegen uns begonnen«, berichtet Luigi. Heute sei es sogar noch einfacher, sich krimineller Akte zu enthalten als bei ihm damals.

Erst nach vielen Monaten entschied sich Luigi, mit den Strafverfolgungsbehörden zusammenzuarbeiten. Es war der weitreichendste Entschluss seines Lebens, denn dass er Mitglied der ’ndrangheta würde, hatten andere für ihn beschlossen. Wer aus einer alteingesessenen ’ndrangheta-Familie stammt, braucht nicht einmal das Aufnahmeritual hinter sich zu bringen, muss keinen Blutstropfen auf ein Heiligenbildchen aus dem Finger pressen und muss nicht das Bildchen auf der Handfläche anzünden. Er wird einfach qua Abstammung Mitglied.

Der Weg heraus nun war *sein* Entschluss und er erwies sich als schwierig. »Der Vater von einem sehr guten Freund von mir leitete früher die Staatsanwaltschaft in Crotone. Wir spielten zusammen Schach. Ich habe ihn also zu einer Partie eingeladen. Hör zu, Stefano, habe ich zu ihm gesagt, ich muss dir etwas gestehen, das niemand wissen darf. Kann ich dir vertrauen?« Luigi berichtete seinem Freund, dass er sich vor einigen Monaten von seiner Familie gelöst habe und dass er jetzt einen weiteren Schritt tun möchte. Die Wörter kosteten ihn Überwindung: »Ich möchte mit den Strafverfolgungsbehörden zusammenarbeiten. Wie geht das, wie ist das Prozedere? Kannst du deinen Vater fragen? Und was sind die Folgen davon?« Er schärfte seinem Freund ein, mit ja niemandem darüber zu reden. Bald gab Luigis Freund die von seinem Vater erhaltenen Hinweise weiter. Der Vater war bereit zu einem geheimen Treffen. Auf der Quästur, also dem Polizeipräsidium, bestätigte Luigi dann seinen Willen, mit den Ermittlern zusammenzuarbeiten, doch damit fingen die Probleme an. Ein Teil der Familie habe seinen Entschluss sogar mitgetragen, sagte er in einer Vernehmung. Und der andere Teil? Ließ ihm einen Boten schicken, wie Luigi zu Protokoll gab: »Tonino Vrenna und der Rest der Familie, gemeinsam mit Raffaele und Gianni Vrenna, lässt dir ausrichten: Wenn wir dir Frau und Kinder töten, was machst du dann? Kooperierst du dann immer noch mit den Ermittlern?« Ich habe auf verschiedenen Wegen versucht, Raffaele Vrenna zu kontaktieren um ihn zu dieser Angelegenheit zu befragen, erhielt jedoch keine Antwort.

Sich nicht weiter kriminell zu betätigen, beinhaltet keinen Verrat. Die wirklich hohe Hürde liegt dagegen hier: die eigene Familie mit Aussagen zu belasten, Freunde zu beschuldigen, geliebte Menschen ins Gefängnis zu bringen. Das ist nicht nur emotional schwierig; es bringt einen in Lebensgefahr. Der Kodex der ’ndrangheta verbietet es, mit Ermittlern zu sprechen, falls man nicht zu denjenigen Mitgliedern gehört, die mit einer bestimmten Befähigung versehen werden und danach mit dem Plazet der Organisation mit Polizistinnen und Polizisten und Leuten von den Staatsanwaltschaften sprechen dürfen. Dann aber natürlich nur im Sinne der ’ndrangheta. So können etwa untergeordnete Mitglieder verraten und entfernt werden, wenn es der Organisation dienlich ist.

»Ich schaffte es nicht, sofort Aussagen zu machen«, sagt Luigi, »etwas sperrte sich in mir, es gelang mir einfach nicht! Ich konnte nicht einfach Namen nennen. Du bist indoktriniert als Mann der Omertà. Ich hatte Morde in Auftrag gegeben, natürlich kannte ich die Namen der Täter. Aber Verbündete zu verraten ist ein Stück weit, wie wenn du dich selbst tötest, in gewisser Weise ein Selbstmord: Mit meinem ersten Vernehmungsprotokoll begann der Tod meiner eigenen vorigen Existenz als Mafioso.«

Über die 'ndrangheta ist oft zu lesen, dass es kaum Kronzeugen gebe, weil die Familienbande innerhalb der Clans so stark seien und die Organisation schützen. Es ist zwar zutreffend, dass Verwandtschaft ein wichtiges Instrument für die 'ndrangheta ist und es immer wieder arrangierte Hochzeiten gibt, mit dem Ziel, die Struktur durch gegenseitige Verbindungen zu stärken. Wahr ist aber auch, dass es eine Vielzahl von Kronzeugen gibt, die wie Luigi Bonaventura gegen die Organisation aussagen, auch wenn kaum einer über so viele Jahre und mit so vielen Staatsanwaltschaften kooperiert, wie Luigi das tut. Die ersten Vernehmungen erfolgten bei ihm zu Hause. Der Vater seines Freundes, der Staatsanwalt Giovanni Staglianò, schickte ihm im April 2006 die DIA nach Hause, die Direzione Investigativa Antimafia. Die DIA ist eine Antimafia-Ermittlungsgruppe, die aus den drei Polizeien Carabinieri, Polizia di Stato und Guardia di Finanza besteht und Niederlassungen in ganz Italien hat. Die Einheit wird unter anderem beauftragt, wenn Unternehmen auf Mafia-Infiltrationen überprüft werden sollen. Der Quästor hatte eine Durchsuchung beauftragt, eine fingierte Durchsuchung, die nur ein Vorwand für den Besuch von Ermittlern sein sollte. Gegen Luigi liefen zu dem Zeitpunkt keine Ermittlungen, die Ermittler hatten auch keine Hinweise in der Hand. Im September 2006 gab er zwar Informationen über ein Waffenlager der 'ndrangheta preis, Gewehre, Pistolen, etwas Dynamit sei auch dabei gewesen. Waffen, die gegen ihn, den Verräter aus Sicht der Mafia-Kumpane, hätten verwendet werden können. Ein Aussageprotokoll unterzeichnete er aber immer noch nicht; so weit war er nicht, außerdem raunten manche in Crotone, er wechsle die Seiten und Luigi musste in Betracht ziehen, dass es ein Leck bei der Polizei gebe, dass manche korrupt seien. »Es kam mir schräg vor, mit den Leuten zusammenarbeiten zu müssen, gegen die ich eigentlich aussagen müsste.«

Luigi stand unter großem Druck. Auf der einen Seite sein Weg heraus aus der 'ndrangheta, auf der anderen Seite sein Vater, der ihm nach dem Leben trachtete. Eines Tages stand er vor seinem Haus, unter dem Balkon, zog seine Waffe und schoss auf seinen Sohn, bis die Pistole blockierte. Luigi wehrte sich, ein Schuss, ein Treffer, am Bein. Es war Notwehr, doch bis das auch ein Gericht so befand, sperrte man Luigi ins Gefängnis. Luigi ist überzeugt, sie hätten ihn auch zu seinem Schutz inhaftiert. Die Zeit habe ihm gutgetan, er sei etwas zur Ruhe gekommen, habe nachdenken können.

Zwei Mal bekam Luigi im Gefängnis Besuch von einem jungen Staatsanwalt, Pierpaolo Bruni. Sie hatten ein paar Freunde gemeinsam, Luigi kannte ihn vom Sehen. »Das erste Mal wollte ich ihm nicht begegnen. Ich gab ihm nicht die Hand, ich wollte ihn nicht sehen. Ich wusste, dass wenn ich mit ihm spreche und ihm die Hand gebe, dass ich dieses Versprechen dann auch halte. Beim zweiten Mal sagte ich mir, sprich wenigstens mit ihm. Ich grüßte ihn, guten Tag, wie geht es Ihnen? Er sagte, ich weiß, dass Sie mit den Behörden kooperieren wollen, machen wir diesen Schritt? Oder machen wir ihn nicht? Dass ich den Schritt erwäge, war ja bereits seit mehr als einem Jahr im Gespräch.«

Luigi hielt immer Rücksprache mit Paola. Erst hatte er ihr ein paar kleine Dinge gestanden. Klassische Salamitaktik. Sagte ihr, dass er sich von der Familie lösen wolle. Er hatte ihr erklärt, dass er für die Familie nur eine Randfigur sei. Peu à peu brachte er ihr bei, dass das nicht stimmte, sondern er der Boss war. Zwei Monate unterhielten sie sich. »Okay, der Moment ist gekommen, wann machst du den Schritt?«, habe Paola gesagt. Er wolle noch darüber nachdenken, sagte Luigi. »Ich will den Schritt in Ruhe tun, ich will ihn gut vorbereiten. Und sie sagte, wann machst du den Schritt endlich? So verliefen unsere Gespräche.« Paola war im Vertrauen auf staatliche Institutionen aufgewachsen, in einer sauberen Welt. Sie sagte zu ihrem Mann: »Wenn du diese Dinge verbrochen hast, dann musst du auch zur Abhilfe beitragen.« Es genüge nicht, sich von der Familie loszusagen.

Am 26. Februar 2007 setzte Luigi seine Unterschrift unter sein erstes Vernehmungsprotokoll. Er verfiel danach in eine Depression, dreieinhalb Jahre hielt sie seine Gedanken im Griff. Sogar eine Selbsttötung mit Tabletten versuchte er, doch Paola fand ihn rechtzeitig. »Die Kinder kapierten nicht, was los war, sie waren ja noch klein«, sagt Luigi, »aber sie verstanden, dass es sich um etwas Gravierendes handelte.«

Am 6. Mai 2008 unterzeichnete Luigi den Vertrag und war fortan offiziell Kronzeuge. Vor 17 Staatsanwaltschaften hat er seitdem Aussagen gemacht, darunter zwei deutsche. Pierpaolo Bruni, »seinen« ersten Staatsanwalt, lobt er noch heute: Obwohl er damals wenig Erfahrung hatte, sei er bestens präpariert gewesen. Bruni ist wenige Jahre jünger als Luigi, beide kommen sie aus Crotone. Sonst aber unterscheiden sie sich deutlich: Bruni studierte, wählte die Karriere als Staatsanwalt, Bonaventura ging von der Schule ab und wurde Mafioso. Wo Luigi den Kamm durch volles Haar ziehen kann, ist bei Bruni kaum etwas übrig. Luigi, der Getriebene, Aufgekratzte, und Bruni, der sich stets seine unaufgeregte Art bewahrt, selbst wenn er unter großem Druck und Morddrohungen steht. Luigi schätzte Bruni als integer ein und vertraute ihm, und ohne Vertrauen ist dieser Schritt kaum möglich. Nur wenn das nötige Sicherheitsgefühl da ist, können Kronzeugen Einblick in abgeschottete Bereiche liefern: Sie können dann geheime Strukturen beschreiben, Täter benennen, Unterstützer ans Licht zerren, kooperierende Unternehmer, Politiker, die dank Mafiosi ins Amt kamen, korrupte Beamte in der Justiz. Das macht sie für die Strafverfolgung so wertvoll. Wer seine Unterschrift unter den Kronzeugenvertrag setzt, verpflichtet sich, binnen sechs Monaten in unzähligen Vernehmungen den Staatsanwältinnen und Staatsanwälten alles zu berichten, was er weiß. Natürlich darf er (oder sie) fortan keine Straftaten begehen und muss die neue Identität geheim halten. Umgekehrt verpflichtet sich der italienische Staat zur Zahlung verschiedener anfallender Kosten sowie einer sozialen Reintegration des Kronzeugen, etwa mit der Bereitstellung eines Arbeitsplatzes.

Jahre nach seiner Unterschrift pochte Luigi darauf, dass der italienische Staat dieser Verpflichtung endlich nachkomme. Er hatte keinen Arbeitsplatz, saß in der Wohnung fest, ein verfeindeter Clan hatte ihn aufgespürt und ihm eine Botschaft zukommen lassen, gegenüber wohnte jemand, der ihn beobachtete. Seine intern vorgebrachten Forderungen liefen ins Leere, also beschloss Luigi in seiner Not, gegen den Vertrag zu verstoßen und Kontakt zu Medien aufzunehmen.

Unsere Begegnungen haben mich natürlich emotional gefordert. Sie forderten mich aber auch inhaltlich: Luigi sprach schnell, manchmal vergaß er, dass ich kein Muttersprachler war, und verschluckte Silben. Dazu kam, dass er jede Menge Wörter benutzte, die ihm geläufig waren, mir aber nicht: »Trequartino« etwa, frei übersetzt »Drei Viertler«, »Crociata«, »Picciotto«, allesamt Begriffe der 'ndrangheta, deren Bedeutung ich erst noch lernen musste (es sind eine Art Dienstgrade der Organisation). Tiefgehend waren unsere Gespräche immer, interessant für mich, aufschlussreich. Und natürlich bedrückte mich angesichts der immer wieder geäußerten Bitte, seine Familie zu retten, dass ich nichts tun konnte. Doch wer kann einem besser Informationen geben als jemand, der noch vor wenigen Jahren als Boss in der Organisation fungierte, noch dazu eines wichtigen Clans? Deswegen sind Insider, die zu Aussteigern werden, so wichtig, auch für uns Medienleute. Man muss es ganz klar sagen: Ihnen verdanken wir einen guten Teil des Wissens über die 'ndrangheta und andere italienische Mafiaorganisationen.

Es gibt leider viele Beispiele von Kronzeugen, die dafür mit ihrem Leben bezahlt haben. Angefangen bei Leonardo Vitale, der als einer der ersten Kronzeugen überhaupt gilt. Vitale, Mitglied eines kleinen Clans der Cosa Nostra in der Nähe von Palermo, kam 1973 auf eine Polizeiwache in Palermo, sagte, er wolle ein neues Leben beginnen, und bezichtigte sich selbst zunächst zweier Morde. Dann packte er aus und berichtete über die Struktur der Clans, nannte die Namen der großen Bosse – Salvatore Riina, Vito Ciancimino, Bernardo Provenzano – und belastete viele Kumpane. Ein Mafioso, der die Omertà verletzte, das Schweigegelübde, das war damals unvorstellbar! 40 Festnahmen folgten. Aus Leonardo Vitales neuem Leben wurde jedoch nichts: Man hat ihn im Gefängnis für verrückt erklärt und in eine Irrenanstalt eingewiesen. Die Männer, die aufgrund seiner Aussagen angeklagt wurden, kamen alle frei – außer sein Onkel und er selbst. Erst 1984 wurde Vitale aus der Psychiatrie entlassen; zwei Monate später erschoss ihn ein bis heute nicht identifizierter Mann – an der Seite seiner Mutter, sie kamen gerade aus der Kirche. Seine Anschuldigungen erwiesen sich später alle als zutreffend.

Bei unseren Treffen kommt Luigi immer wieder auf Lea Garofalo zu sprechen, eine Kronzeugin, die von ihrem Ex-Partner in eine Falle gelockt, ermordet und in Säure aufgelöst wurde. Auch das Schicksal von Santo di Matteo hat Luigi vor Augen, wenn er mit mir spricht. Der Mann, ein Mafioso aus dem Umland von Palermo, hatte wie Luigi mit den Strafverfolgungsbehörden kooperiert. Daraufhin entführte die Cosa Nostra seinen zwölf Jahre alten Sohn, um ihn dazu zu zwingen, in Vernehmungen den Mund zu halten. 779 Tage lang wurde der Bub festgehalten. Kurz bevor er 15 Jahre alt geworden wäre, gab der Mafiaboss Giovanni Brusca den Befehl, ihn zu ermorden. Seine Leiche wurde in Säure aufgelöst. Welche Qualen für den Jungen und seine Eltern! Santo di Matteo half mit seinen Aussagen, den Mord auf Giovanni Falcone zu rekonstruieren. Mit ihm stieg auch ein anderer Mafioso aus. Dessen Vater wurde erhängt aufgefunden.

Auch in jüngster Zeit wurden Kronzeugen ermordet. An Weihnachten 2018 erschossen zwei Killer Marcello Bruzzese, den Bruder des ’ndrangheta-Kronzeugen Girolamo Bruzzese. Dieser hatte vor seinem Ausstieg auf den Boss seines Clans geschossen. Luigi berichtete mir auch von Giovanni Maiorano, einem Kronzeugen der Sacra Corona Unita, der immenses Leid erfuhr: seine Frau und die 14 Jahre alte Tochter wurden ermordet.

Kronzeugen riskieren also viel. Doch sie tragen mit ihren Aussagen dazu bei, dass in italienischen Gerichtsverfahren und damit öffentlich Mafiaaktivitäten aufgearbeitet werden. Da die Urteilsbegründungen in Italien viel ausführlicher sind als in Deutschland, tragen Richterinnen und Richter zur Beschreibung der Italienischen Organisierten Kriminalität (IOK) bei. Und helfen auch uns Medienschaffenden mit ihren Ausführungen. Da zudem Haftbefehle und andere Ermittlungsakten in Italien halb öffentlich sind und bis vor einer Gesetzesänderung vor Kurzem sehr breit zirkulierten und somit die Presseberichterstattung bedeutend anschoben, haben wir in Italien einen sehr viel detaillierteren und genaueren Blick auf Mafia-Aktivitäten als hierzulande. Kronzeugen sind sich ihrer Rolle dabei sehr wohl bewusst. Es gibt kaum einen, der nicht gerade deshalb immer wieder seine Glaubwürdigkeit betont: Sie ist das Kapital der Kronzeugen. Auch Luigi zeigte mir einmal ein Dokument eines Staatsanwalts, in dem er als »äußerst glaubwürdig« beschrieben wurde.

Bei einem meiner ersten Besuche führte Luigi mir die *Tirata* vor, ein antikes Initiationsritual der 'ndrangheta. »Das hast du noch in keinem Buch gelesen«, sagte er stolz und bat Paola, ihm eine Jacke, ein Messer und etwas Klebeband zu bringen. Ich wunderte mich, wie man damit ein Initiationsritual gestaltet. Luigi hat dann die Jacke genommen, sie sich um den Ärmel gewickelt und mit Klebeband fixiert, das Messer in der Hand. Dann hat er angefangen, Sprüche auszustoßen, rituellen Gesängen gleich, immer schneller das Staccato, immer wieder *onorata società*, ehrenwerte Gesellschaft, und Blut, Blut, Blut, fast schon wie besessen, mit weiten Pupillen hat er die Luft zerschnitten, hat durch den Raum hindurch- und in sein altes Leben geschaut. Es hat mich fürchten und schaudern lassen. Diese seine Vergangenheit war noch lange keine Vergangenheit; sie war von ihm nur mühsam mit einer dünnen Schicht neuen Lebens bedeckt worden.

Sein Opa habe nur mit Messern gekämpft, berichtet Luigi später, jetzt wieder am Esszimmertisch sitzend. Wenn jemand die Pistole auf ihn gerichtet habe, hätte er diesen aufgefordert, ehrenhaft zu kämpfen. Zu jener Zeit, einer Zeit, die lange zurückliegt, verkaufte die Mafia noch keine Drogen und tötete keine Kinder, es gab einen Ehrenkodex, der die Clans aber nicht davon abhielt, zu rauben, zu betrügen und zu erpressen. Vielleicht war die Gesellschaft zu der Zeit dennoch ein kleines Stück weit ehrenwert. Vielleicht.

Ich hatte damals kaum eine Ahnung von all dem. Gemeinhin interessieren uns greifbare Dinge: Morde, Drogenhandel, Geldflüsse eventuell auch. Aber Hierarchien in der 'ndrangheta oder die so genannten *Doti*? Nie gehört. Ich war Luigi daher dankbar, dass er sich viel Zeit für mich nahm. Manchmal benutzte er Wörter, die mir nichts sagten, 'ndrangheta-Begriffe eben. Ich gewöhnte mir an, seinen Wortfluss dann zu unterbrechen. »Luigi, was ist ein Trequartista?« Er entschuldigte sich dann und erklärte es mir. So bildete sich mit der Zeit ein Verständnis dessen, was ’ndrangheta ist. Dazu interviewte ich im Lauf der Jahre zahlreiche Staatsanwälte, las Bücher von Nicola Gratteri und Antonio Nicasio, von Roberto Saviano, von Enzo Ciconte, von Petra Reski und Unmengen an Zeitungsartikeln und vor allem immer wieder Ermittlungsakten.

Das Locale

Wir tendieren dazu, die ’ndrangheta als etwas Statisches wahrzunehmen. Doch das ist falsch, sie ist eine Organisation in konstantem Wandel. Dieser Wandel liegt in verschiedenen Motiven begründet: in einer gewollten Anpassung an sich verändernde Gegebenheiten, an neue Gesetze, neue Geschäftsfelder oder in geostrategischen Überlegungen. Dazu kommen nicht geplante Veränderungen, neue Clans, die entstehen, etablierte Clans, die ihre Aktivitäten einstellen. In Italien gehen Ermittlungsverfahren und in der Folge auch Gerichte mit ihren Urteilen bei der Beschreibung der Organisation in die Tiefe. Die Veränderungen der Organisation werden so mit etwas zeitlichem Verzug dargestellt.

Ich möchte das an einem Beispiel deutlich machen: dem *Locale*. Das *Locale* kann man als die wichtigste Organisationseinheit der ’ndrangheta sehen. In ihm können mehrere *’ndrine*, Mafiafamilien, organisiert sein; es bildet den Ausgangspunkt krimineller wie nichtkrimineller Aktivitäten.

Das *Locale* als solches ist bereits in Gerichtsurteilen beschrieben, die Ende des 19. Jahrhunderts veröffentlicht wurden. Man kann es sich wie eine Art Ortsverein der ’ndrangheta vorstellen. Es gibt einen Vorsitzenden (*Capo Locale*), einen Kassenwart (*Contabile*) und auch eine Art Schriftführer (*Mastro di giornata*) und es gibt regelmäßige Zusammenkünfte. Um ein *Locale* zu formen, sind je nach Clan mindestens 49 bis 51 Mitglieder nötig. Jedes *Locale* verfügt auch über einen *Crimine* – und hier greift die Analogie zum deutschen Vereinsrecht nicht mehr, denn der *Crimine* ist für das Planen und Umsetzen krimineller Aktionen zuständig. Jedes *Locale* kann Entscheidungen autonom treffen, allerdings nur innerhalb eines bestimmten Bereichs und nur Entscheidungen, die nicht die Gesamtorganisation ’ndrangheta betreffen. Das Regelwerk – darunter als bekannteste Regel das Schweigegelübde, die *Omertà* – ist bindend und wird mündlich weitergegeben.

Als Luigi Bonaventura in seinem Clan aktiv war, existierte natürlich auch in Crotone ein *Locale*. Unter der Führung von Gianni Bonaventura, dem Onkel von Luigi, hatten sich bereits in den Sechziger- und Siebzigerjahren mehrere ’ndrangheta-Familien dort unter der Vorherrschaft der Vrenna-Bonaventura zusammengefunden.

Die *Locali* sind ein Nährboden für Kriminalität. Deutlich wurde das etwa bei Abhörmaßnahmen in der Schweiz, in Frauenfeld. Ein Mitglied der Runde dort sagte: »Aktuell möchte ich arbeiten. Es gibt in allem Arbeit: Erpressungen, Koks, Heroin. 10 Kilo, 20 Kilo am Tag, ich bring sie euch, ich persönlich.« Kriminelle sprechen oft von »Arbeiten«, wenn es um Drogenhandel und andere Straftaten geht. Ob eine Tätigkeit illegal ist oder nicht, ist in gewisser Hinsicht für eine kriminelle Organisation schlicht nicht relevant, solange das Ergebnis stimmt, nämlich ein Vorteil für die Organisation, meistens Gewinn. Übrigens passt auch in Bezug auf Gewinne in der ’ndrangheta wieder die Vereinsanalogie: Auch hier müssen die *Locali* einen Teil der Gewinne an die ’ndrangheta abgeben, einen Teil können sie selbst für ihre Zwecke verwenden, sie fließen dann in die *bacinella*, die eigene Kasse.

Eine großer Polizeischlag im Jahr 2011 hat gezeigt, dass die Struktur mit *Locali* auch auf Deutschland übertragen worden ist. Die Operation »Crimine-Infinito« belegte die Existenz eines *Locale* in Singen, in den Akten ist auch die Rede von weiteren *Locali* im südlichsten Teil von Deutschland, in Rielasingen-Worblingen und in Engen, dazu kommt ein *Locale* in Frankfurt am Main. Die Operation hat auch gezeigt, dass ein *Locale* zugunsten eines anderen aufgelöst werden kann: Das *Locale* in Marktdorf, einer Kleinstadt in Baden-Württemberg, wurde zum *Locale* Ravensburg. Der Erfolg der Aktion stand übrigens auf Messers Schneide. Denn der Antimafia-Staatsanwalt Carlo Caponcello, der bei der nationalen Antimafia-Staatsanwaltschaft für den Kontakt nach Deutschland zuständig war, verriet, dass eine Anfrage der Staatsanwaltschaft in Reggio Calabria abgelehnt worden war. Die Behörde hatte Wanzen und Überwachungskameras in den Lokalen in Singen platzieren wollen, wo sich die Mafiazelle regelmäßig traf. Erst nach einer formalen Amtshilfe-Anfrage wurden die Geräte dann doch montiert. Kein Wunder also, dass nur wenig über weitere Treffpunkte der ’ndrangheta bekannt ist.

In Italien finden sich verschiedene Hinweise auf weitere *Locali*, der seit Jahrzehnten gegen die ’ndrangheta ermittelnde Staatsanwalt Nicola Gratteri spricht gar von 60 Locali in Deutschland. In einem Artikel der Repubblica aus dem Jahr 2012 etwa ist zu lesen, dass vermutlich auch in Köln und Stuttgart *Locali* bestehen, in Stuttgart eines des Clans Farao und in Köln des Clans Morabito. Für Erfurt existieren Berichte über einen *Capo Locale*, man muss also davon ausgehen, dass auch das dazugehörige *Locale* existiert. Noch sind keine weiteren Suborganisationen der ’ndrangheta auf deutschem Territorium gerichtlich festgestellt worden.

Die Grünen-Bundestagsabgeordnete Irene Mihalic befragte die Bundesregierung dazu. Mitarbeiter ihres Büros hatten im Sommer 2017 auf einer Konferenz meines Vereins *mafianeindanke* einen Vortrag des Antimafia-Staatsanwalts Giuseppe Lombardo aus Reggio Calabria gehört. Lombardo berichtete über Niederlassungen der Organisation in ganz Deutschland. Im Mai 2019 wollte Mihalic wissen, wie viele solcher *Locali* es in der Bundesrepublik gebe. Die Bundesregierung gehe aktuell von mindestens 18 bis 20 Stützpunkten (»Locale«) bundesweit aus, lautete die Antwort. »Da einem einzelnen Stützpunkt bis zu 50 Mitglieder zugerechnet werden können, ist von einem erheblichen Dunkelfeld bei den Mitgliederzahlen auszugehen. Die tatsächliche Zahl der Mitglieder, die der ’ndrangheta zuzurechnen sind, dürfte bei geschätzten 800 bis 1 000 Mitgliedern liegen.« Der Bundesregierung ist dabei ein Fehler unterlaufen: um ein *Locale* zu formen, braucht es nicht »bis zu« 50 Mitglieder, sondern mindestens. Auf die schriftliche Nachfrage, wo sich diese *Locali* befinden, erhielt Mihalic, die selbst Polizistin ist, eine wenig befriedigende Ausflucht als Antwort: »Um laufende Ermittlungen nicht zu gefährden, kann eine weitergehende Aufschlüsselung nicht erfolgen.«

Es ist komisch: Immer, wenn es um italienische Organisierte Kriminalität geht, geben sich Regierungen schmallippig. Viel mehr

Auskunftsfreude dagegen bei der sogenannten Clan-Kriminalität. Mich ärgert das, dass man hier eine Extra-Wurst brät und einem einzelnen Phänomen derart viel Aufmerksamkeit widmet und zugleich ein gigantisches Problem weitgehend ignoriert; dass nämlich tausend bis mehrere Tausend Mitglieder einer hochkriminellen, strategisch und verdeckt agierenden gefährlichen Organisation sich stabil in Deutschland aufhalten: Mitglieder der 'ndrangheta.

Der Berater

Der Berater kam mit dem Mittelsmann zur Tür herein. Er trug einen Anzug von Hugo Boss, das war schnell zu erkennen. Der Berater schüttelte mir die Hand, ich begrüßte auch den Mittelsmann und wir setzten uns an den massiven Holztisch in der Mitte des Besprechungszimmers. Er schaute mich erwartungsvoll an, mit offenem Blick. Ich war verwundert, hatte ich doch erwartet, zunächst Argwohn zu begegnen oder Skepsis. Ich brauchte nicht lange, den Berater zu überzeugen, etwas Small Talk, und schon waren wir beim Thema. Der Berater fühlte sich offensichtlich wohl, lehnte sich entspannt zurück, redete frei von der Leber weg. Er werde gerufen, wenn es Probleme gebe, wenn seine Expertise benötigt werde. Er hatte eine Ausbildung im Druckbereich gemacht und sich dann spezialisiert. Inzwischen hatte sich herumgesprochen, wie kompetent er war, und wenn jemand Bedarf hatte, fand er einen Weg, den Berater zu kontaktieren. Der Berater stand nicht einfach im Telefonbuch oder in Firmenverzeichnissen, dazu war seine Kundschaft zu speziell. Aber wer wollte, bekam seine Telefonnummer, irgendwoher. Und dann klingelte das Telefon des Beraters, ob er nach Mailand kommen könne oder Rom oder wohin auch immer.

Nach einiger Zeit zog ich mein Portemonnaie aus der Tasche und legte einen Fünfzig-Euro-Schein auf den Tisch. »Woran würde man erkennen, wenn dieser Schein nicht echt wäre?« Der Berater zog den Schein durch die Finger, legte ihn auf den Tisch und strich ihn flach. Dann erklärte er mir, wann welche Farbschicht aufgetragen würde, dass manche das Wasserzeichen mit Fett oder einem Öl in das Papier brächten, dass das aber nicht professionell sei. Auch wenn er eine spezielle Kundschaft hatte: Professionell zu arbeiten war für den Berater das A und O. Bei den alten Zwanzigern sei unter dem Perlglanzstreifen keine Farbe gewesen, bei den neuen Zwanzig-Euro-Scheinen dagegen schon. Ich hatte Geld noch nie so betrachtet. Wie es hergestellt wurde, welche Arbeitsschritte nötig waren. Der Berater startete einen wohlstrukturierten Monolog, nach 15 Minuten hatte ich das Gefühl, bestens informiert zu sein. »Das Papier bekommen Sie in China, aber die Mindestbestellmenge sind hundert Tonnen«, sagte er. »Damals, als ich dort war, kostete das Papier 80 000 Euro.« Auch der Mittelsmann hörte interessiert zu. »Wie viele Scheine kann man daraus dann machen?«, fragte er. »1 000 Hundert-Dollar-Scheine wiegen etwas weniger als ein Kilo.«

Der Mittelsmann fing an zu rechnen, wir alle fingen an zu rechnen und kamen mit den vielen Nullen leicht durcheinander. Der Mittelsmann kritzelte die Zahlen auf einen Block Papier, den er mitgebracht hatte. »Aus 100 Tonnen macht man also 10 Milliarden US-Dollar«, sagte er schließlich. Der Berater nickte. »Und wie lange dauert das?« »Die Maschine läuft mit 10 000 Umdrehungen pro Stunde, in einer Stunde druckt man also 100 000 Banknoten. »Man produziert also in wenigen Tagen aus 100 Tonnen 10 Milliarden-US-Dollar?«, fasste ich das Gehörte ungläubig zusammen. »Wenn Sie kein Geizhals sind und ordentliche Maschinen kaufen, dann sehen Sie nachher keinen Unterschied. Mit einer Investition von 10 Millionen etwa«, antwortete der Berater. Der Mittelsmann und ich schauten uns staunend an. Das waren Gewinnmargen, die den Drogenhandel in den Schatten stellten. Ich fragte mich, welchen Tagessatz der Berater wohl ansetzte, aber ihn zu fragen, erschien mir zu indiskret. Ich wollte nicht, dass meine Informationsquelle versiegte.

Der Berater erzählte, dass ihn ein Kunde, der originale Druckbögen hatte, einmal um Hilfe gebeten habe. Ein Lastwagen war auf dem Weg zu einer Notendruckerei mitsamt der Ladung gestohlen worden. »Die Bögen hatten einen Barcode am unteren Rand und das Herstellungsdatum des Papiers war angegeben, irgendwann im Jahr 2006.« Seitdem stünden der ’ndrangheta 22 Tonnen Papier zur Verfügung. Ein Clan habe das Papier gestohlen und Papierproben an andere Clans gegeben. »Ich kam einmal in eine Halle, da stand eine Palette, kniehoch mit Kisten mit Druckbögen befüllt.« Es seien Bögen für Scheine von 5 bis 100 Euro gewesen.

Ich kann über den Berater nicht allzu viele Details verraten, denn Diskretion ist in seinem Business wichtig. Er kommt schließlich darauf zu sprechen, dass er wegen einer Sache mit der DIA in Kontakt geraten sei. Zwei junge Männer hätten ihn besucht, sagte der Berater. Auch in Deutschland sei er vernommen worden, in Stuttgart. Dort habe er mit zwei Beamten vom LKA gesprochen: zuerst ein kleiner, der hieße Carlo oder so, dann ein größerer mit grauen Haaren. Ein Protokoll seiner Aussage auf Italienisch liegt mir vor, eine Übersetzung aus dem Deutschen.

Der Berater erzählte mir auch, was er den Beamten vom LKA berichtet habe: Er sei mehrmals in Parma in einer Halle im Industriegebiet gewesen, wo außer einer großen Bogenoffset-Maschine, einem Plattenbelichter und einem Tiegel sowie einer Schneidemaschine nicht viel mehr Gerätschaften herumstanden. Im Dunkeln hätte ihn sein Auftraggeber hingebracht. Druckplatten seien nicht in der Maschine gewesen, er habe auch kein Geld gesehen, aber anhand der Farben in der Maschine zweifelsfrei erkannt, um was es gehe: um Falschgeld. Für die Herstellung von Banknoten würden Farben nämlich nicht aus den Grundfarben gemischt, sondern eigene Farben verwendet. »Das war keine Farbkombination, um Prospekte zu drucken!« Er habe seinem Auftraggeber erklärt, dass er die Halle klimatisieren müsse, um bessere Ergebnisse zu erzielen. »Ich habe denen auch angeboten, Druckvorlagen zu besorgen, separiert nach Originalfarbe. Aber das hätte seinen entsprechenden Preis.« Dies und weitere Details berichtete er der deutschen Polizei. »Wissen Sie, was danach mit Ihrer Aussage passiert ist?«, fragte ich. »Gar nichts«, sagte der Berater. »Haben Sie nachgefragt?« Das sei ja in Italien und so weit weg. Wenn da was Größeres wäre, könnte man schon einen Einsatz machen, mit den Italienern zusammenarbeiten. Den richtigen Namen von Carlo, der zunächst mit ihm gesprochen habe, kenne er nicht. »Der war kleiner und der war gut und sympathisch. Der hat mich aber an seinen Kollegen abgeschoben und der war eine Vollpfeife.« Man hätte dem Vorwurf doch nachgehen müssen, wenn jemand im großen Stil Falschgeld drucken wolle, sagte ich. Wer für die Polizei und die Staatsanwaltschaft arbeite, müsse Hinweise auf Straftaten bearbeiten, erst recht, wenn es sich um so gravierende handele! Der Berater nickte. »Dieser kleine da, der war schon ganz engagiert, aber ich glaube, der hat Druck von oben bekommen oder von irgendwo. Und deswegen hat er mich an seinen Kollegen abgeschoben, meiner Meinung nach. Dem Kleinen hatte ich sogar angeboten, mit ihm nach Italien zu fahren. Der andere ... Ich sehe es doch im Gesicht, wenn ich mit den Leuten spreche. Der schaute, als hätte ich ihm Drogen angeboten. Ich sagte ihm, hier, dem Fall kannst du mal nachgehen, eine Kontrolle machen. ›Ja, hm, ich weiß auch nicht.‹«

In meinen Unterlagen befinden sich auch Bilder von Stuttgarter Mafiosi. Ich hatte die Aufnahmen im Lauf unseres Gesprächs irgendwann herausgeholt und vor uns auf den Tisch gelegt. Routinemäßig, vielleicht waren meine Gegenüber ja dem einen oder anderen schon mal begegnet. »Den kenne ich von irgendwoher«, sagte der Berater tatsächlich und deutete auf das Blatt. Das Bild zeigte Andrea Firamidi, den Betreiber jenes bereits genannten Inter-Fanclubs in der Nähe von Stuttgart, von wo aus die ’ndrangheta den Kauf von Stimmen organisiert hatte, um einen italienischen Politiker ins EU-Parlament zu bringen. Quellen sagten mir später, dass sein Handy von der Polizei in Parma geortet worden sei. Ging es im Gespräch um seinen Auftraggeber, tippte er immer wieder auf ein Bild in der Mitte des Blattes. Es zeigt einen freundlich dreinschauenden Mann, einen feinen Schal um seinen Hals. Sein Name: Mario Luttini.

Wurden beim LKA Stuttgart also Hinweise auf schwerste Straftaten nicht weiterverfolgt, Hinweise, denen zufolge Mario Luttini direkt involviert war? Das LKA Stuttgart teilt dazu mit: »Wir haben die Fragestellung eingehend geprüft. Der geschilderte Sachverhalt ist dem LKA BW gänzlich unbekannt. Insofern kann der Hinweis auf eine Falschgelddruckerei in Parma von vor etwa zehn Jahren durch das LKA BW nicht nachvollzogen werden.«

Am 24. Januar 2014 war in Deutschland eine Frau vernommen worden, über die später von Journalisten von *Correctiv* als »Kronzeugin Maria G.« berichtet worden ist. Sie erzählte über einen Fanclub von Inter Mailand in Fellbach bei Stuttgart. Der Club werde verwaltet von Tonino Pianta und Andrea Firamidi und es träfen sich dort Leute der Organisierten Kriminalität. Es komme Falschgeld an, ihr Schwager habe es selbst gesehen, denn Pianta betreibe neben dem Interclub auch einen Fischladen, der auch Mandarinen importiere. Er habe beim Ausladen geholfen, das Falschgeld sei mit den Obstkisten gekommen. Ihre Schwester habe ihr gesagt, das Falschgeld komme aus einer Druckerei nach Deutschland, die sich in Mandatoriccio befinde, im Heimatort von Mario Luttini, und von diesem betrieben werde.

Die Familie

Familie. Kannst du dir nicht aussuchen, sagen alle. Du kannst eine Tante haben, die dich hartherzig enterbt. Oder Mutter und Vater, die immer hinter dir stehen, egal, was du tust und wer du bist. Aber ist das so? Können wir wirklich nichts für unsere Familie? Oder ist sie nicht das Ergebnis vieler kleinen Handlungen von uns allen? Bei Mafiafamilien jedenfalls ist vieles anders. Dort herrschen andere Regeln. Starre Regeln. Regeln, die nicht von der Familie bestimmt werden, sondern für die Familie. Regeln, die von außen kommen. Für uns mag ein Ausstieg nicht derart komplex erscheinen wie für jemanden wie Luigi Bonaventura. Jemand wie er, der kein Leben ohne 'ndrangheta kennt. Jemand wie er, der die 'ndrangheta ist. 34 Lebensjahre lang wusste Luigi Bonaventura es nicht anders. Wer in eine Mafiafamilie hineingeboren wird, gibt mit dem Ausstieg nicht nur seinen Namen und seine Wohnung auf. Nein, sondern die gesamte Existenz: Herkunft, Freunde, Werte, Glaubensgrundsätze, Überzeugungen, das Stammrestaurant, Verwandtschaft, alles ist dann weg, in unerreichbarer Ferne. Weitgehend zumindest, denn das, was ein Mafialeben tief in dich implantiert hat, das wirst du nicht mit der Unterschrift unter den Kronzeugenvertrag los. Es bleibt. Und so schleppt Luigi noch heute die Schwere der Mafia-Existenz mit sich herum. Es wird leichter mit den Jahren, aber er wird sie immer mit sich herumschleppen, die 'ndrangheta.

Luigi ließ seine Entscheidung lange reifen. Eines nachts sah er durch die offene Tür seine Frau friedlich schlafen und die Kinder. In genau dem Moment spürte er, dass ihre Zukunft in seiner Hand lag. Die Sorge um das Wohlergehen ihrer Kinder ist einer der wichtigsten Gründe für Mafiosi, den Ausstieg zu forcieren. Immer wieder betont Luigi, dass er die Kette durchtrennen wollte, der zufolge aus einer Mafiafamilie ein Mafioso wächst, der eine Mafiafamilie gründet, aus der wieder ein Mafioso wächst. Das Erfolgsmodell der 'ndrangheta: die Blutsbande.

Wenn wir über die 'ndrangheta sprechen, denken wir häufig an San Luca und Umgebung, an die Clans aus der Stadt Reggio Calabria und Umland. Das ist nicht falsch, doch auch die Region um Crotone darf man nicht vernachlässigen. Traditionellerweise sind diese Clans in Handelsgeschäften stark, was Polizeioperationen bestätigt haben. Doch welche Clans wirken dort? Beim Blick auf die Landkarte stellt man fest, dass die Gegend mindestens genauso stark kontaminiert ist wie andere, eher bekannte 'ndrangheta-Gebiete wie etwa die Gegend um San Luca und dass fast jeder Ort mit einem eigenen Clan zu kämpfen hat, manche gar mit mehreren: In der Stadt Crotone kennen wir bereits den Clan Vrenna-Bonaventura-Ciampà, dem Luigi angehörte. Isola di Capo Rizzuto, ein Ferienort wenige Kilometer weiter, ist der Herkunftsort von den Clans Arena, Nicosia und Maesano. Cutro, von Crotone aus rund zehn Kilometer landeinwärts gelegen, ist bekannt für den bedeutenden Clan Grande Aracri, aber auch der Clan Trapasso-Zoffreo ist hier zu Hause. Auf dem Weg nach Cutro kommt man durch Papanice, wo der Clan Megna zu Hause ist. In einem Teilort von Cutro, San Leonardo, ist der Mannolo-Clan beheimatet, im Nachbarort San Mauro Marchesato treibt der Clan Greco sein Unwesen. Unbedingt zu nennen sind auch die Farao-Marincola aus dem Weinort Cirò sowie der Clan Marazzo aus Belvedere di Spinello, einem Nest mit weniger als 2000 Einwohnern. In Strongoli ist der Clan Giglio präsent, in Mesoraca der Clan Ferrazzo und in Petilia Policastro der Clan Comberiati. Kurz: Auf wenigen Quadratkilometern bewegt sich eine Unzahl an Mafiaclans. Diese Enge schafft einen Expansionsdruck, aber es waren auch strategische Überlegungen, die einige Clans dazu bewegten, sich im Ausland niederzulassen. Die meisten der Namen kennen wir daher auch in Deutschland. Es ist aber nicht ganz einfach, über die Zeit den Überblick über die Clans aus Crotone zu bewahren. Manche fusionieren mit anderen, einige verlieren sich in der Bedeutungslosigkeit und auch zu Namenswechseln kam es.

Als die wichtigsten gelten gegenwärtig der Clan Grande Aracri, die Arena und die Farao-Marincola.

Luigi war von seinem Onkel Gianni zum Boss des Clans gemacht worden. 2001 im Oktober rief er ihn zu sich ins Gefängnis nach Parma. Den exakten Tag weiß Luigi nicht mehr, aber die Woche: Er wurde in dieser Woche nämlich 30 Jahre alt. »Mein Onkel sagte, du brauchst dich nicht drum kümmern, ich werde alle informieren.« Damit waren vor allem Bosse gemeint, unbedingt auch Nicolino Grande Aracri. Beim nächsten Treffen war auch ein Sohn seines Onkels dabei, der sich Hoffnung auf die Thronfolge machte. Auf verschlüsselte Art fragte sein Onkel ihn, wie verschiedene Projekte liefen. Der Sohn habe entweder nicht antworten wollen oder zugeben müssen, dass er nicht gut gearbeitet habe. Darauf schleuderte ihm sein Onkel nur entgegen, dass er ihm jetzt lange genug auf die Nerven gegangen sei, wendete sich Luigi zu und redete fortan nur noch mit ihm. So kommuniziert man also in Mafiakreisen.

Ich fragte Luigi, ob er jemals nach Deutschland gereist sei. Das BKA schrieb in einer Bestandsaufnahme zur 'ndrangheta im Jahr 2008 nämlich, dass der Clan Vrenna über einen Stützpunkt in Düsseldorf verfügen solle. Der Bericht nennt mehrere Mitglieder in der Region und erwähnt Ermittlungen wegen Geldwäsche. Luigi geht das Wort Düsseldorf – anders als den meisten Italienern – recht flüssig über die Lippen; dort war er aber nie. Einmal habe er einen Onkel nach Deutschland geschickt. Sein Clan bereitete damals einen Raubzug durch Europa vor; an verschiedenen Orten wollte man reichlich Beute machen. »Wir machten solche Aktionen damals nur, wenn eine oder mehrere Millionen dabei raussprangen.« Sein Onkel, ein im Raub qualifizierter Mann, sollte in Nordrhein-Westfalen eine Bank ausspionieren. »Ich habe ihm ausdrücklich eingeschärft, keine kleineren Taten zu begehen, um nicht aufzufallen«, sagte Luigi. »Denn so wie ich die Deutschen kannte, reagierten sie, es ist nicht so, dass alle regungslos stehen bleiben, wenn man ihnen eine Knarre vors Gesicht hält.« Sein Onkel glaubte ihm nicht. Ein Wachmann schritt ein, der Onkel wurde beim Überfall angeschossen. Es gelang ihm noch, die Beute in das Auto eines Komplizen zu werfen, doch flüchten konnte er nicht. Er wurde zu acht Jahren Haft verurteilt und kam erst nach vier oder fünf Jahren wieder nach Italien zurück. Einer von Luigis Männern in Deutschland, Gabriele Marazzo aus der Borsigstraße in Düsseldorf, erlangte in Italien später traurige Bekanntheit. Bei einem Mordanschlag auf ihn wurden auch acht Spieler auf Fußballfeldern nebenan verletzt. Ein kleiner Junge, Domenico, genannt Dodò, wurde am Kopf getroffen. Drei Monate lang kämpfte der 11-Jährige um sein Leben. Vergeblich.

Ein vermeidbarer Tod?

Catania, Sizilien: Ein Restaurant von außen, dunkle Nacht, Licht fällt schwach durch eine offen stehende Tür, auf der Straße parken Autos, dunkle Silhouetten am unteren Bildrand. Ein paar Menschen gehen in das Lokal. Die Kamera blendet ein Datum ein. Als Nächstes hören wir Stimmen, lesen die Ausschnitte von Abhöraktionen mit. »Die Pistole, die Pistole«, sagt ein kleines Kind, »mir Pistole!« »Hier gibt es keine Pistolen«, eine Männerstimme. »Doch, gibt es, ich habe sie gesehen.« Ein Mädchen, das noch nicht lange gelernt hat zu reden, aber nach der Pistole fragt. Dann steuert das Video auf den Höhepunkt zu. Fahrzeuge der Carabinieri rollen durch die Nacht, Männer eilen im Gänsemarsch mit gezückter Waffe im Schutz einer Mauer irgendwohin, das Licht von Taschenlampen lässt das Logo der Antimafia-Ermittlungsbehörde DIA auf den Schutzwesten leuchten, die Männer stürzen ein Treppenhaus hoch, immer die Waffe gezückt, eine Handkamera filmt. Dieses Video haben italienische Ermittler zur Operation »Prato Verde« im Jahr 2014 veröffentlicht, es gibt unzählige solcher Aufnahmen auf YouTube zu bestaunen.

Es ist jedes Mal aufs Neue begeisternd, mit welcher Hingabe italienische Ermittlungen aufbereitet werden. Bis eine Gesetzesänderung kürzlich die Rechtslage änderte, wurden nach solchen Polizeioperationen auch Listen mit Namen der Verhafteten veröffentlicht, inklusive Geburtsdatum, Geburtsort und Beruf. Daher wissen wir, dass im Anschluss an die Operation Carmine Molinari* unter Hausarrest gestellt worden ist. Die Ermittler in Sizilien warfen dem zuvor unauffälligen Kaufmann Lagerung und Abgabe von Drogen vor. Dank der italienischen Medien wissen wir auch, wie der Mann, 34 Jahre alt, aussieht. Auf dem von den Behörden veröffentlichten Bild schaut er verschmitzt in die Kamera, sportlicher Oberkörper, Kurzhaarfrisur, ein goldenes Kreuz an einer Kette im T-Shirt versteckt. Für die Ermittlungen von 2014 gegen einen Mafia-Clan war er nur eine Nebenfigur. Molinari sieht aus wie jemand, der immer Glück hat, und tatsächlich schien dem zunächst auch so zu sein. Wegen eines Formfehlers wurde er wieder freigelassen, was er sofort nutzte für einen Umzug weg von Sizilien, weg aus Italien, vor allem aber weg von den italienischen Ermittlern. Warum sein Weg nach Hechingen führte, ist unklar. Aber ich sehe ihn vor mir, wie er dort in seinem Laden Tomaten verkauft: »Signora, nehmen Sie diese, eine Kilo fur nur zwei Euro funfzig.« Nur: Molinari, der Kaufmann, verkaufte nicht nur Obst und Gemüse, sondern auch Marihuana.

Aufgeflogen ist die Sache, weil Molinari zwei jungen Männern ein Kilo Marihuana gegeben hatte. Die hatten es auf Kommission weiterverkauft, nur war der Käufer die Zahlung säumig geblieben. Wieder und wieder forderten die zwei Männer den Betreiber eines Spielcasinos auf, die Ware endlich zu bezahlen. Vergebens. Sie steckten unversehens in einer schlimmen Zwickmühle: Molinari, als »Catania« in ihren Telefonbüchern gespeichert, machte Druck, er wollte sein Geld sehen. Die zwei jungen Männer hatten ebenfalls italienische Wurzeln und wussten wohl, was passieren kann, wenn sie das Geld nicht heranschafften. Der Käufer aber zahlte nicht. Also beschlossen sie, den Druck zu erhöhen. Mit ihrem kleinen Fiat fuhren sie um das Spielcasino im Zentrum von Hechingen herum, bis der Mann herauskäme. Das tat er auch, aber nicht allein. Ein 22 Jahre alter junger Mann, der mit dem Ganzen nichts zu tun hatte, begleitete ihn. Er war zwar ebenfalls in Drogengeschäfte hineingerutscht, jetzt aber auf einem guten Weg und studierte im nahen Tübingen Jura. Die zwei Männer gingen den Nachwuchsdealern wohl entgegen. Die hielten eine Pistole aus dem Fenster ihres Wagens. Der Käufer sollte sie sehen, sollte sie künftig ernst nehmen. Dann löste sich ein Schuss, dann brach der Jurastudent zusammen. Fotos zeigten seinen Umriss, mit Kreide auf das Kopfstein-Pflaster gemalt. Die Kugel ging direkt ins Herz. Kurze Zeit später war der

Student tot, gestorben am 1. Dezember 2016 wegen eines Kilos Marihuana und 5000 Euro.

Ich ging diesem Fall ursprünglich aus einer ganz anderen Motivation heraus nach: Jedes Jahr am 21. März wird in Italien und vielen anderen Ländern der unschuldigen Opfer der Mafia gedacht. Ich wollte herausfinden, ob mein Verein diesen Mann auf die Liste der Opfer setzen sollte, deren Namen jedes Jahr von Aktivistinnen und Aktivisten vorgelesen wird. An unzähligen Orten hört man dann über tausend Namen, angefangen bei Giuseppe Montalbano, einem Arzt, der sich im Jahr 1861 an die Spitze einer Gruppe von Bauern in Sizilien stellte, denen unrechtmäßig Land weggenommen worden war, und den man von hinten mit drei Kugeln niederstreckte, bis zu Antimo Imperatore, der in seinem Viertel in Neapel bekannt war, weil er verschiedene Handwerker-Arbeiten für wenig Geld verrichtete. So auch am 20. Juli 2022, da montierte er in einer Wohnung im Erdgeschoss Fliegengitter. Der Anschlag, der ihn tötete, galt nicht ihm, sondern dem Mann, der zufällig neben ihm stand: Carlo Esposito, ein bekannter Vertreter des Clans in Imperatores Wohngegend. Natürlich wird auch der bekannten Opfer gedacht, Falcone und Borsellino etwa, dazu kommen die aufsehenerregenden Morde in den vergangenen Jahren: etwa an dem slowakischen Journalisten Ján Kuciak und seiner Verlobten Martina Kušnírová (2018), Daphne Caruana Galizia aus Malta (2017), die zur italienischen Mafia arbeitete, aber auch viele Korruptionsfälle aufdeckte, und Peter R. de Vries (2021) aus den Niederlanden, der über die Mocro Maffia arbeitete.

Um mehr über den ursprünglichen Fall zu erfahren, rief ich den zuständigen Staatsanwalt von der Antimafia-Staatsanwaltschaft in Catania an. Eine Art Standardfrage in solchen Gesprächen ist, wie die internationale Kooperation funktioniert habe. Der Hintergrund ist, dass man immer wieder Klagen hört auf deutscher wie italienischer Seite, dass die Zusammenarbeit nicht gut laufe. Italienische Staatsanwälte machen sich in Hintergrundgesprächen darüber lustig, dass man Mafia-Verdächtige nicht in der ganzen Wohnung abhören dürfe oder dass Festnahmen nicht wie in Italien mitten in der Nacht erfolgen könnten, sondern erst am frühen Morgen. Zitieren lassen wollen sie sich damit in der Regel nicht. Dass die deutschen Gesetze völlig unzureichend seien, damit schon, aber auf gar keinen Fall mit Kollegenschelte. Andererseits sagen deutsche Ermittler, dass sie oft nicht genug Informationen erhielten, oder beklagen mangelndes Vertrauen, aber auch das nur im Hintergrund, man muss ja weiterhin zusammenarbeiten.

Insofern war es sehr überraschend, wie der italienische Staatsanwalt seinem Furor Luft machte. Auch nach Jahren schien es ihm noch übel aufzustoßen, was damals passiert war. Seine Behörde hatte einen Europäischen Haftbefehl nach Stuttgart geschickt, an die dafür zuständige Stelle, die Generalstaatsanwaltschaft. In der Folge wurde Molinari festgenommen und saß eine Nacht lang tatsächlich in Haft. Am Morgen kam er wieder frei, denn die Generalstaatsanwaltschaft erkannte die Begründung des italienischen Haftbefehls nicht an. Meinen Gesprächspartner hat das vor den Kopf gestoßen. Sein Ermittlungsteam hatte den Drogenhandelsring lange beobachtet. Sie wussten, dass Molinari nur ein kleiner Fisch war, aber trotzdem. In ihrer Begründung sprachen die Ermittler unter anderem von einer kodierten Form der Drogenbestellung, zweieinhalb Reifen. Wer kaufte schon halbe Reifen? Für sie war der Fall und damit die Argumentation klar.

In der Stuttgarter Behörde folgte man dieser Ansicht nicht. Molinari konnte nach Hechingen zurückkehren. »Ich habe schon mit vielen Staatsanwaltschaften in Deutschland zusammengearbeitet. Stets ist es gut gelaufen. Aber so was wie mit Stuttgart, das ist mir noch nie passiert!«, klagte der Antimafia-Staatsanwalt. Die zwei jungen Dealer konnten in der Folge das Marihuana verkaufen, das sie von Molinari erhielten. Mit den bekannten tödlichen Folgen.

Inzwischen hat sich zum Glück einiges getan, was solche Schwierigkeiten vermeidet: Europäische Haftbefehle sind direkt umzusetzen, sie bedürfen nun keiner Genehmigung mehr durch die Staatsanwaltschaft im anderen Land. Ein ganz wichtiges Instrument sind Gemeinsame Ermittlungsgruppen, die von Eurojust koordiniert werden, auch Joint Investigation Teams genannt. Die Behörde mit Sitz in Den Haag fördert seit 2005 dieses Instrument, das sich immer weiter durchsetzt. Vereinfacht gesagt besteht die große Neuerung darin, dass Ermittlerteams über mehrere Länder hinweg gebildet werden. Dabei ist je Land mindestens eine Staatsanwaltschaft involviert. Alle beteiligten Ermittlungsteams können dann sämtliche Ergebnisse der Ermittlungen nutzen, als wären es ihre eigenen.

Im Gerichtsverfahren wurden die beiden jungen Männer zu schweren Strafen verurteilt: Der Schütze erhielt lebenslang, sein Kompagnon wurde zu neun Jahren Jugendhaft verurteilt. Auch Molinari wurde verurteilt, er erhielt eine Haftstrafe von drei Jahren und neun Monaten. Die letzte Meldung, die ich zu ihm fand, stammt aus dem Oktober 2020. Die Carabinieri in Palagonia, eine Kleinstadt südwestlich von Catania, führten eine Straßenkontrolle durch und sahen ihn, wie er in ein Haus ging, das gerade umgebaut wurde. Er befand sich zu der Zeit in Hausarrest (eine Maßnahme, die das italienische Strafgesetzbuch vorsieht, die es in Deutschland aber nicht gibt) und hätte seine Wohnung somit nicht verlassen dürfen. Als er wieder herauskam, kontrollierte die Streife ihn und fand einen großen Schlüssel in seiner Tasche. In dem Haus, wo Molinari gerade irgendetwas zu tun hatte, fanden sie das dazu passende Schloss: ein eingemauerter Safe. Die Carabinieri räumten drei Präzisionswaagen heraus, dazu Kokain in Pulver und in Blockform, insgesamt hundert Gramm, und drei fertig portionierte Dosen für den Verkauf. Damit das Kokain nicht feucht wurde, war es auf Reis gelagert. Molinari war seinen Geschäften offensichtlich treu geblieben. Natürlich wurde er verhaftet.

Die Doti: Der Schlüssel zum Verständnis

Mitte Dezember 2016 veröffentlichte *Il Lametino*, die Zeitung der kalabrischen Stadt Lamezia Terme, eine durchaus amüsant zu lesende Geschichte: Es ging dabei um Carabinieri, die in eine Art frühmorgendliche Schnitzeljagd verwickelt wurden. Im Zentrum der Aktion stand Andrea La Forgia. Gemeinsam mit seinen Brüdern Massimiliano und Gianluca organisierte er den Drogenhandel in einem Viertel von Crotone, und zwar auf geradezu »korrekte« Weise: Der Handel erfolgte in einem genau abgegrenzten Gebiet, mit klaren »Öffnungszeiten«, täglich von morgens 7 Uhr bis 20 Uhr. Das Gebiet wird seit Längerem vom Clan Vrenna-Bonaventura »betreut« und auch die Gruppe um La Forgia wird dem Clan zugerechnet. Die Razzia war schon zwei Wochen vor Erscheinen des Artikels erfolgt und es lag wohl an einem spektakulären Fund, dass die Behörden die Aktion zunächst geheim gehalten hatten.

Die Carabinieri kamen vor Öffnung des Handels, morgens um fünf. Rund 50 Mann schwärmten aus. In der Wohnung von Andrea La Forgia fanden sie nichts Belastendes, aber mehrere Schlüsselbünde. Der 47-Jährige habe den Beamten keine überzeugende Erklärung geben können, so der Artikel. Die erste Vermutung, die die Carabinieri hatten: Die Schlüssel mussten zu einem Keller oder einer Garage gehören. Also durchkämmten sie das Stadtviertel und steckten einen Schlüssel nach dem anderen in ein Schloss nach dem anderen. Ohne Erfolg. Dann: Wohnungen. Appartements, die Verwandten gehörten. Als sie nur 50 Meter neben La Forgias Bleibe die Rampe zu einem Haus hochgingen, wurde La Forgia bleich und bat darum, seinen Anwalt anrufen zu dürfen. Plötzlich wusste er doch, wie er zu den Schlüsseln gekommen war: Sie seien am Abend zuvor auf der Straße gelegen, da habe er sie gefunden. Als der Trupp mit ihm die Treppen hochstieg und er eine Menge Carabinieri vor einem bestimmten Wohnungseingang erblickte, erklärte er den Beamten doch noch, welcher der richtige Schlüssel für die Türe ist. Die Wohnung erwartete die Beamten mit der Fassade eines Lebens: schwere Möbel aus dunklem Holz, ein Fernseher, ein frisch bezogenes Doppelbett. Ihr wahrer Zweck verbarg sich im Schlafzimmerschrank: ein Alukoffer, der zwei Geldkassetten enthielt. Ein Video zeigt, wie die Carabinieri die Kassetten aufstemmten: drei Pistolen, Munition, Drogen. Dann tauchte eine weitere Kassette im Bild auf, eine schwarze, mit einem Vorhängeschloss gesichert, das beinahe so dick wie die ganze Kassette selbst ist. Man sieht noch, wie Hände der Carabinieri dem Schloss mit einer gigantischen Beißzange zu Leibe rücken, dann bricht das veröffentlichte Video ab. Der Artikel zählt auf, dass man Waagen für Drogen gefunden habe und Werkzeuge, um diese zu strecken. Der wirklich spektakuläre Fund wird erst fünf Jahre später veröffentlicht: Denn bei La Forgia wurde auch eine *Copiata* in Schriftform entdeckt. Die *Copiata* benennt das Führungstrio eines *Locale*, also das Triumvirat aus *Capo Locale, Contabile* (Kassier, der sich um die Clankasse, die *Bacinella*, kümmert) und dem *Crimine*, der für die kriminellen Aktivitäten in einem *Locale* verantwortlich ist. Dinge, die wohl geheim bleiben, jedenfalls nicht auf Zettel notiert aufbewahrt werden sollen – vor allem, wenn es nach den Leuten geht, deren Namen da standen, sehr prominente Leute in der Mafia-Szene. La Forgia mochte aber offensichtlich Bürokratie und hatte fein säuberlich aufgeschrieben, wer im seinem *Locale* etwas zu sagen hatte. Und noch mehr: Er gab auch für jede Person an, wer welche *Dote* hat.

Dote? Es gibt keine eindeutige Übersetzung für das Wort. Man kann eine *Dote* als Befähigung umschreiben, mit einem Umweg über das englische *endorsement* vielleicht. Oder als einen Grad. Im Regelwerk der ’ndrangheta ist jedenfalls genau definiert, wer wem welche Befähigung verleihen kann. Diese Befähigungen setzen die Person dann in den Stand, bestimmte Tätigkeiten zu verrichten, Aktionen auszuführen. Die *Doti* sind ein Ordnungssystem der ’ndrangheta, sie verhindern, dass alle alles machen, ohne ihre Fähigkeiten zu bedenken. Du kannst nicht einfach sagen, ich bin bei der 'ndrangheta und kenne ein paar Freimaurer, also infiltriere ich mal deren Loge. Oder ich misch mich unter die Polizei. Nein, dafür braucht es erst die Erlaubnis, nämlich die richtige *Dote*, in diesem Fall ist die entsprechende *Dote* die *Santa*. Zugleich werden auch besondere Verdienste mit der Verleihung einer *Dote* belohnt: Wer beispielsweise einen Mord begangen hat, kann zum *Sgarro* aufsteigen.

Auf La Forgias Liste sind fünf *Doti* vermerkt: *Picciotto, Camorrista, Sgarro, Santa, Vangelo*. Papier ist an sich ein beliebter Datenträger bei Mafia-Organisationen, weil es sich verbrennen lässt und die Information danach nur in den Köpfen gespeichert bleibt. Dass jemand einen solchen Zettel aufbewahrt, ist eher nicht vorgesehen. Wir verdanken La Forgia also interessante Einsichten. Etwa, dass der Chef des Clans Megna, Domenico »Mico« Megna, den Grad eines *Sgarro* hat, also ein Mörder ist. In einer Akte, die ich im Herbst 2023 bekam, ist die Liste abgebildet. La Forgia hat eine schöne runde Handschrift, die Buchstaben klar lesbar, sehr gleichmäßig. Mico Megna dürfte sich kaum über die Entdeckung der Carabinieri gefreut haben, tat er doch alles, was in seiner Macht stand, um keinen Anlass für Ermittlungen zu geben: Er zeigte sich draußen so wenig wie möglich mit anderen Mafiosi, er benutzte kein Handy, vertraute nur Wenigen und suchte seine Umgebung regelmäßig nach Wanzen ab, weil er befürchtete, abgehört zu werden. Seine Frau berichtete einmal in einem (abgehörten!) Gespräch mit ihrem Neffen Mario, dass sie oft beim Putzen unter dem Tisch nachschaue, ob Abhörgeräte versteckt seien. Ebenfalls als *Sgarrista* auf der Liste steht Giuseppe Spagnolo, den wir bereits kennen und der munter zwischen Deutschland, Norditalien und Kalabrien unterwegs ist, auch er also ein Mörder. Für ihn wich La Forgia etwas von seiner Genauigkeit ab und nannte ihn »Giuseppe Bandito«, ein Mix aus Spitznamen und seinem richtigen Namen. Für die Ermittler war die Liste ein wichtiger Fund, denn er belegte Strukturen, die sie bereits vermutet hatten und die sie daher nicht überraschten. Er war aber ein wichtiger Ausgangspunkt für weiterführende Ermittlungen.

Wegen der Drogen in der Wohnung wurde La Forgia in Haft genommen. Im Gefängnis konnten die Ermittler seine Gespräche mit

Familienangehörigen belauschen. Sie waren eine ergiebige Informationsquelle.

Verschiedene Lokalzeitungen berichteten basierend auf diesen Abhörergebnissen, was nach dem Fund passierte. Andra La Forgia war offenbar in Schwierigkeiten geraten, hatte er doch gegen das Gebot der Geheimhaltung verstoßen. Mehrmals äußerte er Verwandten gegenüber die Sorge, nun als Verräter zu gelten. Nach den Durchsuchungen bei ihm war auch seine Lebensgefährtin mit Hausarrest belegt worden. Bei ihrem Besuch in der Haftanstalt wollte La Forgia von ihr wissen, wie ernst die Lage ist. »Was haben sie zu diesem Papier gesagt?«, fragte er, ohne näher zu benennen, wer sie sind. Dem Gespräch zufolge muss es mehrere Versionen des Dokuments gegeben haben, denn La Forgia schwor, es weggeworfen zu haben. Seine Partnerin sagte, sie habe erst am Tag vor ihrem Besuch von dem Dokument erfahren, »die anderen« wüssten noch nicht davon. Er solle hier an diesem Ort, also im Gefängnis, besser nicht darüber sprechen. »Es war ein Fehler von mir. Ich bitte alle um Entschuldigung«, trug La Forgia seiner Partnerin auf.

Später wurde La Forgia zu 17 Jahren und neun Monaten Haft verurteilt, wegen Drogenhandels. Die Richter sahen es nicht als belegt an, dass er – im Gegensatz zu einem seiner Brüder – Mitglied der ’ndrangheta ist. Obwohl er bei einem weiteren Besuchstermin im Gefängnis gesagt hatte, er wolle seinen Bruder taufen. Und dazu muss er selbst Mitglied sein. Ob das seine Sorgen milderte?

Um die Sache zu klären, ging sein Bruder Gianluca in die Bar in Papanice, in der sich Mico Megna häufig mit Leuten aus dem Milieu traf. Er sprach den Boss direkt auf den Vorfall an. »Diese Sache gefiel mir nicht«, habe der Boss gesagt. Was hier nach keiner gewichtigen Sache klingt, ist aber – aus Sicht von Mafiosi – eine große, denn es sind eben die Worte des Bosses, da braucht es keine dramatisierenden Ausschmückungen oder aufpeitschenden Verben.

Um einem Missverständnis vorzubeugen: La Forgia hat den Ermittlern nicht die *Doti* als solche enthüllt. Dass die ’ndrangheta sich mit *Doti* strukturiert, von ihren Mitgliedern auch *fiori* genannt, Blumen, ist seit einigen Jahren bekannt. Er hat auch keine neuen *Doti* verraten, denn wie alles in der ’ndrangheta unterliegen auch die

Doti kontinuierlich Veränderungen. La Forgia hat nur das Machtgefüge im Raum Crotone benannt. Und er ist beileibe auch nicht der Einzige, der exklusives Wissen der 'ndrangheta verraten hat, schon häufiger wurden entlarvende Notizzettel und Papiere gefunden, das erste Mal vor weit mehr als hundert Jahren.

Vor allem das Ermittlungsverfahren »Mammasantissima« aus dem Jahr 2016 und der dazugehörige Gerichtsprozess brachten einer speziellen Dote viel Aufmerksamkeit, weil sie für die 'ndrangheta eine bedeutende Entwicklung einleitete: die Santa.

Luigi und die Santa

Entstanden war die *Santa* bereits Mitte der Siebzigerjahre. Aus Sicht der Organisation 'ndrangheta ist sie die perfekte Umsetzung des Veränderungsprozesses, der sich mit dem Treffen von Montalto manifestierte. Denn zu dem erklärten Willen, nicht-kriminelle Sphären für die Organisation zu erschließen, kam nun die technische Umsetzung: Wer den Grad, die Dote *Santa*, verliehen bekam, konnte als Mitglied der 'ndrangheta Mitglied bei Organisationen werden, die einen Diensteid erfordern wie etwa Polizei und Militär. Dieser Grad war quasi die Eintrittskarte zu höheren Sphären, gerade auch zu Freimaurerlogen, in Italien wichtigen Begegnungsorten von Eliten. Obwohl Luigi ehrgeizig war, hat er die Santa zwei Mal abgelehnt. Ich hatte davon tatsächlich erst durch das Buch *'ndrangheta* (2022) von Sanne de Bour erfahren. Luigi fremdelte immer mit dem Grad, hing, bis er ausstieg, einem Bild der alten 'ndrangheta an. »Beim ersten Mal sagte mein Onkel Gianni zu mir, ich solle zu Paolo Corigliano gehen, ich hätte künftig etwas mehr mitzureden«, sagte mir Luigi. Es sei alles vorbereitet gewesen, doch Luigi habe dieses Kreuz nicht auf seine Schultern laden wollen. Dass er aus einer wichtigen Familie stammt, half ihm, die Santa auf diplomatische Art auszuschlagen. Einige Zeit später schlug ihn eines der Ur-Mitglieder seines Clans, Egidio Cazzato, ein weiteres Mal vor. »Man kann sich nie auf höhere Grade bewerben, man wird immer vorgeschlagen von jemandem aus der Familie oder einem wichtigen Boss der Region«, so Luigi. »Ich respektierte Egidio Cazzato sehr.« Mit Cazzato verband Luigi eine besondere Beziehung; kurze Zeit nach Luigis Rückkehr nach Crotone 1990 wurde dessen Sohn ermordet. Die Morde auf der Piazza Pitagora mitten in der

Stadt, die Luigi mitorganisierte, waren eine Reaktion darauf. Dennoch aber lehnte er wieder ab und es gelang ihm, sich der Santa zu entziehen.

Häufig werden die Grade durch die Bosse anderer Clans verliehen. Angelo Cortese berichtete, dass er im Jahr 1999 von Nicolino Grande Aracri den Grad eines *Crimine* verliehen bekommen habe. Bei seiner Vernehmung im Jahr 2008 zählte Cortese auch die anderen Grade auf: für die niedere 'ndrangheta *Giovane d'Onore, Picciotto* und *Camorrista* und *Sgarro*. Für die höhere 'ndrangheta gebe es die *Santa* in drei Subunterteilungen, benannt nach Mazzini, Garibaldi und La Marmora, für die Republik Italien wichtige Figuren. Darüber kämen der Grad *Vangelo*, auch hier in drei Unterteilungen, Melchiore, Gaspare und Baldassarre, der *Tre Quartino*, der *Quartino* und der Grad des *Crimine*. »Es gibt dann auch noch weitere Grade, die ich nicht kenne, denn die 'ndrangheta ist geprägt von Abschottung. Das heißt so viel wie, dass ich die Mitglieder kenne, die den gleichen Grad wie ich haben oder niedrigere. Ich kenne ansonsten nur die Dote des *Crimine Internazionale*, die mein Boss Nicolino Grande Aracri und Pasquale Nicosia innehatten.«

Anstatt *Santista* zu werden, stieg Luigi aus. Bis heute kooperiert er mit Staatsanwaltschaften. Für den Prozess Rinascita-Scott, bei dem in Lamezia Terme die 'ndrangheta im Gebiet Vibo Valentia komplett abgeräumt wurde, hat er Rede und Antwort gestanden. Für die Staatsanwaltschaft Duisburg stellte er sich zur Verfügung, als die Ermittlerinnen und Ermittler einen, wenn nicht gar den größten Schlag gegen die 'ndrangheta vorbereiteten, eine mit »Eureka« betitelte Operation Anfang Mai 2023. Üblicherweise dauern solche Vernehmungen tage-, wochen-, teils monatelang. Es ist besonders für die Kronzeugen wichtig, Vertrauen zu ihrem Gegenüber zu fassen. Oft geht es beim ersten Treffen daher gar nicht um Inhalte, sondern lediglich darum, ein Gespür für das Gegenüber zu bekommen. Kann ich dieser Staatsanwältin oder diesem Staatsanwalt vertrauen? Vertrauen ist wichtig, denn mit den Aussagen ist immer eine Gefährdung des eigenen Lebens verbunden.

Für eines unserer Treffen hatte Luigi eine Ladung rausgesucht und legte sie vor mir auf den Tisch. »Staatsanwaltschaft Stuttgart«

stand oben auf dem Briefbogen: die Stadt, in der ich damals lebte. Es war die kürzeste Vernehmung, die er je erlebte, sagte Luigi. Noch heute sprechen Mafia-Ermittler in Baden-Württemberg, die von der Sache Kenntnis haben, davon unter dem Namen »9 in 3«: Neun Kronzeugen wurden in drei Stunden vernommen.

Die Zeit, die es braucht

Vorbehalte gegen den Einsatz von Kronzeugen sind verständlich: Ist man moralisch legitimiert, auf Menschen zurückzugreifen, die schwere Schuld auf sich geladen, gar Morde begangen haben? Haben sie sich wirklich von der Mafia distanziert oder versuchen sie womöglich, gezielt Fehlinformationen zu geben? Nutzen sie staatliche Ermittlungen für persönliche Rache? Sind solche Leute glaubwürdig? Auf der anderen Seite ermöglichen Kronzeugen wie gesagt Einblicke in eine abgeschottete Welt, die anderweitig kaum möglich sind. Und ist ihre Abkehr vom Organisierten Verbrechen ernsthaft, leisten sie einen Dienst an der Gesellschaft und damit ein Stück weit Wiedergutmachung für ihre Untaten. Man kann daher gar nicht auf Kronzeugen verzichten und es ist vor diesem Hintergrund eine positive Entwicklung, dass auch in Deutschland verstärkt Kronzeugen befragt werden. In mindestens drei wichtigen Verfahren flossen entsprechende Erkenntnisse ein, Erkenntnisse aus Gesprächen, die in Deutschland geführt wurden: die Operation »Stige« im Januar 2018 mit 170 Verhafteten, davon 11 in Deutschland; die Operation »Pollino« im Dezember desselben Jahres und schließlich die Operation »Eureka« am 3. Mai 2023 mit 132 Verhaftungen insgesamt, 30 davon in Deutschland und 13 in Belgien.

Als italienische Medien im April 2021 berichteten, dass Nicolino Grande Aracri zum *Collaboratore di Giustizia* werden, also künftig mit den Ermittlungsbehörden kooperieren möchte, veröffentlichten wir die Information auf der Homepage von *mafianeindanke* und regten an, ihn auch in Deutschland zu vernehmen. Grande Aracri, bis zu seiner Verhaftung im Januar 2016 einer der wichtigsten Bosse der 'ndrangheta, kennt die Verhältnisse in Deutschland. Einige Zeit hat er in der Bundesrepublik gelebt, in Warendorf bei Münster. Die Leute in Cutro, seinem Heimatort, winkten ihm zu, wenn er in seinem Mercedes E 290 durch die Straßen fuhr, mit deutschem Kennzeichen. Sein Bruder Ernesto war einst in Augsburg gemeldet und vertrat Nicolino Grande Aracri bei Abwesenheit. Mehrere Ermittlungsverfahren in Italien zeugen von der Bedeutung der beiden. Unsere Anregung fiel auf fruchtbaren Boden, ein Landeskriminalamt bekundete die Absicht, ihn zu vernehmen, sehr zu unserer Freude. Leider stellte sich danach heraus, dass Grande Aracri nicht ins Kronzeugenprogramm aufgenommen wird. Berichten zufolge bezweifelten die Ermittler seine Bereitschaft, umfassend auszusagen, er habe wohl Familienangehörige aus der Schusslinie nehmen wollen. Auch das kann passieren, sehr zu unserem Bedauern.

Es gibt aber auch die umgekehrte Variante, dass Zweifel bestehen, ob die Ermittlungsteams umfassende Aussagen aufnehmen wollten. Ein solcher Fall ist mir bekannt. Damit wären wir erneut bei der Kronzeugenvernehmung 9 in 3, auf die mich Luigi hingewiesen hatte, und damit in Stuttgart.

Der Aufwand für diese Vernehmung war außergewöhnlich. Zunächst mussten die Kronzeugen zur Teilnahme eingeladen werden, sie sind dazu nicht verpflichtet. Die Männer wurden dann von ihren Wohnungen abgeholt und an verschiedene Orte in Italien gebracht oder aus ihren Zellen zu den Vernehmungsräumen geführt. Die Befragung erfolgte über eine Video-Verbindung zum Gericht in Catanzaro. Dorthin hatte sich auch eine kleine Reisegruppe aus Stuttgart aufgemacht, ein Staatsanwalt und mehrere Polizisten, um vor Ort die Befragung durchzuführen. Natürlich war auch eine Übersetzerin gebucht worden, und aus rechtlichen Gründen begleitete eine italienische Untersuchungsrichterin die Vernehmung.

Auch Luigi Bonaventura wurde am 30. November 2010 abgeholt und von seiner Wohnung zu einer Justizvollzugsanstalt gebracht. Dort saß er vor einer Webcam und sprach mit den Ermittlern aus Deutschland. Eine lokale Zeitung hatte recht euphorisch über die Aktion berichtet, Luigi legte mir bei unserem Gespräch darüber den Text auf den Esstisch. »Wurst, Kraut ... und 'ndrangheta. Das reiche Deutschland ist inzwischen bereit, mit der mächtigsten Mafia

Europas abzurechnen«, so fing der Artikel an. Möglicherweise war dieser Eindruck zu diesem Zeitpunkt berechtigt, denn in Baden-Württemberg hatte man gerade ein Ermittlungsverfahren zur italienischen Mafia aufgelegt, kämpferisch »Spada« betitelt, zu Deutsch »Schwert«. Im Zentrum standen dabei Mario Luttini und eine mutmaßliche Geldwäsche-Aktion: Italienische Ermittler hatten Informationen über einen Kredit für die Finanzierung eines Hotelneubaus in Crotone erhalten und an die deutschen Kollegen weitergereicht.

Für dieses Ermittlungsverfahren wurden nun die neun Kronzeugen geladen. Die Stuttgarter Ermittler hatten vor allem Männer aus zwei Orten gewählt, aus Corigliano Calabro, rund 40 000 Einwohner, und aus Crotone, etwa 58 000 Einwohner.

Corigliano Calabro war in Deutschland vor längerer Zeit in den Fokus gerückt worden mit den Aussagen eines Mannes, den das bayerische LKA als Kronzeuge hatte gewinnen können: Giorgio Basile, auch »Engelsauge« genannt. Basile war 1998 von einem befreundeten Gastwirt nach Kempten eingeladen worden. Dort am Bahnhof angekommen, wartete aber nicht der Freund, sondern die Polizei. Der Freund, ein heute noch aktiver Gastwirt in der Region, soll ihn verpfiffen haben. Basile wurde damals von der Kripo Duisburg wegen eines Mordverdachts gesucht. In Vernehmungen in München gestand Basile weitere Morde und andere schwere Taten. Ein Beamter des LKA brachte ihn in den Befragungen dazu, die Seiten zu wechseln. Seitdem belastete Basile viele in Deutschland aktive Mitglieder seines Clans Carelli. Es kam zu einer ganzen Reihe von Verhaftungen, der Clan wurde erheblich geschwächt.

Basile war nicht unter den neun vernommenen Kronzeugen. Dafür aber Tommaso Russo, der mit ihm zusammenarbeitete, bis er am Tatort eines Mordes eine Kippe zurückließ und man ihn als Täter überführte. Auch unter den neunen: Giovanni Cimino, der für den Carelli-Clan als Drogenhändler und Killer fungierte und 1998 in Frankfurt am Main festgenommen worden war. In Vernehmungen von damals sagte er, dass der Carelli-Clan sich eine stabile Präsenz in Frankfurt schaffen wolle und dafür Mitglieder rekrutiere, die auch in Deutschland getauft würden. Da zwischen den 'ndrangheta-Zellen in Hessen und Baden-Württemberg enge Bande bestehen, hätte

Cimino vermutlich Wichtiges zur Situation in Baden-Württemberg sagen können, wenn man ihn ausführlich befragt hätte.

Giampiero Converso war eine weitere interessante Figur in der Vernehmung. 2004 kam er in Haft und verstand dort anhand von einigen Blicken, dass er um die Ecke gebracht werden sollte. Die Angst brachte ihn dazu, sich mit den Strafverfolgungsbehörden einzulassen. Später, wieder in Freiheit, erfuhr er, dass zwei Bosse tatsächlich den Befehl gegeben hatten, ihn zu beseitigen. 2010 wurde Converso erneut inhaftiert, er sollte eine dreijährige Strafe absitzen. Doch so weit kam es nicht. Im Juni 2012 wurde er tot in seiner Zelle gefunden – ohne Spuren von äußerer Gewalt an seinem Leichnam, allerdings deutete auch nichts auf einen Suizid hin. Nach längeren Ermittlungen teilten die Behörden mit, Converso sei durch einen Unfall zu Tode gekommen. Er habe sich mit Gas aus einer Kartusche berauschen wollen und zu viel erwischt. Über die Führung des Carelli-Clans konnte der ebenfalls angehörte Carmine Alfano berichten, er war der Schwager des Bosses und wurde deshalb für wichtige Aufgaben eingesetzt.

Vincenzo Curato, auch unter den Neunen, war mitverantwortlich für einen Anschlag, bei dem der Vater von Giovanni Cimino getötet worden war. Als Schwiegersohn des Bosses von Taurianova war er vor seinem Ausstieg mit wichtigen Aufgaben im Drogenhandel und der Schutzgelderpressung in Kalabrien betraut. Vor allem aber hielt er Kontakt zu anderen Clans. Wenige Monate vor der Vernehmung durch die Stuttgarter Ermittler hatte Curato italienische Ermittler über das Verhältnis zwischen den Clans aus Cirò und Corigliano Calabro aufgeklärt. Seinen Aussagen zufolge gebe es einen Mann namens »Peppe« des Clans Farao-Marincola, der dem Carelli-Clan bei Geldproblemen aushelfe: »Wenn es in Corigliano Geldprobleme gibt, Probleme mit den Löhnen oder den Zahlungen an die Inhaftierten, dann bezahlt Peppe die Anwälte ... Wenn er sieht, dass ein anderer Clan zerfällt, weil die Staatsanwaltschaft hundert verhaftet hat und nur noch zehn übrig sind und sie kein Geld machen können, um die Verwandten zu unterhalten und die Rechtsanwälte zu bezahlen, dann sind es die Leute aus Cirò, die sich um die Löhne kümmern und sie an die verschiedenen *uomini d'onore* der Clans schicken«. Der Peppe, von dem Curato hier sprach, heißt mit vollem Namen Giuseppe Spagnolo, Spitzname: »Peppe u bandito«; »Peppe der Bandit«. Er stand auch auf Andrea La Forgias Liste. In 'ndrangheta-Kreisen ist er weit über Crotone hinaus bekannt. Wenn Spagnolo sagt, dass »die Leute aus Cirò« Zahlungen übernähmen, dann ist damit der Clan Farao-Marincola gemeint, also genau der Clan, über den bereits Mirko Bischki zu Beginn der Neunziger ausführlich ausgesagt hat. Spagnolos Clan, die Farao-Marincola, und der Carelli-Clan sind also eng verbündet. Da beide in Hessen und Baden-Württemberg aktiv sind, ist das eine relevante Information.

Peppe u Bandito wird uns noch häufiger begegnen. Hätte man Zeit gehabt, wäre es interessant gewesen, die Kronzeugen aus Crotone zu ihm zu befragen, also Domenico Bumbaca, Angelo Cortese, Vincenzo Marino und Luigi Bonaventura. Angelo Cortese, neunfacher Mörder und bis zu seinem Ausstieg rechte Hand von Nicolino Grande Aracri, wusste sicher bestens Bescheid über die Aktivitäten in Deutschland, wo sein Clan zu den wichtigeren gehört. Cortese berichtete Ermittlern, dass Grande Aracri mit höchsten Mitgliedern der 'ndrangheta zu tun hatte, er wurde sogar zu privaten Feierlichkeiten hinzugebeten. Antonio Pelle etwa, »Gambazza« gerufen, lud ihn im Jahr 2000 zur Hochzeit seines Sohnes ein. Pelle habe Grande Aracri aufgefordert, bis zum Ende der Fests zu bleiben. So feierten sie und tranken gemeinsam am Tisch mit den engsten Familienangehörigen Champagner. Von Pelle erhielt Grande Aracri die Dote *Crimine Internazionale*. Diese Auszeichnung befähigte ihn, weltweit mit allen 'ndranghetisti zu interagieren. Weder Mitglieder des Farao-Clans noch die anderer Clans hatten eine derart hohe Stellung, mit Ausnahme des Anführers des Clans Nicosia aus Isola di Capo Rizzuto, Pasquale Nicosia. Wenn Cortese nach Kalabrien fuhr, wurde er immer von Giuseppe Farao, Chef des Clans, zum Abendessen eingeladen. Wer könnte also besser über Mafia-Aktivitäten berichten als jemand wie Angelo Cortese, der Zugang zu solch exklusiven Kreisen hatte? Allerdings nicht in dreißig Minuten. Das Ergebnis der Vernehmung war des Aufwands leider nicht würdig.

Es ist schwierig, mehr über diese Befragung in Erfahrung zu bringen. Sicher ist, dass die Aussagen protokolliert wurden, doch wo diese Protokolle abgeblieben sind, ist fraglich. Bei einem Besuch in Catanzaro erinnert sich die Ermittlungsrichterin von damals noch gut an die Aktion. Man habe die Kronzeugen gefragt, ob sie etwas zu Mario Luttini oder zu kriminellen Aktivitäten in Stuttgart wüssten. Nach unserem Gespräch schlug sie vor, sich noch einmal zu treffen, sie wolle in der Zwischenzeit nachsehen, ob die Protokolle sich noch im Archiv des Gerichts in Catanzaro befänden. Als wir uns wieder trafen, bat sie uns freundlich in ihr Büro. Papiere habe sie leider keine, doch nach ihrer Erinnerung müsste eine Kopie der Protokolle nach Stuttgart gegangen sein. Eine Anfrage bei der Staatsanwaltschaft ergibt aber, dass man dort von dem gesamten Vorgang keine Kenntnis hat. Offenbar hatte sie sich noch mal über den Verlauf Gedanken gemacht und ihr war etwas eingefallen: »Als eine Person berichtete, ich ging in dieses Lokal, um mit Drogen zu handeln, hatte der Staatsanwalt geantwortet, das interessiert uns nicht, weil unsere Ermittlungen zu einem anderen Thema sind.«

Die begleitenden Polizisten hätten öfter Fragen auf einen Zettel geschrieben, die der Staatsanwalt dann abgelehnt habe, ist in Erfahrung zu bringen. Er habe die Ablehnung damit begründet, dass die Fragen nicht auf einer zuvor abgestimmten Liste stünden. Angeblich hätte die Untersuchungsrichterin nach einer ersten Runde die Vernehmung unterbrochen und die Gruppe zu einem Kaffee gebeten. Sie habe die Leute aufgefordert, den Kronzeugen mehr Fragen zu stellen, und erläutert, dass nicht abgesprochene Fragenkomplexe kein Problem seien, das könne man rechtssicher noch im Nachhinein regeln. Der deutsche Staatsanwalt soll dieses Angebot jedoch abgelehnt haben. Strittig ist, ob es anschließend tatsächlich laut und erhitzt zugegangen sei im Vernehmungszimmer. Man hört, dass die Polizeibeamten äußerst verärgert gewesen sein sollen, weil der Staatsanwalt Zettel um Zettel mit ihren Fragen zur Seite gelegt habe.

Der italienische Staatsanwalt Vincenzo Luberto, der die neun Kronzeugen organisiert hatte, sagte Jahre danach über die Aktion: »Die Zeit, die zur Verfügung stand, war knapp. Ich wusste, dass man mit diesem Modus keine großen Ergebnisse erzielt.« Überhaupt könnten die deutschen Staatsanwaltschaften sich etwas von Italien abschauen: Weil man dort weiß, dass die Clans über Jahrzehnte hinweg fortbestehen, werden sie auch kontinuierlich beobachtet. Quasi jedes Mafia-Verfahren baut auf frühere auf, Ermittlungen sind eine beständige Evolution von Verfahren zu Verfahren. In Deutschland könnte man das theoretisch auch wissen. Die lange Karriere von Mario Luttini etwa ist ein gutes Beispiel dafür, eines von Hunderten. Doch die nötigen Schlüsse zieht man nicht.

Weitere Versuche, mit den Kronzeugen zu sprechen, gab es nicht. Das Ermittlungsverfahren Spada enttäuschte so die Hoffnungen. Daran änderten auch neue Informationen, die aus Perugia eingegangen waren, nichts. Ermittler hatten dort Erkenntnisse zu einer Gruppe gewonnen, zu der auch Mario Luttini gehören sollte. Einige Mitglieder dieser Gruppe handelten mit Drogen. Diese Erkenntnisse hatten sie via eines justiziellen Rechtshilfeersuchens nach Stuttgart an die Staatsanwaltschaft geschickt. Sie fanden aber nicht Eingang in das Ermittlungsverfahren Spada, sondern verblieben Quellen zufolge innerhalb des Rechtshilfeverfahrens. Das Verfahren Spada wurde 2013 eingestellt.

Als Luigi und ich uns 2012 über die Aktion unterhielten, war seine Erinnerung noch frisch. Luigi war mit der Vernehmung wenig glücklich. »Sie haben mich zu Leuten befragt, die schon lange tot waren«, berichtete er. »Außerdem wollten sie von mir etwas zu Mario Luttini wissen, den kannte ich aber nicht.« Das Gespräch sei schnell vorbeigewesen. »Ich hätte mich zu anderen Personen äußern können, doch daran waren die Vernehmer nicht interessiert.« Als Luigi mir von der Befragung erzählte, hätte ich nie geahnt, was man damals alles schon in Erfahrung hätte bringen können. Und erst recht nicht, dass der Beleg dafür einmal Jahre später auf einer Einwegpalette zu mir kommen würde.

Immer wieder Stuttgart

Ich vertraue gerne in staatliche Institutionen. Mein Verein *mafianeindanke* entstand 2007 aus einer Kooperation mit der Berliner Polizei und ich habe im Lauf meiner Zeit als Mafia-Berichterstatter viele Menschen kennengelernt, die sich als Polizistin oder als Staatsanwalt aufopferungsvoll und oft verbunden mit großem, persönlichem Risiko gegen Mafia und Organisierte Kriminalität stellen. Die Klage des italienischen Staatsanwalts über seine Kollegen in Stuttgart hat mich dennoch nicht überrascht. Wenn man sich mit Menschen unterhält, die bei der Polizei arbeiten und uns vor Organisierter Kriminalität schützen sollen, drängt sich leider der ein oder andere Zweifel auf. Mehr als einmal hörte ich die Klage, dass Polizisten in Deutschland in ihrem Ermittlungseifer gebremst wurden.

Auf einer Podiumsdiskussion wies ich deshalb einmal darauf hin, dass Staatsanwältinnen und -anwälte in Deutschland nicht unabhängig von der Politik sind, sondern einer Weisungspflicht unterliegen, und sich das auch auf die Polizeipraxis auswirke. Dieses Problem ist tatsächlich seit Längerem bekannt. Das Ministerkomitee des Europarates hat im Jahr 2000 mit einer Empfehlung eine klare Vorgabe gemacht: »Jedes Mitglied der Staatsanwaltschaft kann verlangen, dass die an es gerichteten Instruktionen in schriftlicher Form erfolgen.« In Österreich ist die Situation ähnlich zu Deutschland, in der Schweiz sind die Staatsanwaltschaften dagegen unabhängig und nicht an Weisungen gebunden. In Italien verwalten sich die Staatsanwaltschaften selbst und ermittelten unerschrocken auch gegen den Ministerpräsidenten, als es nötig war.

Eine Oberstaatsanwältin im Publikum meldete sich. Sie könne für ihren Bereich ausschließen, dass es Einflussnahme aus der Politik gebe. Schlagartig stand ich auf verlorenem Posten. Natürlich konnte ich meine Quellen nicht nennen, nicht ins Detail gehen. Zu meinem Glück übernahm ein Oberstaatsanwalt, der mit mir auf dem Podium saß, die Replik. Er wisse von Kollegen, dass es sehr wohl politische Einflussnahme gebe. Passiert das also auch bei Mafia-Ermittlungen? Ich habe entsprechende Klagen gehört und tatsächlich stand die Frage sowohl bei dem Untersuchungsausschuss im baden-württembergischen wie auch dem im thüringischen Landtag im Raum. Es ist definitiv möglich, Mafia-Ermittlungen politisch zu steuern. Belegt ist es bisher nicht. Das mag auch in der Natur der Sache liegen: Wer eine solche Weisung erteilt, wird dies kaum schriftlich machen. Das Prozedere ist somit intransparent und jeder gesellschaftlichen Kontrolle entzogen.

Es wäre spannend, einmal ein Verhältnis zu untersuchen, nämlich wie viele Mafia-Ermittlungen hierzulande auf deutsche und wie viele auf italienische Initiative hin zustande kommen und wie erfolgreich sie jeweils sind. Vielleicht tue ich manchem unrecht. Aber gerade im Raum Stuttgart hatte mir in all den Jahren seit der wenig ergiebigen Kronzeugenvernehmung nichts den Eindruck vermittelt, dass man engagiert vorgehen würde. Gleich mehrere Kollegen, die auch zu dem Thema arbeiteten, berichteten mir von Untätigkeit, von Ungereimtheiten bei Ermittlungen. Und je mehr ich mich selbst mit der Mafia im Ländle befasste, umso mehr Fragezeichen taten sich auch mir auf. Der Fall des getöteten 23-Jährigen in Hechingen schien allerdings ein Extrembeispiel zu sein.

Die Präsenzen von Mafiaclans gerade im Stuttgarter Raum sind lange bekannt. Nicht nur der Kronzeuge Mirko Bischki sprach darüber, sondern auch der Staatsanwalt Helmut Krombacher höchstpersönlich, der bis zu seiner Pensionierung 2015 für mehrere Jahrzehnte für die Bekämpfung der Mafia zuständig war. Die italienische Zeitung *Repubblica* bezog sich in einem Artikel vom August 1992 auf ihn und meinte, er habe berechnet, dass die Mitglieder der kalabrischen ’ndrangheta allein in Schwaben mehr als zehn Millionen Mark gewaschen und in Immobilien und Unternehmen angelegt hätten. Für 1992 eine immense Summe! Bemerkenswert auch, wie detailliert man sich damals zum Thema Mafia äußerte.

Drei Jahre später, wieder berichtet die *Repubblica*: Der stellvertretende nationale Antimafia-Staatsanwalt Emilio Ledonne sei mehrmals in Stuttgart gewesen, um einen Kronzeugen, Francesco Colilla, zu vernehmen. Colilla sei, so schreibt die Zeitung, eine Art Botschafter der ’ndrangheta in Stuttgart gewesen, wo sich ein mächtiges *Locale* gegründet habe.

Ein *Locale* in Stuttgart? Bedenkt man, dass die ’ndrangheta schon seit Jahrzehnten vor Ort ist, wäre das nicht überraschend. Doch seit 1995 hört man davon nichts mehr, es ist ruhig geworden um die Mafia. Findet keine italienische Operation statt, liest man kaum darüber. Eine Bestätigung für ein *Locale* liegt bis heute nicht vor. Die Frage ist allerdings auch, ob überhaupt jemand danach gesucht hat.

Auf manche Menschen üben Verschwörungstheorien eine Anziehung aus, und auch die Mafia bietet sich dafür an. Manche glauben, dass ein Mafioso dermaßen die Fäden in der Hand halten kann, dass nicht gegen ihn ermittelt wird. Ich bin da skeptisch. Ich glaube kaum, dass ein einzelner Mensch über einen längeren Zeitraum Ermittlungen unterbinden kann, egal, ob es ein Mafioso ist oder ein Staatsanwalt mittels einer Weisungsbefugnis. Ich glaube aber, dass es für die Mafia gewiss nicht nachteilig ist, wenn sie bestens in die Gesellschaft integriert ist, Netzwerke gebildet hat. Und darin ist sie leider sehr gut. Genau deshalb sind Medien und zivilgesellschaftliche Gruppen so wichtig, weil sie hier ein Gegengewicht setzen können.

Von Stuttgart ist bekannt, dass Mario Luttini wohlangesehen war und sich eine Clique um ihn herum gebildet hatte: Leute, die mit ihm befreundet waren, die auf seine Anlage am Meer reisten, Jugendliche, die dort einen Ferienjob machten. Mir wurde auch von Kalabrienreisen mit Unternehmern berichtet. Und je mehr ich mich mit dem Thema befasste, umso mehr verdichtete sich das Bild eines Netzwerks um Luttini. Doch wie weit reichte es?

Im Jahr 2012 recherchierte ich zu Investments der Italienischen Organisierten Kriminalität in erneuerbare Energien. In den Neunzigerjahren war schon in diesem Umfeld ermittelt worden, aber damals hatten Mafiosi »nur« den Preis von Anlagen mittels Korruption nach oben getrieben und sich nicht selbst in dem Geschäftszweig betätigt. Im Jahr 2009 waren erste Berichte aufgekommen, dass Mafiaclans in Italien die Herstellung von erneuerbarer Energie als Geschäftszweig für sich entdeckt hatten. Im Juli 2012 hatten die Behörden dann einen großen Windpark in Kalabrien beschlagnahmt, den eine Hamburger Bank unter dubiosen Umständen finanziert hatte. Dann spielte mir jemand einen interessanten Presseartikel aus Norditalien zu.

Dem Text zufolge war einem Unternehmen namens »Solar Power s.r.l.« die Einspeisevergütung für Strom aus Photovoltaik-Panels in Italien versagt worden. Man muss dazu wissen, dass gemäß des italienischen Antimafia-Gesetzes Unternehmen, die staatliche Zahlungen erhalten wollen, ein Antimafia-Zertifikat vorlegen müssen. Dies gilt für Zahlungen ab 150 000 Euro. Wenn also Firmen ein öffentliches Bauprojekt realisieren möchten, eine Ausschreibung für Dienstleistungen gewonnen haben oder eben Strom aus erneuerbaren Energien einspeisen, benötigen sie ein solches Zertifikat. Und dieses Zertifikat wurde der Solar Power verweigert. Der Gedanke dahinter ist, wie so oft in Italien, präventiver Natur: Es geht dabei darum, das freie Spiel der Kräfte im Wirtschaftsbetrieb zu sichern und Wettbewerbsverzerrungen zu vermeiden. Beantragt wird das Dokument bei der Präfektur, vergleichbar dem Landratsamt in Deutschland, der Bezirkshauptmannschaft in Österreich. Was dann in Italien passiert, hat mir Carmine Mosca, Chef der DIA in Catania, exemplarisch erklärt: Die Präfektur könne veranlassen, dass Unternehmen durchleuchtet werden. Seine Behörde habe die Möglichkeit, sämtliche Geldflüsse nachzuvollziehen, und sie bekäme Listen mit den Namen der kompletten Belegschaft vorgelegt.

Von dem Unternehmen Solar Power führten zwei Spuren nach Stuttgart. Beide hatten aber mit dem Verbot nichts zu tun: Zum einen war das Unternehmen von einem Stuttgarter Promi-Gastwirt eingetragen worden, Luigi Assiolo, zum anderen fungierte als Geschäftsführer ein Stuttgarter Unternehmer. Ich kannte den Wirt Assiolo damals nicht, auch wenn er eine Figur ist, die immer wieder in der Öffentlichkeit steht. Ein Stuttgarter Polizist erzählte mir, wie er nach Feierabend ab und an Restaurants von Mario Luttini und eben Luigi Assiolo abklapperte und dabei anhand der geparkten Fahrzeuge feststellte, dass die beiden sich öfter trafen, früher sogar wöchentlich. Auch in den sozialen Medien zeigen viele Fotos beide zusammen. Es ist außerdem bekannt, dass Mario Luttini Luigi Assiolo zu dessen 50. Geburtstag besucht hatte, und auch in Ermittlungsverfahren ist eine Nähe zwischen beiden festgestellt worden. Beim Versagen der Einspeisevergütung spielte all das aber keine Rolle.

Ich rief den Geschäftsführer damals einfach an. Er war zu einem Gespräch bereit, wir trafen uns im Sommer 2013 in einem Stuttgarter Café. Assiolo habe ihm angeboten zu investieren, berichtete er, aufgrund der ausbleibenden Zahlungen habe er zwei Oldtimer aus seiner Sammlung verkaufen müssen. Mein Mitleid war begrenzt.

Diese Konstellation zeigt auf perfekte Art, wie Netzwerke funktionieren: über gegenseitige Vorteile und in der Grauzone. Man kennt sich, man schätzt sich. Unternehmer versprechen sich einen Vorteil, vielleicht ist nicht erkennbar, dass man es mit der Mafia zu tun hat, vielleicht sind zu viele ehrenwerte Leute dazwischengeschaltet, vielleicht ist es auch einfach egal, weil der Profit im Vordergrund steht. Mario Luttini, so viel ist sicher, hatte viele Freunde um sich herum.

Solche Netzwerke bestehen aber nie fein säuberlich aus Schwarz und Weiß, dem Mafioso auf der einen Seite und Leuten seines Netzwerks auf der anderen, sondern vor allem aus Menschen in einer Grauzone. Da sind Geschäftsmänner mit einem italienischen Hintergrund, die als Investoren auftreten, und niemand weiß so recht, wo das Geld herkommt. Da sind deutsche Unternehmer, die gerne ein gutes Geschäft machen wollen. Da sind Kommunalpolitiker, die gerne ein gutes Essen zu sich nehmen und bei ihrem Lieblingswirt keinen Verdacht schöpfen, wenn er ein Immobilienprojekt anbahnen will. Da sind Medien, die die Geschichte vom sonnigen Wirt aus Italien, der allseits so beliebt ist, gerne weitererzählen in ihren Restauranttipps und von Mafia keine Ahnung haben. Es gibt gute Bekannte aus Italien oder von anderswo in Deutschland, die in die Gruppe eingeführt werden. Und natürlich ist da das Klischee von den lebensfrohen und feieraffinen Italienern, ein Klischee, das eine Bourgeoisie anzieht, die auch gerne feiert, und das vielleicht nicht nur mit Champagner. Und über all dem schwebt ein Hauch von

Freundschaft. Das macht es Ermittlern nicht einfacher, und tatsächlich führten die Ermittlungen im Fall des Solarprojekts in Stuttgart zu nichts. Das Stuttgarter Polizeipräsidium schaltete sogar das Europäische Amt für Betrugsbekämpfung OLAF ein. Trotzdem musste man das Verfahren einstellen.

Das Photovoltaik-Unternehmen hatte seinen Sitz in Reggio Emilia und später in Bozen. Die Anlage, um die es ging, sollte jedoch ganz im Süden Italiens entstehen, nämlich auf dem Dach eines Stalls in einem Teilort von Crotone, San Biagio. Die Präfektin von Reggio Emilia, der Hauptstadt der Lombardei, hatte mit ihrer Untersagung die Zahlung von 300 000 Euro staatlicher Mittel gestoppt.

Ein Artikel von Sabrina Pignedoli, heute Abgeordnete im EU-Parlament, nennt Einzelheiten zu der Verfügung: Grund des Anstoßes sei ein zusätzlicher Geschäftsführer ab Mai 2011 gewesen, Domenico Labella*, gebürtig aus Crotone. Labella sei der Schwager von Angelo Assiolo*, der aus einem Ermittlungsverfahren der Antimafia-Staatsanwaltschaft in Bologna bekannt sei. In seinem Restaurant habe er wichtige Mitglieder der 'ndrangheta bewirtet, darunter Nicolino Grande Aracri, den Boss des Clans aus Cutro, und einige weitere Clan-Chefs sowie den Statthalter von Nicolino Grande Aracri in Cremona, Francesco Lamanna. Wichtige Entscheidungen seien bei Mafia-Treffen in seinem Restaurant getroffen worden. Die Ermittlungen gegen Assiolo in Bologna wurden zwar eingestellt. Doch Angelo Assiolo, so die Präfektur, stehe »in nächster Nähe zu Elementen der höchsten Ebene des Mafia-Clans Grande Aracri von Cutro«. Und deswegen: kein staatliches Geld.

Crotone? Cutro? Natürlich wollte ich von Luigi wissen, ob er die Leute kenne, schließlich kamen sie aus seiner Gegend. Wir chatteten auch öfter, daher tippte ich eine Nachricht für ihn. Luigi Assiolo kenne er, schrieb Bonaventura zurück. Der sei *Compare* mit Giuseppe Spagnolo, Clan Farao Marincola. (Es schien immer noch die alte Prägung von Luigi durch, Bekannte nach Clan-Zugehörigkeit zu ordnen, so wie er hier Spagnolo dem Farao-Clan zuordnete.) Was meint *Compare* genau? Das Wort ist mehrdeutig. Es kann »Pate« heißen, also im Sinne eines Garanten wie in der christlichen Religion ein Taufpate, oder auch »sehr enger Freund«. Ich tippte also in mein Telefon: Meinst du *Compare* im Sinne von Freund? Oder im Sinne von Mafiafamilie? »Compari im Sinne von Campari«, schrieb Luigi zurück und ich sah ihn grinsen: selbst in ernsten Dingen bewahrte er sich den Schalk. Und ergänzte dann rasch: »Vielleicht Trauzeuge oder Taufe der Kinder oder solche Sachen. Jedenfalls ist Assiolo aus meiner Gegend und hat sehr wichtige Freunde. Auch aus der ’ndrangheta natürlich.« Vermutlich konnte er genau einschätzen, dass ich seinen Scherz nicht auf Anhieb verstand. Bei unserer nächsten Begegnung sprach ich ihn noch mal auf die Personen an. »Pass auf, das sind gefährliche Leute«, mahnte er. »Du meinst juristisch?« »Nein, die schießen!«

Für die Arbeit an diesem Buch habe ich die Kladde herausgekramt, in die ich damals meine Notizen anfertigte. Auf der Seite, auf der ich den Namen Spagnolo im Jahr 2012 zum ersten Mal erwähnte, habe ich bereits das Geflecht aufgemalt, das im Juni 2023 bei einer Polizeioperation wieder aufschien. Ein Strich, unterbrochen durch das Wort »Compare«, führt zu Luigi Assiolo. Ein Strich von Assiolo führt zu dem Wort Cousins. Dahinter stehen die Namen Salvatore und Franco. Auf dem Blatt stehen noch eine ganze Reihe anderer Namen. Das Wort »Cousins« ist ein Stück weit irreführend, denn es legt in einem deutschen Verständnis eine enge Verwandtschaft nahe, Italiener nennen durchaus auch Cousins sechsten Grades noch Cousin.

Ich schrieb der Präfektin von Reggio Emilia einen Brief, um mehr zu erfahren über den Fall des Photovoltaikunternehmens. Leider erhielt ich keine Antwort. Natürlich sendete ich auch Luigi Assiolo eine Anfrage, in der ich um Rückmeldung für dieses Buch bat, sie blieb unbeantwortet.

Spaziert man durch die Region Stuttgart, deutet nicht mehr – oder weniger – als anderswo auf die Mafia hin. Tatorte hier sind wie Tatorte anderswo nur kurz Tatorte. Vielleicht schaut ein Bürger oder eine Bürgerin noch eine Zeit lang mit Argwohn auf eine Straßenkreuzung oder eine Garageneinfahrt, wenn mal etwas passiert ist. Aber es passiert selten was. Und so wie der Regen das Blut schnell vom Asphalt wäscht, so wie die beschädigten Scheiben ersetzt werden, so verbleicht die Erinnerung an das Geschehen und verliert sich bald in der Alltäglichkeit. Heute denkt niemand an den Modemacher, dem man in seiner Garage in den Bauch schoss, wenn er oder sie mit dem Auto den dicken Zubringer an seinem Geschäft vorbei nach Stuttgart hinunterrollt. Wer in Metzingen im Outlet einen Anzug einkauft, weiß nicht, dass in dieser Stadt ein Gastwirt verschwunden ist, nachdem er einen Kumpanen wegen Körperverletzung angezeigt hat, und noch weniger wissen, dass die Leiche erst nach drei Jahren gefunden wurde. Im »Hahnenhof«, im Zentrum von Stuttgart, wird längst nicht mehr gezockt und auch kein Sliwowitz mehr ausgeschenkt. Man sieht die Mafia nicht, nirgends. Nicht in Stuttgart, nicht in Mannheim, München, Frankfurt am Main oder Hamburg, nicht einmal in Erfurt. Selbst in Duisburg, wo die 'ndrangheta sich mit sechs Ermordeten in nur einer Nacht in die Stadtgeschichte einschrieb, selbst dort gibt es keinen Hinweis mehr auf diese Tat. Keine Gedenktafel, das Restaurant »Da Bruno« geschlossen, selbst der Nachfolgewirt hat bereits die Tür abgesperrt. Die Mafia ist in Deutschland seltsam ortlos, sie ist quasi geschichtslos, weil niemand ihre Geschichte aufschreibt, und sie ist so gut wie gesichtslos, weil Presserecht und Resozialisierung und mangelndes Interesse. Zugleich, fast ein Paradoxon, passiert es sehr oft, dass nach Vorträgen Menschen zu mir kommen und ihre Beobachtungen mit mir teilen. Die Mafia ist also sehr wohl präsent im Leben der Menschen.

Das hilft mir, diese Präsenz. Denn immer wieder erhalte ich so Hinweise, die ich mit Recherchen vertiefen kann. Ich kann nicht auf die genaueren Umstände eingehen, wie ich zu meinen Informationen komme, zumal viele Quellen auch beruflich mit dem Thema zu tun haben. In meinem Metier ist der Quellenschutz äußerst wichtig, noch mehr gilt das für mein Thema: Wer mir etwas anvertraut, muss sich sicher sein können, dass er oder sie anonym bleibt, komme, was wolle. Was Stuttgart anbelangt, hilft es jedenfalls sehr, aus der Gegend zu stammen. So kommen Kontakte zustande, die anderweitig nicht wachsen würde. Ich schreibe bewusst »wachsen«, denn Kontakte muss man pflegen. Sie sind wie eine Pflanze, die man hegen muss, die immer wieder Aufmerksamkeit benötigt, die auch verkümmern kann.

Das führt allerdings auch zu einer gewissen Verzerrung: In diesem Buch ist oft von Baden-Württemberg die Rede. Nach offiziellen Zahlen ist es eines der am stärksten Mafia-kontaminierten Bundesländer, ja. Aus vielen Gesprächen weiß ich aber, dass man ebenso viel auch über Bayern und viele andere Länder und Gegenden in Deutschland schreiben könnte.

Mafiamorde

Vermutlich wissen nur wenige Menschen in Deutschland, was ein Antimafia-Verein tut. Um ehrlich zu sein, als ich 2012 zu *mafianeindanke* kam, wusste auch ich es nicht. Der Verein war direkt nach der aufsehenerregenden Tat in Duisburg im Jahr 2007 entstanden. Damals erschossen im Rahmen einer 'ndrangheta-Fehde sechs Männer von einem Clan sechs Leute eines anderen Clans. Eine Gruppe aus der italienischen Community wollte den Deutschen danach zeigen, dass man sich auch als Zivilgesellschaft gegen die Mafia stellen kann. Die Gruppe bestand vor allem aus Wirten, fast 50 Leute hatten sich gefunden, die sich öffentlich der Mafia entgegenstellten. Das war ein starkes Signal. Nur hatte ich bis dahin nichts davon gehört, und so wie mir ging es vermutlich sehr vielen. In Italien ist das Bild ein ganz anderes. Sehr viele verschiedene Antimafia-Vereine leisten ihren gesellschaftlichen Beitrag und stehen weit mehr im Fokus. Bekannt geworden ist das Beispiel der Antimafia-Bewegung *Addiopizzo* auf Sizilien. Eine Gruppe von jungen Leuten hatte eines Nachts im Juni 2004 überall in der Stadt Palermo Plakate aufgehängt, die verkündeten: »Ein Volk, das Schutzgeld bezahlt, hat keine Würde.« In der Vergangenheit hatten sich ein paar wenige mutige Unternehmer gegen diese Art von Erpressung gestellt. Besondere Beachtung erfuhr der Mode-Unternehmer Libero Grassi, der seinen Erpressern im Januar 1991 via Tageszeitung einen offenen Brief schrieb: »Lieber Erpresser, [...] Ich habe diese Fabrik mit meinen Händen geschaffen, ich arbeite mein ganzes Leben und habe nicht im Sinn, meine Fabrik zu schließen. Wenn wir die 50 Millionen (Lire) zahlen, kommen sie zurück zur Quelle und werden weiteres Geld von uns fordern, eine monatliche Zahlung, und binnen kurzer Zeit werden wir die Fabrik schließen müssen. Wir haben daher Nein zu ›Geometer Anzalone‹ [so der Fantasiename der Erpresser) gesagt und werden Nein sagen zu all denen, die wie er sind.« Im März 1991 wurden die Erpresser verhaftet, ein halbes Jahr darauf wurde Grassi mit vier Pistolenschüssen ermordet. Dreizehn Jahre später, 2004, sollte nun eine Gruppe entstehen, die Schutz bot. Es schlossen sich tatsächlich viele Gastwirte, Barbetreiber, Händler und andere Unternehmer zusammen und verpflichteten sich, wie Libero Grassi, Schutzgeld-Eintreiber abzuweisen sowie sich im Schadensfall gegenseitig zu unterstützen. Heute machen mehr als 1000 Unternehmen bei der Initiative Addiopizzo mit. Ein Verein nach diesem Vorbild war die Idee hinter *mafianeindanke*, der Verein, dessen Vorsitzender ich bin. Es zeigte sich aber schnell, dass ein solches Modell in Deutschland nicht umzusetzen ist. Vor allem, weil es, anders als in Italien, keinen Informationsaustausch gibt zwischen Polizei und Verein, der es ermöglichen würde, teilnehmende Unternehmen zu durchleuchten und zu prüfen, ob sie tatsächlich mafiafrei sind. Wir suchten daher einen anderen Weg für unser Engagement. Ein wichtiger Partner ist *Libera* geworden, ein weitumfassendes Netzwerk verschiedener Antimafia-Vereine in Italien. Gegründet wurde es von Don Luigi Ciotti, einem Priester; bekannt ist es vor allem dafür, dass viele Gruppen des Netzwerks Güter bewirtschaften, die von Mafiaclans beschlagnahmt worden sind und so wieder in den Besitz der Allgemeinheit zurückgeführt wurden. Andere Gruppen kümmern sich um Mafia-Opfer und deren Angehörige, veranstalten Gedenktage und sensibilisieren an Schulen und Universitäten die kommende Generation oder setzen sich für Umweltschutz ein.

Wieder andere Vereine richten sich an Beschäftigte in Verwaltungen. Dazu kommen Studierendenorganisationen, Journalistinnen und Journalisten, die sich zusammengeschlossen haben und auch an ermordete Kolleginnen und Kollegen erinnern, und eben Gruppen wie Luigi Bonaventuras Verein, der die Interessen von Menschen vertritt, die mit ihren Aussagen Mafiosi belasten.

Jeden 21. März gehen in Italien Zehntausende im ganzen Land auf die Straße, erinnern an die Menschen, die schuldlos von der

Mafia getötet wurden, und protestieren gegen die kriminellen Organisationen. *mafianeindanke* war von solchen Bildern geprägt, träumte von solchen Bildern wie an besagtem Gedenktag, auch weil die meisten Vereinsmitglieder der Anfangszeit aus Italien kamen. Wir landeten aber schnell auf dem Boden der harten deutschen Realitäten: Massen gegen die Mafia zu mobilisieren, das funktionierte hierzulande einfach nicht. Die Menschen nahmen die Mafia nicht als Bedrohung wahr, fühlten sich nicht betroffen. Hier mussten wir also ansetzen, denn wir wussten, dass dieser Eindruck trügt, weil massiv viele Mafiosi sich in der Bundesrepublik betätigen.

Im Lauf der Jahre hat sich deshalb die Aktivität von *mafianeindanke* komplett verändert. Der Verein ist zu einer NGO geworden, die sogenannte »Advocacy« betreibt, die sich also vor allem auf politischer Ebene gegen die Mafia engagiert und auch versucht, Daten zu sammeln, um das Thema in Deutschland fassbar zu machen. Wir haben seit Bestehen mehrere Hundert Veranstaltungen organisiert. Immer mehr rückte dabei die Frage ins Zentrum: Wie können wir den Menschen in Deutschland die komplexe Bedrohung, die von der Mafia ausgeht, nahebringen? In Italien war und ist es immer noch schnell möglich, in den Fokus der Clans zu rücken: wenn man sich ihren Forderungen entgegenstellt, kein Schutzgeld bezahlt, Erpressungen anzeigt, Aussagen vor der Polizei macht. In Deutschland ist das anders. Hierzulande hat vor allem die 'ndrangheta, die gegenwärtig gefährlichste Organisation, eine Strategie der Unauffälligkeit gewählt, und das macht sie noch viel gefährlicher, als wenn sie offen Anlass böte, sie zu bekämpfen. Wie können wir Menschen also dazu bewegen, sich gegen die Mafia einzusetzen, wenn sie komplett unter dem Radar bleibt? Am wichtigsten ist es wohl, sie überhaupt erst einmal zu informieren. Denn wenn niemand über die Mafia und ihr Tun Bescheid weiß, wird niemand auch nur einen Finger krümmen.

Am ehesten, sollte man denken, bieten sich Mafiamorde an, um auf die Gefährlichkeit der Organisation hinzuweisen. Morde sind blutig, einleuchtend, eine klare Tat. Ein leicht zu begreifendes Ereignis. Doch es stellten sich Tücken ein: Zunächst einmal gibt es keine offizielle Statistik, auch nicht im Bundeskriminalamt. Dies ist insofern zu bemängeln, als dass Politik eigentlich evidenzbasiert erfolgen sollte. Eine Kleine Anfrage der Abgeordneten Irene Mihalic von den Grünen ergab im Jahr 2019, dass dem Bundeskriminalamt »seit dem Jahr 1990 Erkenntnisse zu 23 Tötungsdelikten mit insgesamt 30 Todesopfern vorliegen«. Diese Zahl ist mit Vorsicht zu bewerten, denn im BKA wird – auch aufgrund der föderalen Struktur – keine eigene Statistik geführt. Mihalic, selbst studierte Kriminologin und Polizeibeamtin, sprach in Presseinterviews folgerichtig von einer hohen Dunkelziffer.

Es ist schwierig, Mafiamorde als solche zu erfassen. Eindeutig ist die Lage natürlich bei »astreinen« Mafiamorden wie im August 2007 in Duisburg. Es gibt solche Morde immer wieder, auch in Deutschland, wobei sich die 'ndrangheta solcher Taten inzwischen eher zu enthalten scheint. Aber wann handelt es sich eigentlich um eine Mafia-Tat? Wenn mindestens einer der Beteiligten ein Mafioso ist? Wenn es sich um Mafia-Angelegenheiten handelt, die Auslöser der Tat waren? Erschwerend kommt hinzu, dass in der juristischen Aufarbeitung von Straftaten die etwaige Mafia-Zugehörigkeit von Beschuldigten sehr oft nicht für relevant erachtet wird, vor allem auch, weil die dafür möglichen Strafen gering sind im Vergleich zu anderen Delikten. Bei vielen Taten *kann* die Zuordnung daher gar nicht zweifelsfrei sein.

In Karlsruhe beispielsweise ist im August 2018 ein Waffenhändler erschossen worden, seine Leiche wurde im Wald verscharrt. Mehrere Dutzend Waffen wurden bei der Tat entwendet. Der Täter war ein 30 Jahre alter Sizilianer, er ist zu lebenslanger Haft verurteilt worden. Ermittler vermuteten bei dem Mord einen Mafia-Hintergrund. Sehr umfangreiche Ermittlungen hätten aber keinen konkreten Hinweis auf Mafia-Verbindungen des Täters ergeben.

In Mannheim gab es im Jahr 2013 Observationsmaßnahmen bei mutmaßlichen Mafiosi. Am 10. Mai 2013 wurden die Maßnahmen abgeschaltet. Am 13. Mai wurde ein italienisches Ehepaar von Unbekannten in ihrem abgelegenen Gehöft in Mannheim-Kirschgartshausen erschossen. Als er von der Schule nach Hause kam, fand der elfjährige Sohn seine mit mehreren Schüssen förmlich hingerichteten Eltern. Die Täter sind bis heute nicht ermittelt, und so wird auch diese Tat nicht Eingang in eine Mafiamord-Liste finden.

Und was ist mit dem Mord im September 2005 in Lommatzsch, Sachsen, als der Mafioso Giuseppe Aloe seinen neunzehnjährigen Neffen auf offener Straße erschoss? Anscheinend ging es laut Polizeiberichten bei dem Mord um Erbstreitigkeiten. Aloe kam nur für kurze Zeit in Haft, erhielt dann eine Bewährungsstrafe. Bald nach der Tat ging er nach Italien zurück. Giuseppe Aloe ist als Mitglied des Farao-Clans bekannt. Fiel der 19-jährige Thomas also einem Mafia-Delikt zum Opfer? Die Frage muss wohl offenbleiben, selbst wenn Giuseppe Aloe alles andere als zweitrangig in seinem Clan war: Sein Onkel war Nicodemo Aloe, der den Clan bis zu seiner Ermordung im Januar 1987 leitete.

Es ist also folglich davon auszugehen, dass Irene Mihalic richtigliegt, wenn sie von einer hohen Dunkelziffer ausgeht. Das Problem ist: Man müsste klare Kriterien schaffen, die einen Mord als Mafiamord definieren, und dann Morde mit italienischen Beteiligten systematisch analysieren und dabei auch Verdachtsfälle nicht außen vor lassen. Nur so wird man belastbare Zahlen nennen können. Die wahre Zahl an Mafiamorden könnte somit deutlich höher sein als die genannten 23 Tötungsdelikte mit 30 Toten.

Immer wieder werden Morde erst Jahrzehnte nach der Tat aufgeklärt, aufgrund neuer Methoden oder weil Kronzeugen Aussagen tätigen. Der Wirt einer Pizzeria im Rotlichtviertel von Mannheim wurde 1993 in der Nähe seines Lokals entführt, mit einem Stuhlbein halb zu Tode geprügelt und mit einem Schuss ins Gesicht in einem Wald bei Offenbach getötet. Mehr als zwanzig Jahre später, im Sommer 2016, wurden die mutmaßlichen Täter festgenommen, DNA-Treffer gaben den Ausschlag: Zwei vorbestrafte Sizilianer und ein Spanier wurden so ermittelt. Der Wirt hatte dem Spanier gekündigt und ihm den Lohn vorenthalten. Er hatte daraufhin die zwei Italiener um Hilfe gebeten. Ein Mafia-Mord? Dafür spricht, dass der Wirt Medienberichten zufolge mit Mafiosi befreundet war, große Mengen Bargeld zu Hause hatte, das aus Drogengeschäften stammen sollte, und dass mehrere Kronzeugen der Stidda, einer Abspaltung der Cosa Nostra, über den Fall gesprochen haben. Gesichert ist der

Mafia-Hintergrund aber auch hier nicht, und er wird es nie sein, denn die Aufarbeitung der Tat ist mit der Verurteilung der Täter abgeschlossen.

In den Neunzigerjahren hat man solchen Kapitaldelikten viel Aufmerksamkeit entgegengebracht. Zeitungstitel erschienen zur »Route des Todes« (*Mannheimer Morgen*), die nach Sizilien führt. Pistolen und Spaghetti bebilderten eine Titelgeschichte des *Spiegel*, die in Italien vielen heute noch im Gedächtnis ist. Inzwischen richtet sich die Aufmerksamkeit der Ermittler oft auf wesentlich leiser daherkommende Delikte, etwa Delikte im Bereich der Wirtschaftskriminalität. Mafiamorde sind heute also nur bedingt geeignet, um Menschen zu motivieren, sich gegen die Mafia zu engagieren. Zumal es jede Menge anderer wichtiger Anliegen gibt: den Kampf gegen den Rechtsextremismus, der Einsatz für Klimaschutz-Maßnahmen und gegen die Klimaerhitzung, Gleichstellung der Geschlechter, Tierrechte und und und. Die Gefahren durch Mafiapräsenzen sind dagegen abstrakt und geraten leicht ins Hintertreffen. Gerade deshalb finde ich das Engagement von *mafianeindanke* so wichtig: weil es den Menschen, gerade auch Menschen in Positionen mit Entscheidungs- und Einflussmöglichkeiten, immer wieder vor Augen führt, dass es diese Gefahren gibt. Entlang des Weges findet man immer weniger Blut. Vielmehr verteilen die Clans jetzt großzügig Dollars und Euros und es geht vor allem um Geld und Profit – ein Nenner, auf den sich Viele einigen können.

Ein Clan ist mit Wirtschaftsdelikten besonders in den Fokus geraten, der Clan Farao. Ein Clan, mit dem Mario Luttini eng kooperierte.

Ein ziemlich deutscher Clan

Wenn man so will, ist der Clan Farao eine der deutschesten Gruppen der ’ndrangheta. Ein interner Bericht des BKA aus dem Jahr 2008 führt alle mutmaßlichen Clanmitglieder an, die sich in Deutschland aufhalten oder enge Bezüge hierher haben. Die Liste umfasst rund 65 Personen, dazu kommen Verdachtsfälle. 65 Männer, und dabei gibt der Bericht die Gesamtstärke des Clans mit 210 Mitgliedern an! Seitdem ist viel passiert. In der Region Crotone ist der Clan inzwischen dominierend, er führt das Leitungsgremium *Crimine* für die Region an. Diesem *Crimine* sind die *Locali* in Cirò, Cassano allo Ionio, Cariati, Strongoli, Catanzaro, Rocca di Neto, Cirò Marina und Mandatoriccio zugeordnet. Auch der Clan, den Luigi Bonaventura anführte, ist mit den Farao verbündet, Luigi kennt daher viele Mitglieder aus seiner aktiven Zeit.

In Deutschland sind die Farao vor allem mit Wirtschaftskriminalität aufgefallen, dabei ist ihre Vorgeschichte äußerst blutig. Giovanni Santoro, ein Pate alter Schule, hatte in den Siebzigerjahren aus vereinzelten Banditen eine Gruppe geformt und wichtige Mitglieder getauft, Nicodemo Aloe, dazu die Brüder Giuseppe und Silvio Farao, Cataldo Marincola. Santoro war der Meinung, dass man sich den Aufstieg in einer kriminellen Organisation verdienen müsse, und so gab es in einer Bar Streit zwischen ihm und Natale Farao, dem jüngeren Bruder von Silvio und Giuseppe. Santoro soll handgreiflich geworden sein und verschiedene Leute geohrfeigt haben. Bald kam Giuseppe Farao dazu, Cirò ist ein kleiner Ort, sicher hatte ihn jemand gerufen, und stellte Santoro zur Rede. Der Boss bot daraufhin den Brüdern Farao und Nicodemo Aloe an, die Sache zu klären, aber nicht vor den Augen aller, sondern auf dem Friedhof. Dort hatte Santoro in dem Wissen, dass es zu einer bewaffneten Auseinandersetzung kommen könnte, Männer mit Waffen postiert – zu seinem Schutz oder aus anderen Gründen. Tatsächlich fielen einige Schüsse. Aus dem klärenden Gespräch wuchsen so noch mehr Spannungen. Im Hintergrund arbeiteten die jungen Leute, die Brüder Farao und Nicodemo Aloe, daran, den unliebsamen Alten loszuwerden. Zwei wichtige Männer der ’ndrangheta in Reggio Calabria gaben ihnen grünes Licht für ihr Vorhaben, verlangten aber, dass sie für sie einen zusätzlichen Mord begehen. Tatsächlich wurde am 10. August 1977 in Reggio Calabria dann wie bestellt ein Mann umgebracht, Francesco Valle, und am 30. August 1977 folgte, wie geplant, der Boss Santoro. Die zwei aus Reggio Calabria belohnten die Tat noch zusätzlich: Die Gruppe in Cirò war nun offiziell als *Locale* der ’ndrangheta anerkannt und durfte *’ndrine* bilden, also neue Keimzellen. Blut und ein beachtlicher Aufstieg!

Nicodemo Aloe und die Brüder Farao sollen also die Mörder des Clanchefs beauftragt haben, und damit die Männer, die Santoro selbst in den Clan aufgenommen hatte. Zum neuen Boss wurde Nicodemo Aloe, der den Clan kräftig ausbaute. All der Erfolg schützte auch ihn nicht. Zehn Jahre später wurde er angeschossen und zu einer Orangenplantage gebracht. Dort feuerten mehrere Clanmitglieder auf ihn, sodass nicht einer allein die Verantwortung für die Tat auf sich nehmen musste. Wie sein Vorgänger wurde auch er von seinen eigenen Leuten getötet, er habe zu viel Geld des Clans für sich verwendet, so die in einem Polizeibericht niedergeschriebene Begründung. Nun traten Giuseppe und Silvio Farao gemeinsam mit Cataldo Marincola an die Spitze des Clans. Der Boss Giuseppe Farao wurde 2003 wegen Mordes verurteilt und sitzt heute in Haft. Die Geschäfte führt er dennoch weiter. Im Gefängnis ließ er sich bei Treffen mit seinem Sohn und seinem Neffen über aktuelle Entwicklungen informieren, auch über die Lage in Deutschland.

Giuseppe Farao war von 1969 bis 1990 in Homberg in Hessen gemeldet, Cataldo Marincola, ebenfalls Teil der Clanführung, von 1976 bis 1988. Francesco Marincola, sein Bruder, lebte bis 1994 in Kassel. Viele Leute im Clan kannten sich in Deutschland aus. Der oben erwähnte Giuseppe Aloe, Neffe des ehemaligen Bosses Nicodemo Aloe, lebte viele Jahre in Sachsen. Und Cataldo Golbino, den wir bereits als Freund des deutschen Kronzeugen Mirko Bischki kennengelernt haben, wohnte ebenfalls in Homberg. Das sind nur vier von 65 mutmaßlichen Clan-Mitgliedern, die verteilt über Hessen, Baden-Württemberg und Nordrhein-Westfalen leben oder eine Zeit lang gewohnt haben. Giuseppe Farao und Cataldo Marincola sind heute in Italien in Haft. Marincola soll einer derjenigen gewesen sein, die Nicodemo Aloe erschossen haben.

Der Clan Farao schickte auch Leute zur Disziplinierung nach Deutschland. Gaetano Aloe, Neffe von Giuseppe Aloe, war Kronzeugenaussagen zufolge nicht nur im Drogenhandel aktiv, sondern konsumierte selbst auch gerne und reichlich. Der Kronzeuge Domenico Bumbaca gab zu Protokoll, dass man Aloe zu einem Freund nach Riccione sendete, damit er clean werde. Der Freund habe ihn aber nach einiger Zeit angefleht, dass jemand Aloe wieder abhole, denn er gehe weiterhin in Nachtclubs und konsumiere Drogen, ohne zu bezahlen. Aloe wurde also nach Kalabrien zurückgeholt und alsbald nach Deutschland geschickt. Doch auch dort benahm er sich daneben. Sein Schwager Giuseppe Spagnolo habe sich schließlich vorgenommen, Aloe zu töten, weil er eine Gefahr für das Gleichgewicht des Clans darstelle. Aloe und Spagnolo waren nicht nur verwandtschaftlich verbunden, sondern auch Geschäftspartner. Gemeinsam hatten sie die Anschubfinanzierung gegeben für ein Unternehmen, das Plastik recycelte und große Profite abwarf. Polizeiakten zufolge kooperierten sie auch bei Drogengeschäften. Im Mafia-Umfeld lebt man also gefährlich, egal, ob man über Verwandtschaft oder über gemeinsame Geschäfte mit jemandem verbunden ist.

Peppe der Bandit

Seinen Geschäftspartner töten? Seinen Schwager töten? Je mehr ich mich mit Giuseppe Spagnolo beschäftigte, umso deutlicher wurde, wie sehr Luigi recht hatte, als er ihn mir im Jahr 2012 als sehr gefährlichen Mann beschrieb. Immer wieder wurde gegen Spagnolo ermittelt, zu zahlreichen Haftstrafen hatte man ihn bereits verurteilt. Akten beschreiben den Killer des Farao-Clans so: »Er war in der Lage, nach einem Mord kurz menschliche Züge zu zeigen, lockte im anderen Moment ein Opfer in die Falle, um es zu ermorden.« Neben Mord warfen ihm Ermittler Beihilfe zu Mord, vorsätzliche Tötung, Waffenbesitz, Drogenhandel und noch eine Reihe weiterer Delikte vor. Seine Aufträge soll Spagnolo direkt vom Clanchef Silvio Farao bekommen haben. Luigi sagte zu ihm bereits in frühen Vernehmungen aus, genauso wie einige andere Kronzeugen.

Blickt man flüchtig über die Akten, scheint er ein Mafioso aus Italien zu sein. Ich weiß nicht, ob er Deutsch spricht. Es wäre interessant zu wissen, denn eine genauere Draufschau ergibt, dass er sich nicht nur häufig in Deutschland aufgehalten hat. 1999 saß er in Italien in Haft und bekam in dieser Zeit 88 Briefe aus Deutschland, und das beileibe nicht nur von Familienangehörigen. Von 2006 bis 2007 war Spagnolo in Münster gemeldet, Teile seiner Familie, darunter seine Eltern, leben in Nordrhein-Westfalen. Sein Vater ist ebenfalls Clan-Mitglied, manch weiteres Familienmitglied ist in Ermittlungsakten erwähnt. Auch seine damalige Freundin war Deutsche, eine Lehrerin. Auf einem Foto in der Akte sieht man ihn mit ein paar Gefolgsleuten am Flughafen Düsseldorf. Ich schaue es mir genau an, ziehe sein Gesicht groß am Rechner. Auf Bilderreihen in meinen Akten, die bei Vernehmungen helfen, Verdächtige zu identifizieren, zeigt ihn Foto Nr. 57, doch meine Akte ist so oft kopiert worden, dass sich darauf nur noch ein dunkles Etwas vor einem hellen Untergrund abzeichnet. Online findet man nicht sehr viel mehr. Nur ein verwaschenes Polizeifoto gibt das Internet her, das Gesicht mehr zu erahnen als zu erkennen, eine unauffällige Person, vielleicht nicht unbedingt feingliedrig. Irgendwie sehen die Killer, die ich aus Filmen kenne, anders aus.

Schon im Jahr 2012 tauchte der Name »Giuseppe Spagnolo« erstmals in deutschen Akten auf, 2013 ergingen dann Rechtshilfeersuchen der Staatsanwaltschaft Catanzaro an die Staatsanwaltschaften Hanau und Kassel. Die Ermittler wollten mehr über die Aufenthalte von Spagnolo in Deutschland erfahren. Die angefragten Staatsanwaltschaften kamen der Bitte nach und eröffneten ein Ermittlungsverfahren, das »EV Ciro«, das sich gegen den Clan Farao-Marincola richtete. Im Februar 2014 erstatteten die Teams der Kriminalpolizei in Kassel sowie vom hessischen LKA Bericht: Vier Mal hatte sich Spagnolo demzufolge in Nordhessen und Dortmund aufgehalten. Die Polizei hörte viele Telefongespräche mit und erfuhr auf diese Weise nicht nur, wen Spagnolo alles traf, sondern bekam auch einen ziemlich guten Eindruck davon, wie er tickte. Beispielsweise war er verärgert, dass ein Mitglied der Gruppe ihn im Januar bei einem Besuch in Dortmund nicht getroffen und auch einen gemeinsamen Bordellbesuch entgegen einer ersten Zusage doch abgelehnt hatte. Spagnolo war zwar ranghoch, viele seiner Leute wollten aber lieber wenig mit ihm zu tun haben und entwickelten Strategien, um ihm aus dem Weg zu gehen: Einer schaltete sein Handy aus und war nur noch über das Telefon seiner Frau zu erreichen, ein anderer wollte sich entschuldigen, weil er wieder zurück müsse in sein Eiscafé, um eine Angestellte abzulösen, ein dritter schob eine Grippe vor. Einer grüßte Spagnolo mit »große Liebe meines Lebens«, nur um dann zu sagen, dass er weit weg in Fulda sei, tatsächlich befand er sich aber gerade mal zwanzig Kilometer entfernt. Ein weiterer Kumpan säuselte zu Spagnolo, dass er ein kleines Problem habe, andernfalls wäre er am liebsten Tag und Nacht mit ihm zusammen. Die Kommunikation mutet eigenartig an, wenn man sich nicht in Mafia-Kontexten bewegt.

Spagnolo schien ein Hans Dampf in den Gassen der 'ndrangheta zu sein: in Rom eine wichtige Kontaktperson, in der Toskana traf er Verbindungsleute, in der Gegend um Mailand soll er 2017 geholfen haben, Konflikte im dortigen *Locale* des Clans zu lösen – und war im Übrigen in einem Wagen mit deutschen Kennzeichen unterwegs. Und immer wieder reiste er quer durch die Bundesrepublik.

›Peppe der Bandit‹ war nicht grade mit maximaler Vorsicht unterwegs. Schon im Jahr 2011 hatte dies den Führern des Farao-Clans Sorgen bereitet. Denn wenn die 'ndrangheta eines nicht brauchen kann, dann ist es Aufmerksamkeit. Cataldo Marincola und Giuseppe Farao verständigten sich darauf, Spagnolo einzuhegen. Giuseppe Farao, damals inhaftiert, gab die Anordnung aus der Haft an seine Söhne weiter. Zuerst an seinen Sohn Vittorio, der sich beschwert hatte, dass Spagnolo mit dem Geld nicht haushalte: »Wir haben ihm die Order gegeben, sich nur noch um seinen eigenen Kram zu kümmern ... ohne unsere Anordnung darf er nichts machen!« Zwei Wochen später sprach er mit Francesco, seinem anderen Sohn: »Er soll äußerste Ruhe bewahren!«

Auch in deutschen Ermittlungsverfahren hinterließ er Spuren, etwa im Jahr 2013 in Esslingen wegen gefährlicher Körperverletzung mit einer Schusswaffe. Beim BKA gibt es ebenfalls Aktentreffer zu ihm. Im Oktober 2014 zeigten die Abhörmaßnahmen, dass Spagnolo plante, von Hessen nach Stuttgart zu reisen und von dort nach Italien. Das Ziel Stuttgart war zu erwarten: Schon im Januar hatte Spagnolo seine Kumpane beauftragt, ein Auto für die Fahrt dorthin zu besorgen, es solle ein guter Wagen sein. Sie mieteten einen schwarzen VW Passat von einem Autohaus in Melsungen. Den Ermittlern gelang es nicht, bei Observationsmaßnahmen einen Peilsender zu befestigen. »Eine Annäherung an den PKW ruft unmittelbar Reaktionen der Nutzer hervor, die das Fahrzeug augenscheinlich schützen«, heißt es in dem Bericht. Dieses Dokument unterrichtete die Antimafia-Staatsanwaltschaft in Catanzaro im Mai 2015 en détail über den Ausschnitt des Farao-Clans, der sich in Nordhessen und zum Teil in Nordrhein-Westfalen aufhielt.

Ende November 2016 ging auch in der Staatsanwaltschaft Stuttgart eine Anfrage aus Italien ein. Die Ermittler wollten nun in

Erfahrung bringen, wer dort zur Gruppe der Farao gehörte. Die Vorgeschichte des Ersuchens ist aufschlussreich: Es war das baden-württembergische Landeskriminalamt, das die Initiative ergriffen hatte, ein sehr unübliches Vorgehen. Man wollte eine »dringend gebotene justizielle Zusammenarbeit« in die Wege leiten. Am 28. November 2016 wurde das Rechtshilfeersuchen von den zwei italienischen Staatsanwälten, die die Ermittlungen führten, unterzeichnet. Tags darauf lag es in der Staatsanwaltschaft Stuttgart vor. (Und am 18. Januar 2017 hatte die Übersetzerin ihre Arbeit beendet, wie ein Stempel auf dem Dokument belegt). Das Schreiben aus Italien schilderte den Staatsanwälten in Stuttgart ausführlich, welches Kaliber sich mit Giuseppe Spagnolo in ihrer Stadt bewegte: Die Liste mit seinen Vorstrafen zog sich über fast drei Seiten darin. Offenbar unterhielt Spagnolo Kontakte in der baden-württembergischen Landeshauptstadt. Die italienischen Ermittler berichteten, dass Spagnolo im Februar 2016 zusammen mit seinem Schwager Martino Cristiano*, der ebenfalls zum ’ndrangheta-*Locale* von Cirò gehöre, mit einem Luigi telefonierte. Seine Nummer war angegeben, der Mann war allerdings nicht näher benannt worden. Spagnolo sagte ihm, er sei auf dem Weg nach Stuttgart. Spagnolo bat diesen Luigi um ein Treffen mit einem gewissen »Mariuzzo«, also mit Mario Luttini.

Zwei Wochen bevor die Italiener ihr Ersuchen losgeschickt hatten, am 14. November 2016, sollte Spagnolo eine noch offen gebliebene Resthaftstrafe von einem Monat als Hausarrest ableisten. Er war aber nirgends auffindbar. Am Tag zuvor hatten die Ermittler noch Telefongespräche mitgeschnitten, wieder rief Spagnolo einen »Luigi« an, wieder auf dessen deutscher Telefonnummer, und wieder fragte er nach Mario. Dieses Gespräch findet sich in deutscher Übersetzung in Ermittlungsunterlagen. Die beiden wirken recht vertraut, sie scherzen miteinander.

»Giuseppe Spagnolo: Dottore, buongiorno. Luigi: Wie geht es dir? Alles in Ordnung, alles in Ordnung? Spagnolo: Ich kann kaum glauben, dass du mich erkannt hast? Luigi: Eh ... (er lacht) ... alles in Ordnung ... Ich habe dich erkannt. (er lacht) Spagnolo: Also, ich werde um circa vier Uhr in Stuttgart eintreffen. Ich würde dich gerne besuchen kommen. Luigi: Ah, bist du zusammen mit den Kindern? Wieviel seid ihr? Morgen? Spagnolo: Sehen wir uns Morgen um die Mittagszeit, ok? Luigi: Ja, ja ... ganz ruhig, ganz ruhig ... mit der Ruhe. [...] Spagnolo: Wenn du fertig bist, ich bin heute Abend dort. Aber Mario, ist der schon da? Weißt du, ob Mario da ist? Du sollst mir bitte die Adresse von seinem Restaurant geben, weil ich die nicht habe [...] Luigi: Welche, [die vom] Krankenhaus? Spagnolo: Wenn du mir die Adresse gibst, geh ich dorthin, um ihn zu besuchen. Ich brauche die Adresse, um sie im Navi einzugeben. Morgen, wenn du ein Treffen um 12.30 Uhr vereinbaren kannst, werden wir uns um 13.30 Uhr sehen. Ich komme in deine Gaststätte, servus, ein Kuss.«

Es ist davon auszugehen, dass es auch in dem zweiten Gespräch wieder um Mario Luttini ging, da er eine Cafeteria in einem Krankenhaus betrieb. Wir wissen nun auch, dass »Luigi« in der Gastronomie tätig ist. Einem internen Polizeidokument zufolge telefonierte Spagnolo außerdem mit einem »Salvatore« und mit einem »Franco«, ihre deutschen Mobilfunknummern sind in italienischen Dokumenten angegeben. Auch ein »Rocco« wird erwähnt. Dies ist insofern relevant, als dass es das Umfeld von »Luigi« weiter beschreibt.

Die italienischen Ermittler schreiben dann, dass der »logistische Hauptsitz« von Spagnolo, sobald er sich nach Deutschland begebe, in Stuttgart liege. Deshalb bitten sie »höflichst um die Durchführung« von Maßnahmen, unter anderem Überwachung von Telefonanschlüssen und auch Observationsmaßnahmen.

Dieser Luigi ist aber nicht identifiziert worden.

Die italienischen Ermittler schreiben, sie könnten dokumentieren, wie es dem Mafiaclan gelungen sei, italienischen Restaurantbetreibern in Deutschland ihre Produkte aufzuzwingen, »wobei sich der Clan die Präsenz von operativen kriminellen Zellen zu nutzen mache, die dem Locale Ciro untergeordnet« seien. In dem Dokument ist Mario Luttinis zentrale Rolle klar benannt: Er gehöre zu den Personen, die eine regelrechte Zweigstelle des Clans aus Cirò darstellten. Sein Einfluss erstrecke sich über Baden-Württemberg und einen Teil Hessens. Ein wichtiges Instrument sei ein Verein von Gastwirten, der A.R.M.I.G. e.V. In ihm seien zahlreiche Gastwirte organisiert, die wie Mario Luttini aus der Gegend um Mandatoriccio stammten. Einer der Vorsitzenden sei Luigi Luttini, wobei Luttini der Cousin von Mario Luttini sei, so das Ersuchen: »Die Oberaufsicht in Bezug auf die Entscheidungen dieser Vereinigung obliegt jedoch Mario Luttini, auch wenn er keinerlei formelle Führungsämter bekleidet.« Ich beobachtete diesen Verein schon eine Weile. Auf seinem Facebook-Profil zeigt er jede Menge Fotos. Man sieht die Mitglieder auch bei einer Reise nach Kalabrien. Eingeladen zu der Reise waren auch der Bürgermeister von Offenbach, Horst Schneider, Gerd Braun, inzwischen Mitglied im Verbandsvorstand des Sparkassen- und Giroverbands Hessen-Thüringen, ein Notar und weitere Männer. Seine Homepage im Internet hat der Verein inzwischen gelöscht.

Am 23. Februar 2023 hatte ich in der Sendung »Planet Wissen« des *SWR* darauf hingewiesen, dass das Anliegen der Antimafia-Staatsanwälte lange unbearbeitet geblieben sei. Der Staatsanwaltschaft Stuttgart warf ich deshalb mangelnden Ermittlungswillen vor. Interessanterweise wurden die Ermittlungen zu Mario Luttini dann auch nicht in Stuttgart geführt, sondern in Hessen. Sascha Binder, Abgeordneter im baden-württembergischen Landtag und innenpolitischer Sprecher der SPD, hat meine Kritik aufgenommen und bei der Landesregierung schriftlich nachgefragt. Die Antwort des Innenministeriums: »Aus der zunächst eingeholten Übersetzung ergab sich, dass sich das Ersuchen auf zwei nicht im württembergischen Landesteil wohnhafte, italienische Staatsangehörige bezog, die im Auftrag der 'ndrangheta in Deutschland, möglicherweise in Hessen, Weinbauprodukte absetzen sollten. Hiernach war bereits eine Zuständigkeit der Staatsanwaltschaft Stuttgart für die Erledigung des Ersuchens fraglich.«

Mir leuchtet diese Antwort nicht ein. Wenn Mario Luttini als eine zentrale Person klar benannt ist, der seinen Lebensmittelpunkt im Raum Stuttgart hatte? Wenn Stuttgart als der »logistische Hauptsitz« von Spagnolo, einer der zentralen Personen des Ermittlungsverfahrens, genannt wird? Dazu legt das Rechtshilfeersuchen klar dar, dass es sich bei Giuseppe Spagnolo um einen verurteilten Mörder handelt, der Mitglied eines in Deutschland, bekannterweise auch in Stuttgart mächtigen ’ndrangheta-Clans ist und noch dazu offensichtlich Freundschaften in Stuttgart unterhält. In dem Rechtshilfeersuchen sind eine Reihe von Telefonnummern angegeben, mit denen Spagnolo telefonierte. Wäre es nicht ein Leichtes gewesen, den italienischen Kollegen zu helfen und die Anschlussinhaber mit einer einfachen Abfrage bei den Providern zu ermitteln? Hätte man so auch herausfinden können, wer dieser Luigi in Stuttgart ist, der von Giuseppe Spagnolo mehrmals angerufen wird und der mit Mario Luttini offensichtlich so gut bekannt ist, dass er Bescheid weiß, wann Luttini wo hinfährt? Von dem offenbar Tonaufnahmen vorhanden sind? So aber ist diese Personalie bis heute nicht geklärt. Vielleicht hätte man sogar die schon jahrzehntelang bestehende Vermutung klären können, dass der Clan Farao ein *Locale* in Stuttgart unterhielt. So aber wurde daraus nichts.

Noch kryptischer wird dieses Vorgehen der Staatsanwaltschaft, weil ab Anfang 2016 Ermittler in Aalen zu genau dergleichen Masche ermittelten, nämlich einer Form der Schutzgelderpressung über den »Verkauf« von Produkten, wie ihn auch die Gruppe um Giuseppe Spagnolo praktizierte. Es ging um denselben Wein und es gab auch personelle Überschneidungen bei den Personen. In dem Abschlussbericht zu den Ermittlungen heißt es, es gebe »Argumente für die These, dass ein *Locale* von Cirò in Deutschland existiere, auf welches Spagnolo erheblichen Einfluss habe«. Es wäre also definitiv möglich gewesen, wegen Bildung einer kriminellen Vereinigung in Deutschland zu ermitteln. Der Bericht lag der Staatsanwaltschaft Stuttgart vor. Dennoch verfügte die Behörde im Dezember 2016 die Einstellung dieses Verfahrens – zu einem Zeitpunkt, als die Anfrage aus Italien schon vorlag, wenn auch nicht übersetzt. Die zentralen Personen sind allerdings auch ohne Sprachkenntnisse zu erkennen.

Das baden-württembergische Innenministerium rechtfertigt sich dazu später folgendermaßen: »Die vom Polizeipräsidium Aalen durchgeführten Ermittlungen und die Operation ›Stige‹ überschneiden sich in der Person eines Beschuldigten, haben allerdings unterschiedliche Verfahrensgegenstände.« In dem deutschen Ermittlungsverfahren sei es um Falschgeld gegangen, in Italien sei der Mann dagegen nicht rechtskräftig wegen Zugehörigkeit zur Mafia verurteilt worden. Ein »hinreichender Tatverdacht« habe sich nicht ergeben, sodass man das deutsche Verfahren eingestellt habe. Auch das italienische Verfahren habe keine Beweise für das Inverkehrbringen von Falschgeld ergeben.

Mit dem Ermittlungsverfahren aus Italien rückte Spagnolo dennoch in den Fokus. Die Antimafia-Staatsanwaltschaft in Catanzaro hatte das Verfahren »Stige« getauft, auf Deutsch »Styx«, und damit nach einem Begriff aus der griechischen Mythologie. »Styx« meint dort sowohl einen Fluss in der Unterwelt, das Wasser des Grauens, als auch eine Flussgöttin. Es ist eine dramatische Wortwahl, stellt doch der Fluss Styx die Linie zwischen dem Reich der Lebenden und dem Hades, dem Reich der Toten, dar. Demgegenüber ist der Gegenstand des Ermittlungsverfahrens fast harmlos und doch irgendwie passend: Es geht nämlich um *Lebens*-Mittel, Pizzateiglinge, Olivenöl, Mandarinen, vor allem aber um Wein – um Produkte, die der Clan Farao in Deutschland »vertrieben« hat, unter Zuhilfenahme des klangvollen Nachnamens und einiger Anrufe der Clanführung. Dieses Verfahren baute wenig überraschend kaum auf Ermittlungsergebnissen aus Baden-Württemberg auf, sondern maßgeblich auf Informationen, welche die hessische Polizei ermittelt hatte.

Deutsch-italienische Freundschaft

Seit einigen Jahren werde ich häufig zu Vorträgen eingeladen, von Vereinen, Schulen und auch von Unternehmen. Immer wieder mache ich dabei eine interessante Beobachtung. Häufig wollen meine Auftraggeber danach bei einem gemeinsamen Abendessen noch etwas zusammensitzen. In der Regel suchen meine Gastgeber dafür ein italienisches Restaurant aus und in der Regel sind sie sehr erstaunt, wenn ich sie bitte, mir vorher mitzuteilen, welches, damit ich einen Backgroundcheck vornehmen kann. Ich möchte nicht, dass von meinen Veranstaltungen Mafiosi profitieren. Es zeigt sich mir dabei eine überaus häufige Annahme: Kaum ein Mensch, mit dem ich zu tun habe, bezweifelt, dass es die Mafia in Deutschland gibt. Allerdings gehen alle davon aus, dass es in ihrer Umgebung keine Mafiosi gebe, und können sich nur schwer vorstellen, dass »ihr« Restaurant mafiös sei. Schaue ich dagegen in meine Akten, lese ich leider viel zu oft von Gastwirten, die entsprechende Verbindungen unterhalten. Wie bereits beschrieben gibt es dazu allerdings keine Zahlen und Statistiken.

Einmal war ich für eine Veranstaltung in München gebucht, ein Abendessen mit CEOs und Geschäftsführern von mittelständischen Unternehmern. Für mich sind solche Termine wichtig, denn ich kann dort für mögliche Gefahren sensibilisieren und so – hoffentlich – zum Schutz unserer Wirtschaft beitragen. Und eventuell den Bemühungen von Leuten wie Mario Luttini und Co., Kontakte zur Wirtschaft aufzubauen, etwas entgegensetzen.

Im Vorfeld hatten mir die Organisatoren, sehr sympathische Leute von einem Beratungsunternehmen, gesagt, sie hätten ein italienisches Restaurant ausgesucht: »Wir dachten, das passt gut!« Nun ja. Ich machte mich an meinen Check, schaute mir die Namen der Inhaber an, informierte mich bei Quellen. Ich habe natürlich nicht Akten und Dokumente zu sämtlichen Mafia-Aktivitäten, das ist allein aufgrund der restriktiven Handhabung von Akten in Deutschland unmöglich. Aber im Lauf der Jahre hat sich ein Bestand von rund 60 Gigabyte an Haftbefehlen, Gerichtsurteilen, Vernehmungsabschriften, Untersuchungsberichten, Parlamentsprotokollen und anderen Unterlagen angesammelt, die bei einer Risikoabschätzung helfen. Für Bayern hatte ich einmal sämtliche Treffer, die ich in meinem Dokumentenbestand fand, auf eine Landkarte gepinnt. Knapp 80 Punkte musste ich quer über das Land verteilen. In München und einigen anderen Städten hätte ich gleich mehrere Punkte setzen können, wenn ich mir nicht die Vorgabe gegeben hätte, maximal einen pro Kommune einzutragen. Zu dem Restaurant, welches das Beratungsunternehmen ausgesucht hatte, ergaben meine Recherchen zum Glück nichts Auffälliges. Eine Quelle bei der Polizei teilte mir die Einschätzung mit, dass das Lokal »sauber« sein dürfte. Letzte Sicherheit gibt es bei dieser Frage nie, dennoch fuhr ich beruhigt zu diesem Vortrag.

Das Restaurant mitten in Schwabing war rustikal gehalten, karierte Tischdecken, wie man Italien eben inszeniert in Deutschland. Ich berichtete von meinen Recherchen und erzählte dabei auch von den Gesprächen mit Carmine Schiavone, einem Boss des Casalesi-Clans aus Casal di Principe, der zum Aussteiger wurde. Sein Heimatort hatte damals eine bereits zwei Jahrhunderte währende Geschichte Organisierter Kriminalität. In der Stadtchronik auf der Onlineseite vermerkt die Gemeinde: »Im Jahr 1805 stieg die Bevölkerungszahl leicht an, aber Unwissenheit und Armut nahmen so stark zu, dass einige Menschen zum Viehdiebstahl oder Banditentum übergehen mussten, um zu überleben. In Casal di Principe und im gesamten Gebiet von Aversa breitete sich daraufhin das ›Banditentum‹ aus.« Vielleicht sagt man von den Casalesi auch deshalb, dass sie besonders brutal und stets bereit zum Mord seien. Schiavone löste sich 1997 von dem Clan und kämpfte fortan gegen die illegale Ablagerung von giftigen Abfällen bis hin zu Strahlenmüll. Er hatte ausgesagt, dass Kisten mit radioaktiven Schlacken aus

Deutschland in seiner Region vergraben worden waren, Kisten mit dem Bundesadler darauf. Nachdem seine Aussagen nicht mehr als geheim eingestuft waren, habe ich ihn für »Report München« dazu interviewt, wieder gemeinsam mit Andrea Palladino. Schiavone berichtete uns, wie er im Landeskriminalamt in München vernommen worden war, und vermutlich auch vom Bundesnachrichtendienst. Er erzählte uns aber auch von Mordkommandos seiner Männer mit Kalaschnikows.

Nach meinem Vortrag kam einer der beiden Wirte des Münchner Restaurants zu mir an den Tisch. »Den Mann kenne ich«, sagte er über Schiavone. Ich zuckte innerlich zusammen. Waren wir doch am falschen Ort für den Vortrag? Der Wirt wollte mich nicht erschrecken, im Gegenteil. »Sein Clan ist der Grund, warum ich aus der Region weggegangen bin.« Zum Abschied schenkte er mir eine teure Flasche Wein.

Lidl in Schwierigkeiten

Meine Heimat hat schöne Seiten: Der Weinanbau schmückt die Hügel um Heilbronn, der Neckar schlängelt sich lieblich durchs Land. Die Menschen sind gesellig und für Schwaben durchaus offen. Ihr Arbeitsethos ist sehr protestantisch, egal, ob es sich nun um Protestanten oder Muslime handelt, die Industrie entsprechend prosperierend. Audis zweitgrößtes Werk gibt mehr als 15 000 Menschen Arbeit, viele Zulieferbetriebe haben sich angesiedelt. Auch die Discounterkette Lidl, ein weiterer weltweiter Player, hat in Heilbronn ihren Sitz. Von den vielen Milliarden Euro, welche die Gründer verdient haben, sind einige Millionen in die Entwicklung der Region geflossen, die sich jetzt sogar Universitätsstadt auf das Ortsschild schreibt. Nur wenige werden hier Schlechtes über Lidl sagen, trotz gelegentlicher Skandale. Ich bin kein Fanboy, schätze aber die gute Qualität zu guten Preisen. Auch die Mafia schätzt Lidl offensichtlich, denn alles, was mit Lebensmitteln zu tun hat, ist für die Clans sehr appetitlich, von der Produktion über Vertrieb und Großhandel bis hin zum Verkauf an die Kunden. Überall gibt es Verdienstmöglichkeiten. Das musste auch der Discounter aus meiner Heimat erfahren, und zwar gleich mehrfach. Es gibt dazu eine längere Vorgeschichte, die uns ins Jahr 2003 zurück und nach Hamburg führt.

Am 29. Oktober wurden dort im Hafen Container geröntgt, eine Ladung aus Brasilien, auf den Weg geschickt von einem Unternehmen mit Sitz in der Nähe von Vibo Valentia, also Kalabrien und nicht Brasilien. Vielleicht kam dem Zoll der kalabrische Versender spanisch vor. Die Zöllner zogen jedenfalls 255 Kilogramm Kokain aus einem doppelten Boden hervor. Heute eine lächerliche Menge, keiner Pressemitteilung wert, damals reichte es noch für eine Pressekonferenz. Am 21. Januar 2004 wurde der Fund präsentiert, und so kann man dieses Kokain auf einem Foto noch zwanzig Jahre später im Internet bestaunen. Ein Beamter vom Zollamt Waltershof hält fast schon mit Belustigung im Gesicht zwei Beutel mit massiven Blöcken in den Händen, vor sich auf dem Tisch einen Haufen aus durchsichtigen Plastiktüten, im Inneren weiße Brocken. Man schickte den Container weiter. Im Hafen von Gioia Tauro wurde er auf einen LKW verladen, dann abgeladen in Bologna. Da stand der Container, seines heimlichen Sinns entleert. Ein kleines Empfangskomitee zog die schweren metallenen Türen auf. Die Käufer des Kokains und auch eine Abordnung des kolumbianischen Kartells waren zugegen. So war es kommune Praxis, so konnte keine Seite sagen, der Deal sei nicht zustande gekommen. Normalerweise. Außer, der Deal war tatsächlich nicht zustande gekommen, so wie in diesem Fall, denn der Stoff lag ja in Hamburg in der Asservatenkammer, was zu dem Zeitpunkt nur keine der beteiligten Parteien wusste. Für die zwei Garanten, die die Käufer den Kolumbianern überlassen hatten, fingen nun harte Zeiten an. Sie wussten, dass man ihnen Finger oder Zehen abtrennt, wenn ein Deal schiefging, und per Post als Zahlungserinnerung an die Käufer schicken würde. Sie wussten, dass die Garanten für gewöhnlich getötet wurden, wenn auch das nichts half. Einige Wochen dauerte es, lange, sehr lange Wochen für die zwei in der Hand des Kartells, bis die Situation geklärt war.

Diese Lieferung war nur eine von vielen. Dahinter stand eine Gruppe um zwei kalabrische Geschäftsmänner, Francesco Ventrici und Vincenzo Barbieri. Sie waren in der Emilia Romagna ansässig, Inhaber mehrerer Unternehmen für alles Mögliche, Baubetriebe, Immobilien. Eigentlich aber agierten sie für den Clan Mancuso aus Limbadi und Nicotera und belieferten mehrere 'ndrangheta-Clans mit Kokain. Mit einigen Getreuen hatten sie eine Struktur aufgebaut, die über mehrere Kontinente reichte. Den Stoff kauften sie direkt von den Kartellen. Verborgen in Marmorblöcken, im Container oder mit Privatflugzeugen gingen Lieferungen nach Europa, nach Australien, auch nach Afrika. Einen Teil der Gewinne investierte

Ventrici in eine Spedition mit dem Namen »La Ventrans«, die er auf seine Frau eintrug. Und jetzt kommen wir zu Lidl. Denn ein wichtiger Kunde dieser Spedition war die Supermarktkette, genau genommen Lidl Italia. Seit 1992 ist Lidl in Italien präsent.

Der Mafia-Reporter Giovanni Tizian zitiert in einem Bericht für die italienische Antimafia-Organisation *Libera* einen Funktionär des Unternehmens, der an den Verträgen mitwirkte: »Was die von Lidl Italia abgeschlossenen Verträge betrifft, so möchte ich darauf hinweisen, dass die ersten Kontakte mit Ventrici auf das Jahr 2002 zurückgehen, als er zusammen mit seiner Frau Geschäftsführer von ›La Ventrans‹ war.« Zwei Jahre später hätte die Geschäftsbeziehung schon wieder vorbei sein können, denn die Staatsanwaltschaft beschlagnahmte die Spedition. Kurz danach wurde ein neues Unternehmen gegründet, V.M. Trans. Der Discounterkette sei erneut ein vorteilhaftes Angebot gemacht worden, zitiert Tizian einen Lidl-Mann aus Vernehmungsprotokollen, er persönlich habe deshalb den Vertrag unterzeichnet.

Ermittler der Operativen Spezialabteilung der Carabinieri beobachteten die Spedition von Ventrici in der Folge. Und wunderten sich. Geld auszugeben, schien für das Unternehmen kein Problem zu sein. Über die Spedition mussten tatsächlich Erträge aus dem Drogenhandel verschleiert werden. 20 000 Euro hatte die Spedition als Startkapital, und doch investierte sie mehr oder weniger sofort, und zwar reichlich: Medien bezifferten die Summe für das Jahr 2008 auf rund drei Millionen Euro. Binnen kurzer Zeit wuchs der Fuhrpark auf 44 Fahrzeuge.

Ich frage mich, wie Lidl unter solchen Umständen die Kooperation weiterführen konnte. Wo sollte ein neues Unternehmen Kapital für neue Laster hernehmen, nachdem vorher die ganze Spedition konfisziert worden war? Hält man von solchen Unternehmern dann nicht besser Abstand, um Ärger und Reputationsschäden zu vermeiden? Oder war ein bisschen Ersparnis so wichtig, dass all das egal war? Ich habe mir deshalb die beteiligten Manager von Lidl etwas näher angesehen. Man muss als Journalist vorsichtig sein, erst recht, wenn man etwas schreibt, was als Hinweis gelesen werden kann, dass jemand Bestechungsgelder annahm. Solche Hinweise sind mir nicht bekannt. Sicher ist aber, dass ein Mann im Jahr 2008 ein Beratungsunternehmen in den USA eingetragen hat – mit Sitz in einem namenlosen Backsteinbau in einem Industriegebiet bei York, Pennsylvania. Er trug den gleichen, nicht besonders häufigen Namen wie einer der von der Staatsanwaltschaft vernommenen Lidl-Manager. Im Jahr 2009 beschloss der Discounter, künftig auf andere Speditionen zu setzen. Es sei eine unternehmerische Entscheidung gewesen, man habe mehr Konkurrenz schaffen und so den Preis drücken wollen. Ein Jahr später verließ der Manager, der so hieß wie der US-Berater, Lidl. Der Manager wirkt heute als Berater für Kostensenkung in Unternehmen, genau wie ein paar Jahre früher der namensgleiche Berater. Seine Homepage hat dieselbe Adresse wie damals die des US-Beraters, nach dem Muster www.VornameNachname.com. Es ist also nicht verwegen, davon auszugehen, dass es sich um ein und dieselbe Person handelt. Wenn dem so ist: Diente dieses Unternehmen dazu, Geldflüsse an den Manager zu verschleiern? Oder wie fand der Mann neben seinem Job für Lidl noch Zeit für eine selbstständige Tätigkeit auf einem anderen Kontinent? Und zu welchem Zweck? Ich wüsste es gerne. Ihn fragen geht nicht. Für einen freiberuflichen Consultant ist er schlecht zu erreichen: Die Homepage ist abgeschaltet, Kontaktdaten finden sich auch keine. Lidl äußert sich auf Anfrage nicht zu dem ehemaligen Beschäftigten und verweist auf eine Anzeige gegen Unbekannt, die man 2009 erstattet habe.

Das Sparvorhaben des Discounters kam bei einem Unternehmer gar nicht gut an: dem betroffenen Spediteur Francesco Ventrici. Wutentbrannt kündigte er die Kooperation auf und brüllte seine Geschäftspartner an: »Entweder alles oder nichts!« Noch am selben Abend weigerten sich die Lastwagenfahrer in einem Lidl-Logistikzentrum im Süden, ihre Wagen zu beladen. Zugleich begann eine Serie von Anschlägen und Angriffen auf die Konkurrenz, die Lidl unter Vertrag genommen hatte. Klassische Mafiamethoden eben. »In Kalabrien dürfen nur Kalabresen die Transporte übernehmen«, war eine der Drohungen, die die Fahrer der beiden nun engagierten Speditionen aus der Toskana zu hören bekamen. Ihre Chefs zeigten alles an und beendeten die Geschäftsbeziehung. Lidl beauftragte eine weitere Spedition und einen Sicherheitsdienst dazu. Doch auch hier: Schwierigkeiten.

Die Spitze von Lidl, so berichtete es die italienische Nachrichtenagentur *ANSA* (Agenzia Nazionale Stampa Associata), beschloss ein weiteres Treffen mit Ventrici. Beide Parteien kamen bei Ravenna zusammen. »Ihr wollt den Krieg«, zeterte Ventrici, »aber den Krieg gegen uns gewinnt nicht einmal der Papst.« Eine halbe Stunde später habe es einen Angriff gegen eine Lidl-Filiale in Taurianova gegeben, in Kalabrien, erzählt Roberto Saviano in seinem Buch *ZeroZeroZero* (2013): Lieferanten der Spedition wurden von zwei Männern empfangen und angegriffen, mit Waffen in den Händen.

Eine Woche danach knickten die Lidl-Funktionäre ein, genug Schwierigkeiten, genug Verluste. Die V.M. Trans übernahm wieder, und zwar als Monopolist, wie zuvor. Eine Entscheidung auf der Ebene des Verwaltungsrats von Lidl Italia sei das gewesen, ist zu lesen. Von da an gab es keine Anschläge mehr auf Lidl-Filialen, keine blockierten Warenströme. »Die Produkte von Lidl kommen in Kalabrien mit den Lastern der 'ndrangheta an«, resümierte der Journalist Tizian diese Zeit. Ein bis zwei Millionen Euro habe die Spedition pro Jahr an Lidl verdient. Ende Januar 2011 hatte der Spuk ein Ende, neun Jahre nach dem ersten bekannten Vertragsabschluss: Ventrici wurde verhaftet.

In Spanien und Österreich wurden Leute der Gruppe um Ventrici und Barbieri festgenommen, in Wien ein Pilot, der für die Gruppe Kokain in einem Privatjet schmuggeln sollte. Ventrici ist später zu langjähriger Haft verurteilt worden. Er gilt nicht als Mafia-Mitglied, im Gegensatz zu seinem Kompagnon Vincenzo Barbieri. Der war jedoch schon vorher aus dem Spiel. 2009 hatten die Ermittler ihn verhaftet, nach kurzer Zeit aber vorübergehend wieder freigelassen. Exakt einen Monat danach fand man ihn erschossen auf.

Wichtig ist: Lidl war zu keinem Zeitpunkt beschuldigt oder Gegenstand eines Ermittlungsverfahrens, sondern Geschädigter.

Das Geschäft mit Lebensmitteln ist in vielerlei Hinsicht für die Mafia interessant: Es werden gigantische Erträge erzielt, korrumpierte Einkäufer sind schwer zu überführen (eine große deutsche Handelskette soll vor einigen Jahren gleich eine Gruppe von Privatdetektiven engagiert haben, um einen einzigen bestechlichen Mitarbeiter zu überführen). Clans können an eine Vielzahl von mit dem Handel verbundenen Dienstleistungen andocken: Schutzgeld, sie können als Zwischenhändler profitieren oder indem man Geflüchtete zu Hungerlöhnen ausbeutet. So überrascht es weder, dass ein Clan unbedingt mit Lidl kooperieren will, noch dass ein anderer Clan im Jahr 2015 unbedingt eine Filiale in der Nähe eines Einkaufszentrums verhindern wollte, um dessen Umsatz nicht zu gefährden. Ein schwieriges Geschäftsumfeld für Lebensmitteldiscounter, ein gutes Geschäftsfeld für die Mafia. Ein Besitzer eines Einkaufszentrums wurde in seinem Zentrum ermordet und sein Sarg später nebst Leiche gestohlen – auch das passierte in Kalabrien, und das alles passiert nur, weil es um richtig viel Geld geht und sich niemand das Geschäft kaputt machen lassen will, Sarg hin oder Sarg her. Wer bei Lidl dann dachte, er oder sie hätte alles gesehen in Bezug auf Mafia, sah sich getäuscht. Es kam noch dicker. Denn während Lidl 2009 noch mit der 'ndrangheta zu kämpfen hatte, kündigte sich schon das nächste Unheil an, dieses Mal vonseiten der Cosa Nostra.

Auf dieses Unheil stießen Ermittler in Catania, die einen Mafia-Clan belauschten, den Clan Laudani. Seit den 1960er-Jahren hatten Ziegenhirten und -züchter illegale Metzgereien und Zuchtanlagen betrieben und sich zu Erpressern und Dieben gewandelt. Die Gruppe verbündete sich mit dem Clan Santapaola-Ercolano. In den Neunzigern gab es einen regelrechten Krieg im Milieu. Die Carabinieri bezifferten die Zahl der Morde im Rahmen dieser *Faida* auf mehr als 500 binnen fünf Jahren. Lidl hat – unbewusst und über längere Zeit hinweg – indirekt Gelder an die Laudani gezahlt. Denn der Discounter hatte Verträge abgeschlossen mit Unternehmen, die dem Clan zuzurechnen sind, und daraus flossen Gelder nach Sizilien, zu Angehörigen von inhaftierten Clan-Mitgliedern. Nachdem Lidl von den Ermittlungen Kenntnis erhalten hatte, hat das Unternehmen die Behörden sofort unterstützt.

Am 1. April 2016 belauschten die Ermittler der Guardia di Finanza ein Gespräch zwischen zwei Statthaltern des Laudani-Clans in Mailand und erfuhren so, dass einer der beiden gemeinsam mit Orazio Salvatore Di Mauro, dem Mann der Enkelin des Clan-Bosses, bereits seit 2009 für Lidl arbeite, auch der Boss sei informiert darüber. Ein Alarmzeichen für die Ermittler, denn di Mauro war einer der Anführer des Clans. Über das Handelsregister fanden die Finanzermittler heraus, dass es um ein Sicherheitsunternehmen geht, General Service. In den Jahren 2010 bis 2012 hatte dieses tatsächlich rund eine Million Euro Umsatz mit Lidl gemacht.

Für die Ermittler begann eine Fleißarbeit. Denn die General Service war nur eines von vielen Unternehmen. Stück für Stück puzzelten sie das Gesamtbild zusammen. In einem Haftbefehl beschreiben sie später ein ganzes schmutziges Konsortium, das Unternehmenskunden wie Lidl bediente. In ihm waren mehrere Logistik- und Dienstleistungsunternehmen zusammengefasst mit einem nicht gerade nachhaltigen Geschäftsmodell: Die Unternehmen begingen reichlich Steuer- und Sozialversicherungsdelikte und waren deshalb auf Strohleute eingetragen, die das rechtliche Risiko trugen. Nach kurzer Zeit wurden die Betriebe in die Liquidation geschickt, alle Vermögenswerte entnommen und die Firmen dann an andere Standorte wegverlagert. Neu gegründete Unternehmen traten an ihre Stelle und erlitten dasselbe Schicksal. Die Hinterleute des Konsortiums blieben abgeschirmt, aus gutem Grund, denn sie galten als Mafiosi oder mafianah.

In dem Haftbefehl ist nachgezeichnet, wie das Konsortium vorging: Zwei Lidl-Mitarbeiter hätten demnach 2016 zu einem Betrieb des ein Jahr zuvor gegründeten Konsortiums gewechselt und dann einen früheren Kollegen bestochen, um ihrem neuen Arbeitgeber so Aufträge zu verschaffen. Die Aufträge kamen tatsächlich zustande, allerdings wurde der beschuldigte frühere Kollege vollumfänglich freigesprochen. Die von den Ermittlern recherchierten Unternehmen des Konsortiums boten immer wieder dieselben Dienstleistungen bei Lidl an. Die Betriebe waren zwar auf verschiedene Personen zurückzuführen, doch die stammten alle aus dem gleichen Umfeld.

Aus der Lombardei floss regelmäßig Geld an die Kassiere des Clans in Sizilien. Ein Möbelhändler nahm Briefumschläge mit Bargeld entgegen und führte gewissenhaft ein Kassenbuch über die Ein- und Ausgänge. Und, Ordnung muss sein, die Angehörigen von Mafiosi in Haft, die Geld erhielten, mussten natürlich eine Quittung unterschreiben. Die Ermittler hörten auch, wie das Geld aufgeteilt wurde. Es ging nicht um immense Summen, mal 3000 Euro für den Boss Laudani hier, mal 3000 Euro für jemanden da. Die Summe aller bei dem Clan gelandeten Beträge aus dem Konsortium schätzen manche aber auf einen siebenstelligen Betrag.

In Mailand führte die Staatsanwältin Ilda Boccassini das Verfahren, eine engagierte und mutige Verfechterin des Rechts, die es zu einiger Berühmtheit in Italien gebracht hat und inzwischen pensioniert ist. Es war allerdings nach außen gedrungen, gegen wen ermittelt wurde und weshalb. Boccassini erfuhr, dass die Gegenseite Zugang zu Akten hatte, die auf ihrem eigenen Schreibtisch lagen. Die dafür verantwortlichen Personen wurden nie ermittelt, doch eines der Sicherheitsunternehmen aus dem Konsortium war paradoxerweise auch mit der Sicherheit des Gerichtsgebäudes in Mailand beauftragt, dort, wo die Antimafia-Staatsanwaltschaft ihren Sitz hat. Nicht nur das: Auch Ermittler ließen der Gegenseite Informationen zukommen. Die Beschuldigten führten ihre Geschäfte weiter, suchten aber ihre Büros nach Wanzen ab, scannten ihre Autos und führten wichtige Gespräche nur noch persönlich. Es half ihnen nichts: Mitte Mai 2017 wurden vierzehn Personen verhaftet.

Lidl Italia lernte nach den Ermittlungen von Ilda Boccassini ein wichtiges Instrument kennen, das der italienische Staat im Kampf gegen die Mafia entwickelt hat: die kommissarische Verwaltung. Die Maßnahme ist außerhalb von Italien wenig bekannt (und in Deutschland durch die zwangsweise Verwaltung jüdischer Betriebe im Nationalsozialismus im Zuge der sogenannten »Arisierung« abgrundtief diskreditiert). In Italien hilft sie kraftvoll, Unternehmen von Mafia-Einflüssen zu bereinigen. Gerichte verhängen sie für einen gewissen Zeitraum. Im Fall von Lidl wies die Abteilung für Präventionsmaßnahmen des Mailänder Gerichts Mitte Mai 2017 an, dass vier von zehn Generaldirektionen der Supermarktkette kommissarisch vom italienischen Staat verwaltet werden, zumindest die Abteilungen für Erneuerungen und Neugestaltung, Logistik und Sicherheit. Das Gericht kritisierte in seinem Beschluss das Fehlen wirksamer interner Kontrollmechanismen bei Lidl. Das Unternehmen betont aber, es habe Maßnahmen zum Ausbau des bereits stark strukturierten Compliance-Systems eingeleitet. Nach einem knappen halben Jahr wurde die Maßnahme zurückgenommen, auch weil das Unternehmen voll kooperierte und belastete Mitarbeiter entließ.

Ein großes Ermittlungsverfahren im Sommer 2023 zeigte, dass der Appetit der italienischen Mafiaclans auf Lidl fortbesteht. Eigentlich hatten die Ermittler mehrere Mafiosi wegen eines Mordes abgehört, der schon weit zurücklag. Domenico Megna, der Chef des Megna-Clans aus Papanice, war 2014 aus langer Haft entlassen worden und hatte eine Tötung angeordnet, um seine Macht zu besiegeln, der Mörder war gefasst worden. Megna beauftragte seinen Neffen Mario Megna, einen der wichtigsten Männer im Clan, und ein weiteres Mitglied, Giuseppe Pantisano, die Frau des Mörders bei einem Haftbesuch zu begleiten. Er wollte verhindern, dass sie zur Kronzeugin wird. Der Besuch fiel in dieselbe Zeit wie ein wichtiges geschäftliches Gespräch, nämlich ein Treffen von ebenjenem Mario Megna mit nicht näher benannten Leuten von Lidl. Die Ermittler erfuhren das, weil sie Megna abhörten. Bei einer Autofahrt unterhielt er sich mit Pantisano. »Gestern hat mir der Onkel [also der Boss Domenico Megna] gesagt: ›Wenn die von Lidl anrufen, musst du nach Verona fliegen, die von Lidl wollen ein Treffen. Ich habe ihm gesagt: ›Die von Lidl kann ich nicht vertrösten!‹ ›Nein‹, hat er gesagt, ›du verschiebst das Treffen und fährst mit ihr. Denn wenn du nicht mitfährst, dann fangen die an zu reden.‹« Megna bestimmte also, dass die Begleitung der Frau wichtiger war als das Business, so groß war die Sorge vor Verrat!

Wie kam es überhaupt zu diesem Kontakt zwischen einem Mitarbeiter von Lidl Italia und dem Clan? Eine Anordnung zur Beschlagnahme von Vermögen beschreibt den möglichen Hergang. Das Dokument richtet sich gegen den polizeibekannten Mauro Prospero. Er besaß am Gardasee ein großes Touristenressort und sei eng mit dem Bürgermeister gewesen, erinnerte sich ein Kronzeuge. Schon sein Vater habe mit den Clans aus Kalabrien kooperiert, und Prospero habe einem ranghohen Mafioso eine Pistole mit entfernter Seriennummer geschenkt.

Mario Megna wusste, dass Prospero in der Vergangenheit schon geschäftlich mit einem Direktor von Lidl zu tun gehabt hatte. Megna war von Gefolgsleuten informiert worden, dass ein paar Leute nach Crotone gekommen seien, weil dort eine Lidl-Filiale geplant sei. Um mehr zu erfahren, setzte er sich mit Prospero in Kontakt. Der hatte in der Vergangenheit diesen Lidl-Direktor, Alfonso Mosca, mit dem Clan zusammengebracht. Die Ermittler überprüften Mosca und stellten fest, dass er tatsächlich seit 2016 Gehalt von Lidl bezogen hatte, von einer Immobilientochter des Unternehmens.

Megna erklärte Prospero, er wolle die geplante Filiale für den Clan nutzen, allerdings nicht mit Schutzgeld, das sei inzwischen zu gefährlich: »Danach kann man nicht mehr fragen, dann verhaften sie uns. Manche wollen es nicht lernen, wie Michele, 38 Jahre [Haft], Andrea, zehn Jahre, sein Bruder, acht Jahre.« Er wolle den Lidl-Manager Mosca stattdessen »bitten«, zwanzig Arbeiter von ihnen zu nehmen und drei, vier Kinder anzustellen von seinen Männern, die in Haft sind. Sie sollten dann auch tatsächlich arbeiten. »Und wir geben Ihnen eine Unterstützung für die Eltern.«

Am 23.11.2018 besuchte Mario Megna Alfonso Mosca in dessen Restaurant »Da Alfonso« in Peschiera del Garda, um die Angelegenheit zu besprechen. Weiß der Himmel, warum ein Direktor bei Lidl nebenberuflich noch ein Restaurant führt. Es war 18:02 Uhr und damit noch nicht ans Abendessen zu denken. Alfonso Mosca bot seinem Gegenüber erst einmal einen Kaffee an. Er hörte sich an, was Megna berichtete, und kündigte dann an, mit einem Kollegen über die Sache zu sprechen. Er komme bald auch nach Crotone und wolle Megna dann treffen. Mosca fragte Megna, ob er Grundstücke habe.

Megna: Ja, ich habe alles, was nötig ist ... in Crotone ... Alfo, dort läuft alles, in jeder Hinsicht, und für alle. Mosca: So etwa achttausend, zehntausend Meter. Megna: Komm hin ... Du oder jemand an deiner Stelle [...] Wenn du kommst, bist du mein Gast. Mosca: Keine Sorge, ich komme mit meinem Kollegen, der sich um Kalabrien kümmert, und stelle ihn dir vor, ihr seid auch Landsleute. Megna: Aus Crotone? Mosca. Nein, er ist Kalabrese, auch aus der Gegend. ... Du musst mir deine Nummer geben.

Bevor sie Nummern tauschen, geht das Gespräch etwas ins Private. Mosca erzählt von seiner Vergangenheit. Schnell kommen die beiden auf bekannte Mafiosi in der Region zu sprechen.

Mosca: Ich war 25 Jahre, in San Leonardo di Cutro. Megna: Dann kennst du also den Testone? Mosca: Alle! Megna: Franco Lamanna? Mosca: Ja, die Lamannas alle. Franco Lamanna ... die Schießerei ... Acht...Acht...Sechs... Wie endet die Nummer? Dann speichere ich sie ab. Wie ist dein Nachname? [...] Megna: Alfonso, ich muss jetzt gehen [...] Mosca: Mario, es hat mich gefreut, dich kennenzulernen. Montag melde ich mich bei dir.

Lidl hat bis heute keine Filiale in Crotone eröffnet.

Wichtig an dieser ganzen Geschichte ist: Lidl war zu keinem Zeitpunkt beschuldigt oder Gegenstand eines Ermittlungsverfahrens, sondern Geschädigter. Das Unternehmen bestätigt auf Anfrage die Darstellung weitgehend und erklärt zudem, 2009 Anzeige gegen Unbekannt erstattet zu haben.

In Deutschland ist die kommissarische Verwaltung, wenn Unternehmen von Infiltrationen Organisierter Kriminalität betroffen sind, kein Standard. In Italien stand 2023 auch die Logistiktochter der Deutschen Bahn, Schenker Italia, zeitweise unter staatlicher Verwaltung, nachdem ein Mafia-Clan anfing, sich in dem Unternehmen festzusetzen. Wenn mein Buch dazu beiträgt, dass wir in Deutschland darüber nachdenken, auch jenseits des Strafrechts Schutzvorkehrungen gegen die Clans aus Italien aufzubauen, dann hat es ein Ziel erreicht.

Die Antimafia-Konferenz 2017

Zehn Jahre nach dem Sechsfach-Mord von Duisburg wollten wir eine Bestandsaufnahme vornehmen und bei einer Konferenz erörtern, was sich seitdem bei der Bekämpfung der Mafia in Deutschland verbessert hat. Die Veranstaltung stand unter keinem guten Stern: Unsere Sponsoringanfragen wurden reihenweise abgelehnt, einzig die Kaffeerösterei Barbera wollte uns fördern. Die bereits gegebene Zusage zu einem Raum wurde zurückgenommen und die Spenden, die wir eingeworben hatten, würden kaum für das Catering der Veranstaltung reichen. Wir saßen daher mit unseren Partnern von der italienischen Botschaft zu einer Krisensitzung zusammen. Da flog die Tür auf, der Botschafter Pietro Benassi eilte in den Raum und rief: »Wir machen die Veranstaltung einfach hier und das Catering übernehmen wir auch!« Mit einem Schlag war die Konferenz gerettet. Wir ahnten nicht im Geringsten, dass sie uns auf dem Weg, die Menschen in Deutschland für die Gefahren von Mafiaclans zu sensibilisieren, einen gewaltigen Schritt weiterbringen würde.

Die Idee dazu hatten wir nicht selbst. Monate zuvor waren zwei befreundete Lehrerinnen aus Stuttgart in Berlin zu Besuch gewesen, Eva Klose und Magdalena Schrade. Als Petra Reski im Jahr 2009 ihr Buch *Mafia: Von Paten, Pizzerien und falschen Priestern* (2008) in Böblingen vorgestellt hatte, waren Klose und ihre Seminarkollegin Monika Rueß so beeindruckt, dass sie die Autorin sofort zu einer eigenen Lesung nach Stuttgart einluden. Beim Abendessen nach dieser Lesung seufzte Eva Klose, dass man eine Reise nach Sizilien organisieren und all die Menschen besuchen müsse, die sich gegen die Clans stellten. Bloß wie an sie herankommen? Reski bot an, mit Kontakten zu helfen. Klose und ein Kollege reisten tatsächlich nach

Sizilien, um eine Fahrt ihres Kollegenkreises vorzubereiten. Die Lehrerin kam betroffen zurück: Auf jedem Schritt und Tritt sehe man dort eine Gedenktafel oder ein Monument, dass an ermordete Antimafia-Kämpfer erinnere. Sie fragte im Kultusministerium nach, ob es eine Bildungsreise finanziell fördern könne. »Was, Mafia? Das interessiert doch niemanden, haben sie uns dort gesagt. Genau mit diesen Worten!« Wer Eva Kloses Hartnäckigkeit kennt, weiß, dass sie sich dadurch nicht entmutigen ließ.

Acht Tage fuhr eine Gruppe von Lehrerinnen und Lehrern dann auf eigene Kosten und in den Ferien nach Sizilien, mit vollem Programm. »Wir waren nicht mal zwei Stunden am Strand«, berichtet Magdalena Schrade. Diese Reise war die Initialzündung für die Initiative *Gelebte Zivilcourage*. Der Name bezieht sich auf die Antimafia-Heldinnen und -Helden. Die Lehrerinnen Klose und Schrade arbeiteten mit ihren Schülerinnen und Schülern nicht nur zum vom Lehrplan vorgesehenen Thema Mafia, sondern auch zur Antimafia. Eva Klose sagte, die Schüler hätten das sogar eingefordert. Inzwischen ist beides Gegenstand des Abiturs und im Schulunterricht fest verankert. Jedes Jahr im Herbst lädt die Gruppe zudem spannende Gäste ein, 300 Schülerinnen und Schüler aus Stuttgart und Umgebung hören dann einen Abend lang hoch konzentriert zu. Monika Rueß gehört seit Längerem zum Organisationsteam. Immer höre man erst Bedenken, bemerkte sie: »Bevor man sagt, das ist ein wichtiges Engagement, hier geht es um Demokratiebildung, kommt immer erst der Gedanke: Um Gottes Willen, das ist gefährlich.«

Bei einem Besuch von Eva und Magda in Berlin lenkten die beiden das Gespräch auf den anstehenden Jahrestag des Duisburger Sechsfach-Mordes. »Sagt mal, im nächsten Jahr sind es zehn Jahre. Wollt ihr da nicht was machen?«, fragte Eva mit ihrer charakteristisch kratzigen Stimme. Wir hätten noch nicht darüber nachgedacht, antwortete ich. Magdalena pflichtete ihrer Kollegin und Freundin bei: »Ihr solltet da etwas machen, wirklich.« Nachdruck lag in ihrer Stimme und sie hatte recht: Als Antimafia-Verein kann man nicht einfach nichts machen, zehn Jahre nach so einer aufsehenerregenden Tat.

Diese Veranstaltung sollte uns einen Weg weisen, wie wir Verbesserungen im Kampf gegen die Mafia erreichen können: nämlich als direkter Gesprächspartner der Politik. Dank unserer Ehrenpräsidentin Laura Garavini, zu der Zeit Abgeordnete im italienischen Parlament, hatten wir die Zusage von Marco Minniti bekommen, dem italienischen Innenminister. Ich lernte bald, dass auch Politik nach kindlichen Prinzipien funktionieren kann: Wenn man als Kind etwas möchte, fragt man zuerst das Elternteil, das der Sache am ehesten gewogen, ist und geht dann mit der Zusage zum anderen Elternteil. So funktionierte das auch bei unserer Planung: Nachdem Minniti die Absicht erklärt hatte, zu unserer Konferenz zu kommen, konnte sein deutscher Kollege, der damalige Bundesinnenminister Thomas de Maizière, nicht fernbleiben (so stelle ich mir das jedenfalls vor, wahrscheinlich waren die jeweiligen Abteilungen in Rom und Berlin hinter den Kulissen aber in engem Austausch). Am Ende sagten beide Innenminister zu. Wenn Minister kommen, kommen auch Medienleute. Und Menschen aus dem Politbetrieb. Unsere Bestandsaufnahme nahm ein breites Feld in den Blick: Neben den Ministern und dem bereits erwähnten Staatsanwalt Giuseppe Lombardo hatten wir Italiens obersten Mafia-Ermittler Franco Roberti zu Gast und als sein Gegenüber einen Vizepräsidenten beim BKA, Peter Henzler. Für den Bereich Medien die Journalisten Axel Hemmerling und Ludwig Kendzia vom *MDR*, die über die 'ndrangheta in Erfurt berichteten, für die Wissenschaft Professor Arndt Sinn, David Ellero von Europol, deutsche und italienische Abgeordnete und einige mehr.

Innenminister De Maizière kündigte Änderungen beim Paragrafen 129 an und dass die Einziehung von inkriminiertem Vermögen erleichtert werde. Der Paragraf 129 bestraft eigentlich die Mitgliedschaft in einer kriminellen Vereinigung, war aber seit jeher vor allem gegen politische Gruppen gerichtet. Entstanden war er in Preußen als Reaktion auf die Französische Revolution und erst nach einer Anpassung im Jahr 1951 wurde er theoretisch für die Verfolgung Organisierter Kriminalität interessant. Praktisch wurde er weiterhin gegen politische oder terroristische Gruppen angewandt. Erst seit 2021 wird der 129er vereinzelt zur Verfolgung Organisierter Kriminalität genutzt.

Am Abend nach unserer Konferenz saßen wir bei einem unserer Gründungsväter zum Essen zusammen, in der Trattoria Muntagnola. Nach Schöneberg, mitten in das belebte Schwulenviertel Berlins, in dieses Restaurant, waren die Erpresser 2007 gekommen, hatten dem Wirt Pino Bianco ihre Erpressung freundlich geäußert und einen lächerlichen Brief mit aufgeklebten Heiligenbildchen dagelassen.

»Zu Ihrer Aufmerksamkeit«, las Bianco damals, »wir sind eine Hilfskooperative mit jahrzehntelanger Erfahrung, deshalb möchten wir Ihnen diesen Brief vorlegen; Wir garantieren Ihnen Sicherheit für Sie und Ihre Familie ... eine Versicherungspolice, die Sie nicht ablehnen sollten ... Jeden Monat werden unsere Vertreter im Namen Ihres Schutzpatrons vorbeikommen, den Sie mit einer spontanen Opfergabe segnen müssen, denn jedes Opfer, das nicht von Herzen kommt, zu spät oder gar mit der Schande des Judas dargebracht wird, schmerzt den Heiligen, aber mehr noch den Sünder. Wir möchten die Gelegenheit nutzen, Ihnen ein friedliches Weihnachtsfest zu wünschen und ein erfolgreiches neues Jahr.«

Die Erpresser hatten nicht mit uns gerechnet, der Gruppe an Leuten, die zu *mafianeindanke* werden sollten. Laura Garavini, damals noch eine Gewerkschaftsfunktionärin, scharte schnell Gleichdenkende um sich: Leute, die sich mutig und überzeugt gegen die Mafia stellten, die Nachtwachen schoben in gefährdeten Restaurants und so mehrere Brandstiftungen vereitelten, Wirte, die, statt still zu bezahlen, eine Kooperation mit dem Berliner LKA eingingen und sich verpflichteten, jede Information sofort weiterzugeben. Der Spuk hatte so schnell ein Ende: An Silvester 2007 wurden die zwei Mitglieder der Camorra und ein Libanese verhaftet.

Jetzt, zehn Jahre später, hatte der Verein gerade eine Konferenz beendet, zu der zwölf Fernsehteams angereist waren, von der ein Fernsehsender live den ganzen Tag berichtet hatte und bei der überraschenderweise niemand erstickt war, obwohl der große Saal in der italienischen Botschaft bis auf den letzten Platz besetzt war und noch Leute am Rand standen. Ein Riesenerfolg! Wir fühlten aber keinen Triumph, wir waren erschlagen. Wir stießen an, aßen gemeinsam, dann zog es uns nach Hause und ins Bett. Der wichtigste Effekt dieser Konferenz würde sich uns Monate später zeigen und wieder lernten wir von anderen.

Kleine Anfragen, große Zahlen

Eine ganze Reihe an Leuten engagiert sich regelmäßig bei *mafianeindanke,* in verschiedenen Teilen Deutschlands und sogar im Ausland. Natürlich der Vorstand, unsere äußerst belastbare und vor allem bestens strukturierte Schriftführerin Judith, Giulia, die das schwierige Thema Finanzierung und unsere Mittel im Blick hat, Helena, unser politischster Kopf, und Ludovica, die uns ihre Tatkraft und juristischen Sachverstand schenkt. Die gemeinsame Arbeit mit meinen Kolleginnen macht uns allen Spaß, selbst wenn das Engagement für eine Antimafia-Organisation in Deutschland oft sehr zäh ist: Es gibt keine etablierten Förderprogramme für die Arbeit und Geld fehlt folglich immer, Daten sind schwer zu bekommen, die Leute wissen wenig über die Gefährlichkeit der Mafia und belächeln einen, man kämpft gegen Klischees und und und. Obwohl es also viele Widerstände zu überwinden gilt, haben wir meist gute Laune, was ich sehr schätze. Noch dazu haben wir tolle Regionalgruppen, die von emsigen Leuten koordiniert werden, und Mitglieder ohne Gruppe, die sich ebenfalls einbringen. Vor allem haben wir Luigino, die gute Seele von *mafianeindanke*: Er ist fast seit Gründung des Vereins an Bord und verwöhnt uns und unsere Gäste immer wieder mit seinen Kochkünsten bei ausschweifenden Abendessen bei sich zu Hause, er bringt sozusagen ein geballtes Maß Italianità in den Verein und noch dazu seinen unverbrüchlichen Optimismus. Wir alle haben das aber nicht gelernt. Wir sind nicht professionelle Aktivist*innen. Es gibt keine Antimafia-Organisation in Deutschland, an der wir uns orientieren können. Es gibt zwar ein paar wenige Initiativen und Vereine, die zu ähnlichen Themen arbeiten. Doch im Ergebnis bleibt es dabei: Wir mussten und müssen unseren Weg erst finden, wie man sich zivilgesellschaftlich gegen die Mafia engagiert.

Von Anfang an war es uns als Verein wichtig, die Menschen aufzuklären, ohne sie zu verängstigen. Wir wollten rational und sachlich arbeiten, ohne Polemik, ohne Aufbauschen, für die Demokratie und parteipolitisch neutral. Wir vertrauten und vertrauen auf die Einsicht. Doch wie kann man das erreichen? Wie gelingt es, ein Thema auf die politische Tagesordnung zu setzen? Wir probierten einfach verschiedene Dinge aus. Wir organisierten Podiumsdiskussionen, Kulturveranstaltungen, Lesungen, wir etablierten einen Newsletter, wir stellten eigene Recherchen an, wir arbeiteten mit Partnerorganisationen zusammen, traten im EU-Parlament auf, wurden zu Beratungen von Abgeordneten eingeladen oder gleich zu Ausschüssen im Bundestag. Sogar einen *Tatort* mit dem Titel »Kopper« (2017) zum Thema Mafia regten wir an. Yeah! Das Problem bei unserer Arbeit aber war und ist immer: Das Wirken von ’ndrangheta und Co. in Deutschland ist eine große Black Box. Ihre Aktivitäten werden nur völlig unzureichend erfasst, wissenschaftliche empirische Studien gibt es nicht. Wie will man da also sensibilisieren?

Ein extrem wichtiges Instrument, das eine Lösung angesichts dieses Mangels sein kann, ist die sogenannte »Kleine Anfrage«. Sie hilft Abgeordneten, ihre Kontrollfunktion gegenüber der Regierung wahrzunehmen. Es ist gängige Praxis, dass Fraktionen bei der Fragenfindung mit zivilgesellschaftlichen Organisationen zusammenarbeiten. Diesen eröffnet sich so die Möglichkeit, die Regierung für Missstände zu sensibilisieren und diese zugleich einem größeren Publikum vor Augen zu führen. Denn in der Regel werden die Ergebnisse von Kleinen Anfragen gerne von Medien für die Berichterstattung aufgegriffen. Dank unserer Konferenz 2017 ergab sich ein Kontakt zu der Abgeordneten Irene Mihalic und ihrem Büro und so wirkten auch wir künftig an Kleinen Anfragen mit.

Dieses Schwert ist scharf, aber man muss aufpassen, dass es mit der Zeit nicht abstumpft. So ergaben mehrere Kleine Anfragen, dass sich die unbearbeiteten Meldungen zu Geldwäsche-Verdachtsfällen bei der Financial Intelligence Unit (FIU) – deren offizielle Bezeichnung in Deutschland »Zentralstelle für Finanztransaktionsuntersuchungen« ist – immer höher auftürmten, in astronomische Höhen. Dieses massive Sicherheitsrisiko erregte trotzdem zusehends weniger Aufsehen.

Wir haben auf diesem Weg die Bundesregierung öfter gefragt, wie viele Mafiosi sich in Deutschland aufhalten und was diese hier tun. Gerade bei Themen, wo es an Expertise mangelt, sind die Antworten oft nicht sonderlich befriedigend, manche enthalten sogar faktische Fehler. Die Zahl der Mafiosi in Deutschland ist aber damit in der Welt und bleibt es und sie wird in Berichterstattungen aufgegriffen.

Für meine Präsentation bei einem Seminar von *mafianeindanke* im November 2023 in Köln habe ich das BKA nach aktuellen Zahlen gefragt. Demzufolge zählte die 'ndrangheta 2022 genau 519 Mitglieder in Deutschland, 6 mehr als im Vorjahr, die Cosa Nostra 134 (–14), die Camorra 118 (+4), die Stidda, eine Abspaltung der Cosa Nostra, 33 (+3) und die Apulische Organisierte Kriminalität 37 (–3). Sonstige, die nicht zuzuordnen sind: 162, das sind 91 Personen mehr als 2021.

Als Gesamtzahl aller Mitglieder von Gruppen der Italienischen Organisierten Kriminalität in Deutschland ergeben sich für das Jahr 2022 also genau 1003 Personen. Zum Vergleich: Knapp zehn Jahre früher, im Jahr 2013, lag diese Zahl noch bei 482, weniger als der Hälfte. Wir haben also heute eine Rekordzahl! Tausend Mafiosi! Der italienische Staatsanwalt Giuseppe Lombardo lädt dazu ein, den Blick zu weiten. Er sagte: »Das Problem ist nicht, die Mitglieder zu zählen. Das Problem sind die, die von den Mafiosi profitieren.«

Ich finde es besorgniserregend – und verblüffend –, wie man in Deutschland auf diesen krassen Zuwachs reagiert: nämlich gar nicht. Man muss sich nur mal vorstellen, was los wäre, wenn es sich nicht um Mafiosi handelte, sondern um radikalisierte islamistische Gefährder. Alarm würde herrschen, Mittel für die Bekämpfung würden freigemacht, Präventionsprogramme ersonnen und aufgelegt, Schulungen für alle möglichen betroffenen Kreise finanziert und und und. Aber bei Mafia-Organisationen, die eben nicht einen Weihnachtsmarkt in die Luft sprengen oder Konzertbesucher erschießen wollen, sondern nur unsere wirtschaftliche und demokratische Grundordnung sabotieren und für sich ausnutzen sowie unseren Staat unterwandern wollen – da ist Gegenwehr offenbar nicht nötig.

Doch wie wird eigentlich festgelegt, wer hierzulande zur Italienischen Organisierten Kriminalität gehört? In einem internen Dokument des BKA aus dem Jahr 2012 ist die Vorgehensweise beschrieben. Eine Grundvoraussetzung ist, dass die Person dauerhaft in Deutschland aufhältig oder »wohnhaft gemeldet sein« muss. Dann werden Punkte vergeben: – eine Verurteilung in Italien wegen des Mafia-Paragrafen 416-bis (vom lateinischen »bis«: »zwei Mal«) des italienischen Strafgesetzbuches: zehn Punkte – ist die Person auf einer Clanliste aus Italien aufgeführt: sechs Punkte – Kronzeugenaussagen: sechs Punkte – aktuelles Ermittlungsverfahren in Italien wegen Mafia-Zugehörigkeit: fünf Punkte. – »Beweismittel aus aktuellen Ermittlungsverfahren in Deutschland« bringen ebenfalls Punkte. Ist man eine Kontakt- oder Vertrauensperson: zwei Punkte. Relevantes mafiatypisches Verhalten gibt auch zwei Punkte. Kommt es zu mafiatypischen Straftaten gemäß des italienischen Mafia-Paragrafen, also etwa Brandstiftung, Schutzgelderpressung, Bedrohung oder Einhaltung der Omertà: vier Punkte. – Entsprechende Herkunft/Verwandtschaft: weitere zwei Punkte. – Belastende Aussagen von Vertrauenspersonen der Polizei: zwei Punkte.

Werden sechs Punkte erreicht, sprechen deutsche Ermittlungsbehörden von einer mutmaßlichen IOK-Mitgliedschaft. Mir erscheint es nach wie vor skurril, dass die Mitglieder einer kriminellen Organisation quasi einzeln gezählt werden. Es ist ja nicht so, dass die Leute sich beim Einwohnermeldeamt als Mafiosi registrieren lassen. Zudem ist von einer hohen Dunkelziffer auszugehen. Wie berichtet, geht der Staatsanwalt Nicola Gratteri von 60 Locale aus. Das würde bedeuten, dass *mindestens* 3 000 Mitglieder allein der ’ndrangheta in Deutschland aktiv sind. Ich vertraue den offiziellen deutschen Zahlen daher nur bedingt. Wichtig sind sie dennoch.

Vielleicht ist das Problem ja, dass wir uns kollektiv an schleichende, wachsende Gefahren gewöhnen. So wie der russische Angriffskrieg gegen die Ukraine nicht eine spontane teuflische Eingebung war, sondern Ergebnis eines weitgehend ignorierten Prozesses, so sind auch die Morde durch die Organisierte Kriminalität in den

Niederlanden (unter anderem an einem Kronzeugen und dem Journalisten Peter R. de Vries) in den vergangenen Jahren keine schlagartig neue Qualität, sondern Ausdruck einer beständigen Entwicklung, die schon lange zuvor in Gang war. Vincenzo Parisi, Chef der italienischen Polizei, beschrieb die schleichende Gefahr, die von der italienischen Mafia ausgeht, hellsichtig: Zahlreiche Mafiosi seien in Deutschland aufgespürt worden. Unter anderem günstige Möglichkeiten für Investments, die im Ausland bestünden, zögen die Mafia zusehends nach außen. Damit gehe einher, dass sie vermehrt im Heimlichen agiere. Parisi sagte das 1993. Die steigenden Zahlen wie auch mein Buch zeigen, dass er immer noch recht hat.

Der Itaker Sandro Mafiosi

Mein Vater hieß Pantaleone Mattioli, er war in Miglianico, einem kleinen Ort unweit des Meeres in den Abruzzen in Zentralitalien, geboren und aufgewachsen und half vom Jahr 1960 an, frische Luft in den deutschen Nachkriegsmief zu bringen, vor allem aber trug er als sogenannter »Gast«arbeiter seinen Teil zum Wirtschaftswunder bei. In meinem deutschen Heimatort wurde er von allen nur »Paolo« gerufen, weil es einfacher war. Meine Eltern hatten überlegt, mich »Daniele« zu nennen, dann aber beschlossen, mir den Namen »Sandro Hermann Mattioli« zu geben. Ich wuchs in meinem Dorf auf, sprach die Sprache der Menschen dort, einen Dialekt, der leicht schleppend ist und etwas desinteressiert klingt. Ich kleidete mich im Rahmen der finanziellen Möglichkeiten wie die Leute in meiner Umgebung und war Mitglied zuerst im Fußballverein, dann im Gesangsverein, dann in der Jugendfeuerwehr und noch dazu in der kirchlichen Jugendarbeit aktiv. Sprich: So gut wie nichts unterschied mich von den anderen Kindern, von den Jugendlichen in meinem Alter. Und doch spürte ich, dass ich als Sohn eines Arbeitsemigranten nicht zu dieser Gesellschaft gehörte wie meine Freunde. Mirko etwa, dessen Nachname wohl irgendwann mal aus Litauen seinen Weg in unser Dorf gefunden hatte, aber offenbar vor so langer Zeit, dass er dazugehörte. Oder Jörg, der einen komplizierten Nachnamen hat, der deutsch klingt, aber wohl aus Schlesien kommt. Er gehörte dazu. Oder die von allen nur »Eier« gerufenen Zwillinge, die Kinder des Bäckers im Dorf. Gehörten natürlich dazu. Aber ich: Mattioli. Gehörte nicht dazu, zumindest nicht so richtig. Spitznamen hatte ich natürlich auch: »Sandra« oder »Rav« (von Ravioli). Und »Mafiosi«, weil es ja so ähnlich klingt wie mein Nachname. An der Grammatik (Mafiosi ist Plural!) störte sich niemand. An der inhärenten Beleidigung auch niemand, außer mir. So war ich schon früh mit dem Thema Mafia konfrontiert; bevor ich überhaupt eine Ahnung hatte, was das ist. Und ich nehme an, auch die, die mich so riefen, hatten keinen Schimmer. Was ich damit sagen will: Ich weiß, was Diskriminierung ist, auch wenn ich heute aus der Sicht von vielen einen astreinen alten, weißen Mann abgebe.

Gerade, wenn man über das Thema Mafia spricht, steht man in Gefahr, Italiener zu diskriminieren. Ich zeige deshalb in Vorträgen gerne ein Bild. Es könnte ein Bild aus einem Werbeprospekt aus den Sechzigern sein: zwei gut gelaunte Männer und ein schicker Wagen, einer schaut aus dem Fahrerfenster, der andere sitzt auf dem Kotflügel und hält eine Gitarre in Händen. Der Wagen, ein Ford 17M, gehörte meinem Vater, er ist der hübsche Mann mit der Gitarre. Dazu erkläre ich, dass mit den Anwerbeverträgen für Arbeitsemigranten viele rechtschaffene Menschen nach Deutschland gekommen sind. Um sozusagen ein Gegengewicht zu den Mafiosi zu setzen, über die ich berichte. Und ich verweise darauf, dass wir gerade über die nicht rechtschaffenen offen sprechen müssen, um einen Generalverdacht gegen die, die sich an Recht und Gesetz halten, zu verhindern.

Auch die Relationen helfen. In Deutschland lebten im Jahr 2022 laut Statista 581 469 italienische Staatsbürger, in der Schweiz rund 325 000 und in Österreich knapp 36 000. Setzt man diesen Zahlen die von der Bundesregierung mitgeteilte Anzahl an Mafiosi entgegen, wird deutlich, wie unangebracht ein Pauschalverdacht ist. Selbst wenn man die deutlich höheren Zahlen von Nicola Gratteri anlegt, ändert das nichts am Bild. Dass die Gefahr deshalb geringer ist, heißt das aber absolut nicht. Denn wir müssen verstehen, dass – zumindest in Bezug auf ihre Mitglieder – das Problem mit der Italienischen Organisierten Kriminalität weniger die Quantität ihrer Mitglieder ist, sondern ihre qualitative Gefahr. Auch deshalb will dieses Buch dafür werben, nicht jede Form von Organisierter Kriminalität über einen Kamm zu scheren.

Wir brauchen eine differenzierte Betrachtung von Organisierter Kriminalität und wir brauchen viel mehr Menschen mit Expertise – in den Medien, in der Politik, in der Wissenschaft, überall. Das hat sich auch beim Umgang mit der sogenannten »Clan-Kriminalität« gezeigt. Als das Thema vor rund zehn Jahren in den Fokus rückte, wurden Bilder gemalt von Stadtvierteln kurz vor dem Zusammenbruch, von archaischen Strukturen, die die Macht übernehmen und wüten. Der Begriff »Clan« ist schnell zu einem politischen Kampfbegriff geworden und mit Vorstellungen verknüpft worden, die aus vielerlei Gründen abzulehnen sind, zuvorderst weil sie nicht zutreffen und der Sache auch nicht dienlich sind. Der Begriff »Clan« wurde nicht mehr hinterfragt. Clans wurden im Rahmen der Fixierung auf die sogenannte Clan-Kriminalität fälschlicherweise als homogene Gebilde beschrieben, deren Teile allesamt Kriminalität unterstützen und dem deutschen Staat feindlich gegenüberstehen.

So wie die Diskussion in den vergangenen Jahren geführt wurde, ist sie gefährlich. Sie leistet der Diskriminierung Vorschub, sie orientiert sich an Simplifizierungen, vor allem aber ist sie nicht lösungsorientiert. Ich bin der Überzeugung, dass eine differenzierte Betrachtung immer der erste Schritt auf einem Weg zu einer Lösung ist. Dazu gehört auch zu erkennen, dass ein Mafiaclan im Sinne von Italienischer Organisierter Kriminalität etwas ganz anderes ist als ein Clan aus den schottischen Highlands oder aus Arabien. »Clan« ist letztlich ein hohles Wort, und nur wenn wir uns wissenschaftlich mit dem Begriff auseinandersetzen und verschiedene Ausprägungen von Clans studieren, kann der Begriff sinnvoll eingesetzt werden.

Die Windelfabrik

Die Frau hält einen Beutel mit weißem Pulver in der Hand. »Koks, würd' ich sagen«. Mit Freundinnen filmt sie an einem »lost place«, also einem schon lange verlassenen Gebäude. Morbider Charme und der Schauer des Verbotenen gehören zu solchen Clips dazu. Die Kamera hält Bilder einer aufgedunsenen toten Katze fest, die in einem von Backsteinen eingefassten Wasserbecken treibt. Irgendwo, tief in der brandenburgischen Provinz, in einem winzigen Nest. Das mit dem Koks war natürlich ein Scherz. Die Hallen und Büros gehören zu einer insolvent gegangenen Windelfabrik, das wird langsam deutlich, daher das weiße Pulver, es wurde wohl für die Herstellung verwendet, und daher auch überall Windeln, in allen Größen. In einem Regal steht noch, was nach der Insolvenz von der Bürokratie noch übrig geblieben ist: eine Menge Aktenordner. Die Frau greift in ein Fach und liest: »Das Gericht hat ihr persönliches Erscheinen angeordnet, Gütetermin am Arbeitsgericht Köln.«

Bis heute wissen die Frauen nicht, dass ihr Koks-Scherz gar nicht so fernlag. Denn die Windelfabrik war laut italienischen Akten ein Joint Venture zwischen Russischer und Italienischer Organisierter Kriminalität. Gelder sollen über Dubai in dieses Überbleibsel einer ehemaligen LPG (Landwirtschaftliche Produktionsgenossenschaft) geflossen sein, das dann zur Windelfabrik wurde.

In der Zwischenzeit muss jemand die Türen geschlossen haben. Bei meinem Besuch sah ich das vom Video bekannte Chaos durch dreckige Fenster. Die Ordner reihten sich nun in ein Regal, vier Meter vor meiner an die Scheibe gepressten Nase staubte es ein, unerreichbar fern. Ich hätte gerne darin geblättert, vielleicht fanden sich Informationen über Geldbewegungen des Unternehmens?

In benachbarte Hallen waren neue Firmen eingezogen. Irgendein Zuständiger fragte bei irgendeinem Verwalter an, doch man wollte mich nicht in das Gebäude lassen. Draußen, an einer Halle am Ende des weiten Hofs, stand noch immer in großen Buchstaben der ehemalige Name des Unternehmens: »RAD Medical GmbH«. Ich fragte mich durch die Straßen in der Umgebung.

Ich recherchiere gerne in Dörfern. Die Menschen haben mehr Zeit, wenn man welche findet, sie sind weniger misstrauisch, man kann an Türen klingeln und fast immer kommt ein Gespräch dabei rum. Manchmal wird man hereingebeten. Ganz anders in den Städten. Die Menschen wimmeln andere ab, es ist eine Gewohnheit, die Türen bleiben lieber zu. In Niederwerbig, rund 60 Einwohner, gaben mir Menschen Adressen von Leuten, die mir etwas berichten können, riefen Menschen ehemalige Beschäftigte der Windelfabrik für mich an. Ein Mann bat mich in seine Küche und stellte mir ein Glas Mineralwasser hin. Jahrzehnte hatte er dort gearbeitet, zuerst für die LPG, dann für die Windelfabrik. Das T-Shirt für die Mitarbeiter hatte er noch griffbereit, die Erinnerungen nicht mehr ganz. Nachdem er einiges aus dem Gedächtnis gekramt hatte, nahm er das Telefon und kontaktierte einen ehemaligen Kollegen für mich. »Du, hier ist ein Journalist, der interessiert sich für die Windelfabrik ...«

Ich hätte gerne erfahren, wie mehrere Millionen Euro schmutziger Mafiagelder gerade hier landeten, so die Ermittlungsergebnisse zutreffend sind, hier, so weit ab vom Schuss. Doch von Italienern hat keiner meiner Gesprächspartner etwas gehört. Abgesehen von einem Mann: Seiner Erinnerung nach kamen nach der Insolvenz die Männer eines Unternehmens aus Italien, um die Maschinen abzumontieren, er habe sich darüber gewundert, warum aus Italien? Die Maschinen seien auf dem Gelände zwischengelagert worden und dann nach Lettland oder Estland gegangen, so genau wisse er es nicht mehr.

Und wie kam die Russische Organisierte Kriminalität hierher, nach Brandenburg? Aus Ermittlungsakten lässt sich das ein Stück weit nachvollziehen. Von der sizilianischen Staatsanwältin Nadia Caruso war ein Mann vernommen worden, Ivano Monaco*, der in Köln gelebt und als Statthalter von Salvatore Rinzivillo fungiert hatte, dem Boss eines in der Cosa Nostra nicht unwichtigen Clans. Der Clan hatte eine Zelle gebildet, die Kontakte über Nordrhein-Westfalen hinaus unterhielt. Monaco zufolge spielte es sich so ab: Sein Boss Rinzivillo hatte ein Grillrestaurant in Licata auf Sizilien besucht. Dort sagte ihm jemand, wenn er nach Deutschland gehe, solle er zwei Männer treffen, die schon lange in Köln lebten, Vincenzo und Gabriele Solino*. In einer Eisdiele in der Nähe des Doms in Köln sagte Vincenzo Solino dem Boss, er müsse unbedingt jemanden kennenlernen, den Vater eines jungen Mannes, der mit seinem Sohn gemeinsam in Haft war. Dieser Mann sei einer, der viel arbeite und viele Unternehmen habe.

Inzwischen stolpere ich nicht mehr darüber, wenn ich in Akten immer wieder »arbeiten« lese. Drogenhandel, Waffenhandel, Erpressung und Einschüchterung, alles ist arbeiten. Es fällt mir schon gar nicht mehr auf. Es ist ja folgerichtig, dass Kriminelle das, womit sie ihr Geld verdienen, als »Arbeit« bezeichnen.

Gegen Salvatore Rinzivillo und seine neuen und alten Bekanntschaften wurde wegen allerlei Delikten ermittelt. Die Gruppe soll Bargeld nach Russland transportiert, Rom mit Drogen versorgt, Rauschgift von und nach Köln und Pforzheim gebracht und den Obst- und Gemüsegroßhandel in Fondi im Süden von Rom, einen zentralen Umschlagplatz, kontrolliert haben. Natürlich hat der Clan Rinzivillo auch reichlich Morde im Curriculum.

Auch in Deutschland gab es Hinweise auf verschiedene kriminelle Geschäfte, sogar bei dem Stuttgarter Großbauprojekt S21 soll der Clan mitgemischt haben beim Bau von sieben Häuschen oder Unterkünften. Ein Bericht der Karlsruher Kripo spricht auch von Verbindungen zur Russischen Organisierten Kriminalität und Aktivitäten des Clans in St. Petersburg. Und dann erfuhr die Karlsruher Kripo eben auch, dass Ivano Monaco sich für Salvatore Rinzivillo um ein Investment in die RAD Medical gekümmert haben soll, eine erste Tranche von sechs Millionen Euro sollte in die Windelfabrik fließen. In der Akte heißt es, das Unternehmen gehöre formell einem Konstantin Fichtner (Name geändert), es sei aber auf Viktor Gruber* zurückzuführen und der sei »eine führende Persönlichkeit der russischen Kriminalität in Deutschland«. Mit Gruber hatten die Leute vom Rinzivillo-Clan – laut Aktenlage – tatsächlich Umgang.

Man darf das, was Mafiosi miteinander reden, nie für bare Münze nehmen. Oft wissen sie nicht genau Bescheid oder übertreiben oder biegen sich Dinge zurecht, um *bella figura* zu machen. Auch aus strategischen Gründen sagen sie manchmal die Unwahrheit. Daraus erwächst ein Problem, denn da Mafiaclans sich oft abschotten, ist es schwierig, Erkenntnisse zu gewinnen, und man muss Gesagtes einer Realitätsprüfung unterziehen. Was den vorliegenden Fall anbelangt, gestaltet sich das schwierig. Die Staatsanwaltschaft Karlsruhe hat wegen Drogenhandels ermittelt und sich nicht um Windeln gekümmert und das Verfahren überdies eingestellt, weil es nicht genügend Anhaltspunkte gegen die Verdächtigen in ihrem Zuständigkeitsgebiet gab. Aus dem in italienischen Akten zitierten Bericht der Kripo Karlsruhe lässt sich leider nicht feststellen, woher die über die RAD Medical GmbH gegebenen Informationen stammen. Im Firmenregister findet man keine Hinweise auf Viktor Gruber. Die Polizei in Karlsruhe sagt, es seien keine eigenen Ermittlungen geführt worden, und kann auch nicht weiterhelfen.

Laut einem Artikel in der *Märkischen Allgemeinen* vom 6. September 2012 sei die RAD Medical GmbH in Besitz eines Handelskonsortiums mit Sitz in Dubai, der »Green Gate Trading Gruppe«. Der in den Akten genannte Konstantin Fichtner diente bei der RAD Medical nach Aktenlage nur als Geschäftsführer. Die Green Gate Trading Gruppe ist an einer Briefkastenadresse registriert, nämlich unter dem Postfach 17 13 73. Wenn der Clan Rinzivillo sechs Millionen Euro in die Windelfabrik investiert hat, war er entweder ganz schön doof (die RAD Medical verzeichnete für das Jahr 2014 einen Jahresüberschuss von lediglich 15 107,59 Euro) oder man hatte mit dem Investment ganz andere Dinge im Sinn und die Windelfabrik diente nur als Vehikel.

Im Januar 2016 intensivierten sich die Kontakte des Bosses Salvatore Rinzivillo mit Personen in Deutschland. Italienische Ermittler hörten mit, wie Transporte größerer Mengen Bargeld über Deutschland nach Russland geplant wurden, in einem ersten Versuch sollten, 200 000 bis 300 000 Euro geschmuggelt werden. Die Gruppe arbeitete dafür auch mit einigen Personen an Flughäfen zusammen, die für die Sicherheitskontrollen verantwortlich waren, und wollte Privatjets einsetzen. Nach Aktenlage ermittelten auch die italienischen Behörden nicht zu der Windelfabrik.

Im Jahr 2016 verschärfte sich dort die Lage, berichtet die *Märkische Allgemeine* am 3. Juni 2016. Die Mitarbeiter der Fabrik hätten drei Monate kein Gehalt bekommen, dazu habe das Unternehmen Kurzarbeitergeld erhalten und für sich behalten. Noch dazu beobachteten manche Mitarbeiter, so der Artikel, wie nachts Lastwagen vorfuhren und den Lagerbestand aus den Hallen wegbrachten. Ware im Wert von einer halben Million Euro sei es gewesen. Zwei Journalisten der Zeitung befragten fünf Leute aus der Belegschaft. Sie berichteten von einem Russen, der im Dezember als Chef aufgetreten sei, in Begleitung von mehreren Bodyguards. Ihre Namen wollten sie nicht nennen, aus Angst.

Im Sommer 2023 ist Salvatore Rinzivillo in Italien zu 20 Jahren Haft verurteilt worden, Ivano Monaco zu 18 Jahren.

Akten aus Italien

Wenn eine Italienreise anstand, hatte ich es mir angewöhnt, Luigi zu kontaktieren. Seit die Familie aus Termoli weggezogen war, wo meine ersten Besuche stattfanden, wusste ich nicht mehr genau, wo er lebte. Ich wollte es auch gar nicht wissen. Das mag komisch klingen, wenn man bedenkt, dass wir befreundet waren. Aber es war für beide Seiten besser. Der Vertrag mit dem Kronzeugenprogramm sah vor, dass ich es nicht wissen durfte, und ich fühlte mich auch sicherer so. Denn wenn ich seinen genauen Wohnort nicht kannte, konnte ihn auch niemand von mir erfahren, egal unter welchen Umständen. Ich wusste nur sehr ungefähr, wo er und seine Familie lebten. Wenn mich mein Weg in die ungefähre Nähe führte, rief ich ihn an.

Für den September 2019 hatte ich mich für eine fünftägige Summer School an der Universität Mailand angemeldet. In Italien gibt es häufiger solche Angebote, spezifisches Wissen zu Mafia und Antimafia wird komprimiert an ein breites Publikum vermittelt. Im Publikum sitzen dann Polizisten und Antimafia-Aktivistinnen, Leute aus der Verwaltung, Studierende, Menschen aus Politik und Wissenschaft. Ein buntes Spektrum an Personen. Bei fünf Tagen, dachte ich, lohnt es sich zu fragen, ob Luigi zufällig auch in der Ecke ist. Ich rief ihn also an. Seit einiger Zeit schien sich seine Anspannung etwas verflüchtigt zu haben, die Lage ein Stück weit beruhigt, nachdem er und die Familie aus Termoli weggebracht worden waren. Tatsächlich würde Luigi ebenfalls in Mailand zu tun haben, wir könnten uns also sehen.

Es war eigenartig: Im Uni-Hörsaal hörte ich von der Staatsanwältin Alessandra Cerreti die ergreifende Schilderung, wie es ihr gerade noch gelungen war, die Kronzeugin Giusy Pesce auf dem Weg in die Heimat und damit auf dem Weg ins Verderben aufzuspüren. Cerreti wusste lediglich, dass Pesce in irgendeinem Auto unterwegs war, mehr nicht (manche mögen die Geschichte kennen, sie ist im Jahr 2023 als *The Good Mothers* für Disney+ verfilmt worden). Und später hörte ich von einem Betroffenen, wie sich die Mafia auf ein Leben auswirkt, nämlich von Luigi. Ich erfuhr an der Uni, wie der Regisseur Mimmo Sorrentino mit inhaftierten Mafiafrauen Theaterstücke erarbeitete, in denen sie über ihre Geschichten sprachen. Er wendete einen Trick an, ließ keine der Frauen von sich erzählen, jede berichtete über eine Mit-Schauspielerin. Zwei Schauspielerinnen begleiteten ihn, eine davon war Margherita Cau. Sie war die frühere Frau von Leo Russelli, einem wichtigen Boss aus Papanice bei Crotone. Ihren Namen las ich spät am Abend in meinem Zimmer in einer Akte.

Die Summer School gab Theorie reichlich Raum. Manche Informationen überraschten mich, beispielsweise dass in Neapel eine transsexuelle Frau eine Führungsrolle in einem Camorra-Clan innehatte. Für die ’ndrangheta wäre so etwas unvorstellbar! Nach einer Woche voller Input wurden am letzten Tag die Diplome verliehen. Meines wurde mir zu meiner großen Freude vom italienischen nationalen Antimafia-Staatsanwalt Federico Cafiero de Raho persönlich übergeben. Ich kannte ihn von Interviews, ein warmherziger, feinfühliger Mann.

An diesem Tag aßen Luigi und ich gemeinsam in der Nähe der Uni zu Mittag. Er erzählte mir von dem Verein, den er aufzubauen half. Leuten, die gegen die Mafia aussagen, solle er Hilfe bieten. Das italienische Gesetz unterscheidet davon zwei Kategorien: zum einen Menschen wie Luigi, die Mitglied in der Mafia waren, dann aussteigen und Kronzeugen werden. Zum anderen Menschen ohne kriminelle Laufbahn, die Beobachtungen melden oder von mafiöser Erpressung betroffen waren und als Zeugen geführt werden. Ich hatte Luigi in letzter Zeit als schwankend erlebt, ob der Entschluss auszusteigen richtig war. Er hat sich mir gegenüber zwar nie durchgerungen, ihn als falsch zu bezeichnen. Jetzt, bei diesem Gespräch, spürte ich, wie sehr ihm dieses Projekt eine Herzensangelegenheit war. Er sagte mir zugleich auch, dass er sich oft fragte, ob es nicht für ihn und seine Familie einen Weg gegeben hätte, der besser für alle Beteiligten gewesen wäre. Als er den Schritt im Jahr 2005 ging, konnte er nicht voraussehen, wie groß die Abhängigkeit sein würde von der Behörde, die sich um Kronzeugen und ihre Familien kümmerte. Immer wieder litten sie darunter, auch in schwierigen Situationen, etwa bei Krankheitsfällen in der Familie. Luigi bekam am eigenen Beispiel vor Augen geführt, dass es eine Gruppe brauchte, dass er Leute um sich scharen musste, die helfen konnten, die Situation von Kronzeugen zu verbessern.

Ein paar Tage später telefonierten wir. Seine Lage war nach wie vor ernst, dennoch nahm er mich unverhofft auf den Arm. Er habe eine Garage voll mit Akten, die er entsorgen müsse, berichtete er mir. »Ich glaube, ich bring sie zum Altpapier!« Natürlich hielt ich das für einen Scherz. »Haha«, spielte ich mit, »das alte Zeug ist eh zu nichts mehr gut!« »Überall stapelt es sich, in der Tat!«, sagte Luigi. Jetzt hörte ich einen ernsthaften Unterton. »Du willst das nicht wirklich ent...?«, fragte ich. »Doch, natürlich. Ich brauch die nicht mehr!« »Aber Luigi, das sind doch wertvolle Informationen!« »Du kannst sie gerne haben!« »Wie, ich kann sie haben?« »Na, du musst halt schauen, wie sie zu dir kommen!« Als Journalist schlug mein Herz sofort höher. Wir investigative Rechercheure sind allesamt Aktenhorter und -fresser. Je mehr Material wir haben können, umso besser. Als freier Journalist, der naturgemäß oft knapp bei Kasse ist, zogen mir allerdings die Sorgenfalten auf die Stirn: Was würde das kosten, so viel Papier aus Italien zu holen! Und dann, wohin damit?« »Wie viel ist es denn?«, fragte ich. »Keine Ahnung«, sagte Luigi, »eine Palette voll. Bestimmt so zehn, zwölf große Kartons.« Mir fiel am anderen Ende der Telefonverbindung die Kinnlade runter. »Wirf auf gar keinen Fall etwas weg, Luigi, hörst du? Bitte! Das bekommen wir irgendwie organisiert.« Wer weiß, welche Aktenschätze er da hortete. Mir fiel wieder ein, dass er damals schon in Termoli in einem Abstellraum in der Wohnung bergeweise Papiere hatte. Luigi verstand, dass es mir ernst war. »Das wird aber nicht einfach, du kannst nicht zu unserer Garage kommen und aussortieren.« Sein Wohnort war geheim und sollte es auch bleiben. »Hm.« Ich musste mir irgendeine Lösung einfallen lassen. »Wir kriegen das hin«, sagte ich, ohne eine Idee zu haben, wie. Es herrschte ein Moment Stille. Ich hatte das Gefühl, Luigi dachte noch einmal darüber nach, die Papiere aus der Hand zu geben. »Gib mir noch etwas Zeit zum Aussortieren, okay?« »Natürlich, es sind ja deine Akten!«

Ein paar Wochen später spazierten wir gemeinsam am Rand eines Städtchens an der Adria. Ich kannte das von der Heimat meines Vaters: Im Sommer blühte an den Ferienorten das Leben, die Leute schlemmten und scherzten in Restaurants, vor den Eisdielen lange Schlangen und die Strände blau-weiß gefärbt oder rot-gelb, je nach der Farbkombination der Liegen und Sonnenschirme der Lidos. Jetzt aber lag der Strand asphaltgrau unter uns und die Körner, die sich im Sommer an sonnentrunkene Körper schmiegten, hart zu unseren Füßen. Wir sanken kaum ein. Tristesse lastete auf der Gegend. Nicht für die Menschen hier, sie waren das Kommen und Gehen gewohnt. Doch mir drückten die vielen leeren Geschäfte, geschlossenen Restaurants, verrammelten Hotels auf die Stimmung. Luigi schien unbeeindruckt. Wir spazierten und redeten. Luigi war guter Dinge. Bald würde der Verein, zu dem er den Anstoß gegeben hatte, offiziell gegründet werden. Sie wollten die Gründung in Palermo begehen, sagte Luigi. Wir sprachen über Alltägliches, ich berichtete von der Summer School. Am späten Nachmittag brachte mich Luigi zu meinem Zimmer. Ein Freund von ihm, Francesco, beherbergte mich in seiner Pension. Ich war der einzige Gast, und ich war dankbar.

Am nächsten Tag klingelte es an der Tür. »Ich hab' hier was für dich, komm runter!« Es war Luigi. Wer auch sonst? Er hatte mit dem Wagen unten vor dem Eingang gehalten, der Kofferraumdeckel stand offen. »Tragen wir sie hoch!«, rief er. Ich muss ehrlich sagen, im ersten Moment war ich etwas enttäuscht. Er hatte von zehn, zwölf großen Kartons gesprochen. Das hatte eine Erwartung geschaffen, die das, was ich nun sah, nicht erfüllte. Das war keine Palette voll, wie angekündigt. Man könnte den Kofferrauminhalt wohl gut und gerne in fünf, sechs Umzugskisten unterbringen.

Nachdem wir die Kartons in mein Apartment getragen hatten, öffnete ich ein paar Schachteln und zog den erstbesten Ordner heraus. Ich kannte solche Dinger, sie standen oft bei Staatsanwaltschaften in

Büros und den Gängen auf Rollwägen gestapelt: zwei Kartondeckel mit einem Rücken und an den drei offenen Seiten Bänder zum Verknoten, sodass die Blätter darinnen nicht herausfallen konnten. Ich ließ die Seiten des Ordners durch meine Finger gleiten und schämte mich sofort für meinen kleinlichen Gedanken. Diese Seiten hier, die Kartons von Luigi: pures Gold. Vor mir stapelte sich ein Aktentraum! Tausende Seiten Dokumente, jede Menge Vernehmungen von Kronzeugen, Ermittlungsakten, exklusives Material. Ich nahm einen weiteren Ordner heraus. Bei der ersten Durchsicht stieß ich sofort auf die Namen von zwei der Kronzeugen von der 9-in-3-Aktion. Luigi hatte auch kurz in ein paar Dokumente geschaut, sie dann aber wieder weggelegt. Jetzt stand er an den Tisch in meinem Raum gelehnt, beobachtete mich und freute sich. Die nächsten Stunden las und las ich. Das versprach spannend zu werden.

Am Abend gingen wir alle zusammen Pizza essen. Es war schön, Paola, die Kinder und Luigis Schwager wiederzusehen; es fühlte sich völlig normal an, dass wir alle hier miteinander aßen, in einem öffentlichen Lokal, inmitten anderer Leute. In den sieben Jahren, die seit unserem ersten Treffen vergangen waren, hatte sich viel getan. Luigi und Paola kämpften nach wie vor mit den Tücken des Kronzeugenprogramms. Die Familie schwebte immer noch in Gefahr und das wird auch nie mehr anders werden. Aber die akute Gefahr zumindest war gebannt und das spürte man an diesem Abend.

In meinem Zimmer recherchierte ich, wie ich die Unmengen Papier am einfachsten zu mir nach Hause bringen konnte, ohne arm zu werden. Die Post schied aus, zu teuer. Außerdem hätte ich die Pakete dafür irgendwie durch die halbe Stadt transportieren müssen. Ich fand heraus, dass es die günstigste Option war, die Akten mit einer Spedition zu versenden. Ich bräuchte dafür »nur« 204,08 Euro, die konnte ich online bezahlen, das war also machbar. Und eine Palette. Für das Geld würde die Lieferung sogar direkt vor meine Haustüre gebracht. Eine Palette? In Berlin standen die Dinger immer mal wieder irgendwo verloren am Straßenrand. Aber hier? In diesem Adriastädtchen war mir keine begegnet. Ich lief noch in der Nacht ein paar Straßen ab, natürlich vergeblich. Ich versuchte bei Supermärkten auf den Parkplätzen mein Glück. Auch nichts.

Ich rief also Luigi an. Er sagte: »Sandro, mach dir keine Sorgen!« Am nächsten Tag hatte er eine organisiert und einen weiteren Tag später kam die gebuchte Spedition mit einem kleinen Laster und die Kartons gingen auf Reise, später am Tag auch ich. Die Kartons hatte ich dick mit Klebeband auf die Palette geklebt. Gerade eine Lage ergaben die Kartons, aber das war mir nun egal, denn ich hatte gelesen, was drinnen stand. Ich muss zugeben, ich war sogar in Sorge, dass die Papiere noch verloren gehen könnten. Man wusste ja nie. Und eine Sendungsverfolgung gab es auch nicht.

Tatsächlich pfriemelte ich ein paar Wochen später Heftklammer um Heftklammer aus den Papierstapeln, um die Akten scannen zu können und durch eine automatische Texterkennung zu schicken. Ich weiß nicht, wie viele Stunden ich allein damit beschäftigt war. Umso besser, dass ich jetzt für dieses Buch die Akten verwerten konnte!

Ein Gutteil der Papiere sind Vernehmungsprotokolle von Luigi, darunter auch seine ersten Aussagen. Er belastet darin auch Angehörige seiner Familie. Sofern es um Mafiosi geht, die sich kriminell betätigen, tut man sich in Italien nicht sonderlich schwer damit, Menschen der ’ndrangheta zuzuordnen. So stand nie in Zweifel, dass Luigi Bonaventura dazugehört. Er hat gemordet, Morde beauftragt, Überfälle geplant, Schutzgelderpressungen koordiniert, ein astreiner Mafioso. In den Protokollen gibt er eine Vielzahl an Taten zu, darunter auch Morde. Aber wie ist das bei seinen Cousins, etwa Raffaele und Gianni Vrenna, die erfolgreiche Unternehmer sind?

In den Vernehmungen hat Luigi die Familienverhältnisse rekonstruiert: Der Vater von Raffaele Vrenna, Luigi Vrenna, war ein Cousin ersten Grades seines Opas, der ebenfalls Luigi Vrenna hieß. Beide seien Teil des Clans gewesen. Und so hätten es auch Raffaele und Gianni Vrenna gehalten, der Vater habe es ihnen so gelehrt. Luigi führt auch ihr Müllentsorgungsunternehmen »Salvaguardia Ambientale« auf den Clan zurück, dessen Boss er zeitweise war. Das Unternehmen, mit denen die beiden den wirtschaftlichen Aufstieg schafften, sei schon lange vor der eigentlichen Eintragung geschaffen worden, als er noch ein Junge gewesen sei, alles sei von seiner Familie so vorgesehen gewesen. Es habe in der Zeit auch mehrere

Treffen mit anderen Clans gegeben, um zu besprechen, wer welche Aufträge bekommt, und um entsprechende Sub-Unternehmen dafür zu gründen.

Im August 2023 traf ich Luigi in einer Bar und sprach mit ihm über die Unternehmen seiner Familie. In der Zwischenzeit hatte ein Ermittlungsverfahren die Geschichte von damals wieder in den Fokus gerückt. Luigi berichtete, er sei als junger Mann weggeschickt worden und hätte in verschiedenen Unternehmen der Familie gearbeitet, etwa bei einem Bauunternehmen eines Cousins und anderen Betrieben, in der Toskana, in Venetien und in der Emilia Romagna, also fern von Kalabrien. Ich wollte genauer verstehen, was jemand, der zum militärischen Flügel des Clans gehörte, mit wirtschaftlichen Dingen zu tun hat. Die Familie verfolgte damit ein doppeltes Ziel, erklärte mir Luigi: Er sollte über das Unternehmertum lernen und wie man sich fern der Heimat als Mafioso in Gesellschaft und Wirtschaft integriere. Zugleich sollte er unauffällig bleiben, nicht auf das Radar der Staatsanwaltschaft kommen. Sein Nachname – Bonaventura – habe dabei geholfen, der Clan hieß ja nach seinem Großvater Vrenna. Er habe zu einer Gruppe von Leuten gehört, die im Verborgenen blieben. »Diese Leute machen die Arbeiten, die sie erledigen müssen, wenn sie beauftragt werden, und niemand soll etwas davon erfahren. Wenn es zum Krieg kommt mit einem anderen Clan, töten sie.« Das sei 1990 der Fall gewesen, als Luigis Familie in einen schon länger tobenden Mafiakrieg eintrat und ihn nach Crotone zurückrief.

Luigi hatte zu dem Zeitpunkt keine Straftat in der Akte, abgesehen von Übungen an Waffen und Waffenbesitz. »Ich wurde sofort zum Killer und Erpresser, ich hatte ja schließlich die entsprechende Ausbildung.« Die ersten Jahre führte er Aktionen aus: Morde, Raub, Erpressungen. Das Thema wurde selbst in der eigenen Familie reserviert behandelt, nur die allerwenigsten wussten davon. Zeitgleich arbeitete er in dem Unternehmen seiner Cousins, der Salvaguardia Ambientale. Luigi sagt, die Gründung des Unternehmens sei mit den wichtigsten Clans in seiner Region abgestimmt gewesen. Es sei normal, dass besprochen werde, welche Unternehmen wo gegründet würden: So solle ein Gleichgewicht der Kräfte erhalten bleiben.

»Wir haben quasi gemeinsam begonnen, das, was heute die Salvaguardia Ambientale und alles andere geworden ist. Bei meiner Rückkehr bestand das Unternehmen seit zwei Jahren. Es gab aber noch nicht einmal die Müllverbrennungsanlage. Nur ein Loch war da, auf das sie dann gebaut wurde.« Die ersten sechs Monate hätten sie das Projekt Salvaguardia Ambientale auf den Weg gebracht, sagt Luigi. Sein Cousin Raffaele hätte ihm geraten, sauber zu bleiben, denn er solle sich um die Kontakte zu anderen Geschäftsleuten kümmern. »In der Zeit war ich angestellt bei dem Unternehmen von Vrenna und wurde monatlich bezahlt. Dann hatte ich die ersten Probleme mit der Justiz. Ich wurde weiterbezahlt, obwohl ich nicht mehr angestellt war, allerdings kümmerte ich mich um andere Aufgaben.« Was Luigi mir jetzt erzählte, deckte sich mit den Inhalten der Akten, die ich von ihm erhalten hatte, aber auch mit Dokumenten und Vernehmungsprotokollen, die mir später aus anderer Quelle zugingen.

In einer Vernehmung erklärte er diese »Aufgaben« genauer: »Ich vertrat die Familie Vrenna-Bonaventura, und wenn ich zur Arbeit ging, dann bewaffnet, ich hatte eine 7,65 Parabellum, nein, eine 7,65 Modell 70.« Er habe dort Auseinandersetzungen geführt mit Leuten, die Arbeitsplätze gefordert hätten, etwa mit Vertretern anderer Clans wie den Papaniciari. Zunächst habe seiner Erinnerung nach niemand Schutzgeld gefordert, die Gründung des Abfallentsorgers sei ja abgestimmt gewesen. Dass Leute aber Arbeitsplätze gefordert hätten, das sei vorgekommen. »Das erste Treffen, die ersten diplomatischen Kontakte, um die habe ich mich gekümmert!«

Der Staatsanwalt Bruni, der ihn von Anbeginn seiner Kronzeugenschaft begleitete, fragte genauer nach: »Aber Sie hatten nicht die Aufgabe, Abfall zu entsorgen, sondern die Beziehungen zu den anderen Clans zu pflegen, als Puffer zu fungieren ...« Luigi: »Es war immer im Bereich der ›Reinigung‹, aber auf eine andere Art ...« Bruni: »Ich verstehe ...«

Arbeit für einen Problemlöser gab es genug bei der Salvaguardia Ambientale, zumindest bekundete Luigi Bonaventura das in einer seiner frühen Vernehmungen: Es seien Fahrzeuge des Unternehmens angezündet worden, Arbeiter bedroht, einer sei angeblich geohrfeigt worden, auch Schüsse gegen das Eingangstor kamen vor. Die zwei Unternehmer hätten sich dann immer an seine Familie gewandt.

Im Oktober 2008 vernahm der Staatsanwalt einen weiteren Kronzeugen aus Luigis Clan, nämlich Vincenzo Marino. Wie Luigi hat Vincenzo Marino das Kronzeugenprogramm verlassen, und wie Luigi sagt auch er bis heute in Verfahren aus. Sucht man eine Weile im Netz, findet man ein Foto, das ihn gemeinsam mit Nicola Gratteri zeigt, dem Staatsanwalt, eine Symbolfigur im Kampf gegen die 'ndrangheta. Marino bestätigte die damaligen Aussagen von Luigi Bonaventura über seine Cousins. »Die Vrenna-Brüder Raffaele und Gianni sind Mitglieder der gleichnamigen Mafiafamilie und standen unserer Familie immer nahe.« An anderer Stelle beschrieb er eine Art Doppelleben: »Raffaele Vrenna hat immer Gebrauch von der einschüchternden Kraft der Familie gemacht, ich wiederhole es noch einmal für sie: Wenn er sich zu Mafiosi an den Tisch setzen musste, setzte er sich als Bösewicht, wenn er sich zu denen mit Krawatte setzen musste, setzte er sich als Unternehmer dazu. Wenn aber etwas passierte, waren wir es, die intervenieren mussten, wie mehrfach geschehen.« Raffaele Vrenna habe den Clan immer finanziert, indem er Anwaltskosten übernommen habe. »Raffaele ist ein Bruder von uns, er ist nicht [als Mafioso] getauft, aber er galt immer als unser Bruder, er galt als Heiliger; wenn wir in den Knast mussten, zahlte er Unterhalt an unsere Familien.« Bruni wollte wissen, wo Marino die Vrennas getroffen habe. »Wir können einen Vor-Ort-Termin machen! Ich sage Ihnen auch, wo Raffaele Vrenna seinen Safe hat, in seinem Büro hängt ein Bild von einem Alten, der Bier trinkt, hinter dem Bild.« Zu mehreren Anlässen, sagte Marino, sei er zur Salvaguardia Ambientale gegangen und habe mit Raffaele und Gianni gesprochen. »Mehrmals legten sie Geld in einen gelben Umschlag, mit liebevollen Grüßen, das ich Pino Vrenna bringen sollte, der gerade aus dem Knast freigekommen war.« Pino Vrenna hatte ebenfalls als Boss des Clans fungiert. Die Treffen mit Raffaele hätten in der Zentrale der Salvaguardia Ambientale stattgefunden, im hinteren Teil, wo es keine Kameras gebe. Der Eingang dazu habe nicht zur Hauptstraße hingeführt, sondern zu einer Nebenstraße, weil sie von dort aus nicht von den Kameras gefilmt worden seien. [...] Vrenna sei es wichtig gewesen, nach außen keine Nähe zu dem Clan zu zeigen. »Vor der Geschäftswelt oder vor Leuten von Rang verleugnete er absichtlich die Zugehörigkeit zu unserer Familie, um draußen keinen Verdacht zu erwecken.« Sie hätten ihn, Geheiß von oben, auf der Straße nicht grüßen dürfen, sagte Marino. Vrenna habe ihn deswegen auch vorgewarnt: »Raffaele Vrenna war korrekt, er sagte uns, Jungs, wenn ihr hören solltet, dass ich schlecht über euch gesprochen habe, dann, weil ich das notwendigerweise tun muss, denn da spielt noch etwas mit rein: Ich bin immer noch der Präsident der Confindustria. Mit euch darf ich nichts zu tun haben.«. Die Confindustria ist der Verband der italienischen Industrie, Raffaele Vrenna war von 2005 bis 2007 Präsident des Verbands in der Region Crotone.

Marino erinnerte sich in einer Vernehmung an ein Arbeitsessen der 'ndrangheta aus der Region, zu dem drei Bosse gekommen seien, Luigi Bonaventura, dazu Luca Megna und Leo Russelli und ihre jeweiligen Statthalter. Im Falle von Bonaventura wäre das eigentlich er selbst gewesen, berichtete Marino, doch er habe zu einem Arzt in Rom gemusst. Damit nichts passiere, habe er drei, vier Männern aufgetragen, mit Waffen auf der Straße zu patrouillieren. Raffaele Vrenna sei in das Lokal gekommen, wo das Treffen stattfand, Luigi Bonaventura und er hätten sich jedoch nur mit einem kurzen Blick begrüßt. Als die drei Bosse nach dem Essen bezahlen wollten, sei die Rechnung schon beglichen worden: von Raffaele Vrenna. Marino berichtete auch, dass Vrenna sich sogar einmal bereit erklärt habe, mit seinem Geld Waffen im Wert von 20 000 bis 30 000 Euro zu kaufen. Und er habe sich »immer der einschüchternden Kraft der Familie« bedient: Wenn er es mit Kriminellen zu tun hatte, sagte er, dass er ein Vrenna sei und dass er Pino Vrenna unterstützen würde: Der war damals noch Boss des Clans.

Die Erfahrungen, die der Kronzeuge Domenico Bumbaca schilderte, wiesen in dieselbe Richtung. Bumbaca und Luigi waren ungefähr gleich alt, sie gingen zeitweise gemeinsam zur Schule. Die Anwälte von Pino Vrenna seien von Gianni und Raffaele Vrenna, den Gesellschaftern des Abfallentsorgungsunternehmens, bezahlt worden, sagte auch Bumbaca. Diese standen zwar Pino Vrenna und der gleichnamigen Mafiafamilie auch aus familiären Gründen nahe, wollten aber nie den Anschein einer solchen Nähe in der Öffentlichkeit erwecken. Pino Vrennas Sohn sei jedoch im Unternehmen beschäftigt worden, um den Kontakt zu seinem Vater aufrechtzuerhalten. Bumbaca erinnerte sich auch an eine Schutzgeldforderung durch den Clan aus Papanice. Er sei dann von Raffaele Vrenna zu Pino Vrenna geschickt worden. Der halte nämlich seine schützende Hand über den Betrieb. Er möge ihn bitten zu intervenieren und dass er lieber Schutzgeld an Pino Vrennas Clan zahle als an die Papaniciari. So sei es dann auch geschehen, sagte Bumbaca, Raffaele Vrenna habe Geld an Pino Vrenna bezahlt. Pino Vrenna wurde also zum Ansprechpartner bei Problemen, und wenn diese besonders dringlich gewesen seien, habe man Luigi Bonaventura hinzugezogen. Luigi Bonaventura gab bei Pierpaolo Bruni zu Protokoll: »Immer, wenn es schmutzig wurde, griff meine Familie auf mich zurück, einschließlich Raffaele Vrenna und Gianni Vrenna, damit ich mich um die Drecksarbeit kümmerte, ja, um das kriminelle Umfeld.« Bruni: »Sie wurden also geschickt, um, sagen wir mal, die Leute von der Cosca Papanice zu beruhigen, aber ... » Luigi Bonaventura: »Ich wurde nicht nur geschickt, um sie zu beruhigen ... Ich wurde geschickt, um sie zu neutralisieren, und in den letzten Gesprächen, die sich entwickelten, wurden Lösungen für immer entwickelt, d. h., die Mitglieder meiner Familie mussten die Namen nennen und ich musste die Dinge regeln, ohne Fragen zu stellen und ohne irgendetwas dagegen zu unternehmen.« Luigi kam auf eine *Faida* zu sprechen, die von seiner Familie wieder aufgenommen und vorangebracht worden sei und die auch von seinen Cousins unterstützt worden sei.

Bruni: Das heißt, sie hätten auch einen möglichen Krieg mit Leo Russelli finanziert? Luigi Bonaventura: Also, ich weiß nicht, ob sie alles finanziert hätten ... Sie *haben* ihn jedenfalls finanziert. Seit die Salvaguardia Ambientale eröffnet wurde, haben sie direkt über Tonino, über mich, über Guglielmo was gegeben, Geld für Ärzte, Geld für Anwälte, Geld für Ausrüstung wie Waffen, okay? Und das sind Tatsachen, über die ich sprechen kann, weil das Geld wurde mir direkt übergeben ... Bruni: Sagen Sie mir, in welchem Jahr? Luigi Bonaventura: Sowohl im Jahr 1990 wie auch ... Bruni: In der jüngsten Vergangenheit. Bonaventura: Unlängst? Nein. [...] Aber all das Geld, das sie übergaben, war für die Finanzierung der Familie, sie haben es nie als ›Bestechung‹ betrachtet, davon kann nicht die Rede sein, sie haben das Geld gegeben, um Mörder zu bezahlen, und ihrer Meinung nach haben sie Bestechungsgelder bezahlt? Ihre Dialektik war: Sie waren mächtig, das ist alles ... Sie haben es als Finanzierung angesehen, sie haben die Sache finanziert, besonders in den frühen 90er-Jahren, wo wir über ihn und Tonino Vrenna große Geldsummen bekommen haben, damit haben wir Waffen gekauft, starke Waffen, wie AK47, Kaliber 9 Parabellum ... Bruni: Die waren in Ihrem Besitz? Bonaventura: Sie waren in meinem Besitz [...] Zwei Fässer mit Waffen sind während der Flut von '96 verloren gegangen, und wenn ich mich nicht irre, habe ich das auch zu Protokoll gegeben. Sie haben alles finanziert, was mit der Familie zu tun hatte. Bruni: Sie ... Sprechen Sie von Gianni und Raffaele Vrenna? Bonaventura: Ja, Gianni und Raffaele und Tonino ist auch zu erwähnen ...

Das Unternehmen Salvaguardia Ambientale, über das Bruni und die Kronzeugen sprachen, gibt es noch heute. Der Abfallentsorgungsbetrieb in Crotone ist laut eigener Homepage seit 1987 aktiv und in der Region quasi Monopolist. Eine Anfrage wurde von der Poststelle an Raffaele Vrenna weitergeleitet, blieb aber unbeantwortet.

Sogar Nicolino Grande Aracri, einer der mächtigsten Männer der 'ndrangheta, bezeichnete Raffaele Vrenna als einen »großen Freund von uns«, und zwar bei einem Treffen der Bosse der Region Crotone am 28. Juli 2012. Doch außer einer Verurteilung von Raffaele Vrenna in erster Instanz im Jahr 2008 zu vier Jahren Haft aufgrund von Kontakten zum Clan Maesano folgte allen Ermittlungen bisher nie ein Urteil und auch dieses Urteil wurde aufgehoben.

Manche Stellen in Abhörprotokollen entlasten die beiden auch, etwa ein Telefonat vom 3. März 2018. Raffaele Vrenna klagt darin, er habe sich gegen einen Präsidenten der Provinz Kalabrien gestellt, der ihn während einer Reise im Flugzeug nach Bestechungsgeld gefragt habe, aber kein normales Bestechungsgeld: »Er wollte 15 Prozent von der gesamten Gruppe, damit er uns Arbeit gibt. Ich habe Nein gesagt. [...] Von da an haben sie uns massakriert.« Vermutlich bezieht sich die letzte Bemerkung auf die Strafverfolgungsbehörden.

Die Papaniciari

Mafiosi sind lebende Widersprüche. Sie müssen gute Beziehungen pflegen und sind doch Teil eines Gewaltsystems, das (auch) davon lebt, Furcht im Gegenüber wachzurufen. Manche gerieren sich als Wohltäter und geben vor, die Interessen ihrer Mitmenschen zu vertreten, und sind doch, was sie sind: Kriminelle. Und selbst, wenn man die Perspektive auf die Welt innerhalb der Mafia einengt, gelten auch dort manche als gute Menschen, gemessen an den Werten der Organisation, und andere als böse, dabei sind sie alle Teil einer bösen Organisation. Diese Widersprüche lösen sich auch mit dem Ausstieg nicht in Luft auf. Insofern ist es durchaus verstörend, wenn Luigi von seinem Freund Luca erzählt. Ein und aus gegangen sei er bei ihm, auf ihn lässt er nichts kommen. »Luca war ein guter Junge.« Mit Luca kann man nicht mehr über die Freundschaft zu Luigi sprechen, Luca ist tot. Begraben liegt er auf dem Friedhof von Papanice, einem Teil von Crotone, rund zehn Kilometer außerhalb der Stadt. Wie es in Italien üblich ist, wurde sein Leichnam in ein Fach in die Wand geschoben. Ungewöhnlich weiß sind hier viele Grabplatten gehalten, die die Fächer verschließen. Gleich wenn man den Friedhof betritt, strahlt einem unter der Spätherbstsonne die letzte Ruhestätte von Luca entgegen, Luca Megna. Ein großes Porträt zeigt einen Mann im dunklen Rollkragenshirt, die Stirn um Geheimratsecken erweitert, freundlicher Blick, aber nicht unvoreingenommen. Verwandte haben Engelsfiguren und ein Foto auf dem Sims platziert, Keramikblumen in einer Vase setzen Farbpunkte. Sie verdecken einen Text, der in die Platte eingelassen ist. Die Worte »Dein Lächeln« und »Licht« lugen hinter der Keramik hervor. Unzählige Nachnamen in der Umgebung habe ich schon gelesen, in meinen Akten: Laratta, Assiolo, Basile, Carvelli, Labella, Lumastro, Pedace, Russelli … In vielen Kammern ruhen Leichen von jungen Männern, die, noch nicht volljährig, aus dem Leben schieden. Wie sie gestorben sind, ist nicht angegeben.

Luca Megna wurde mit 37 Jahren erschossen, das Datum, der 22. März 2008, ist in die Grabplatte eingraviert. Megna kam mit seiner Frau und der fünfjährigen Tochter Gaia nach Hause und hatte gerade den Knopf für das automatische Garagentor gedrückt. Die Killer warteten schon auf ihn. 18 Schüsse auf ihn. Seine Frau warf sich noch schützend über das Kind, doch ein Projektil hatte sich bereits in Gaias Gehirn gebohrt. Die Täter schossen weiter. Bevor Megna starb, setzte er seinen Fiat Panda zurück und verletzte einen der Schützen am Fuß. »Einige Minuten, nachdem das Schießen vorbei war, bin ich aus dem Auto ausgestiegen und habe meine Tochter auf den Boden gelegt. Das Loch am Kopf meiner Tochter habe ich sofort bemerkt«, berichtet seine Frau später bei einer Vernehmung. Die kleine Gaia fiel ins Koma. Aus dem Koma ist sie wieder erwacht, doch die Menschen sagen, sie vegetiere nur vor sich hin. Es ist Fluch und Segen zugleich von Friedhöfen, dass sie einen Großteil der Geschichte der Begrabenen ausblenden.

Im August 2008 wurde Pantaleone »Leo« Russelli bei Bologna verhaftet, in Gegenwart seiner Frau und Kinder. Er war am Knie verletzt und benötigte Krücken zum Gehen. Später wurde er als einer der Schützen verurteilt. Nach nur rund zwei Jahren in Freiheit musste er erneut in Haft, 30 Jahre lautet das Urteil.

Luca Megna hatte sich als Sohn des Bosses als natürlicher Vertreter seines Vaters gefühlt und die Führung des Clans beansprucht. Diese Position machte ihm jedoch Leo Russelli, sein späterer Mörder, streitig. Russelli stand dem Boss Mico Megna schon seit Langem nahe, der Boss behandelte ihn fast wie einen Sohn, Russelli übernachtete sogar im Hause Megna. Russelli hatte beide Eltern verloren, in Mico Megna fand er einen Ersatzvater. Bereits als Minderjähriger diente er als Eskorte für den Boss, respektiert dank einer schweren Beretta M12 Maschinenpistole, die er stets bei sich trug. Später suchte sich Russelli mächtige Alliierte. Nicolino Grande Aracri zum Beispiel schenkte ihm zwei Pistolen für die Arbeit. Grande

Aracri sagte, Russelli sei ihm nützlich, dank ihm wisse er über Erpressungen in Crotone Bescheid, welche schon erfolgt seien und wo es noch Geld zu holen gebe. Ungefähr zwischen 1999 und 2000 fing Leo Russelli unter der schützenden Hand von Grande Aracri an, seinen eigenen Clan aufzubauen.

Auch der Clan Vrenna Bonaventura fühlte sich bedroht von Russelli. Schon 2002 hatten die Oberen sich getroffen und Luigi bedrängt, Russelli zu entfernen, sie würden die Waffen besorgen. Bonaventura antwortete diplomatisch und regelte die Sache anders: Er ließ ihm ausrichten, sich in Crotone zurückzuhalten, und setzte sich mitten in Papanice auf die Piazza. »Ich zeigte ihm so, komm her, bring mich um, ich habe keine Angst vor dir.« Am Ende kamen die Männer von Russelli, sie tranken etwas, auch zum Essen blieb er noch. Russelli zeigte sich nicht, aber die Botschaft war wohl angekommen.

Im Frühjahr 2007 hatte es wegen der vielen Kriege gar einen Mafiagipfel in Cirò Marina gegeben. Ironischerweise führte der Boss der Farao den Vorsitz, Cataldo Marincola, der auch nicht für friedliche Übergabe stand. 1987 soll er den damaligen Boss der Farao, Nicodemo Aloe, ermordet haben. Marincola lebte damals in Deutschland. Luca Megna hatte ebenfalls Mordpläne gegen seinen Rivalen gehegt, sein Vater hatte sogar schon das Okay gegeben. Doch Leo Russelli setzte seinen Plan zuerst um. Manche machten Luigi mitverantwortlich. Denn Nicolino Grande Aracri hatte die Order ausgegeben, wer Leo Russelli etwas antue, habe ihn als Feind. Luigi Bonaventura gab eine Contra-Parole aus. Wer Luca Megna ein Haar krümme, habe ihn zum Gegner. Bevor die Parole aber zum Tragen kam, wurde er Kronzeuge. »Es ist hässlich, dass mein Freund gestorben ist. Aber wenn du dich in bestimmten Kontexten bewegst, dann akzeptierst du diese Sachen«, sagt Luigi heute. »Das Schlimme war, dass Leo Russelli den Anschlag beging, als er mit seiner Frau und seiner kleinen Tochter im Wagen saß. Ich hatte sie gekannt, ein wunderbares Kind. Ich aß oft zuhause bei Luca.«

Der Mord an ihm blieb nicht der einzige in der Auseinandersetzung, natürlich nicht. Nur wenige Tage nach dem Mord an Luca Megna musste Giuseppe Cavallo sterben, eine Racheaktion. Seine

Frau, Rosa Russelli, ist eine Cousine von Leo Russelli. Auch sein Mörder wurde gefasst. Er heißt Andrea Corrado und ist der Mann, der von seiner Frau nur in Begleitung von Mario Megna, dem Neffen des Bosses, besucht werden durfte. Weil Corrados Schwester mit dem Bruder der Frau des Bosses Mico Megna verheiratet ist, befürchtete dieser wohl, dass aus diesem Kreis Informationen an Ermittler gelangen könnten. Warum sonst hätte er die Begleitung von Corrados Frau für wichtiger gehalten als das Business, nämlich anstehende Gespräche mit Vertretern von Lidl?

Nach dem Mord an seinem Sohn und der Beinahetötung seiner Enkelin ließ Mico Megna etwas aus der Haft ausrichten. Seine Partnerin gab die Botschaft an den Priester von Papanice, Don Elia, weiter, seine Tochter Rosita ließ einen Brief mit nahezu demselben Wortlaut veröffentlichen. In einer Messe zu Ehren seines toten Sohns verkündete dann Don Elia, durchaus doppeldeutig: »Mico ist bereit zum Frieden und zur Vergebung, weil der Herr barmherzig ist und Liebe.« Während der Haftzeit fungierte seine Frau Santa Pace als Botin, sie berichtete ihrem Mann auch von einem Brief von Russelli, in dem dieser um Sicherheitsgarantien für seine Frau bat, im Falle ihrer Rückkehr nach Papanice. Nach seiner Freilassung im Januar 2014, nach 19 Jahren Haft, übernahm Mico Megna wieder die Führung des Clans.

Es waren wohl eher machtstrategische Gründe als Barmherzigkeit, die Mico Megna zu diesem Schritt bewegten. Denn unter seiner Führung fanden sich die Clans in der Region Crotone wieder enger zusammen. Solche Vorgänge sind völlig normal. Es kommt immer wieder zu Abspaltungen und auch zu neuen Allianzen. Mico Megna selbst war früher Teil des Clans Vrenna-Bonaventura, als dieser noch von Raffaele Vrenna senior geleitet wurde. Er fungierte sogar als Kassier und war deshalb 1994 zu zehn Jahren Haft verurteilt worden. Seine machtstrategischen Überlegungen gingen auf: Inzwischen ist Megna ein wichtiger und anerkannter Boss. Der Clan aus Papanice hat viele Verbündete – und er ist in Deutschland stark vertreten. Der Clan Megna steht seit Jahren auch in Kontakt mit anderen kriminellen Organisationen in Italien, so wurde beispielsweise der Sacra Corona Unita aus Apulien Drogen verkauft.

Das Leben von Mico Megna, eines mächtigen Bosses: eine Tragödie. Sein Vater war ermordet worden, seine erste Frau hatte ihn betrogen, er zwang sie, auf ihren Liebhaber zu schießen. Der schoss zurück, traf, sie ist seitdem querschnittsgelähmt. Megna verzieh ihr, ließ aber ausrichten, sie solle ihm nie wieder unter die Augen kommen. Sein Sohn tot, seine Enkelin schwerstbehindert. Das ist nicht Hollywood.

Kokain

Um Kokain zu schmuggeln, werden Beschäftigte des Zolls bestochen, werden Seemänner angeworben, die die Droge zum richtigen Zeitpunkt über Bord werfen, schlucken sogenannte »Mulis« Dutzende kleine Kokain-Tüten und fliegen unter Lebensgefahr nach Europa, werden Tarnunternehmen für Transporte gegründet, werden doppelte Böden in Schiffe als Versteck für Kokainpakete montiert, werden Transport-U-Boote gebaut, werden Kaffeebohnen aufgeschnitten und mit Pulver gefüllt, wird Holzkohle mit flüssigem Kokain getränkt, werden Piloten geschmiert, werden Einbrüche begangen, Siegel für Container gefälscht, Abmachungen zwischen verschiedenen Kartellen getroffen, Rechtsanwälte ermordet und Journalisten, werden immer neue Möglichkeiten gesucht, in den Massen der globalen Handelsströme unterzutauchen: Kein Aufwand scheint zu groß, um dieses Milliardengeschäft am Laufen zu halten. Dem entgegen stehen Zollbehörden und Ermittlereinheiten, die an Recht und Gesetz gebunden sind, ihre Ausgaben im Blick behalten müssen und folglich begrenzte Möglichkeiten haben. Ein sehr ungleicher Kampf.

Vor allem wird all dies überhaupt erst nötig aufgrund einer massiven Nachfrage. Organisierte Kriminalität ist im Grunde ein System des ungezügelten, extremen Kapitalismus: Es wird geliefert, was gebraucht wird, egal, ob Produkt oder Dienstleistung, egal, ob legal oder illegal. Märkte werden mit Macht und Gewalt verteidigt. Und je mehr das Produkt den Lieferanten unentbehrlich macht, umso besser. Vor diesem Hintergrund ist zu bewerten, dass wir derzeit eine Kokainschwemme erleben. Im Jahr 2021 wurden in Europa mehr als 303 Tonnen Kokain beschlagnahmt. Das ist mit großem

Abstand ein neuer Rekord. In Deutschland wurden 2023 mehr als 35 Tonnen Kokain sichergestellt, im Jahr zuvor waren es noch zwanzig. Die Werte gehen krass exponentiell nach oben. Schätzungen zufolge werden 5 bis 30 Prozent der importierten Drogen beschlagnahmt. Wir können also davon ausgehen, dass mehr als 1000 Tonnen Kokain Europa erreichen. Der Stoff wird verschnitten. Die Endkunden bezahlen im Schnitt weniger als 50 Euro (Spanien), 75 Euro (Deutschland) und bis zu 141 Euro (Finnland) für das Gramm, so zumindest die Zahlen des UNODC (United Nations Office on Drugs and Crime) Weltdrogenberichts von 2023. Interessant ist, dass trotz der Rekordmenge an beschlagnahmtem Kokain der Preis nahezu unverändert blieb und die Reinheit des verkauften Kokaingemischs sogar noch gestiegen ist. Die Beschlagnahmungen wirken also nicht – und zugleich wird das Ausmaß der Geldmassen deutlich, die so in den Taschen von Kriminellen landen. Nach Abzug aller Kosten dürften es – grob überschlagen – 100 bis 200 Milliarden Euro sein. Und das nur für Kokain, es gibt ja noch einige andere Drogen …

Zur Wahrheit dieser Kokainschwemme gehört auch, dass sie schon vor vielen, vielen Jahren ihren Anfang genommen hat. Ich erinnere mich, dass ich einmal das Stadtfest in meiner Heimatstadt Neckarsulm besuchte, ich ging noch zur Schule, es muss also zu Beginn der Neunzigerjahre gewesen sein. Am Rande des Festes spielten immer Bands, dort hing ich gerne rum. Einmal drehte dort ein Mann, vielleicht Mitte zwanzig, inmitten der Menge an einem merkwürdigen Röhrchen. Ein Schneckengewinde in dessen Innerem beförderte weißes Pulver nach draußen. Der Mann zog es sich sodann in die Nase. Damals wunderte ich mich, ich naiver Junge vom Land. Allerdings exportierten zu der Zeit, in den Neunzigern, kolumbianische Kartelle Medienberichten zufolge bereits 500 bis 800 Tonnen Kokain pro Jahr.

Eine lächerliche Menge im Vergleich zu heute. In Berlin, wo ich nun lebe, ist es kein großes Ding, Menschen beim Koksen zu sehen. Es passiert in Kneipen und Clubs auf der Toilette und oft auch vor aller Augen. Es passiert bei Ärzten und Journalisten zu Hause und es passiert vor und nach der Party. In einem wenig beachtet gebliebenen YouTube-Clip mit dem Titel »Journalismus from Hell« ätzt der scharfzüngige Satiriker Friedrich Küppersbusch darüber. Zu Beginn sieht man Küppersbusch vor zwei Linien Koks. »Neulich fragte mich ein Kollege von der Bildzeitung, Friedrich, warum machst du das?« Währenddessen schiebt Küppersbusch mit einer Kreditkarte die zwei Lines zurecht. »Und ich sach, ej, für sexuelle Übergriffe bin ich zu alt.« Dann zieht er die vermeintliche Line in die Nase. Der Ton ist also gesetzt. In der Folge geht es um einen Maulwurf in der Ministerpräsidentenkonferenz, der im Oktober 2020 gesucht wurde. Küppersbusch legt dem Zuschauer nahe, dass Markus Söder der gesuchte Maulwurf sei. Schließlich sieht man ein Telefon eingeblendet mit dem fiktiven Netzbetreiber »södicom« und einer angeblichen SMS von »MP Söder«: »Stimmt es, dass Ronzheimer sich ein Kokstaxi auf eine Party von Spahn bestellt hat?« »Ej, Markus, da fall ich nicht, das les ich nicht vor«, sagt Küppersbusch und wirft das Handy zur Seite. Man kann den Clip immer noch abrufen.

Kokain wird in Frankfurt konsumiert, in Zürich und auch Bad Gandersheim ist offenbar keine Ausnahme. Für alle, die Bad Gandersheim nicht kennen: Es handelt sich um eine Kurstadt mit knapp 10 000 Einwohnern ziemlich in der Mitte zwischen Hildesheim und Göttingen. Auch ich kenne Bad Gandersheim nicht, es ist ein willkürlich ausgewählter, nicht allzu großer Ort für einen Test. Aber siehe da, auch zu Bad Gandersheim findet sich online eine Nachricht zu Kokain: 2013 fuhr ein 21-Jähriger unter Koks-Einfluss Auto, meldet die *Hessische/Niedersächsische Allgemeine*.

Natürlich ist diese Testmethode nicht allzu aussagekräftig. Aber: Wenn man nach Treffern zu Drogen sucht, findet man meist welche. Ein Kandidat für den Gemeinderat in meiner Heimatstadt war 2009 beim Drogenhandel erwischt worden. Die Lokalzeitung *Heilbronner Stimme* berichtete, dass der Mann festgenommen worden war, nachdem er Heroin aus den Niederlanden importiert habe. Zwei Jahre Haft auf Bewährung bekam er vor Gericht dafür. Auch aus meiner Stadt: Ein Mitglied des Rockerclubs »Hell's Angels«, der mehrmals ein halbes Kilogramm Kokain in Belgien erworben und an seine Rockerkollegen verkauft hatte. Für eine Stadt, in der nicht einmal 30 000 Menschen wohnen und die einen guten Ruf hat, finde ich das bemerkenswert.

Wir müssen uns wohl an den Gedanken gewöhnen, dass legale wie illegale Drogen eine Art Omnipräsenz haben: Sie sind breit verfügbar, werden von unterschiedlichsten Menschen konsumiert, es besteht ein Bedarf nach Rausch, der sich auch mit der Androhung von Strafen nicht unterdrücken lässt. Wir müssen uns auch an den Gedanken gewöhnen, dass die bisherige Drogenpolitik, der Krieg gegen Drogen, nicht funktioniert. Sogar ein italienischer Antimafia-Staatsanwalt und damit jemand, der an der Front in diesem Krieg agiert und mit seinen vielfältigen Konsequenzen konfrontiert ist, sagte mir, dass die Ressourcen, die man für die Bekämpfung von Drogen einsetze, viel besser genutzt werden könnten, wenn man Drogen legalisieren und auf eine alternative Drogenpolitik setzen würde. Und wir müssen uns an den Gedanken gewöhnen, dass die Abermilliarden Euro, D-Mark und Dollar, die mit Drogen in den vergangenen Jahrzehnten von Kriminellen gemacht worden sind, längst in unsere Wirtschaft eingesickert sind.

Es ist ein schwieriges Thema, denn die Tatsache, dass die aktuelle Politik Menschen nicht vor dem Konsum gesundheitsschädigender illegaler Drogen schützt, bedeutet nicht, dass diese Aufgabe des Staates ersatzlos wegzufallen hat. Sie ist berechtigt, muss aber offensichtlich auf andere Art und Weise umgesetzt werden. Der Sachverhalt ist komplex. Es muss sichergestellt sein, dass Kartelle und Mafiaclans nicht von einer Legalisierung oder Dekriminalisierung des Konsums profitieren. Die Niederlande sind hier kein gutes Beispiel. Denn die Tolerierungspolitik hat nur dazu geführt, dass die Akteure nicht verfolgt werden, an den Problemen aber nichts geändert. Wenn künftig der Handel mit harten Drogen nicht mehr strafbar wäre, würde das an der Bereicherung durch Drogen nichts ändern, dieselben Leute würden davon profitieren, nur wären sie nicht mehr dem Risiko schwerer Haftstrafen ausgesetzt. Das darf nicht passieren.

Aus meiner Sicht wäre es wichtig, Aufklärungskampagnen zum Thema Drogen zu starten, die nicht dogmatisch argumentieren, einen aufgeklärten Umgang mit Drogen fördern und von den jeweiligen Zielgruppen ernst genommen werden. Vor allem aber wäre es wichtig, dafür zu sensibilisieren, was man mit dem Konsum von illegalen Drogen unterstützt. Ich finde daher den sogenannten »akzeptanzorientierten Ansatz« gut, dem zufolge man Drogenkonsumenten als Personen mit einem Recht auf Selbstbestimmung auch in diesem Bereich sieht.

Im Jahr 2022 war ich zu einem Vortrag auf der »Fusion« eingeladen. »Die Fusion« ist ein Festival mit mehr als 70 000 Besucherinnen und Besuchern auf einem ehemaligen Militärflughafen in Mecklenburg-Vorpommern, der nun von einem Kulturverein bestrieben wird. Seit 1997 gibt der Kulturkosmos Müritz bei seinem Festival vor allem elektronischer Musik einen Raum, aber beileibe nicht nur. Er bereitet Theatergruppen und Performance-Künstler*innen eine Bühne, politische Initiativen können sich vorstellen, Workshops und Vorträge zu mannigfaltigen gesellschaftlichen Aspekten finden statt. Ich bekam Gelegenheit, über die Situation von migrantischen Erntearbeiter*innen zu sprechen. Ich finde das wichtig, denn immer wieder sterben Menschen bei ihrer Arbeit in Italien oder verbrennen in Hütten, Tausende leiden unter der Ausbeutung durch mafiöse Strukturen für unsere billigen Tomaten und Orangen.

Am Abend vor meinem Vortrag hörte ich ein Gespräch mit, wie ich es auch in Berliner Clubs schon des Öfteren mitbekommen habe. Im »Berghain«, einem Technoclub, bin ich selbst sogar schon einmal ähnlich angesprochen worden. Ein junger Mann fragte also einen anderen vor einem Konzertraum, ob er »etwas habe«. Er wolle »irgendwas, Hauptsache, es ballert!«. Ein derart unreflektierter Umgang mit Drogen ist weit verbreitet, für das Fusion-Festival aber wenig typisch. In solchen Situationen ist es nicht einfach, an der akzeptierenden Sicht von Drogenkonsumenten festzuhalten. Ich änderte meinen Vortrag am nächsten Tag unter diesem Eindruck spontan ab. Etwas schüchtern sagte ich dann, dass ich mir jetzt noch eine kritische Zwischenbemerkung erlaube. »Ich finde, es verträgt sich nicht, auf ein Festival zu gehen, das einen weltverbesserischen Impetus hat, und dann Drogen zu nehmen, mit denen man jede Menge Geld in die Taschen von Kriminellen und Mafiosi schiebt.« Publikumsbeschimpfung ist eigentlich nicht mein Ding, zu meiner Überraschung brandete aber spontan Applaus auf, und das, obwohl es Sonntagmorgen war und dem Publikum drei anstrengende Festivaltage in den Knochen steckten. Danach sprach ich mit mehreren Personen über das Thema. Meine kleine Studie lässt sich einfach zusammenfassen: Menschen empfinden den Konsum von Drogen, den Rausch, als positiv. Zugleich stecken sie in einer Zwickmühle, weil sie wissen, dass der Konsum ethisch nicht vertretbar ist. Die Leute wissen, dass Kokain Gewalt fördert und Korruption, Staaten destabilisiert, Geld in die falschen Hände lenkt.

Ich glaube, dass man mit Sensibilisierung einiges erreichen kann. In Vorträgen sage ich häufiger, dass ich mich über die Leute wundere, die unter der Woche im Bio-Supermarkt nur beste Qualität kaufen, wegen ihrer Gesundheit und weil es gut für Umwelt und Erzeuger ist, sich dann am Wochenende aber Speed und Koks durch die Nase ziehen und damit oft den letzten Dreck. Denn die Drogen werden chemisch prozessiert, es werden Streckmittel hinzugegeben und es gibt bei illegaler Produktion so gut wie keine Qualitätssicherung.

Solange es aber nicht möglich ist, verbotene Drogen legal zu konsumieren, sollten sich gerade Politiker von Kokain und anderen Substanzen fernhalten. Denn hier gerät noch ein anderer Aspekt in den Vordergrund: Wenn ein politischer Hochkaräter Kokain konsumiert, dann wird relevant, wie die Person an die Droge gelangt. Häufig treten dann die sogenannten »Edel-Italiener« auf den Plan, denn ein bekannter Politiker kann nicht einfach in einer schummrigen Ecke eines Parks Stoff kaufen. Gastwirte bieten die Droge zwar oft nicht selbst an, doch sie vermitteln Leute. Kann man davon ausgehen, dass mit der nötigen Konsequenz gegen Mafiosi ermittelt wird, die einer solchen Klientel dringend benötigten Stoff liefern? Zweifel sind angebracht.

Ein weiterer Aspekt wird relevant: Drogenkonsum gehört in den privaten Lebensbereich. Wenn beispielsweise ein Chefredakteur oder ein Rockstar sich Fehlverhaltens schuldig gemacht hat, fällt der Konsum schnell unter den Tisch, selbst wenn er das Fehlverhalten stark gefördert hat. Über Drogenkonsum relevanter Personen wird dann auch selten berichtet. Dabei wäre es gerade wichtig, transparent mit dem Thema umzugehen, um Ursachen und Folgen und Gegenmaßnahmen bestimmen zu können.

Unsichtbarkeit

Ich habe mich nie gefragt, warum Menschen sich entscheiden, für die Polizei zu arbeiten. Einen Vorteil aber bringt es definitiv mit sich, wie ich inzwischen weiß: Man hat immer gute Geschichten zu erzählen. Oft packen Polizistinnen und Polizisten in Gesprächen mit mir in entspannten Momenten Mafia-Geschichten von früher aus. Sehr zu meiner Freude, denn zum einen haben, die Menschen dann wohl Vertrauen zu mir und fühlen sich wohl, zum anderen bekomme ich so einen kaum gefilterten Einblick in die Polizeiarbeit. Dass beispielsweise manche Gastwirte für den Mittagstisch Polizeipreise anbieten oder zumindest früher angeboten haben steht vermutlich in keiner Akte. Man kann das skandalisieren – oder auch gelassen als Argument für die Sensibilisierung für das Thema Mafia nehmen, solche Begünstigung wird es wohl öfter geben. Schön auch die Geschichte einer überraschenden Verhaftung im Hinterzimmer einer Kneipe, wo sich Italiener zum Glücksspiel trafen. Die angerückten Beamtinnen und Beamten hörten, wie Teile aus Metall auf den Boden knallten – die Pistolen der Männer, die sich davor retten wollten, wegen illegalen Waffenbesitzes belangt zu werden. Man erfährt von Eigenheiten von Männern, die sich später als Mafiosi herausstellten. Von observierten Bordellbesuchen und speziellen Verhaltensweisen. Meist spielen diese Geschichten Ende der Achtziger- oder in den frühen Neunzigerjahren. Damals besuchten die italienischen Antimafia-Staatsanwälte Giovanni Falcone und Paolo Borsellino Deutschland mehrmals, um hier zur Cosa Nostra zu ermitteln, aber auch, um ihre Kollegen zu sensibilisieren, mit Vorträgen bei Tagungen des BKA etwa. Die Ermordung der beiden mutigen, beliebten und aufrichtigen Staatsanwälte aus Sizilien erschütterte viele, die sie kennengelernt hatten und um die Gefahr wussten. Das Thema Mafia bekam in der Folge entsprechend Beachtung, Mafiosi wurden sichtbar. Und noch dazu wurde damals auch noch häufiger gemordet, auch in Deutschland. Sofern die Mafiosi die Leiche nicht verschwinden ließen oder die Tat gleich in Italien verrichteten, war die Mafia hierzulande ziemlich sichtbar.

Das ging bis zum Sechsfach-Mord zwischen zwei verfeindeten Fraktionen der 'ndrangheta in Duisburg im Jahr 2007. Die Feindseligkeiten zwischen zwei Gruppen aus San Luca hatten sich in Kalabrien immer weiter hochgeschaukelt, eine Gewaltspirale war in Gang gekommen, weil auf jede Beleidigung eine deutliche Reaktion folgen musste und auf jede deutliche Reaktion eine noch stärkere und auf jeden Mord mindestens ein weiterer. Und am Ende lagen sechs Männer in Deutschland in ihrem Blut, auf dem Asphalt vor dem Duisburger Restaurant »Da Bruno«, erschossen von einem Kommando des rivalisierenden Clans. Die Bilder der Tat führten den Menschen in Deutschland die Anwesenheit der Mafia in ihrem Lande zur Hauptnachrichtenzeit vor Augen, der Gipfel der Mafia-Sichtbarkeit in Deutschland, bis heute. Diese Tat war die aufsehenerregendste, es folgten keine annähernd so brutalen. Das Bild mit den abgedeckten Leichen – unweit des Hauptbahnhofes und somit inmitten der Stadt – ist ikonisch geworden. Es hat eine Vorstellung geprägt für etwas, dass der Leitung der 'ndrangheta zufolge bildlos bleiben sollte: ihre Anwesenheit in der Bundesrepublik.

Auch ich habe damals die Bilder gesehen. Obwohl ich Halbitaliener bin, obwohl ich eine pazifistische Grundeinstellung habe, obwohl die Morde in meinem Land begangen wurden, hat mich das damals nicht über die Maße berührt. Für mich waren es Morde unter Kriminellen, die nichts mit mir, meinem Leben, meiner Gesellschaft zu tun hatten. Ich denke, vielen ging es wohl so wie mir. Wie sehr ich danebenlag, wurde mir erst Jahre später deutlich.

Nach den Duisburger Morden wurden deutsche Ermittlerinnen und Ermittler auf die 'ndrangheta angesetzt, wenigstens für ein paar Jahre. Die Haupttäter wurden verhaftet, die Aufmerksamkeit nahm wieder ab. Die Organisation 'ndrangheta hat ihre Lektion daraus gelernt, jede Sichtbarkeit ist zu vermeiden. Dieses Unsichtbarwerden zeigt sich auch beim Öffnen des Nähkästchens der Ermittlerinnen und Ermittler: Es sind heute viel weniger Mafia-Geschichten drin als früher.

Die ’ndrangheta habe sich nach der Bluttat im Jahr 2007 auch intern umstrukturiert, sagt Luigi Bonaventura. Die Organisation habe künftig Blutvergießen im Ausland verhindern wollen. Zu viel Aufregung sei die Folge gewesen, zu viel Aufmerksamkeit bei Ermittlerinnen und Ermittlern. Bonaventura, wir erinnern uns, war bis zu seinem Ausstieg der wichtigste Boss in der Region Crotone. Er behauptet, dass die Duisburger Morde auch auf Geheimdienstebene Thema gewesen seien. Die deutschen Dienste hätten auf ihre italienischen Partner eingewirkt, dass so etwas künftig nicht mehr passiere. Belegen lässt sich das natürlich nicht. Erwartungsgemäß hilft meine Anfrage an den deutschen Auslandsnachrichtendienst, den BND, auch nicht weiter. Ich bekomme nur zur Antwort: »Der Bundesnachrichtendienst (BND) nimmt zu Angelegenheiten, die etwaige nachrichtendienstliche Erkenntnisse oder Tätigkeiten betreffen, grundsätzlich nicht öffentlich Stellung.«

Eine Quelle berichtete einer Kollegin und mir im Sommer 2020, dass die ’ndrangheta eine *Camera di Controllo* in Deutschland eingerichtet habe. Deutschland ist für die ’ndrangheta eine *Provincia*, so nennt die Organisation ihre Verwaltungseinheiten. Nordamerika zum Beispiel ist eine weitere *Provincia*. Da in der Regel jeder *Provincia* eine *Camera di Controllo* zugeordnet ist, war das also zu erwarten. Allerdings war zu dem Zeitpunkt noch nie öffentlich über dieses Gremium berichtet worden. Einem Team von Journalistinnen und Journalisten des *MDR* und der *FAZ* bestätigte das BKA, das ein *Crimine* in Deutschland existiere, was ein anderer Begriff für die gleiche Einrichtung ist. Das Journalisten-Team fand heraus, dass das *Crimine* seinen Sitz wahrscheinlich in Duisburg hat.

Dieses Gremium soll die Interessen der verschiedenen Clans ausbalancieren und zugleich darauf achten, dass die Regeln der Organisation ’ndrangheta eingehalten werden. Schon Mitte der Neunzigerjahre bekamen Ermittler Kenntnis für solche Institutionen in Italien. Laut meinen Akten befinden sich außerhalb Italiens weitere bekannte *Camere di Controllo* in Nizza, zuständig für die Cote d’Azur, und in Straßburg, zuständig für den Rest von Frankreich und Belgien. So hat es der Kronzeuge Giovanni Gullà ausgesagt. Offizielle italienische Berichte sprechen auch von einer *Camera di Controllo* in Toronto.

Der Aufwand kommt nicht von ungefähr: die Verteilung von Macht ist für die 'ndrangheta ein bedeutendes Thema, Kontrolle der Organisation und ihrer Mitglieder ebenso. Mit Argusaugen wacht die Organisation darüber, dass wichtige Entscheidungen zentralisiert getroffen werden und als kontrollierter Prozess ablaufen: in Kalabrien. Demselben Ziel dienen die *Doti*.

Die Mitglieder der 'ndrangheta tun bis heute beinah alles, um unter dem Radar zu bleiben. Davon kann auch Daniele* berichten, ein junger Mann, der vor wenigen Jahren meinen Verein *mafianeindanke* kontaktierte. Daniele hatte in seiner Heimatstadt in Italien die Annonce eines Gastwirts auf Facebook gelesen, der in Deutschland Mitarbeiter suchte. Daniele wollte etwas erleben, die Idee, ins Ausland zu gehen, gefiel ihm und er bewarb sich. Bald zog er in eine Stadt in Ostdeutschland. Wollte er nach getaner Arbeit die Füße hochlegen, hatte er es nicht weit, sein Chef stellte ihm in unmittelbarer Nähe ein Zimmer zur Verfügung. Daniele legte sich dann auf sein Bett und las in Büchern, die er extra mitgebracht hatte. Eines davon hatte Roberto Saviano verfasst. Saviano, der in Neapel aufgewachsen ist, schreibt seit vielen Jahren über Camorra-Clans, seit 2006 muss er deshalb unter Polizeischutz leben. Eines Tages las Daniele den Namen seines Chefs in dem Buch: Er sei ein Mitglied der 'ndrangheta. Daniele erschrak, natürlich. Bei seinen Kolleginnen und Kollegen holte er dennoch Informationen ein. Binnen weniger Tage kündigte er allerdings und sah zu, dass er wegkam. Erst recht, weil er erfahren hatte, dass sein Chef, der freundliche und beliebte Wirt, stets eine kleine Pistole bei sich trug, versteckt in einem Beinholster. In unseren Gesprächen sagte Daniele, dass ihm in dem Moment klar geworden sei, warum er vom ersten Tag an krankenversichert und angemeldet gewesen war: Sein Chef wollte alles vermeiden, was die Aufmerksamkeit von Kontrolleuren und Ermittlern auf ihn hätte lenken können. Die Unsichtbarkeit, erneut.

Man macht es Mafiosi wie Danieles Chef in Deutschland leider leicht, nicht aufzufallen, aus einer Reihe von Gründen: In Italien ist sowohl die Mitgliedschaft in der Mafia wie auch die Unterstützung der Mafia mit hohen Strafen versehen. In Deutschland nutzt die Organisation dagegen gezielt die für sie günstige Rechtslage. Dass die relative Abstinenz von Gewalt von Dauer ist, steht allerdings dahingeschrieben: Historisch gesehen wechselten sich auch in Kalabrien blutige und eher ruhige Phasen ab. Zwischen 1975 und 1981 tobte der erste Mafia-Krieg zwischen verschiedenen Fraktionen aus fast allen Gegenden Kalabriens mit Hunderten Toten. 1985 brach erneut ein Krieg aus, der im Grunde zwischen zwei Fraktionen tobte, an dem sich aber so gut wie jeder Clan auf eine Seite schlug, wieder gab es Hunderte Tote. Dann kam 2007 und seitdem herrscht relative Ruhe – erst einmal.

Geldwäsche

Die Geschichte hat Staub angesetzt, die des US-amerikanischen Mafiabosses Al Capone und wie er sie erfunden haben soll: die Geldwäsche. Damals, in den Dreißigerjahren des vergangenen Jahrhunderts, zu Zeiten der Prohibition, war der Verkauf von Alkohol verboten und seine Organisation verdiente plötzlich ein Vermögen damit. Mit den Waschsalons konnte er auf dem Papier Einnahmen generieren und so die Gewinne aus dem Alkoholverkauf verschieben und zu legalen Einnahmen machen. Und wer weiß, hätte er damals die »Einnahmen« der Waschsalons ordnungsgemäß versteuert, vielleicht wäre dieser Trick bis heute nicht aufgefallen. Diese Episode verdeutlicht das Grundprinzip der Geldwäsche immer noch. Ich mag den Begriff »Geldwäsche« aber nicht besonders. Was hier passiert, ist nämlich genau das Gegenteil einer Wäsche. Kriminelle wollen ihrem dreckigen Geld einen legalen Anschein geben. Wer einmal eine schmutzige Hose gewaschen hat, weiß, dass dieses Bild falsch ist. Denn die Hose ist danach das, was sie vorher war, eine saubere Hose. Geld aus Straftaten, dem Drogen- und Waffenhandel und aus mannigfaltig anderen kriminellen Geschäften bleibt auch nach der Geldwäsche, was es ist: schmutziges Geld. Es bleibt schmutzig, für alle Zeit.

Heute gibt es eine Vielzahl von Möglichkeiten, Geldwäsche zu betreiben, und eine Vielzahl an Dienstleistern, die einem dabei helfen. Die Geldwäsche ist selbst ein schmutziges Riesenbusiness geworden: Man kann Werte bar bezahlen, Autos, teuren Schmuck, Uhren. Verkauft man die erworbenen Werte wieder, ist das Geld »gewaschen«. Man kann bei Unternehmen einen größeren Umsatz verzeichnen, als tatsächlich angefallen ist und so Schwarzgeld in die

Bilanzen schmuggeln. Das Schwarzgeld ist dann »gewaschen«. Man kann illegale Vermögen über Steueroasen schleusen, sodass sie gegen Nachforschungen abgeschirmt sind, und sie dann in Unternehmensbeteiligungen, Aktien, Immobilien etc. stecken. Voilà, das Geld erscheint sauber. Tausend Möglichkeiten, und immer geht es darum, nicht auffällig zu sein, um die Aufmerksamkeit der Strafverfolgungsbehörden nicht auf sich zu ziehen.

Wie funktioniert das nun, eine kriminelle Organisation zu sein und unauffällig zu agieren? Werden Mafiosi nun zu Musterbürgern? Scherzhaft sage ich manchmal, dass man froh sein müsse, wenn ein Gastwirt wenigstens etwas Schwarzarbeit bei sich dulde oder ein bisschen Steuern hinterziehe, da man dann davon ausgehen könne, dass man es *nicht* mit der Mafia zu tun habe. Das ist natürlich Quatsch.

Es gibt sogar Moden bei den Geldwäsche-Maschen, sie kommen und gehen. Vor einigen Jahren etwa waren Wartungszentren für Großflieger en vogue. In Kalabrien am Flughafen von Crotone sollte ein Wartungszentrum für den Airbus A380 entstehen, eine Ein-Mann-Investmentklitsche wollte 300 Millionen Euro dafür sammeln. Auch bei einer Bank in Berlin lagerten mehrere Dutzend Millionen Euro auf einem Konto, dieses Mal aber für die Errichtung eines Wartungszentrums irgendwo in einem fernen Teil Asiens, wie mir zwei Quellen sagten. Wer weiß, wo noch überall Flieger gewartet werden sollten! Inzwischen ist das Flugzeug ausgemustert und noch wahrscheinlicher geworden, dass es nur um einen Grund ging, Gelder bewegen zu können.

Gerade weil es praktisch unbegrenzte Möglichkeiten gibt, Gelder zu waschen, ist es so wichtig, dass die Behörden auf der Höhe der Zeit arbeiten, gut vernetzt sind und dort hoch motivierte und fähige Kräfte arbeiten. In Deutschland ist es leider so, dass es an manchem hapert. Zwar regelt ein Gesetz, dass Bedienstete bei Banken, in Notariaten und vielen anderen Stellen eine Meldung abgeben müssen, wenn sie den Verdacht haben, einen Fall von Geldwäsche vor sich zu haben. Bei der zuständigen zentralen Stelle zur Bekämpfung von Geldwäsche, der Financial Intelligence Unit, werden diese Meldungen dann allerdings lange Zeit nicht bearbeitet. So musste das Finanzministerium im Februar 2023 eingestehen, dass sich zwischen Januar 2020 und September 2022 rund 100 000 nicht bearbeitete Meldungen aufgestaut hatten. Dies ist insofern ein katastrophaler Zustand, als dass man Finanztransaktionen keinesfalls über Monate hinweg blockieren kann. Werden entsprechende Meldungen nicht rasch bearbeitet, geht das verdächtige Geld auf Reisen und lässt sich kaum mehr zurückholen. Inzwischen unterstützt eine Künstliche Intelligenz die Menschen dort, aber wie gut die Behörde ihrem Auftrag gerecht wird, wäre erst noch zu analysieren. Die Behörde kann auch nicht mitteilen, was aus den 189 000 bearbeiteten Meldungen geworden ist. Für sie spricht das Ministerium von einem »unklaren (End-)Status«, wie die *Tagesschau* berichtet. Wer in Deutschland Geld waschen will und sich also nicht allzu dumm anstellt, hat vermutlich gute Chancen, damit durchzukommen.

Mitglieder der ’ndrangheta, zumindest die etwas intelligenteren, überlegen sich gut, aus welcher kriminellen Tat welcher Nutzen entsteht, welche Folgen in Kauf genommen werden müssen und von wem. Wohl auch deshalb steht alles, was mit Geldwäsche zu tun hat, bei ihnen so hoch im Kurs: Das Risiko ist sehr gering, wenn man es richtig macht, der Nutzen immens und Deutschland tatsächlich das so oft behauptete Paradies in diesem Feld. Und wie das so ist bei Paradiesen: Niemand stört sich daran, in einem zu sein, bis man daraus vertrieben wird …

Mafia, Geldwäsche und Immobilien: Was ist belegbar?

Dass die italienischen Mafiaclans in Deutschland investieren, ist seit Langem bekannt. Der Kronzeuge Gaspare Mutolo etwa berichtete davon schon im Februar 1993. Heute malt Mutolo Bilder, auf denen Silvio Berlusconi, der mit Mafia-Geldern hantierte, veräppelt wird und Giovanni Falcone, der ihn verhaftete, verehrt. Bei seiner ersten Haftstrafe teilte Mutolo mehrere Monate lang die Zelle mit Toto Riina, einem der wichtigsten Männer der Cosa Nostra für alle Zeit und mit Sicherheit auch einer der brutalsten. 1986 wurde Gaspare Mutolo im Maxiprozess in Palermo zu zehn Jahren Haft verurteilt. Falcone überzeugte ihn 1991, mit den Strafverfolgungsbehörden zusammenzuarbeiten, seitdem ist er Kronzeuge. Er hat zwar nie die Berühmtheit eines Tommaso Buscetta erreicht, dessen Leben etwa in dem Film *Il Traditore* (2019) von Marco Bellocchio über die Kinoleinwand flimmerte, er steht aber auf einer Stufe mit ihm. Vor der Antimafia-Kommission sagte Mutolo, der Boss Nino Madonìa, ein weiterer dicker Fisch der Cosa Nostra, habe ihn aufgefordert, in Deutschland zu investieren. »Als das Gesetz von Pio La Torre diskutiert wurde – also Anfang 1982 –, riet er mir, kein Risiko einzugehen, weil er wusste, dass wir auf Hochtouren mit Heroin arbeiteten. Er sagte uns, dass sie uns das Geld wegnehmen würden, wenn dieses Gesetz verabschiedet würde, und schlug vor, es in Deutschland zu investieren, wo Ruhe herrsche.« Der Vorsitzende der Kommission hakte nach, welche Art von Investment der Boss empfohlen habe. »Die meisten Investitionen bestehen darin, Land zu kaufen; für uns ist Land die sicherste Investition, weil es nie wertlos wird, sondern immer an Wert gewinnt. Dann kann ein praktischer Mensch eine Fabrik oder ein Geschäft kaufen.«

Die Aussage von Mutolo ist bei Weitem nicht der einzige Hinweis dieser Art. Und sie ziehen sich über die Jahre. So berichtete etwa Rocco Mammoliti, erst ein Schwergewicht der 'ndrangheta, dann Kronzeuge, im Jahr 1998, dass Domenico Galletti*, genannt »Berlusconi«, mit Erlösen aus dem Drogenhandel ganze Wohnblöcke in Ost-Berlin gekauft habe. Mutolos Aussage ist aber einer der frühsten Hinweise, und er kommt von einem der prominentesten Mafiosi – und vor allem ist er heute noch gültig. Denn nach wie vor tut sich Deutschland schwer damit, Mafia-Vermögen einzuziehen. Es liegt auf der Hand, dass dies bei Investments, die vor Jahrzehnten getätigt wurden, kaum mehr möglich ist. Allerdings ist auch die Beschlagnahme von Mafia-Vermögen in der Gegenwart nicht ausreichend. Immer wieder hört man Klagen von Ermittlern, dass viel zu wenig kriminelle Erträge abgeschöpft würden, dass sich Verbrechen eben doch lohnen.

In Italien wird dies den Ermittlern leichter gemacht. Denn wenn sich Vermögen bei kriminell auffällig gewordenen Personen nicht erklären lässt, können die Behörden Belege für die Herkunft des Vermögens verlangen. Kann der Kriminelle diese nicht liefern, kann ein Gericht den Einzug des Vermögens anordnen. In Deutschland gibt es diese Beweislastumkehr bisher nicht, auch wenn sie immer wieder von Strafverfolgungsbehörden, entsprechenden Gewerkschaften und zivilgesellschaftlichen Organisationen gefordert wird.

Erschwerend kommt hinzu, dass der Informationsaustausch offenbar immer noch nicht optimal läuft, sofern es sich nicht um Kooperationen in Form von gemeinsamen Ermittlungsgruppen handelt. Mir ist die in einem Gespräch mit deutschen Mafia-Ermittlern gehörte Klage noch gut in Erinnerung: »Es heißt immer wieder aus Italien, dass ganze Häuserzeilen in Besitz der 'ndrangheta seien, auf der Zeil in Frankfurt am Main oder in Hamburg. Nur Belege dafür bekommen wir keine!« Mag sein, dass man auf italienischer Seite erwartet, dass die deutschen Behörden endlich Daten aus Ermittlungsverfahren aufbewahren und aufbereiten. Die Antimafia-Staatsanwältin Alessandra Cerreti aus Mailand hat im November 2023 eine Einladung zur Bundesdelegiertenkonferenz der Grünen nach Karlsruhe genutzt, um für eine europäische Lösung in diesem

Sinne zu werben. Ich freue mich sehr, dass ihre kurze prägnante Ansprache auf YouTube verfügbar ist; ich hatte für *mafianeindanke* den Kontakt vermittelt und wäre gerne vor Ort gewesen. Das Corona-Virus hatte aber etwas dagegen, und so verfolgte ich ihren Auftritt im Netz, staunend über Standing Ovations, mit denen man die engagierte Ermittlerin bedachte. »Wir haben ein geeintes Europa, wir haben die Ära der Globalisierung. Aber die Einzigen, die noch Grenzen haben, wisst ihr, wer das ist? Die Staatsanwälte und die Ermittler!«, rief sie den mehr als 800 Delegierten entgegen. Cerreti machte sich dafür stark, in allen Ländern Europas eine einheitliche Definition des Straftatbestands der Mitgliedschaft in der Mafia einzuführen, nach italienischem Vorbild. Und sie hatte einen praktischen Verbesserungsvorschlag mit: »Es wäre nötig, eine europäische Datenbank zu schaffen, wo alle Ermittlungsdaten gespeichert werden können, die in Besitz von Italien und den anderen Ländern sind, sodass einzelne Ermittler die nötigen Daten direkt beiziehen können.«

Dass sich Immobilien für Geldwäsche anbieten und für ’ndrangheta-Clans attraktiv sind, liegt auf der Hand: Man kann mit wenig Aufwand viel Geld bewegen und in Deutschland wurde es einem lange Zeit sehr einfach gemacht, dabei jede Menge von Bargeld loszuwerden. Noch dazu erstand man Objekte, die von Jahr zu Jahr wertvoller wurden. Was könnte man also Besseres mit dem Geld aus Drogenhandel tun? Eine Studie des BKA aus dem Jahr 2012 kommt ebenfalls zu einem eindeutigen Ergebnis: »Die immer wieder aufgestellte Behauptung, der Immobiliensektor sei anfällig für Geldwäscheaktivitäten, wurde durch die Studie für den Bereich Deutschland eindeutig bejaht.« Dieser Befund wurde vor langer Zeit gestellt. Geändert hat sich am Problem nur wenig, einmal davon abgesehen, dass es endlich, seit April 2023, nicht mehr erlaubt ist, Immobilien bar zu bezahlen.

Der Immobilienmarkt ist immens groß. 2016 wurden laut einer Studie der NGO *Transparency* Immobilien in einem Gesamtwert von 237 Milliarden Euro in Deutschland gehandelt. Die NGO beruft sich dabei auf den Arbeitskreis der Oberen Gutachterausschüsse, Zentralen Geschäftsstellen und Gutachterausschüsse in der Bundesrepublik Deutschland. Geldwäsche im Immobilienbereich finde auf vielen Wegen statt – von Bau über Sanierung bis hin zu Kauf, Verkauf und Miete.

Immer wieder gibt es Überschneidungen zwischen Italienischer Organisierter Kriminalität und Geschäftsaktivitäten im Immobilienbereich. Nur wenn man versucht herauszufinden, wo mafiöses Geld landet, wird es diffizil. Bekannt geworden ist etwa die sogenannte »Baumafia« in Köln, bei der Unternehmer mit Bezügen zur Cosa Nostra auffielen. Sie ließen sich mit Scheinrechnungen für nicht erbrachte Dienstleistungen bezahlen. Ein Großteil des Geldes ging zurück an die Käufer der Scheinrechnungen, die so Schwarzgeld generieren konnten, das man zum Beispiel für die Korruption von Auftraggebern nutzen konnte. Bekannt ist auch, dass die Mitglieder der Erfurter 'ndrangheta-Zelle Immobilien erworben haben. Das Geld dafür dürften sie kaum mit ehrlicher Arbeit verdient haben. Passenderweise ist eine der Immobilien, ein Wohnhaus für viele Parteien, so um einen Hof gebaut, dass der komplett vor neugierigen Blicken abgeschottet ist.Unzählige Mafiosi haben Immobilien als Wohnraum für sich oder für einen Gewerbebetrieb gekauft, vor allem natürlich für Restaurants. Oft unterschrieben Leute den Kaufvertrag, deren Gehalt dafür eigentlich zu gering war. Eine systematische Auswertung dazu fehlt jedoch, wie eben auch zu den Häuserzeilen, die der 'ndrangheta gehören sollen. Es wäre wohl einmal angebracht zu überprüfen, welche bekannten Mafiosi in Deutschland welche Immobilien besitzen. Einfach dürfte man dem Besitz von Mario Luttini und Kollegen allerdings kaum auf die Spur kommen: Ein zentrales Immobilienregister muss erst noch geschaffen und auch die nötigen Ermittlerinnen und Ermittler müssen noch gefunden werden. Die kaum erfolgte und recht erfolglose Suche nach russischen Investments in Deutschland nach dem Beginn des Kriegs von Russland gegen die Ukraine zeigte dies leider eindrücklich. Und dann stehen dazu noch gewiss viele Strohmänner in den Grundbüchern.

Wie ich Immobilienunternehmern nicht begegnen will

Ich selbst habe keinen Zweifel daran, dass Männer der 'ndrangheta im Immobiliensektor aktiv sind. Ich habe deshalb keinen Zweifel, weil einer von ihnen eigens zu einer meiner Lesungen kam. Der Mann interessierte sich nicht für meinen Text, sondern für mich. Er kam, um mich, wie man so schön sagt, einzuschüchtern.

Zürich, im Atelier eines Künstlers, im September 2016. Das Magazin *Reportagen* hatte einen Abend speziell für Abonnentinnen und Abonnenten organisiert, in Verbindung mit einem Werbekunden, einem Möbelhersteller im Luxussegment. Als Gast war ausdrücklich ich gewünscht, ich sollte meine 2012 erschienene Reportage über Luigi Bonaventura vorlesen. Das schmeichelte mir. Der Chefredakteur Daniel Puntas und ich spazierten von der Haltestelle gemeinsam zum Veranstaltungsraum. Ich traute meinen Augen kaum, in einem solchen Rahmen hatte ich noch nie gelesen: Überall am Rand des Ateliers standen großformatige Gemälde des Künstlers, mehrere Zehntausend Euro teuer. Stapel bespannter Bilderrahmen lehnten an der Wand. Einfache Holzstühle im Raum verteilt, der Boden natürlich mit Farbspritzern, ein Büffet mit Käse und Trauben und reichlich gutem Wein. Um die freie Fläche schlängelte sich ein besonders langes Exemplar des Klassikers des Möbelherstellers, ein Sofa namens »Snake«. Dieser Raum quoll über an Geld und Wert, aber auf unaufdringliche Art, chaotisch, entdeckenswert, hemdsärmelig. Das Publikum wirkte keineswegs neureich, Menschen in Jeans, legeren Hemden. Ich betrachtete das Büffet, bis mich ein älterer Herr ansprach und in ein Gespräch verwickelte. Üblicherweise wollte ich vor Auftritten meine Ruhe, doch er hatte nicht gefragt. »Das von Ihnen geschilderte Ritual kenne ich auch«, sagte er. Er meinte die *Tirata*, eine alte Form des Duells von ’ndranghetisti mit Messern. Er war offenbar mit dem Inhalt meiner Reportage vertraut, ich hatte ja noch nicht angefangen zu lesen. Meine Augen musterten ihn, mit wem hatte ich es zu tun? Er trug ein weißes Hemd, die Knöpfe an den Ärmeln entspannt geöffnet, der Stoff tadellos gebügelt. Graue Haare, eine auftragende Armbanduhr. »Ach ja?«, antwortete ich. Noch hatte ich keine Ahnung, worauf er hinauswollte; nicht zu reagieren wäre unhöflich gewesen. »Ja, ich komme aus Condofuri, kennen Sie, oder?« Ich nickte. Der Ort lag südlich von Reggio Calabria, der Ortsname war mir in Akten begegnet. »Meine Onkel haben dieses Ritual praktiziert. Aber die sind 100 und 101 Jahre alt geworden.« Er schaute mir in die Augen. »Sie wissen ja, ein Mann muss wissen, wann der Zeitpunkt gekommen ist aufzuhören. Verstehen Sie?« Seine Stimme wurde eindringlich. »Ein Mann muss wissen, wann man besser aufhört.« Ich murmelte irgendeine Antwort, ich weiß heute gar nicht mehr, was, ich wollte nicht mehr mit ihm sprechen, und es gab auch gar keinen Grund mehr, er hatte offensichtlich gesagt, was er zu sagen hatte. Ein wenig hatte es gedauert, aber nun war ich im Begriff zu realisieren, was hier gerade geschah, und war verdattert. Er verfolgte weiter seinen Plan, erzählte noch irgendetwas von »dass es nur eine Wahrheit gebe« und wünschte mir einen schönen Abend.

Konnte das sein, konnte das gerade ein Versuch gewesen sein, mich einzuschüchtern? Wenn ich nicht aufhörte mit meiner Arbeit, so war die Aussage des Mannes zu verstehen, würde ich nicht alt werden, ergo früh aus dem Leben scheiden. Auf dieser Veranstaltung hier; in keinem großen, aber in einem öffentlichen Rahmen? Einfach so, kurz vor dem Beginn der Veranstaltung, zwischen Büffet und Smalltalk? Ich ging zu Daniel Puntas, dem Chefredakteur, mit dem ich mich gut verstand. Er kannte den Mann nicht, sah mir aber wohl an, dass etwas nicht stimmte. »Ich glaube, er hat mich gerade bedroht«, sagte ich erklärend.

Wäre dasselbe einige Jahre später passiert, hätte ich schneller kapiert, was los war. Damals hielt ich mich für einen kleinen Journalisten, in gewisser Weise zu klein, um einer Einschüchterung

»würdig« zu sein. Noch dazu in einem beinah familiären Rahmen hier in diesem warmen Atelier, dessen Durcheinander nur mühsam zur Seite geräumt worden war. Ich ging zu dem Besitzer, dem Künstler. Ich zeigte unauffällig auf den Mann und fragte ihn, ob er den kenne. »Ja, klar, er und sein Sohn, das sind Kunden von mir.« Ob sie Mafiosi seien? Ja, sie gehörten wohl dazu, verriet er unumwunden, aber die beiden redeten nur, die seien nicht gefährlich. Mich beruhigte das nur ein Stück weit. Wobei ich einschränken muss, dass mir die Episode keine Angst machte, selbst wenn sie unerwartet kam. Ich fragte mich eher, was das bezwecken sollte. Erwartete der Mann ernsthaft, dass ich das Metier wechseln würde? Oder künftig nur noch über Gänseblümchen schreiben? Überhaupt, ich tat meine Arbeit als Journalist, eine wichtige Arbeit in der Demokratie, ich bemühte mich, aufrichtig zu sein und fair, im Übrigen zu allen Seiten hin. Wie konnte sich der Mann erlauben, hier so aufzutreten?

Ein Kontakt bei der schweizerischen Polizei bestätigte mir, dass mein Gegenüber zur 'ndrangheta gehörte. Es war nicht schwer herauszufinden, dass er CEO eines Immobilienunternehmens war, mit unzähligen Niederlassungen in Deutschland, Österreich und der Schweiz in Bestlagen. CEO! Ich werde nie verstehen, warum er mich mit dieser Einschüchterung auf sich hinwies. Nie zuvor hatte ich von ihm gehört, jetzt wusste ich von seinem Unternehmen und von ihm als Mafioso. Ich fand ein Video des *SRF* (Schweizer Radio und Fernsehen) über ihn und seinen ersten Job in der Schweiz, unterlegt mit Musik aus dem Film *Der Pate*. Wie konnte jemand einerseits derart archaisch für eine Verbrecherorganisation auftreten und zugleich ein sehr erfolgreicher Geschäftsmann sein? Wie ging das zusammen? Mir steht das seitdem als Fanal immer vor Augen.

2021 schrieb Europol im Bericht zur Gefahrenabschätzung von schwerer und Organisierter Kriminalität, dass 80 Prozent aller kriminellen Organisationen in der EU auch in der legalen Wirtschaft aktiv sind. Wenn ich das lese, denke ich an diesen Mann. Denn ein paar Jahre nach unserer Begegnung ist der Mann gestorben. Was auch immer er tat, besingt ihn seine Traueranzeige, habe er mit dem Herzen getan, und er habe nicht gegeben, um zu bekommen, sondern nur, um sein Gegenüber lächeln zu sehen. Die Geschäfte führt jetzt sein Sohn.

Wohnen bei der Mafia?

Die ’ndrangheta handelte also mit Immobilien. Aber investiert sie auch? Und wenn ja, wo?

Der Berliner Immobilienmarkt war lange Zeit hochattraktiv, zumindest für Investoren. Im In- und Ausland wurde beworben, Geld in der Bundeshauptstadt anzulegen. Unternehmen »vermarkteten« ganze Straßenzüge. Wohnungen entlang der Karl-Marx-Allee etwa, zu Ostzeiten die Prachtstraße der DDR, wurden in Italien verschleudert und Menschen, die italienische Immobilienpreise gewohnt waren, kauften halt eine Stadtwohnung, weil es so günstig war. Ob zu der Zeit auch Mafiagelder nach Berlin flossen? Der Beleg steht aus, die Wahrscheinlichkeit ist aber hoch. Weil die Grundbücher nicht allgemein zugänglich sind, bleibt weitgehend intransparent, wer was besitzt in Berlin.

Um daran etwas zu ändern, hat die Rosa-Luxemburg-Stiftung mit Unterstützung von *Correctiv* und der Berliner Zeitung *Der Tagesspiegel* ein Projekt mit dem Titel »Wem gehört die Stadt« ins Leben gerufen. Die Kampagne setzte auf die Crowd. Bürgerinnen und Bürger konnten online angeben, wem ihre Wohnung oder ihr Haus gehört. Mit im Projekt-Team war Christoph Trautvetter. Er arbeitet für das *Netzwerk Steuergerechtigkeit* und hat sich als Experte zum Thema Geldwäsche im Immobiliensektor einen Namen gemacht, unter anderem als Sachverständiger im Bundestag. Trautvetter und ein Team arbeiteten die Daten auf und sammelten Hintergrundinformationen zu den Besitzern, vor allem, wenn es sich um Investmentfonds und große Kapitalunternehmen handelte. Dort enden dann alle Bemühungen der Zivilgesellschaft, Transparenz zu schaffen: Welche Gelder in Fonds fließen, verbirgt sich vor der Öffentlichkeit.

Eines Tages fragte Christoph mich nach Informationen zu einem italienischen Unternehmen. Es war als Besitzer von einem Wohnkomplex mit 15 Parteien in Wilmersdorf eingetragen. Menschen, die dort wohnten, hatten gemeldet, dass sie ihre Miete an eine »Paperimm s.r.l.« bezahlten. Christoph hatte einen Handelsregisterauszug besorgt, das Unternehmen hatte seinen Sitz in Mailand und war in Besitz zweier Finanz-Treuhänder. Ich schaute in meine Akten und recherchierte: Einer stand in Verbindung mit einer Familie einer süditalienischen Stahldynastie, die hierzulande bekannt geworden war, weil sie zwei Stahlwerke in Brandenburg erworben hatte. In ihrer Heimat dagegen stand sie wegen Steuerhinterziehung und massiver Umweltverschmutzung im Kreuzfeuer. Die andere Treuhandgesellschaft fand ich interessanter, ein Unternehmen namens »Carini«: Es besaß eine weitere Hälfte der Immobilie und war vor allem laut meinen Akten Teilhaber eines Bauunternehmens. Dieser Generalunternehmer diente laut italienischen Akten dazu, die Interessen der verschiedenen 'ndrangheta-Clans in der Lombardei auszubalancieren. Über einen Mittelsmann sei es direkt von Salvatore Strangio, einem ranghohen Mafioso, geleitet worden, so die Akten. Inzwischen ist es insolvent.

Dies ist nicht das stärkste Beispiel, das leuchtet mir ein. Zumal es eine ziemlich simple Konstruktion ist. Viele Fonds haben in Berlin Millionen und Milliarden investiert. Können wir sicher sein, dass über diesen Weg kein Mafiageld in die Hauptstadt kam? Ich denke nein. Es gibt genügend Beispiele für Investments einzelner Mafiosi in einzelne Immobilien. Und wir wissen, dass die 'ndrangheta Verdienstmöglichkeiten in neuen Geschäftsbereichen oder unter veränderten Bedingungen stets sehr schnell für sich erkennt – seien es erneuerbare Energien, die Entsorgung von gefährlichen und giftigen Abfällen oder Kryptowährungen. Da wäre es schon sehr verwunderlich, wenn man sich die Chance, im großen Stil über Finanzkonstrukte vom Immobilienboom zu profitieren, hätte entgehen lassen.

Der »Mafia-Jäger« und die Sandhur

Das Büro von Giuseppe Lombardo unterscheidet sich kaum von Dienstzimmern anderer Antimafia-Staatsanwälte: Die Aktenstapel mögen etwas höher aufragen, doch die Plaketten an den Wänden berichten wie bei seinen Kollegen auch von Besuchen von Polizeieinheiten und Staatsanwaltschaften aus aller Welt. Eine Sprechanlage mit kleinem Bildschirm, der zeigt, wer draußen vor der Tür wartet, fehlt ebenfalls nicht. Ein kleines Ding vorne am Rand des Schreibtisches würde man allerdings nicht erwarten: zwei Metallplatten mit Streben, dazwischen eine Glasröhre, die sich in der Mitte zu einem kleinen Durchlass verengt – ein elegantes Exemplar einer Sanduhr. Manchmal beugt sich Lombardo zu seinem Gegenüber vor und tippt mit einem Stift auf den Zeitmesser. Aber nicht, weil die Zeit drängt. Sondern weil das Stundenglas ihm als Versinnbildlichung der 'ndrangheta dient.

Journalisten der *BILD* haben Lombardo in einem Artikel der Printausgabe vom 30. April 2018 als »härtesten Mafia-Jäger der Welt« tituliert. Man fragt sich, wie um alles in der Welt sie auf diese Idee kamen. Der 50-Jährige begrüßt seinen Besuch herzlich. Macho-Gehabe liegt ihm fern. Wäre er Priester, mit seiner sanften und warmen Stimme würde man ihm augenblicklich sämtliche Geheimnisse anvertrauen. Er trägt Turnschuhe, Drei-Tage-Bart und eine randlose Brille. Markige Sprüche meidet er, wägt seine Worte.

Zwanzig Staatsanwältinnen und Staatsanwälte arbeiten in Reggio Calabria. Lombardo gilt als der Denker unter ihnen, auch wenn er in zahlreichen Prozessen unter Beweis gestellt hat, dass er furchtlos zupackt und brenzlige Verfahren nicht scheut. Seine Stärke ist sein sehr gut strukturiertes Gedächtnis, vielleicht hat er es vom Vater geerbt, ebenfalls Staatsanwalt. Für die Mammut-Aufgabe, die er sich gestellt hat, erwies es ihm gute Dienste. Lombardo ließ sich die Akten von rund 50 bereits abgeschlossenen Verfahren noch mal bringen, ackerte sich Blatt um Blatt durch die Ordner und Packen. Er wollte herausfinden, was die Abertausenden Seiten über die aktuelle Organisationsstruktur der 'ndrangheta verraten, ob in den alten Aussagen und Ermittlungsprotokollen Dinge verborgen sind, die über das bereits Bekannte hinausgehen. Mehr als *'ndrine* (Familien) und *Locali* (Ortsvereine) und *mamma*, das Führungsgremium, und *Santa?* Mehr als *Provincia* und *camera di controllo*?

Wenn Lombardo jetzt über diese Arbeit redet, ist es ein Ritt auf der Metaebene, der hohe Aufmerksamkeit erfordert. Er abstrahiert, apostrophiert, nutzt Sammelbegriffe – ganz anders als bei Vernehmungen, wo er kurze und präzise Fragen stellt, und gerade in Gerichtsverfahren merkt man, dass er Gesprächsverläufe gut vorhersieht. In den durchgesehenen Akten stieß er auf Gespräche, die er zunächst nicht entschlüsseln konnte. Erst peu à peu lernte er sie zu dechiffrieren und erfuhr, über was die Mafiosi redeten, nämlich über die künftige Struktur ihrer Organisation und wie man sie möglichst gut abschirmen und vor Aufklärung schützen kann. Deshalb die Sanduhr.

Lombardo sagt nämlich, die 'ndrangheta lasse sich am ehesten im Sinne zweier Pyramiden begreifen, die an der Spitze aufeinandergeschichtet seien. Das Problem dabei sei: Die untere Pyramide falle mit Morden und Erpressungen und Drogendelikten und vielerlei Untaten auf und sei dank Ermittlungen, Verhaftungen und Kronzeugenaussagen gut bekannt. Die zweite Pyramide sei dagegen nur sehr schwer zu beweisen: Sie bestehe aus den »Unsichtbaren«.

Luigi Bonaventura hatte schon im Jahr 2012 immer wieder von den »Unsichtbaren« gesprochen. Mir wurde damals nicht ganz klar, was er meinte. Sein Wissen hatte er zuvor auch mit Staatsanwälten geteilt. Ich kann mir vorstellen, wie Lombardo und er ihren Spaß hatten dabei: Lombardo, der davon angetrieben ist, das Große bis ins Detail zu sehen, und Luigi, der, obwohl er ein wichtiger Teil der Organisation 'ndrangheta war, dennoch nicht alle ihre Geheimnisse kennt und sie studiert, sein Wissen immer wieder neu durchdenkt und das Gegebene analysiert.

In der Logik der 'ndrangheta gehe es nicht darum, was man habe, sondern was man ist und vor allem wo man ist, sagt Lombardo: »Das Wichtigste ist das, was man nicht sieht.« Er deutet auf die untere Pyramide: »Der Chef eines *Locale* nimmt Befehle entgegen, weiß aber nicht wirklich, woher sie kommen, er weiß nur, dass sie von oben kommen. Aber das ist immer noch eine Zwischenstufe.« Sein Stift rutscht jetzt etwas höher, dort, wo der Engpass ist, den die Sandkörner auf ihrem Weg nach unten passieren müssen. »Die wichtigsten Leute in der 'ndrangheta sitzen hier. Wer an ihrer Spitze ist, wer tatsächlich Macht hat und nicht im Auftrag handelt, der sagt nach unten und nach oben, was vermittelt werden muss.« Lombardo hat die Sanduhr nicht umgedreht, aller Sand befindet sich unten im Glas. Sein Stift zeigt jetzt auf die obere Pyramide. »Acht Jahre hat es gedauert, um auf den unsichtbaren Teil zu stoßen. Erst dann haben wir verstanden, dass die kriminelle Sphäre viel weiter reicht als alles bisher bekannte.« Die Bosse an der Engstelle bestimmten aber bei Weitem nicht alles: »Auch die Personen in der kleinen, umgekehrten Pyramide oben sind in bestimmten Situationen aufgefordert, aktiv zu werden und diese selbst zu steuern.«

Ein kompliziertes System, absolut. Die Hierarchien haben scheinbar mehrere Richtungen, das Ganze wirkt eher wie ein Netzwerk mit gemeinsamen Interessen. Inzwischen hat eine Reihe von Prozessen einige der Unsichtbaren sichtbar gemacht, zumindest in Italien: Ein Mitglied des italienischen Senats war darunter, ein Minister, ehemalige Abgeordnete, Rechtsanwälte, der frühere Bürgermeister von Reggio Calabria und viele weitere staatliche, regionale und kommunale Funktionäre. Zuletzt sorgte im Dezember 2019 das Verfahren »Rinascita-Scott« für Aufruhr, weil dabei besonders viele mutmaßliche Unsichtbare verhaftet wurden. Es scheint, als würden die italienischen Ermittlungsbehörden aufräumen bei den Unsichtbaren. Ich frage Lombardo, ob es Unsichtbare auch in Deutschland gebe. »Wir wissen es nicht. Aber es ist keinesfalls auszuschließen«, sagt er und zuckt leicht mit den Schultern. »Sicher ist nur, wenn wir die Kooperation zwischen Deutschland und Italien nicht intensivieren, werden sie viel länger unsichtbar bleiben als die in Italien.«

Bisher ist es so, dass Ermittlungen in Italien stets zeigten, dass die 'ndrangheta in Deutschland ihre Strukturen analog zu Italien reproduziert, sich quasi klont. Die Verhaltensweisen unterscheiden sich, die Strukturen nicht. Ermittlungsverfahren in Deutschland beleuchten solche Sachverhalte leider nicht. Ich habe von italienischen Staatsanwälten nie Klagen gehört, dass sie die Arbeit auch für Deutschland übernähmen. Tatsächlich ist es zu einem Gutteil aber so: Die meisten Mafia-Ermittlungen in Deutschland werden nicht in Deutschland gestartet, sondern erfolgen zur Unterstützung der italienischen Kolleginnen und Kollegen, Gleiches gilt auch für viele andere Länder in Europa. Und das Augenmerk bei deutschen Ermittlungen ist fast ausschließlich auf die Aufklärung einzelner Straftaten und kaum auf Strukturen gerichtet und schon gar nicht auf die Institutionen der 'ndrangheta, ihre Funktionsweise, ihre innere Verfasstheit. Wenigstens scheinen neue Kooperationsabkommen und verbesserte rechtliche Instrumente wie die Gemeinsamen Ermittlungsgruppen, von der koordinierenden Behörde »Eurojust« auch »Joint Investigation Team« genannt, hier etwas Abhilfe zu schaffen.

Ein fast schon berühmt gewordener Unsichtbarer ist Giorgio De Stefano. Das Gericht in Reggio Calabria verurteilte den Rechtsanwalt 2018 zu zwanzig Jahren Haft. Der Richter war überzeugt, dass De Stefano Teil eines geheimen Führungszirkels der 'ndrangheta war. Neben dem Richtergremium saß Giuseppe Lombardo, der an der Anklageschrift mitgeschrieben hatte. De Stefano sei in den acht Jahre dauernden Ermittlungen, die dem Prozess vorangingen, nur selten abgehört worden, berichtet er. Und noch seltener habe er etwas von Gewicht gesagt. Einmal aber hatten die Ermittler Glück. Sein Sohn habe von ihm wissen wollen, wie die Taufe in der 'ndrangheta vor sich gehe. Andere hätten über die Rolle seines Vaters geredet, da sei er neugierig geworden. De Stefano leugnete die Mafia-Verbindung keineswegs. Was dann folgte, wurde für Lombardo zu einem Schlüsselsatz. »De Stefano sagte zu seinem Sohn: ›Mein Vater, der der König der Könige war, hat sich nie mit solchem Affentheater beschäftigt.‹ Wenn man nicht aufmerksam hinhöre, meint Lombardo, wäre man wohl geneigt zu sagen: Wer Mafia-Rituale als Posse abtue, gehöre dieser Welt nicht an. Tatsächlich sei genau das Gegenteil der Fall. Die Pyramide unten, der sichtbare Teil der ’ndrangheta, lebe von Ritualen, Dienstgraden; sie hielten alles zusammen. Bei der obigen Pyramide sei das anders. »Auf dieser Ebene geht es nicht um Materielles, auf dieser Ebene werden Strategien entworfen. Ein abgehörtes Telefongespräch, indem jemand sagt, er sei getauft, genügt, und man wandert für 15 Jahre ins Gefängnis wegen Mitgliedschaft in der Mafia. Kann der Kreis von Personen in der Pyramide oben dieses Risiko eingehen?«

Lombardo mahnt seit vielen Jahren, dass wir die ’ndrangheta endlich als umfassende Gefahr ernst nehmen müssen. Dies gilt noch mehr mit der Entdeckung der »Unsichtbaren«: »In dem Moment, wo diese kriminellen Strukturen einflussreich werden, auch in Bezug auf politische Entscheidungen, und somit politische Subjekte werden, sind wir alle von Gemengelagen bestimmt, die nicht außerhalb dieser kriminellen Kreise sind. Das ist die Wahrheit.«

Italien hat bedeutende Fortschritte im Kampf gegen die Mafia-Organisationen ermöglicht, indem neue Ermittlungsansätze umgesetzt wurden, der Einsatz von Kronzeugen etwa oder das Verfolgen von Geldflüssen. Lombardo hält weitere Neuerungen für nötig. »Mit dem gewohnten Ermittlungssystem werden wir nie in der Lage sein, Antworten auf die Herausforderung durch die ’ndrangheta zu liefern. Wir müssen uns von dem Ansatz lösen zu fragen, welche Probleme uns die Clans schaffen. Solange wir nicht von einem Punkt starten, der über die einzelne Mafia hinausgeht und sie in ein viel breiteres System stellt, werden wir immer enorm im Rückstand sein und gezwungen, nur zu folgen. Denn wir werden nicht verstehen, was diese Akteure sind, und wir werden sie nicht als das behandeln, was sie sind«, mahnt er.

Bei unserer Antimafia-Konferenz in Berlin hat Giuseppe Lombardo an seine Kollegen erinnert, die wegen ihrer Arbeit ermordet worden sind und dass die Mafia den italienischen Staat militant angegriffen hat. »Ich bin Staatsanwalt geworden, weil ich am 28. Juli 1993 eine Viertelstunde vorher dort vorbeigegangen bin, wo dann eine Bombe explodierte, in Rom vor der Lateranbasilika. Die Bombe sollte unseren Staat destabilisieren. Als ich gerade zu Hause die Tür schloss, hörte ich die Explosion. Was die Mafien erreichen wollen, ist in der Substanz, dass eine moralische Spannung schwindet. Für meinen Entschluss, mich gegen die Mafia zu engagieren, ist diese moralische Spannung fundamental. Die Arbeit als Staatsanwalt ist nicht eine Arbeit wie jede andere.«

In mehr als zwei Jahrzehnten als Staatsanwalt hat sich sein Bild von der 'ndrangheta stark gewandelt. Mehr und mehr ist der systemische Aspekt in den Vordergrund getreten und eine Aufteilung in Schwarz und Weiß, Gut und Böse in den Hintergrund. Gerne illustriert er seine Sicht anhand des Finanzsystems. Dieses sei mittlerweile der Schlüssel zur Macht der 'ndrangheta geworden. Denn die Reichweite finanzieller Macht übertreffe die von Erpressung und Gewalt um Längen. Vor allem könne man bei herkömmlichen Straftaten Tat und Täter klar benennen, im Finanzwesen dagegen werde die Zugehörigkeit zu kriminellen Systemen wie der 'ndrangheta nicht erkannt. »Ich möchte die Autoritäten dort gerne fragen: ›Entschuldigen Sie, aber wen suchen Sie denn? Jemand, der auf bestimmte Art und Weise gekleidet ist, der in einer bestimmten Art und Weise spricht und der auftaucht und sagt: ›Guten Tag, ich bin der lokale Chef der Mafia in Reggio Calabria?‹ Das wird nie passieren!« Manchmal provoziert Lombardo mit Sarkasmus. »Wenn ich die Leute im Finanzwesen also frage, ob sie jemals ein Mitglied der 'ndrangheta kennengelernt haben, werden sie mit ›Nein‹ antworten. Und stattdessen sind sie wahrscheinlich bereits der 'ndrangheta unterworfen, ohne es zu wissen.« Noch gebe es dazu keine Gerichtsurteile. »Das ist die schlimmste Bestätigung, dass es keine gerichtlichen Spuren gibt. Ein Drama, wenn man auf dieser Ebene versucht zu intervenieren mit Ermittlungen: Gerade, wenn es um das Thema Finanzwesen und 'ndrangheta geht, ist die Prozesswahrheit am weitesten entfernt von einer historischen Wahrheit.« Soll man sich die Mühe von Ermittlungen also überhaupt machen? Lombardo äußerte sich kämpferisch: »Bei all den Einschränkungen, die mir als Staatsanwalt gesetzt sind, komme ich vielleicht nicht weiter. Aber die Suche nach der Wahrheit muss andauern und wir dürfen uns nicht zufriedengeben. Es zählen auch unsere Ergebnisse, nicht nur das Urteil.«

Man könnte das alles für Fantastereien halten, doch immerhin bestätigen erste Gerichtsverfahren Lombardo inzwischen. Der Staatsanwalt hat sich von den juristischen Erfolgen mehr erhofft: »Ich erwartete, dass mit unseren Ermittlungserfolgen bestimmte Schleusen aufgehen, wir Unterstützung erfahren. Aber diese Unterstützung kam nicht«, sagt er. Er glaubt inzwischen, dass die Mafia viel tiefer verwurzelt ist, als er zunächst dachte. »Nicht in dem Sinn, dass es Tausende und Abertausende Mafiosi gibt. Sondern weil es Tausende gibt, die von der Mafia leben. Die 'ndrangheta ist eine Industrie, die es auch Nichtmafiosi ermöglicht, gut von ihr zu leben.«

Entführungen – Drogen – Geldwäsche

Bei seinen Ermittlungen ist Lombardo auf Michele Amandini aus Mailand gestoßen. Mailand, heute glamouröses Kapital-, Design- und Modezentrum, galt in den Siebzigerjahren als wild und hochgefährlich, Entführungen waren an der Tagesordnung, Überfälle verliefen oft blutig, im Schnitt passierten 150 Morde pro Jahr. Zeitungen berichteten seitenweise.

Die 'ndrangheta spielte bei der Wahrnehmung von Kriminalität dort wie in ganz Norditalien lange Zeit kaum eine Rolle. Zwar kamen die ersten Mafiosi aus Kalabrien und Sizilien bereits in den Fünfzigerjahren, eben um dort als Mafiosi zu wirken oder weil sie aus ihrer Heimat verbannt worden waren. Dennoch wurden die Mafia-Organisationen aus dem Süden für viele Jahre nicht als das wahrgenommen, was sie sind, man sprach stattdessen von »Banden«. Zwei große Ermittlungsverfahren haben an diesem Zustand Anfang der Neunzigerjahre endlich etwas geändert: »Nord Sud« und »Wallstreet«. 220 Haftbefehle wurden vollstreckt, Unternehmen durchsucht, auch drei Rechtsanwälte gerieten in den Fokus.

Das Ermittlungsverfahren Nord Sud hat uns mit Michele Amandini einen illustren Typen als Kronzeugen geschenkt. Nach allem, was wir wissen, war Michele Amandini nie Mitglied der 'ndrangheta, und doch zeichnet sein Weg paradigmatisch die Entwicklung der gesamten Organisation nach: Mit Entführungen Geld gemacht, dann in Drogen investiert, noch mehr Geld gemacht, reich geworden, auf einmal stellte sich das Problem der Geldwäsche immer dringender, und da man mit dem Finanzwesen Geld viel effizienter waschen kann als mit – sagen wir – nicht aufgeschriebenen und versteuerten

Pizzen in einem Restaurant, führte der Weg konsequenterweise ins Finanzwesen.

Gerne hätte ich ihn persönlich kennengelernt, doch leider ist er nach Aussage seiner Frau auf Facebook verstorben. Amandini war ein beeindruckender Typ. Er wurde »Michel der Prinz« genannt, da seine Mutter eine äthiopische Prinzessin gewesen sein soll. In seinem Mutterland Äthiopien ist er auch geboren, in Deder, kurz nach dem Zweiten Weltkrieg. Er wuchs in Italien auf und lebte anschließend eine Zeit in der Schweiz. Mit zwanzig zog er zu seinem Vater nach Rhodesien, in das heutige Simbabwe. Zurück in Mailand, geriet er Anfang der Siebziger auf die schiefe Bahn. Er arbeitete mal hier, mal dort, hing in Diskotheken und Nachtlokalen ab und lernte die Größen der Unterwelt kennen. Die schiefe Bahn führte ihn schnell nach oben. Francis Turatello, der Herr über die Nacht in Mailand, wurde ihm ein Mentor und enger Freund. Turatello spazierte einmal mit Gefolgsleuten in ein Spiellokal der Konkurrenz, nahm allen Gästen ihre Wertsachen ab, verteilte dann Werbezettel seiner Spiellokale und ließ die Leute wissen: »Seht ihr, das passiert, wenn man in Lokale geht, wo Überfälle stattfinden! Vielleicht spielt ihr besser in der Gegend um den Corso Sempione, dort kommt es nicht zu Räubereien!« Turatello war mit Tommaso Buscetta befreundet, dem berüchtigten Mafioso aus Sizilien und späteren Kronzeugen, er arbeitete mit den De Stefano aus Reggio Calabria, kaufte Schmuggelzigaretten. So kam auch Amandini mit der ’ndrangheta in Berührung. Schnell wurde der Mann von Welt bekannt in der Unterwelt. Amandini allerdings machte sich die Hände nicht selbst schmutzig, das überließ er anderen. Und er war geschickt, sammelte überraschend wenige Vorstrafen an und wechselte immer wieder seine »Partner in Crime«.

Dass er an Entführungen beteiligt war, blieb lange Zeit ungesühnt. Die Fälle erregten natürlich großes Aufsehen. Zum Beispiel entführte seine Gruppe im Februar 1979 Evelina Cattaneo, die Tochter eines bedeutenden Autohändlers, noch dazu hatte sie es als Liedermacherin in Mailänder Dialekt zu etwas Bekanntheit gebracht. Noch mehr Bekanntheit brachte ihr aber die Kälte ihrer Mutter ein. Unmittelbar nach der Entführung ließ sie verlauten: »Ich werde nicht eine Lira für die Erpressung meiner Tochter bezahlen, die Beziehung zu ihr ist überhaupt nicht gut. Es passiert, dass eine Mutter ihre Kinder nicht liebt. Ich bin eine von ihnen.« Am Ende floss wohl doch eine halbe Million Lire Lösegeld. Jedenfalls wurde Evelina Cattaneo auf einer Straße in der Peripherie von Mailand abgelegt, mit verbundenen Augen und mit Ohrenstöpseln.

Andere Entführte kehrten hingegen nie zurück, etwa Augusto Rancilio, Sohn eines bedeutenden Bauunternehmers. Er wehrte sich dagegen, in einer Betonröhre versteckt zu werden, und wurde erschossen.

Amandini führte auch in diesem Fall die Verhandlungen, wie auch bei einer ganzen Reihe von anderen Entführungen. Mit der Zeit hatte sich ein Schlüssel zur Verteilung gezahlter Lösegelder herausgebildet: Der Mann am Telefon bekam rund 30 Prozent. Amandini kaufte sich einen Ferrari. Im Juli 1977 wurde er in Lecce verhaftet, den frisch gekauften Sportwagen protzig vor der Tür zum teuersten Hotel der Stadt. Amandini trug viele teure Goldobjekte bei sich: Feuerzeuge, Uhren, Ringe.

Schon nach kurzer Zeit kam Amandini wieder frei und scharte eine Gruppe um sich, die am Ende der Siebziger-, Anfang der Achtzigerjahre mit einem bunten Mix an Drogen handelte. Der Boom des Drogenhandels zog herauf, und Amandini und Co. waren dabei: Weißes Heroin stellten sie in einer eigenen Drogenküche selbst her, braunes Heroin, Haschisch und Kokain kauften sie ein. Amandini stand natürlich nicht selbst in der Drogenküche, er verhandelte den Kauf von Rohprodukten. In der Zeit schleppte Amandini Bargeld in dicken Taschen und Koffern in die Schweiz, voll mit Millionen und Abermillionen Lire. Als die Drogenküche wegen des hohen Energieverbrauchs auffiel, zog die Gruppe nach Südfrankreich um und das Geschäft ging weiter. Dazu hatte Amandini bewaffnete Jungs laufen, die Händler überfielen.

Mehr nach dem Geschmack von Amandini war die Einladung nach Libyen, Muammar al-Gaddafis Privatjet holte sie in Malta ab: Champagner und feines Essen. Gaddafis Stellvertreter suchte nach ein paar Leuten, die Dissidenten in Großbritannien und den USA umlegen würden, und erhoffte sich von Amandini und seiner Clique Kontakte zur ’ndrangheta. Am Ende zahlten die Libyer nicht genug und aus dem Projekt wurde nichts. Die Kontakte hätte Amandini gehabt, er arbeitete eng mit der Cosa Nostra und der ’ndrangheta zusammen, manche bezeichnen ihn als deren Finanzberater. Amandini bewegte sich sicher in verschiedenen Welten, in der Schweiz als Geldwäscher, in Osteuropa unterhielt er Kontakte zu Geheimdiensten. Er kannte quasi überall jemanden, der ihm nützlich sein konnte.

Als Amandini erfuhr, dass aufgrund der Aussagen eines Kronzeugen gegen ihn ermittelt wurde, maß er dem nicht allzu viel Bedeutung bei; er sah gute Chancen, im Prozess davonzukommen. Erst als ein enger Mitarbeiter die Seiten wechselte, schwante ihm, dass es vorbei war. Er wurde ebenfalls zum Kronzeugen, im November 1993. Eineinhalb Jahre später erhielt er eine Haftstrafe von zehn Jahren, die er allerdings nicht komplett absitzen musste.

Obwohl er eine derart schillernde Figur war, geriet Amandini quasi in Vergessenheit. Erst der Staatsanwalt Lombardo entdeckte ihn wieder als wertvollen Gesprächspartner. Er ermittelte zur Familie De Stefano und zu Finanzgeschäften der ’ndrangheta, vor allem aber zu dem Verhältnis zwischen ’ndrangheta und Cosa Nostra. Seine Behörde untersuchte Ende der Neunzigerjahre Geldwäsche-Aktivitäten des Piromalli-Clans, aber auch anderer ’ndrangheta-Familien. Vor allem ging es darum, wie Profite der Organisierten Kriminalität ihren Weg auf Finanzmärkte fanden. Eine hochspannende Frage – leider lesen sich die dazugehörigen Akten weit weniger spannend.

Die Ermittler erforschten in den Neunzigern ein Netz an Personen, darunter Michele Amandini, die entweder Teil der Clans waren oder diese unterstützten. Sie konnten so live beobachten, wie die ’ndrangheta lernte, sich auf dem Parkett von Finanzmärkten zu bewegen. Staunend hörten sie zu, wie die Mafiosi und ihr Netzwerk mit ungewöhnlichen Finanztiteln hantierten, etwa Schuldverschreibungen aus den USA und Bankgarantien für sich nutzen wollten. Es war ein Qualitätssprung, der sich vor ihren Augen und Ohren vollzog, und mittendrin Michele Amandini und seine Clique. Die abgehörten Gespräche in den Akten drehen sich aber immer wieder nur um technische Fragen: Hat die Bank den Titel akzeptiert? Ist die Freigabe unterschrieben? Knapp 800 Seiten zäh wie alt gewordene Knete. Was gäbe man für etwas Farbe! Für ein paar saftige Details, meinetwegen gemeinsame Bordellbesuche, klassisches Gangsterzeug. Aber nein, trockene Finanzwelt. Dabei war die Ausgangslage gar nicht schlecht, es ging um höchste Kreise der 'ndrangheta, extrem viel Geld und noch dazu um einen Fußballclub.

Ein Freund von Amandini hatte 1975 eine Entführung in Rom organisiert, Amandini war zwar nicht beteiligt, lernte dabei aber trotzdem die zwei wichtigsten Männer eines der wichtigsten Clans der 'ndrangheta kennen: die Brüder Giorgio und Paolo De Stefano. Die beiden waren Vertreter einer neuen, fortschrittlichen 'ndrangheta, waren studiert und sie waren ein Bruder-Clan der Vrenna-Bonaventura. Amandini verkehrte überhaupt in erlauchten Kreisen, er kannte neben den De Stefano weitere Bosse, Domenico, Rocco und Antonio Papalia etwa oder Antonio Nirta, Chef des gleichnamigen Clans ans San Luca. Ebenfalls ein wichtiger Mann war Vincenzo Fazzari, obgleich auch einem Clan zugehörig mit weniger klangvollem Namen. Fazzari hatte eine Reihe von Vorstrafen, wegen Mordversuch und Betrug etwa. Nach einer Verdachtsmeldung wegen Geldwäsche gegen einen seiner Kontakte im Jahr 1999 geriet er erneut in den Fokus und mit ihm Amandini.

Ermittlungsakten zufolge hatte Fazzari gleich mehrere verschiedene Gruppen aufgebaut, um US-Staatsanleihen zu Geld zu machen, zu einer gehörte Amandini. Fazzari fasste Vertrauen zu ihm und berichtete, dass er Geldwäsche für die Familien Piromalli und Mammoliti betreibe.

Es waren nicht gerade Gewinnertypen, die Amandini da um sich hatte, eher Glücksritter, die sich nicht gerade auf einem Kreuzzug für gesetzestreues Leben befanden. Sein schweizerischer Kompagnon Marcello Quadri, ein Rechtsanwalt und Direktor eines Mineralwasserbrunnens, kämpfte darum, sein Unternehmen liquide zu halten, würde in Zusammenhang mit einem Justiz-Bestechungsskandal wieder in die Medien geraten. Pietro Belardelli, ein Geschäftsmann aus Rom, sah sich in der Schweiz mit Betrugsermittlungen konfrontiert und wurde später in Italien wegen Geldwäscherei und Unterstützung des Organisierten Verbrechens verhaftet, die Vorwürfe wurden allerdings nicht bewiesen.

Die Gruppe wollte mit Papieren arbeiten, die sie immer nur »GNMA« nannte, was für »Government National Mortgage Association« steht. Andere sagen griffiger »Ginnie Mae«, die Papiere gibt es heute noch. Es handelt sich um Anleihen eines US-Staatsunternehmens. Die Gruppe wollte sie leasen, um sie verpfänden zu lassen und Kreditlinien zu erhalten.

Nach Aktenlage wurden die Titel über einen Finanzier namens Curio Pintus zur Verfügung gestellt, der für eine Kanzlei in New York arbeitete, »Hill & Associates«, die Treuhänder der Mafia-Familie Gambino sein soll. Michele Amandini sagte in einer Vernehmung, er kenne einen der Zuständigen dort: »Der Anwalt Kenneth Carnesi hat sizilianische Wurzeln. Ich denke, dass er direkt aus Catania stammt.« Für ihre Dienste war den Anwälten eine Bezahlung von einer Million Euro zugesagt worden, zahlbar in zwei Tranchen. Amandini war skeptisch gegenüber dem Einsatz von GNMA. Er hatte Carnesi 1988 oder 1989 kennengelernt, als ein Bankier die Papiere erstmals auf den Schweizer Markt brachte. Sein Partner, der Rechtsanwalt Quadri, legte die Papiere aber dem Direktor der Bank des Kantons Tessin zur Prüfung vor. Mit Erfolg. Sie wiesen extrem hohe Beträge aus, erinnerte sich Amandini später in einer Vernehmung: um 50, 100 oder 200 Millionen! Sogar zwei Bankfunktionäre, die nicht kooperieren wollten, waren in Mailand und Brüssel entführt worden, steht Jahre später in einer Akte. Pintus ist bis heute im Finanzbusiness aktiv und bezeichnet sich auf seiner Homepage als Berater der NATO, des italienischen Präsidialamts und vieler anderer. Das Präsidialamt erklärt mir aber auf Nachfrage, dass Pintus nie als Berater tätig gewesen sei und dass man sich dafür einsetzen werde, dass der Eintrag korrigiert werde.

Pietro Bellardelli, der Geschäftsmann aus Rom, hatte versprochen, den klammen FC Lugano, einen schweizerischen Fußballverein, zu neuen Höhen zu führen. Bellardelli wurde als Präsident geführt, zumindest auf dem Papier. Er selbst soll aber gesagt haben, dass er einen Vertreter hinter sich habe, was Amandini so verstand, dass er lediglich ein Strohmann sei. Amandini wusste auch, dass sein Kompagnon Quadri ebenfalls Teilhaber des FC Lugano war. Belardelli fragte Amandini oft um Rat, er bat auch Quadri, ihn zu begleiten, wenn er Termine bei seinen Banken hatte, die immer mit den Direktoren stattfanden. Amandini sagte in einer Vernehmung, dass sie kein Bargeld mehr in die Schweiz zu fahren brauchten, sie seien längst Teil des Systems geworden. Die von ihnen geplanten Finanzoperation hätten 32 Millionen Dollar erbringen sollen. Die eine Hälfte davon für den FC Lugano, die andere für den Besitzer der Papiere und einen Unternehmer in Finanznot. Die Gruppe wollte sich wohl nicht nur finanziell beim FC Lugano einbringen. Ein Beauftragter von Fazzaris Team fragte auch nach, ob ein Spieler, den sie in Spanien kennengelernt hätten, schon zum Vorspielen eingeladen worden sei. Der Mann von Atlético Madrid habe am nächsten Tag sein Probetraining, war die Antwort. Ob die 32 Millionen am Ende geflossen sind, verrät die Akte leider nicht. Dieser Teil der Ermittlungen gelangte erst Jahre später an die Öffentlichkeit.

Curio Pintus, der den Akten zufolge über die Ginnie Maes der New Yorker Kanzlei verfügen konnte, wird uns Jahre später wieder in Ermittlungsakten begegnen und mit ihm das Thema Anleihen und andere Titel. Dubiose Wertpapiere für Finanzoperationen zu nutzen, um Fußballvereine zu retten – das Modell, dass Amandini und seine Kompagnons hier ersonnen hatten –, wird Schule machen. Paolo Signifredi, der als Buchhalter des Clans Grande Aracri gilt, sagt, er habe über einen Geschäftspartner falsche Bankgarantien über die Großbank HSBC in London erhalten, um den hoch verschuldeten Verein Parma Calcio zu retten, er wurde aber vorher verhaftet. Gennaro Pulice, Killer und Finanzexperte des Clans Cannizzaro-D'Aponte aus Lamezia Terme und später Kronzeuge, beschuldigte sich selbst, im Jahr 2013 gefälschte Bankgarantien besorgt zu haben, damit der Verein Como Calcio die nötige Liquidität ausweisen könne, um in der Dritten Liga zu bleiben. Pulice betonte, dass dies nur dank der Komplizenschaft von Bankdirektoren möglich gewesen sei.

Eine Aussage von Amandini ist besonders alarmierend. Amandini sagte in der Vernehmung mit Lombardo, die 'ndrangheta habe heute unendliche finanzielle Ressourcen: Ihr einziges Limit sei die Zeit, die es brauche, Gelder zu organisieren.

In unseren Unterhaltungen hat Giuseppe Lombardo immer wieder darauf verwiesen, dass die 'ndrangheta massiv in Staatsanleihen investiert habe. Im Juni 2023 vertrat er diese Sicht auch öffentlich in einem Gespräch mit Giovanni Tizian, wenige Tage vor einem der wichtigsten Schläge der vergangenen Jahre gegen die Organisation, die »Operation Eureka«, von der bereits die Rede war. Lombardo war beim »Trame Festival« in Lamezia Terme zu Gast. Die Veranstaltungsreihe präsentiert Jahr für Jahr kostenlos Antimafia-Literatur in der Stadt. »Achtung!«, rief Lombardo, »die demokratische Führung eines Staates beeinflusst man nicht nur mit Bomben, sondern auch mit dem großen Geld. Und wisst ihr wie? Indem schmutziges Geld auf den Kapitalmarkt gebracht wird und etwa Staatsanleihen gekauft werden. Der jährliche Umsatz [der italienischen Mafia] liegt bei 220 Milliarden Euro, wo landen diese 220 Milliarden? Irgendwo müssen sie hin. Wenn sie gut investiert sind und wirtschaftliche Dynamiken in Italien, Europa oder weltweit bestimmen können, werden sie zu einem politischen Problem. Braucht es also noch Bomben?«, fragte er rhetorisch. »Nein, denn es gibt finanzielle Bomben.«

Milliardenwerte im Mülleimer

Roberto Recordare hat eine Geschichte, die Journalisten gewiss als »sexy« einstufen: Auf dem Weg nach Dubai und weiter nach Afghanistan, am Flughafen Fiumicino in Rom, zogen Finanzpolizisten den 51 Jahre alten Geschäftsmann für eine Kontrolle heraus, und während sie ihn zu einem Raum führten, um Schwarzgeld bei ihm zu suchen, fingerte er unbemerkt einen Umschlag aus seinem Aktenkoffer und entsorgte ihn in einem Papierkorb. »Mehr oder weniger hundert Milliarden«, sei der Wert der Titel darin gewesen, berichtete Recordare später im Auto einem Pärchen, mit dem er Geschäfte machte, er habe von den Dokumenten noch Scans. Ich stelle mir vor, wie die Ermittler beim Auswerten der Abhörmaßnahme vom August 2017 grinsen mussten, denn Recordare sagte auch, dass die Beamten ihn danach irgendwo im Flughafen rausgelassen hätten und er herumgeirrt sei und den Papierkorb einfach nicht mehr gefunden habe.

Papiere im Milliardenwert? Man könnte Recordare für einen Spinner halten, einer, der durchgeknallt ist, einen Fantasten. Doch wenn er Journalisten gegenübersitzt, fixiert er seine Gesprächspartner mit seinen grün-braunen Augen und antwortet klar und überlegt. Interviews gibt er zu Hause. Die Reporter gehen dann vorbei an Bildern, die er selbst gemalt hat, Mahatma Gandhi, Rosa Parks, Martin Luther King, entlang der Treppe, die zu seinem Büro führt. Eine grün getönte Wand. Oben dann alte Holztüren, italienischer Landhausstil, und ein Bild des Staatsanwalts Nicola Gratteri mit Teufelshörnern und Dracula-Zähnen. Recordares Körper ist sehr sportlich, sein Gesicht klar geschnitten, ein kahler Charakterkopf. Auf den Bildern der Überwachungskamera steht er stets kerzengerade da, immer unter Spannung. Gelegentlich scheint in den Interviews auf, dass ihm keiner etwas kann, dann wirkt er überheblich und ist dabei doch sympathisch, mit Witz, eine merkwürdige Mischung.

Dabei hat Recordare recht. Ihm kann tatsächlich keiner was. Die Ermittler halten ihn für einen Geldwäscher im Milliardenbereich, der für die 'ndrangheta, die Cosa Nostra und die Camorra arbeitet, und doch ist er in Freiheit. Er selbst beschreibt sich als normalen Geschäftsmann, der nichts Illegales tut. Zwei erfahrene Investigativjournalisten gingen für den Fernsehsender *Al Jazeera* seinem Fall nach und produzierten eine einstündige Doku. Italienische Fernsehmagazine berichteten über ihn. Ermittler hefteten sich mit größtem Aufwand über Jahre an seine Fersen, nachdem deutlich geworden war, dass bekannte und wichtige Mitglieder der 'ndrangheta ihn hofierten. Und doch ist er ein Rätsel geblieben, für alle. Die Geldwäsche ist seit den Tagen Al Capones unendlich komplex geworden und Recordare weiß das.

Recordare stammt aus Palmi in Kalabrien. Er war oder ist in eine Vielzahl von Unternehmen involviert. In seinem Heimatort, auf Malta, angeblich auch in Georgien und Tadschikistan, viele tragen »Golem« im Namen. Eine »Golem Stiftung« in London ist inzwischen gelöscht.

In einer Meldung der Nachrichtenagentur *ANSA* ist Recordare als Teil der unsichtbaren 'ndrangheta beschrieben. Belegt ist, dass er in Kontakt mit Mafiosi steht, auch konspirativ, die in ihren Clans höhere Positionen einnehmen. In der Polizeiakte beschrieben die Ermittler auf mehr als 500 Seiten viele Treffen und einige der Vorgehensweisen Recordares. Dass sie in Prozessakten geriet und damit öffentlich wurde, war wohl ein Versehen. Recordare äußerte in abgehörten Unterhaltungen immer wieder die Sorge, abgehört zu werden, er flüsterte, tauschte sich mit anderen aus, welche Messenger noch sicher seien, ließ sein Telefon im Auto und redete in sicherer Entfernung mit Geschäftspartnern. Er arbeite mit Konten, so die Akte, die keine IBAN hätten, auf erfundene Inhaber eingerichtet und mit einem digitalen Schlüssel gesichert seien. Auf diesen Konten sollen seinen Angaben zufolge 136 Milliarden Euro liegen. Insgesamt, schreiben die Ermittler, verwalte Recordare 500 Milliarden

Euro. 500 Milliarden! Er verfüge über Konten in einer Vielzahl von Ländern und arbeite mit Bankern ab einem bestimmten Level, die befugt seien, gewisse Operationen auszuüben. Und er nutze Länder für sich, die nicht gerade für Geschäfte naheliegen: Afghanistan, Pakistan, Malaysia, Tadschikistan. Gerade das Bankensystem in muslimischen Regionen sei abgeschirmt gegen die Überwachung etwa durch die USA, sagte Recordare. Und ständig ist er unterwegs: Türkei, Malaysia, Afghanistan, Dubai, Tadschikistan und: Deutschland.

Deutschland?

Dann können wir die ganze Welt downloaden

Bei Geld höre die Freundschaft auf, sagt ein altes Sprichwort. Doch das Gegenteil ist zutreffend: Locken große Summen, kommen die Freundschaften von allein. Diplomatenpässe erhalten, Bargeld besorgen, ukrainische Dokumente bekommen oder Beratung, wie man Millionen und Milliarden durch das Finanzuniversum schießt – alles kein Problem, mit ein bisschen Mithilfe von Freunden. Roberto Recordare hat sich im Laufe der Zeit ein beachtliches Netzwerk zugelegt und Kenntnisse über das Finanzwesen aufgebaut. Den Akten zufolge soll er in Frankfurt am Main auch in Kontakt stehen mit einem Mitarbeiter der Deutschen Bank. Und so hatte er einen Plan gefasst, der nur mit größtem Aufwand umzusetzen war. Den Ermittlern erschloss sich scheibchenweise, was Recordare vorhatte.

Gegen Ende September 2017 reiste Recordare nach Desenzano am Gardasee, ein Ort mit idyllischen bunten Häuschen am Bootshafen, eine Mischung aus Venedig und Toskana. Ein Ort, der aber auch Mafiosi verschiedener Clans anzieht und Ermittler daher immer wieder beschäftigt. Recordare und seine Gesprächspartner hatten kein Auge für die Schönheiten. Sie saßen in einem Café, das zu einer Tankstelle gehörte, und warteten. Auf zwei wichtige Gesprächspartner. Die Ermittler waren dank einer Software auf seinem Samsung Galaxy live dabei, vernahmen aber nur Gesprächsfetzen.

»Nicht Tadschikistan, aber ein anderes Land in der Nähe«, sagte Monica Durio (Name geändert). Sie war als Finanzberaterin bisher nur einmal größer in Erscheinung getreten, als sie in Bergamo ein gigantisches Projekt vorgestellt hatte, die »Tunisia Economic City«, in Anlehnung an das Silicon Valley auch »Silicon Africa« genannt.

Durio suchte nach Investoren. Das war Ende 2015. Nun kooperierte sie mit Recordare. »Usbekistan«, warf Recordare ein. »Bravo!«, antwortete Durio. »Orion-Bank!«, rief Recordare und die Ermittler notierten, dass der Name nur phonetisch festgestellt worden sei. Tatsächlich hieß die Bank »Orien Bank«.

Am Nachmittag kamen schließlich die Gesprächspartner. Einer von ihnen war Corrado Barba (Name geändert) und soll, so zumindest ist in der Akte zu lesen, schon für die Deutsche Bank als Techniker gearbeitet haben. Er hat aber auch eine bemerkenswerte Liste an polizeilichen Vorerkenntnissen: Diebstahl, Drogenproduktion, Drogenhandel, Bedrohung, Marktmanipulation, Betrug, Erpressung, Scheinrechnungen, einmal quer durch die Palette. Barba hat der Akte zufolge einen Gesellschafter, der für die Deutsche Bank tätig sei. Der könne ihnen helfen. Den Ermittlern stellte sich ein Puzzle dar.

Zwei Wochen später, das nächste Puzzleteil: Recordare erklärte zwei Partnern, dass er eine komplexe Operation plane, um Gelder zu transferieren. Dafür brauche er einen Techniker, der auf Level 12 arbeiten könne. Es gebe davon nur wenige in der Welt, die Deutsche Bank verfüge lediglich über zwei, und einen davon habe er gefunden, in Frankfurt. Ich suchte in dem Online-Businessnetzwerk LinkedIn nach entsprechenden Profilen. Tatsächlich fanden sich zwei angebliche Level-12-Banker bei der Deutschen Bank. Nachfragen bei der Bank zu einem der beiden ergaben aber, dass kein Mann mit diesem Namen für das Geldhaus arbeite. Inzwischen ist das Profil gelöscht. Das andere Profil ähnelte dem ersten dahingehend, dass in Profileinträgen Partner für Finanzprodukte gesucht wurden, die Finanztransfers ermöglichen, etwa Standby-Akkreditive (SLBC), was Zahlungsgarantien einer Bank sind, oder Telegraphic Transfers, eine Form von Überweisungen. Bankexperten wussten mir ebenfalls nicht zu sagen, was ein Level-12-Banker sein soll. Und Internetrecherchen führten zu genau einem Artikel des nigerianischen Onlinemediums *The Bridge News*, und der sprach von einem Fall von Geldwäsche.

Ob die Ermittler Teile des Puzzles fanden oder nicht, hing nicht von ihnen ab, sondern davon, was die abgehörten Personen in der

Reichweite der Abhörtechnik, meist auf die Handys aufgespielte Software, sagten. Am 8. Oktober fuhr Recordare nach Catania und traf zwei Geschäftspartner. Er habe jetzt eine Korrespondenzbank gefunden, sagte er, die CIMB Bank Berhad in Malaysia. Gemeinsam mit dem Techniker der Deutschen Bank könne er auf ein Konto dort den Download des Geldes organisieren, und zwar »server to server« (S2S).

Den Ermittlern offenbarte sich in der Folge, was Recordare vorhatte: Das Geld solle über die Orien Bank auf ein Konto bei der CIMB Bank in Malaysia fließen, ein Unterkonto, das auf Roberto Recordare lief. Und die Deutsche Bank würde als Intermediär fungieren, sollte den Handel also koordinieren. Corrado Barba versprach Recordare: »Barclays Bank und Deutch Bank ... sie geben mir soviel ich will ... du kannst jeden Tag 1 B, 2 B, 3B herunterladen, verstehst du?« B steht hier für Billion, also Milliarden, und die Schreibfehler sind original aus der Akte übernommen.

Immer mehr entblätterte sich vor den Ermittlern eine komplexe und unglaubliche Operation: Recordare reiste tatsächlich nach Malaysia, um das nötige Konto zu eröffnen, für eine Besprechung mit den Spitzen der Bank. Er schloss mit Bekannten, Inhabern eines Geschäfts für Brautmode, einen Vor-Kaufvertrag ab für eine Immobilie, da er Bargeld benötigte, um sein neues Konto zu befüllen, eine Vorgabe der Bank, 50 000 Euro. Das Geld gab er einem jungen Afghanen, damit der es in Pakistan einzahle, um dann von dort zu überweisen, damit keine Spuren in Europa anfallen. Recordare reiste nach Tadschikistan.

So viel Aufwand.

Die Ermittler beobachteten aus der Ferne, wie Roberto Recordare zu »Dimitri Verchtl« wurde oder »Ahmad Khan«, sich gefälschte Identitäten zulegte. Um in die Haut von Dimitri Verchtl schlüpfen zu können, schickte Recordare einen jungen Helfer eigens nach Kiew: 25 000 Euro kostete der Pass. Aufwand.

Am 23. Oktober 2017 war Recordare frisch zurück aus Malaysia und berichtete Geschäftspartnern von der Reise. Die Sache sei komplizierter, als es den Anschein genommen habe, sagte er, das Problem sei aber gelöst. Um (Geld) auf die Konten herunterladen zu können, benötigte es Autorisierungen der Regierungen, die manchen Regierungen verwehrt blieben, nicht aber Malaysia. Um die Erlaubnis der Regierung für dieses Korrespondenzkonto zu bekommen, hätten er und sein Berater die Regierung von Malaysia und die Zentralbank damit betrauen müssen. »Verdammt«, fluchte einer der Partner. »Wir sind zur Zentralbank gegangen, haben mit der Regierung gesprochen, um allen Schutz zu bekommen, was immer auch passiert«, berichtete Recordare. Dann hatte die Aufnahme einen kurzen Aussetzer. »... weil er sagte: Diese Konten herunterzuladen ... das wird großes Aufsehen erregen auf internationaler Ebene ... weil es viel Geld ist.« Das Konto sei jetzt aber bereit, fuhr Recordare fort: »In Malaysia bekommst du eine Reinigung: Sie zertifizieren, dass das Geld aus sauberen Quellen stammt.«

Einer der Gesprächspartner hatte einen Einwand: Das Problem sei zu verstehen, wie viel man downloaden könne. »Wenn wir das einmal durchgezogen haben, können wir meiner Meinung nach die ganze Welt downloaden«, sagte Recordare. »Aber wie bringen wir sie dann nach Tadschikistan? Wir können ja nicht zehn Milliarden dahinschicken.« »Nein«, entgegnete Recordare. »Aber das ist okay. Immerhin sind sie auf ein Korrespondenzkonto heruntergeladen, das zur Orien gehört.« »Du riskierst bei dieser Sache umgebracht zu werden«, warnte sein zweiter Geschäftspartner. Recordare war dafür schon sensibilisiert. Quellen in London hätten ihn gewarnt, dass drei Geheimdienste hinter ihm her seien, berichtete er. Das Geld, das bewegt werden solle, sei sehr wichtig. »Bedenke, dass wir Dinge bewegen, wo die Geheimdienste ... Wir zertrümmern die Welt und das globale Gleichgewicht«, sagte er. Er nahm das alles aber nicht sonderlich ernst. »Wenn wir diese Operation machen, muss ich schauen, wie ich für eine Zeit verschwinde«, sagte er – und lachte.

So weit die Akte. Wir erfahren nicht, um welches Geld es sich tatsächlich handelte. Wir erfahren nicht, ob Recordare die Operation durchzog. Vor allem aber erfahren wir nicht, welchen Sinn all dieser Aufwand hatte. Wir wissen am Ende gar nichts.

Die Dänische Nationalbank sagte, sie unterhielte keine kommerziellen Bankaktivitäten und habe keine Kenntnis von den beschriebenen Konten und/oder Transaktionen. Leider, so die Bank, werde ihr Logo gelegentlich missbraucht. Die Deutsche Bank schreibt, sie äußere sich nicht zu möglichen oder tatsächlich existierenden Kundenbeziehungen und zu etwaigen Ermittlungen. Sie kooperiere aber bei Anfragen von Behörden »vollumfänglich« und erteile angemessen Auskunft.

Falls aber alles Fake ist, wozu dann all der Aufwand, die Ausgaben für Reisen, die gefälschten Dokumente? Die Ermittlungen geben darauf keine Antwort. Medienrecherchen auch nicht. Die letzte Meldung der italienischen Nachrichtenagentur teilt mit, dass auch die Polizei in Malta gegen Recordare ermittle, und zwar die Abteilung Anti-Finanzkriminalität. Recordare wird darin zitiert, die gesamte Ermittlung sei eine »Farce« und die »hypothetischen Banktransaktionen, die Gegenstand der Ermittlungen sind, haben nichts mit der Mafia zu tun und beziehen sich auf meine Beratungsdienstleistung für Dritte, die ich in einem internationalen Kontext geleistet habe.« Diese Meldung stammt vom 12. September 2020. Seither gibt es keine neuen Informationen.

Die Journalisten Alessandro Righi und Emanuele Piano bieten mit ihrer 2023 veröffentlichten Dokumentation *The Launderer* für *Al Jazeera* eine Erklärung an: Eine Quelle von ihnen, ein Russe namens Edward, wird in der Ukraine ähnlicher Vergehen beschuldigt und war verhaftet worden. Er sagte, er habe daraufhin die Unternehmen durchleuchtet, über die die Gelder in seinem Fall fließen sollten. Es seien hauptsächlich Briefkastenfirmen, deren Besitzer Opfer von Identitätsdiebstahl geworden seien. Der in Dokumenten dazu angegebene Weg des Geldes ist der gleiche wie bei Recordare. In der Dokumentation ist zu sehen, dass ein Unternehmen namens »Power Gateway Capital« das Geld empfangen sollte, in diesem Fall 123 Millionen Euro. Es war das Unternehmen von Pasquale Corbisiero, dem Berater, den Recordare in Malaysia getroffen hatte und der ihm geholfen hatte, das Korrespondenzkonto bei der CIMB Bank einzurichten und die nötigen Autorisierungen zu erlangen. Die Ermittler kannten seine Stimme, weil sie das Treffen belauschen konnten.

Die Quelle Edward sagte Righi und Piano auch, es gebe tote Konten, die niemand beanspruche, auf denen Geld von Mafiaclans und

Drogenkartellen liege, Geheimdienste bedienten sich daraus. Waren also mehrere Leute hinter diesem Geld her? Die beiden Journalisten befragten auch den Geldwäscheexperten Mario Turla. Er sagt, es sei wahrscheinlich, dass die Geschäftsverbindungen mit dem Ziel aufgebaut würden, dass die Kapitalflüsse am Ende gar nicht zustande kommen. Stattdessen gehe es den Geschäftsleuten vermutlich darum, die scheinbar zustande gekommene Finanzierung entweder als Garantie für Kredite einzusetzen oder als Rechtfertigung für Geldbewegungen. Es gehe also um Geldwäsche.

Der Fall Roberto Recordare wirft so oder so Fragen auf: Wenn Ermittler solcherlei Fälle von Geldwäsche nicht aufklären können, sondern maximal unterbinden, was bedeutet das dann für Organisierte Kriminalität? Medien können die Lücke nicht füllen, wie man am vorliegenden Beispiel sieht. Selbst mit großem Aufwand wird nicht klar, ob und, wenn ja, welche Geschäfte Recordare verfolgt. Wenn also sowohl Ermittlungen wie auch die intensive Recherche von Journalisten keine Klarheit bei einem solch eklatanten Fall bringen, was heißt das?

Im Umkehrschluss bedeutet das jedenfalls, dass wir den Kriminellen ihr Geld lassen, uns geschlagen geben. Und das in Zeiten leerer Kassen, wo die erfolgreiche Gestaltung von Finanzermittlungen äußerst wichtig wäre. Wir erlauben möglicherweise eine absolut toxische Mischung, denn das große Geld ist Macht, und diese Macht ist in den Händen von Kriminellen und ohne Kontrolle.

Im Journalismus ist es viel beliebter, Fragen zu beantworten, als Fragen aufzuwerfen. Aber ist es nicht eminent wichtig, über solche Ermittlungen zu berichten, auch wenn man keine Antwort geben kann? Können wir es uns erlauben, darauf zu warten, bis etwas bewiesen ist, bevor wir berichten? Oder ist es nicht dringend nötig, dem Verdacht viel mehr Raum zu geben? Ist sonst nicht jede (andere) Berichterstattung womöglich nur eine Ablenkung von dem, was wirklich passiert?

Und noch eine Frage stellt sich: In Deutschland basiert die Verfolgung von Geldwäsche vor allem auf der Meldung von Geldwäsche-Verdachtsfällen. Gesetze verpflichten eine Vielzahl von Akteuren wie Banken, Notariate, Immobilienmakler, Rechtsanwälte, Immobilienmakler, Gebrauchtwagenhändler etc. Wenn Geldwäsche aber richtig gut organisiert ist, wird sie kaum auffallen und niemandem einen Grund geben, Meldung zu erstatten. Ein ehemals ranghoher Geldwäsche-Officer sagte mir über seine Bank, eine internationale Großbank, dass, wenn jemand komme und mit 50 Millionen ein riskantes Geschäft machen wolle, man ihn abweise. Wenn jemand aber mit 500 Millionen ein genauso riskantes Geschäft machen wollte, dann helfe die Bank, es so zu gestalten, dass nichts passieren kann. Es ist also auch wichtig, von staatlicher Seite proaktiv zu schauen, wer Geldwäsche wo wie organisieren könnte. Man muss auch von der Seite der Verdächtigen her denken. Man kann nicht nur warten, dass einem Geldwäscher auf dem Silbertablett präsentiert werden. Man muss sie suchen. Das folgende Kapitel legt einen Grund dafür nahe.

Die Schwelle

Der Staatsanwalt Giuseppe Lombardo weiß vermutlich bis heute nicht, dass sein Vortrag bei unserer Antimafia-Konferenz 2017 eine ganze Reihe von Kleinen Anfragen losgetreten hat. Eine wuchtige Aussage von ihm ist dennoch weitgehend untergegangen. Lombardo sagte, die 'ndrangheta müsse kein Bargeld mehr durch die Gegend transportieren, dafür habe sie jetzt Banken.

An diese Aussage musste ich oft denken, als ich zu einer Bank in Deutschland recherchierte, die einen Windpark im Gebiet des Arena-Clans finanziert hatte, unweit von Crotone. Dieser große Windpark war von den italienischen Behörden beschlagnahmt worden, per Gerichtsbeschluss wieder freigegeben und erneut beschlagnahmt und wieder freigegeben worden. Leute vor Ort hatten mir von Sabotageakten beim Bau der Windräder berichtet. Italienische Ermittler mutmaßten, es habe für die Finanzierung versteckte Sicherheiten gegeben. Die Bank betonte dagegen, es habe sich um eine normale Projektfinanzierung gehandelt. Eine Quelle aus dem Inneren der Bank betonte in einem Gespräch, dass interne Vorgaben für Investments in dieser Größenordnung missachtet worden seien. Die Ermittlungen ergaben am Ende nichts strafrechtlich Relevantes, die Bank war auch zu keinem Zeitpunkt Gegenstand von Ermittlungen, und die Frage, warum die Bank gehandelt hat, wie sie gehandelt hat, blieb folglich offen.

Mit der Aussage von Giuseppe Lombardo im Ohr habe ich mir eine hypothetische, einfache Frage gestellt. Alltäglich investieren Investmentfonds in Unternehmen, auch in Unternehmen der Finanzindustrie. Ist es also möglich, dass in deutschen Banken auf diesem Weg Mafia-Kapital gelandet ist? Und zwar nicht auf Bankkonten, sondern in der Bank selbst? Die Frage ist insofern relevant, als dass es große Macht bringt, einen Teil einer Bank zu besitzen, insofern es ganz neue Möglichkeiten für Clans eröffnet.

Ich habe mich also an die Bundesanstalt für Finanzdienstleistungsaufsicht, genannt »BaFin« gewendet. Die Behörde in Bonn und Frankfurt am Main hat ja den Auftrag, die Banken in Deutschland zu überwachen. Ihre Antwort ist ernüchternd: »Wenn ein Unternehmen eine bedeutende Beteiligung an einem Kreditinstitut erwirbt, muss es sich einem Inhaberkontrollverfahren unterziehen. Eine bedeutende Beteiligung liegt auf jeden Fall vor bei einer Übernahme von mindestens zehn Prozent der Unternehmensanteile. Die BaFin kann im Rahmen des Inhaberkontrollverfahrens nachvollziehen, wer die mittelbaren Eigentümer der Anteile sind.«

Im Umkehrschluss heißt das leider aber auch, dass es bei *weniger* als zehn Prozent verkaufter Anteile zu *keinem* Inhaberkontrollverfahren kommt. Ich habe mich da extra noch mal rückversichert. Zugespitzt formuliert können also 'ndrangheta und Co. in Deutschland 9,99 Prozent einer Bank mit ihrem schmutzigen Geld erwerben und müssen noch nicht einmal Kontrollen befürchten.

An so etwas denke ich, wenn ich höre, dass Deutschland ein Geldwäsche-Paradies sei. Oder wenn ich höre, wie der Kronzeuge Gennaro Pulice, ein früherer Killer und zugleich intelligenter Geschäftsmann aus Lamezia Terme, sagt: »Die italienischen Gesetze gegen Geldwäsche erlauben es nicht, große Mengen illegalen Kapitals in Bankaktivitäten zu investieren. Deshalb nutzen die kalabrischen Clans oft Unternehmen und Banken im Ausland und ganz besonders in Deutschland und der Schweiz.«

Sechs Sterne Extra Luxus

Die Altstadt ist so lieblich: bunte Wandmalereien, herausgeputzte Fassaden mit in die Wand eingelassenen Terracotta-Väschen (in denen Pflanzen allerdings vernachlässigt vegetieren), Häuschen aus groben Steinen, enge Gassen mit Erdgeschossen, hinter deren Blechtüren sich das Leben vor lauten Fernsehern abspielt. Durchzogen von Wegen, die das Schloss auf einer Anhöhe umkreisen. Es verweigert sich der Stadt mit seinen steilen Mauern, einem Sinnbild für die 'ndrangheta gleich: mitten im Leben, umschlossen von allem, verschluckt von der Masse und doch abgeschottet. Am Hang in einem der Häuschen nahm ich Quartier. Mein Gastgeber war ein pensionierter Feuerwehrmann und ein freundlicher Mensch. Er empfahl mir ungefragt Lokale: »Hier, 200 Meter gleich rechts um die Ecke ist die Piazza Pitagora, und dann ein paar Meter weiter befindet sich das Bistrot …« Ich zuckte zusammen. Die Piazza Pitagora, nach dem berühmtesten Bürger der Stadt benannt, dem griechischen Philosophen und Mathematiker Pythagoras, kannte ich von Luigis Erzählungen. Er hatte dort, mit 19 Jahren, ein Mordkommando organisiert, drei Tote, die Tat im November 1990 ging in die Annalen der Stadt ein. Ich wusste nicht, dass der Platz mitten im Zentrum lag. An die Überlappung von Mafia-Aktivitäten und Normalität werde ich mich wohl nie gewöhnen.

Ich war aus Neugier nach Crotone gekommen und wollte sehen, wo Luigi gewohnt hatte. Wenn wir an Mafia-Orte denken, kommen uns meist Dörfer wie San Luca in den Sinn, mit unverputzten Fassaden und ärmlichen Straßen, sodass man glaubt, dass die Menschen von der Hand in den Mund leben, aber nicht, dass die Clans Euroscheine in Zimmern bunkern. Crotone ist anders. Man defiliert über den Lungomare, durch Musikfetzen aus Restaurants und entlang dem Geschnatter der Bars und der Straße. In der Innenstadt prägen Leuchtbuchstaben Textbrocken von Rino Gaetano in die Nacht. Die Worte des Sängers hängen hoch über den Köpfen, mit einer Aura des Heiligen: »Aber der Himmel ist immer mehr blau. Wer schwitzt, wer kämpft, wer einmal isst, wem das Zuhause fehlt, wer allein lebt, wer ziemlich wenig bekommt, wer mit dem Feuer spielt, wer in Kalabrien lebt, wer von der Liebe lebt.« Gaetano wäre es gewiss wenig recht gewesen, in seinem Geburtsort derart verehrt zu werden. Die Gegenwart der Siebzigerjahre kommentierte er ironisch und spitz, an Konventionen rieb er sich, wie jeder junge rebellische Künstler es tun muss. Und jetzt ist sein Lied die Hymne des Fußballvereins, des FC Crotone, und verkitscht hier die Nacht, und dann auch noch direkt neben dem Dom!

Am Morgen ging ich über die Piazza Pitagora. Die Buchstaben über der Straße wirkten im Sonnenschein matt. In den Vernehmungsprotokollen von Luigi hatte ich nachgelesen, wo das Massaker stattgefunden hatte, auf einem Weg, der zum Dom hinabführte, ich musste eben am Tatort vorbeigegangen sein. Bruno Palermo, ein Kollege, wartete schon vor einer Bar mit zu vielen Leute, um sich in Ruhe unterhalten zu können. Für *Sky* berichtet er über Fußball, er hatte aber auch ein Buch geschrieben über Kinder, die Opfer der Mafia wurden, eine bedrückende Ansammlung von 108 allzu kurzen Biografien. Auf dem Weg zur nächsten Bar grüßte er mal hier, mal rief ihm dort jemand ein Hallo entgegen. »Ciao Aldo!«, im Vorbeigehen, ein Winken, eine kurze Berührung an der Schulter. Als Kind war Bruno mit Luigi befreundet, ab und zu spielten sie zusammen Fußball, sie lebten im selben Viertel. Nun war er nicht mehr so schlank wie früher, viele Haare hatten die Zeit auch nicht überdauert. Man sah aber immer noch, dass er sich gerne bewegte, nicht wegen der kurzen Hose und dem noch muskulösen Körper. Sondern weil seine Bewegungen wie bei jedem sportlichen Menschen ohne Trägheit flossen. Wir setzten uns vor ein Lokal und kamen ins Plaudern. Ich kannte ihn schon einige Jahre, er engagierte sich für die Antimafia-Organisation *Libera*. Auf einmal verstummte er. Gerade noch hatte er einen Mann gegrüßt, der einen Hund ausführte, ein grobes Tier. »Das war Luigi Bonaventura«, erklärte er, als der Mann und der Hund ein paar Schritte weiter waren. Ich blickte ihn fragend an. »Sein Cousin, er heißt genauso.« Später las ich im Internet nach, dass auch dieser Luigi schon mit dem Gesetz in Konflikt geraten war. Bruno nahm sein Telefon heraus, um seiner Freundin Bescheid zu geben. Francesca Travierso, ebenfalls Journalistin, arbeitete inzwischen für *VideoCalabria* und war zudem für die *Gazzetta del Sud* und *Radio Capital* im Einsatz. Ihr Büro lag in der Nähe. »Heute ist nichts passiert, ich weiß gar nicht, wie ich die Nachrichten füllen soll!«, sagte sie und setzte sich auf einen schnellen Cappuccino zu uns. »Soll ich was anzünden, damit du etwas zu berichten hast?«, scherzte ich und wir lachten. Francesca erzählte mir, dass ein ausländisches Filmteam vor Jahren am Strand von Reggio Calabria Spritzen und Kondome verteilt hätte, um zu zeigen, wie heruntergekommen die Gegend sei. Zu dumm nur, dass sie selbst dabei gefilmt wurden, der Aufschrei war groß. Bruno hörte aufmerksam zu. Nachdem ein älterer Herr an uns vorbeigegangen war, unterbrach er uns. »Siehst du den Mann da?« Bruno deutete mit dem Kopf auf ihn. Ich nickte. »Dem hat Luigi den Vater ermordet. Er hat es selbst in einer Fernsehsendung erzählt.« Mich schauderte es bei dem Gedanken, in einer Stadt zu leben, wo man ständig vor Augen hat, wer wen ermordet hat und wer ermordet worden ist. Doch solche Begegnungen waren hier völlig normal, kein Zufall.

Auch Francesca verfolgte das Thema 'ndrangheta. Sie erzählte mir von einer Pressekonferenz vor vielen Jahren, im Februar 2005, über die sie für die italienische Zeitung *Repubblica* berichtete. Ein israelischer Investor habe ein Resort erbauen wollen, ein gigantisches Projekt. »Bei der Vorstellung mit dem Bürgermeister warfen sie mit Millionenbeträgen nur so um sich, die investiert werden sollten. Mir kam das komisch vor.« Francesca recherchierte und fand heraus, dass der Investor, David Appel, in seiner Heimat wegen Korruption angeklagt war. Das Verfahren schüttelte Israel kräftig durch, denn der Mann, der das Geld angenommen haben sollte, hieß Ariel Sharon und war damals der israelische Premierminister. 2010 wurde Appel wegen Korruption zu dreieinhalb Jahren Haft verurteilt. »Das Grundstück, um das es ging«, sagte Bruno, »liegt im Norden von

Crotone, dort, wo der Fluss Neto ins Meer mündet.« Francesca, die auch die Umweltorganisation »Legambiente« vertrat, fügte hinzu, dass Purpurreiher dort Halt machten, wenn sie in den Süden zögen. »Es wächst da auch ein Eukalyptuswäldchen, von dem heißt es, dass die 'ndrangheta dort die Opfer der ›Lupara bianca‹ vergraben hat«, erklärte mir Bruno. Der Begriff bezeichnet Mordopfer, deren Leichen nie gefunden werden sollten.

Die Meldung der Nachrichten-Agentur *ANSA* zu der Vorstellung des Projekts gab mir ein Bild zu Francescas Zweifeln und quoll über vor Superlativen: Fünf Milliarden Euro sollten investiert werden, berichtete die Agentur, Hotels mit »sechs Sternen Extra Luxus« entstehen, ein »Disneydorf«, Golfplätze, ein Wasserpark und natürlich ein Fußballstadion. Aber eines mit 120 000 Plätzen! 50 000 neue Arbeitsplätze für die Region! 50 bis 60 Flüge täglich, die Reisende heranschafften! Auf Facebook findet sich nach wie vor eine Animation des Projekts: bunte Lichter, ein Casino, es könnte Las Vegas sein. Realisiert worden ist das Projekt nicht. Verschiedene Politiker sprachen sich vehement dagegen aus und auch die Staatsanwaltschaft trat auf den Plan.

Der unscheinbare Kernsatz der Meldung versteckt sich gegen Ende: Als Mitarbeiter und Berater von David Appel wirke ein Tourismus-Unternehmer, der ursprünglich aus Papanice komme. Das ist ein Teil von Crotone, vielleicht zehn Kilometer entfernt vom Zentrum, wo wir beim Espresso saßen. Die Agentur schrieb: »So wie mitgeteilt wurde, war er entscheidend dafür, dass die Region Crotone für die Realisierung des Investments gewählt wurde.«

Dieser Mann war wenige Monate vor meinem Besuch, im Juni 2023 in Stuttgart zur Polizei gegangen, er stellte sich und wurde verhaftet. Kurz zuvor war in Münster sein Bruder festgenommen worden. Es sind Salvatore und Francesco Assiolo*, alte Polizeibekannte, über die schon oft berichtet worden ist. Im Sommer 2023 kehrten nicht nur die zwei Assiolos in das Licht der Öffentlichkeit zurück. Auch das Gebiet, auf dem »Europaradiso« entstehen sollte, war erneut Thema. Dieses Mal nicht als Ort für ein Touristenressort, sondern als Fläche für den Anbau von Gemüse. Dass die 'ndrangheta davon profitieren sollte, das hatte sich allerdings nicht geändert.

Salat für Österreich und ein Essen mit dem Boss

Am Nachmittag nach unserem Gespräch bog ich in den Weg ein, so wie Bruno und Francesca es mir beschrieben hatten. Was ich suchte, wusste ich selbst nicht so genau. Vielleicht das Eukalyptuswäldchen, vielleicht wollte ich herausfinden, ob man auf dem kargen Land tatsächlich Urlaub machen will, ich weiß es nicht.

Schon am Tag davor war ich in diesem Gebiet unterwegs gewesen. Die Straße, über die ich gefahren war, hatte mich schnell heruntergebremst: Quadratische Kanaldeckel waren so in den Boden eingelassen, dass sich um sie herum beachtliche Wellen aus Asphalt aufschoben. Der erste Schlag unter mir ließ mich fürchten, dass beim nächsten die Achse meines Wagens brechen würde.

Ich bin der Meinung, dass man überraschenden Begegnungen manchmal Raum geben muss, und so war ich ohne klares Ziel durch das Gebiet gesteuert. Das Meer rechts von mir, ein Campingplatz inmitten der Monotonie von Feldern, Äcker, die für den nächsten Anbau im Frühjahr etwas ruhen durften. Abgesehen davon, dass eine Frau mich während der Fahrt vorbei an abgeernteten Feldern und zerrissen dastehenden Gewächshäusern übertrieben angelächelt hatte, war nichts Besonderes passiert. Keine unverhofften Begegnungen, und das kann bei Recherchen im Mafia-Kontext ja auch etwas sehr Positives haben. Schließlich ließ die Dämmerung die Farben fahl werden. Auf dem Rückweg kam mir die Frau erneut entgegen und wieder lächelte sie aufforderungsvoll, doch ich fuhr lieber weiter. Ich landete in einem Industriegebiet vor der Salvaguardia Ambientale, dem Müllentsorgungsunternehmen von Luigis Cousins, hielt nicht an und das war noch das Spannendste gewesen.

Nun war ich wieder hier. Mein Kleinwagen rutschte über das Gras des Mittelstreifens, der Feldweg führte mich entlang des Flusses Neto. Unten schlängelte sich das Wasser um Inseln, Kühe weideten, Sonnenstrahlen leuchteten durch die Blätter. In der Ferne wieherten Pferde. Der Weg endete schließlich vor einem Gatter. Kein Durchkommen zum Meer, kein Eukalyptuswäldchen. Ich vermute, Fremde blieben hier nicht lange unbemerkt. Wer sollte hierherkommen und warum, wenn nicht mit einem Lastwagen, um Ware abzuholen? Immerhin hatte ich den Gemüseproduzenten gestreift, den ich aus Akten kannte. Leere Styroporboxen standen im Hof und ein Lastwagen mit der Aufschrift »Maida«.

Der frühere Inhaber des Betriebs, Massimiliano Maida, war in Deutschland geboren, jetzt war das Unternehmen auf seine Tochter eingetragen. Die Liste seiner polizeilichen Vorerkenntnisse las sich abwechslungsreich: Betrug, Bedrohung, Steuerhinterziehung, mehrere Verhaftungen. Unter anderem soll der Landwirt als Teil einer kriminellen Vereinigung die illegale Einwanderung und den Aufenthalt von 1478 Menschen aus dem Ausland unterstützt haben. Die Ermittler in Crotone sahen ihn als Mitglied des Megna-Clans. Der Landwirt selbst hatte einem Kronzeugen berichtet, er sei sehr dicke mit dem Boss Mico Megna und wolle gerne Antonio Grande Aracri kennenlernen, einen Bruder des Bosses Nicolino. Maida stand zudem in Kontakt mit Francesco Tallarico, einem Mafioso, der über einen in Deutschland geborenen Mafioso Waffen besorgen könne, die bei einem Wirt unweit von Stuttgart gelagert würden. Ein LKW-Fahrer bringe sie dann.

Bei den Ermittlungen jetzt ging es nur um friedliche Salatköpfe. Und um einen störrischen Landwirt aus Österreich, Josef Waldheim (Name geändert). Der hatte 2013 ein Unternehmen in der Region gegründet und war nun als Kontaktperson von Maida ins Sichtfeld der Fahnder geraten. Er wurde als Beschuldigter in dem Verfahren geführt, gemeinsam mit dem mächtigen Boss der Papaniciari, Domenico Megna.

Der Geschäftsmann hatte sich bisher sehr clever angestellt. In Österreich konfektionierte er Obst und Gemüse aus dem Ausland für große Supermarktketten, packte zum Beispiel Zitronen, die in

Kisten angeliefert wurden, in Netze, immer vier Stück, oder klebte Bananen aus Südamerika Banderolen um. Und er warf Ware weg, die vom Transport in Mitleidenschaft gezogen worden war. In Kalabrien ließ er dagegen selbst anbauen: Kraut, Eissalat, Zucchini. Nach Angaben eines Mitarbeiters hatte er Flächen gepachtet und das Unternehmen der Familie Maida beauftragt. Gerade außerhalb der Saison wollte er Gemüse produzieren. Das sei risikoreich, sagte einer seiner Mitarbeiter im Gespräch mit einem Freund, im Erfolgsfall seien die Gewinne dafür immens.

Es wäre spannend zu erfahren, ob die Schwierigkeiten zwischen Waldheim und seinen kalabrischen Geschäftspartnern entstanden sind, weil unverträgliche Mentalitäten aufeinanderprallten: die eines österreichischen Businessmans und die von Menschen, die mafiöse Strukturen verinnerlicht haben und noch dazu Süditaliener sind. Oder ob es in seiner Person begründet lag. Die Kalabresen erzählten wenig Schmeichelhaftes über ihn. Seine Arroganz schreie zum Himmel, überall schaffe er Schwierigkeiten, er mache Geschäfte auf Kosten der anderen und wolle immer alles unter Kontrolle haben. »Fettwanst« nannten sie ihn hinter seinem Rücken, und dann stritten sie dauernd mit ihm über Gelder und wer was bezahlen musste. Dennoch hielt diese Geschäftsbeziehung über Jahre. Sicher auch ein Verdienst von Rosario Arcuri, Waldheims wichtigstem Mann. Er musste häufig vermitteln, nicht nur, weil er sich mit dem Österreicher auf Deutsch unterhalten konnte, sondern auch, weil er ein guter Mediator war. Waldheim selbst sagte: »Ich will mit niemandem streiten und möchte nur, dass alle Erfolg haben können!« Aber so einfach war es offenbar nicht.

Gerade mit einem besonders engen Geschäftspartner knirschte es immer wieder: mit Salvatore Assiolo. Das Verhältnis der beiden lässt sich aus den Akten nur bedingt rekonstruieren. Kennengelernt hatten sie sich wohl in Österreich, wo Assiolo mit seiner Familie ein Restaurant eröffnet hatte und Teilhaber eines Unternehmens wurde, das seinen Sitz an derselben Adresse hatte wie ein Logistikbetrieb der Familie Waldheim. Das Unternehmen handelte passenderweise mit Obst, zumindest ist das die Firmenbeschreibung im Handelsregister, und bot Beratungsleistungen an. In den Akten finden sich keine Hinweise darauf, dass die beiden eine Freundschaft unterhielten. Im Gegenteil, einmal sagt Assiolo, man erkenne sofort, dass Waldheim im Geld schwimme, er sei bereit, eine Tasche zu kaufen für 5000 Euro oder so irgendwas, nur, um vögeln zu können. Redete man so über einen Freund? Andererseits bekam Assiolo monatlich eine stolze Summe Geld von Waldheim, fuhr mit einem Auto herum, das auf Waldheim in Österreich zugelassen war, mit einem Steyrer Kennzeichen, und es würde mich nicht wundern, wenn Waldheim auch noch Steuer und Versicherung bezahlen würde.

Im März 2019 waren die Reibereien zwischen den beiden besonders stark. Waldheim kündigte sich für den nächsten Tag in Kalabrien an und sagte, er wolle tags darauf mit dem »Zio« sprechen. Waldheim muss insistiert haben, denn niemand trifft so einfach den Zio, nicht in Kalabrien. Mit »Zio« ist nämlich nicht irgendein »Onkel« gemeint, was die wörtliche Übersetzung wäre, sondern es ist ein Ehrenwort für den »Boss«. Für Mico Megna also. Der war immer im Bilde über die Geschäfte von Waldheim.

Aufgrund dieser Kontakte wurde Josef Waldheim unter Hausarrest gestellt. Eine vergleichbare Maßnahme gibt es nicht in Österreich, sofern er also Italien meidet, ist dies nicht weiter von Relevanz. Österreichische Behörden hatten ebenfalls ein Ermittlungsverfahren begonnen und es passenderweise »Operation Eisberg« benannt.

Die Familie Assiolo und der »Mafiapate in Münster«

Die Grundstücke, auf denen der jetzt mit Hausarrest belegte Landwirt Waldheim Gemüse anbaute, bringen scheinbar nur Ärger. Ob das mit der Vorgeschichte zu erklären ist, weiß ich nicht: Jedenfalls berichtete der Kronzeuge Giuseppe Vrenna, Salvatore Assiolo habe sich damals zu Zeiten von Europaradiso mit der Zugehörigkeit zu den Papaniciari gebrüstet und ihn um einen Gefallen gebeten. Sie müssten einige Grundstücke kaufen: Sollten sich deren Besitzer weigern, möge er doch bitte »etwas unternehmen«.

In einem am 10. Mai 2011 auf YouTube veröffentlichten Interview für einen lokalen Fernsehsender beschrieb Assiolo das gänzlich anders. »Um Europaradiso hierher zu bringen, hatte ich 49-mal die Polizei zuhause, 49-mal! Drei Durchsuchungen – ohne Ergebnis, logischerweise – zwei Gerichtsverfahren und die Sonderüberwachung und Vermögensbeschlagnahme.« Sein Klagen wurde lauter. »Mein Strafregisterauszug ist sauber. Etwas Wut könnt ihr mir zugestehen!« Assiolo war damals gerade mit dem großen Investmentprojekt gescheitert und wollte in die Politik gehen. In dem Interview erzählte er von sich. Er sei eines von neun Geschwistern. »1977, 1978 arbeitete ich für die Stadtverwaltung von Crotone. Ich kündigte dann, vielleicht bin ich der einzige in der Geschichte von Crotone, der je seinen Job dort gekündigt hat.« Er habe den Koffer gepackt, um nach Deutschland zu gehen, mit seinen Brüdern. »Wir haben hart geschuftet, unser Glück gemacht. Wir haben in der Gastronomie gearbeitet.« »Wollen wir verraten, dass sie aus Papanice sind?«, fragte die Moderatorin, stets darauf bedacht, Assiolo in einem guten Licht erscheinen zu lassen. »Natürlich, ich bin stolz auf Papanice, meine Freunde nennen mich Turuzzo.«

Einer dieser Freunde ist Angelo Salvatore Cortese, oder besser: war. Cortese hatte die Seiten gewechselt und kooperierte mit den Ermittlungsbehörden. »Die Familie kenne ich gut«, sagte er im Oktober 2020 zu dem Staatsanwalt Domenico Guarascio, der sich bei der Antimafia-Staatsanwaltschaft Catanzaro auch um Mafiosi in Deutschland kümmert. Hart geschuftet? »Das Geld dafür stammte von Nicolino Grande Aracri. Der Boss reiste in den Neunzigern mehrmals nach Deutschland.« In der Gegend von Crotone hatte sich herumgesprochen, dass man im Ausland, vor allem in der Bundesrepublik, gut Geld waschen und investieren konnte. Die Assiolo-Brüder wurden eine wichtige Anlaufstelle für die Clans in der Region, vor allem Franco, der sich in Münster niedergelassen hatte. »Franco war, wie sagt man, das Bindeglied, weil, er war von dort, kannte Buchhalter. Franco Assiolo und ein paar andere waren schon seit Jahren, sagen wir, Teil des deutschen Kontextes, sie wussten, wie man sich bewegt, kannten Banken, Steuerberater, wussten ein bisschen alles, Notare.« Franco riefen sie sogar »il Tedesco«, also »der Deutsche«, so Cortese. Der Kronzeuge Domenico Bumbaca berichtete, dass auch Francesco Russelli, der Bruder von Leo Russelli vom Clan Megna, oft bei Franco Assiolo zu Besuch gewesen sei. »Er war alle zehn Tage in Deutschland, immer bei diesem Assiolo.« Francesco Russeli habe ihm auch einmal Bilder eines weiteren Mitglieds der Familie gezeigt. »Wenn ich mich nicht täusche, heißt er ebenfalls Assiolo, der hat den Vornamen Luigi, tausendprozentig.«

Francesco Assiolo wurde von deutschen Medien als »Pate von Münster« tituliert. Das ist natürlich Quatsch, und ich frage mich, warum in Deutschland jeder Mafioso gleich zum Paten hochstilisiert wird. Cortese erinnert sich, dass sie ein Import-Export-Unternehmen aufbauten. Der Kronzeuge fragte den Staatsanwalt Guarascio, ob er Kalabrisch spreche, und verfiel dann in Dialekt: »Franco interessiert vor allem, das Geld von Grande Aracri zu waschen, der hatte kein Interesse sich anzustrengen, der hat in seinem Leben noch keinen Finger gekrümmt.« Das Unternehmen, Import-Export-Gesellschaft, sei nur ein Tarnunternehmen gewesen. Nicolino Grande Aracri trug damals stets Visitenkarten des Unternehmens bei sich. Wenn er von der Polizei angehalten wurde, zeigte er sie immer und sagte, er arbeite regelmäßig in Deutschland.

Heute bringen deutsche Ermittler Franco Assiolo mit einer ganzen Reihe von Unternehmen in Verbindung, etwa einer größeren Supermarktkette, auch wenn er bei diesen formal keine Rolle spielt. Bei manchen hat er Zugriff auf die Finanzen, bei dem Sitz eines Unternehmens wurde er sogar regelmäßig von seinem Bruder Salvatore abgeholt. Abhörmaßnahmen bestätigten, dass Assiolo die Fäden zieht. Seine Kinder stiegen mit weiteren Betrieben mit ins Business ein.

In Italien wollten Salvatore und Francesco Assiolo nicht mehr investieren, zu gefährlich. »Der aus Parma hatte ein Lokal, sie hatten ein Luxuslokal aufgebaut. Es wurde ihm beschlagnahmt, weil er einen Scheck mit jemandem getauscht hat«, berichtete Francesco seinem Bruder. »Dann ist nichts mehr zu machen … Das ist inzwischen Mode geworden. Immer ist der Kalabrese 'ndrangheta!«, knurrte Salvatore Assiolo. »Okay, aber das waren Neapolitaner!«, sagte sein Bruder.

An anderer Stelle kommentierte Salvatore Assiolo die Corona-Pandemie: »Da die Staatsanwälte jetzt nichts tun, sind sie in der Öffentlichkeit nicht sichtbar. Gratteri neulich: Ihr müsst aufmerksam sein, die Mafia nimmt sich jetzt Raum. Sie bringt den Leuten, die hungern, die Einkäufe … Aber was sollen wir machen? Sollen wir sie verhungern lassen?« Ja, Salvatore Assiolo sagte »wir«.

Franco Assiolo wirkte auch nach Italien als Bindeglied. Im Jahr 1999 etwa fuhr er mit einem deutschen Bankdirektor nach Kalabrien zu Nicolino Grande Aracri. Ob dieser Direktor wirklich ein Bankdirektor war, erschließt sich nicht aus den Akten. Vielleicht halten sie es mit den Bankern ja wie viele in Deutschland mit den Mafiosi: Alle sind gleich Bosse. Abhörmaßnahmen zufolge scheinen Mafiosi nur hochrangige Banker zu kennen. Und auch Bargeldtransporte nach Italien erfolgten unter der Mithilfe der Brüder Assiolo: Im September 2017 hörten die Ermittler mit, wie ein Paar in einem Jeep von Ford mit österreichischem Kennzeichen nach Italien zu einer Raststätte gelotst wurde und dort Mario Megna, dem Neffen von Mico Megna, etwas übergab. Jenseits jeden Zweifels handelte es sich um Bargeld, steht in der Akte zu dem Fall.

Ich habe natürlich Franco Assiolo zu all dem befragt. Sein Rechtsanwalt schickte mir die folgende Antwort: »In der Heimat unseres Mandanten ist dieser sehr häufig vorkommend und führte bisher auch immer wieder zu Verwechslungen. Soweit Sie daher die Aussage eines Herrn Angelo Cortese anführen, hatte dieser bereits in dem Verfahren 2014 nicht glaubhafte Aussagen getätigt, so dass unser Mandant freigesprochen wurde. Weder ist unser Mandant mit einem deutschen Bankfunktionär gefahren noch erwirbt oder vertreibt er Drogen. Ein Zeuge Colombi ist unbekannt und eine Mitgliedschaft zur 'ndrangheta nicht gegeben. Vielmehr wohnt unser Mandant seit über 40 Jahren in Deutschland und hat dort seine Familie mit Kindern.«

Auch Salvatore Assiolo lebte zeitweise in Münster, aber nicht durchgängig wie sein Bruder Franco (sofern man die Haftzeiten großzügig ausblendet). Salvatore Assiolo war von 1981 bis 1990, von 1994 bis 2003 und wieder im Oktober 2019 bis August 2020 Münsteraner. Viele weitere Leute aus seinem Umfeld zogen ebenfalls ins Münsterland, andere nach Augsburg, wo die Clans aus Crotone ebenso stark vertreten sind. Ich kontaktierte auch Salvatore Assiolos Anwalt, von diesem erhielt ich jedoch keinerlei Antwort.

Die Brüder Assiolo hielten offenbar nicht nur zu den Clans aus ihrer Gegend Kontakt, sondern auch zu anderen. Bei einem Treffen zwischen dem Boss Rocco Anello und Salvatore Assiolo Anfang September 2019 hörten Ermittler mit.

Anello: Grüß mir deinen Bruder und deinen Sohn, deine Frau. Assiolo: Die ganze Sippe! Anello: Von Zeit zu Zeit tauschen dein Bruder Franco und ich auf WhatsApp ein paar Grüße aus. Assiolo: Ja! ... Ich habe ihn heute angerufen, weil ich dachte, er sei unten. Er sagt, er kann nicht weg, es gibt Arbeit. Der große Sohn ist an der Uni, der Kleine macht die (unverständlich) Anello: Sie haben die Supermärkte, aber er hatte Restaurants in Deutschland, große, riesige. Assiolo: Nein, Franco hat den Großhandel [...] und wir waren in Polen, sogar im Mai, im Mai war ich in Polen ... mein Bruder, der in Deutschland ist, hat dort zwei Hotels und ein Restaurant ... als die Mauer fiel, hat er zwei Häuser gekauft ... in Reggio Emilia ist ein anderer Bruder.

Franco Assiolo wurde zu einer Anlaufstelle bei vielen Problemen. Gaetano Aloe, erst seit März 2023 Kronzeuge, erinnerte sich, wie er Franco Assiolo kennenlernte, nämlich über dessen Cousin. »Anders als sein Cousin Luigi, der in Stuttgart ist, lebt er in Münster, wo er ein großes Lebensmittelgeschäft betreibt.« Franco Assiolo habe einmal bei einem akuten Kokainmangel geholfen: »Als Cenzo Pirillo Boss war, hatten wir keine Drogen mehr zu verkaufen. Mein Schwager hatte dann die Idee, sich an Franco Assiolo zu wenden. Wir fuhren also nach Münster hoch, ich, Peppe Spagnolo, Cristiano Martino und Franco Cosentino, genannt ›sazizza‹. Wir sprachen mit Franco Assiolo und blieben für eine Weile in Münster.« Assiolo und er seien dann nach Belgien gefahren. »In einem Hotel stellte Franco mir einen Typen vor, mit dem er die eine Lieferung von einem Kilo Kokain nach Deutschland vereinbarte. Daraus haben wir ein weiteres halbes Kilo gestrecktes Kokain gemacht und es über einen Jungen nach Cirò Marina gebracht, der Linienbus fuhr auf der Strecke Deutschland – Kalabrien.« Während der Belgienreise habe Assiolo ihm anvertraut, dass er, wie die ganze Familie Assiolo, in Deutschland Experte sei für Betrug mit Lebensmitteln und Kokain.

Ermittler in Neapel können das bestätigen. Sie beantragten 1997 seine Auslieferung aus Deutschland, er sei Teil einer kriminellen Vereinigung, die mit Kokain handele. Assiolo berichtete Aloe auch, wie eng er mit Nicolino Grande Aracri sei. Der Kronzeuge Bruno Colombi erzählte dazu eine interessante Episode: Einmal sei Assiolo mit seiner Partnerin und der Tochter nach Italien gefahren und in der Wohnung von Grande Aracri untergekommen. Sein Jaguar sei während der Reise kaputt gegangen. In der Folge habe er das Auto einfach dem Boss überlassen.

Franco Assiolo, der Mann, der in Münster öfter fröhlich singend in seinem Laden steht, wird in italienischen Akten auch gravierender Dinge belastet. Dabei geht es um einen Mord im Milieu, mit dem er zwar direkt nichts zu tun hatte, aber indirekt. Assiolo betrieb damals gemeinsam mit seinem Bruder ein Restaurant in Reggio Emilia, ein Lokal, das alle nur »Pizzeria der Papaniciari« nannten. Man bezeichnet Mafia-Clans ja oft nach ihrer Herkunft, und genau so war das hier auch gemeint. Die Pizzeria war eine Anlaufstelle für den Clan Megna, aber nicht nur. Wenn Nicolino Grande Aracri in der Region zu tun hatte, pflegte er genauso dort zu essen wie Leute vom Clan Farao. Davon berichten eine ganze Reihe von Kronzeugen. Grande Aracri besprach hier auch Drogendeals, in einem Fall ging es um 500 Gramm Heroin. Anfang der Neunzigerjahre tobte ein Krieg zwischen zwei 'ndrangheta-Gruppierungen, und Nicolino Grande Aracri hatte die Order ausgegeben, einen Mann namens Giuseppe Ruggiero zu beseitigen. Der Plan war, ein Auto umzulackieren und als Wagen der Carabinieri auszugeben. In diesem lauerten vier Männer im Oktober 1992 Ruggiero bei Brescello auf, einem Ort in der Nähe von Parma, stoppten seinen Wagen und erschossen ihn. Angelo Salvatore Cortese berichtete, dass das Restaurant der Assiolos ihnen als Anlaufstelle diente. »Sie haben uns logistische Hilfe gegeben, wenn wir etwas benötigten.« Auch die Werkstatt für das Umspritzen hätten ihnen die Assiolo-Brüder genannt. Deren Inhaber habe Kokain von der Familie Dragone bezogen, erinnerte sich Cortese. »Er brachte uns die Schlüssel, legte sie auf den Tisch und ging weg.« Cortese war damals Teil der Gruppe des Clans Grande Aracri, die für Morde zuständig war. Nicolino Sarcone, ein weiterer Kronzeuge, ergänzte, dass man den Assiolos nicht gesagt habe, wofür man das Auto benötige.

Franco Assiolo war häufig inhaftiert, nicht nur wegen Drogenhandels, sondern auch wegen Steuerbetrugs. Er hatte Umsatzsteuer in Höhe von mehr als sechs Millionen Euro hinterzogen und saß deshalb im bayerischen Amberg ein. Befreundete Clans nahmen dann Geld aus ihrer Kasse und ließen es ihm zukommen oder kümmerten sich um Rechtsanwälte. Beispielsweise beschlossen Giuseppe Spagnolo und Martino Cristiano vom Clan Farao, ihm mit 3000 Euro auszuhelfen. Und auch Nicolino Grande Aracri unterhielt sich mit seinen Leuten, wie man den Kumpan Assiolo unterstützen könne.

Am Ende geht es eben doch immer wieder um Geld. Und es hilft Ermittlern, Beziehungen aufzuzeigen und auch zu erkennen, wer wie wichtig ist. Schon 2007. Da war zum Beispiel dieser Kredit in Deutschland. Franco Assiolo hatte Giuseppe Spagnolo, also Peppe dem Banditen, 50 000 Euro gegeben. Ein Freundschaftsdienst.

Peppe hatte ihm berichtet, dass er kurzfristig Geld brauche, um einen staatlichen Zuschuss zu bekommen oder so, da waren sich die Kronzeugen nicht mehr sicher. Jedenfalls hatte Spagnolo das Geld monatelang nicht zurückgezahlt. Mehrere Clanchefs waren in der Folge damit beschäftigt, eine Lösung in der Sache herbeizuführen. Leo Russelli, damals in Haft, ordnete direkt aus dem Gefängnis an, dass Spagnolo das Geld sofort zurückgeben müsse. Nicolino Grande Aracri schaltete sich ein. Und auch Cataldo Marincola beschäftigte sich mit dem Fall. Er wollte von Domenico Bumbaca wissen, ob er bei der Kreditvergabe in Deutschland mit dabei gewesen sei. »Catà, ich gehe doch nicht mit Peppe nach Deutschland! Wenn Peppe unterwegs ist, dann hat er immer zehn Zigeuner im Schlepptau, ich lasse mich doch nicht verhaften! Der Knast in Deutschland ist nicht wie in Italien, der ist ganz anders.«

Vor dem Kredit war das Verhältnis zwischen Franco Assiolo und Giuseppe Spagnolo deutlich besser. Am 13. Oktober 2005 belauschten Ermittler ein Telefongespräch zwischen beiden, nach einer Reise Spagnolos nach Deutschland. Franco Assiolo: Kumpan Peppe, mein Lieber! Giuseppe Spagnolo: Wie geht's, alles in Ordnung? Assiolo: Ich denke immer an Euch. Kumpan, alles bestens. Spagnolo: Was macht ihr? Assiolo: Kumpan, ich bin in der Stadt. Spagnolo: Alleine? Assiolo: Allein, allein, schauen wir, ob ich 'ne Nutte finde? Spagnolo: Der einen hast du ja Arbeit gegeben ... Assiolo: Wenn sie uns bestimmte Dienste erweisen ... Nein, ich habe euch gesagt, dass ich sie nicht genommen habe ... Kumpan. Als sie gegangen ist, habe ich Order gegeben, sie zu entlassen. Spagnolo: Ah ... Genau! Assiolo: Sie hat sich nicht von Euch ficken lassen? Also Kündigung, weg mit ihr! Spagnolo: Sie war aber ein Scheiß Salamander ... Kumpan ... scheißtot! Assiolo: Und wenn sie sich hätte ficken lassen, dann, Kumpan, hätten wir sie behalten ... Wir hätten sie wenigstens ausgenutzt ... Spagnolo: Aber, Kumpan Franco, von euch wollte sie gefickt werden, wusstest du das? Assiolo: Ja, Kumpan ... Aber wenn sie all diese scheiß Spielchen treiben, Kumpan ... dann vergeht mir die Lust. Verstanden, Kumpan? Spagnolo: (lacht)

Neun Kronzeugen haben Franco Assiolo unisono als Mitglied der 'ndrangheta bezeichnet, Geschäftspartner wussten um seine Zugehörigkeit. Verurteilt worden ist er deswegen nie. 2015 wurde er bei einem Verfahren in Turin freigesprochen vom Vorwurf, Mitglied im Clan Greco aus San Mauro Marchesato zu sein. Das war insofern wenig überraschend, als dass drei Kronzeugen ihn in dem Verfahren als Mitglied der Papaniciari bezeichnet hatten, also des Clans Megna und damit einer anderen Gruppe. Im Turiner Urteil ist auch zu lesen, dass der Boss Domenico Greco seinen Sohn getauft habe.

In Deutschland half dieses Urteil Assiolo, aus der Auslieferungshaft freizukommen. Die Generalstaatsanwaltschaft Hamm hatte in Italien mehrfach Informationen darüber angefordert, wie genau Assiolo den Clan unterstützt habe. Sie wollte prüfen, ob die Verjährung der Taten einer Auslieferung entgegenstünde und ob die Taten im Haftbefehl nicht bereits Gegenstand eines rechtskräftig abgeschlossenen Verfahrens waren. Antwort habe sie nicht bekommen, schrieb ein Sprecher auf meine Anfrage hin. Am 28.11.2023 wurde die Auslieferung für unzulässig erklärt. Es bleibe den italienischen Behörden aber unbenommen, die erbetenen Angaben zu übermitteln. In diesem Fall würde eine erneute Prüfung erfolgen. Bis dahin kann Franco Assiolo weiter in seinem Geschäft singen und freundlich seine Kunden bedienen.

Bankdirektoren gesucht

Um ehrlich zu sein: Als ich zum ersten Mal die Akte zu Roberto Recordare las, glaubte ich nicht, dass die ’ndrangheta tatsächlich über Milliardenbeträge verfügen könne. Natürlich war mir klar, dass sich immense Geldmengen angesammelt haben mussten in den rund 50 Jahren Drogenhandel im großen Stil, zumal die Organisation zusätzlich jede Menge krimineller wie auch legaler Geschäfte betrieb. Und ja, man kommt gut und gerne zu einer Schätzung von einer Billion Euro, die die Clans im Lauf der Jahre auf die Seite geschafft haben müssen. Aber dass dieses Geld tatsächlich in so großen Portionen verfügbar wäre, das konnte ich mir nicht vorstellen. Der Staatsanwalt Giuseppe Lombardo sagte bei unseren Interviews, dass man den Schatz der ’ndrangheta noch nicht gefunden habe. Ich folgerte daraus, dass er gut versteckt sein müsse.

Dann kam ich über eine Akte zu einem riesigen Ermittlungsverfahren namens »Glicine Acheronte«. Auf mehr als tausend Seiten befasst sich die Akte mit Aktivitäten des Megna-Clans und anderer aus Crotone im Finanzwesen. Dabei wird auch deutlich, wie leichthändig die Clans große Mengen Kapital über den Erdball verschieben können.

Schon im Jahr 2013 hatten Ermittler Nicolino Grande Aracri und einen Mann namens Leonardo belauscht. Grande Aracri ließ sich von ihm auf den neuesten Stand bringen, was einen nicht näher benannten Bankfunktionär anbelangte. »Was ist eigentlich aus dem Bankdirektor geworden? Könnte der es einrichten, mir 500 Millionen Euro zu blockieren?« (Grande Aracri meinte damit eine Form von Bankgarantie. Im Prinzip das Gleiche, wie wenn bei Kreditkarten ein bestimmter Betrag geblockt wird: Das Geld fließt nicht wirklich, dient aber als Sicherheit. Nur nicht für die Anmietung von Leihautos oder Ähnlichem, sondern für Ankäufe großer Mengen an Öl-Produkten oder für Bauprojekte.)

Grande Aracri erklärte Leonardo seinen Plan: »Wenn du also eine Bank hast, hast du eine Kreditlinie, die 500 Millionen blockiert, und du schickst sie dir in eine Bank, und dann gleiche ich dir das aus, ich decke den Betrag und vermiete die Kreditlinie ... vermiete sie an den amerikanischen Staat ... an den französischen Staat, den englischen Staat ... ich kümmere mich selbst darum, stelle sie auf die Plattform. Es gibt keine Probleme, denn wir sind die Plattform.« In der Folge warf Grande Aracri mit Bezeichnungen für Bankcodes um sich und zeigte seine Expertise, als wäre er seit Jahren ein hochqualifizierter Bankkaufmann. Angesichts der Verdienstchancen geriet Grande Aracri regelrecht ins Schwärmen: »Wir nehmen mindestens 15 Prozent! Da wir mit 500 Millionen einen Aufschlag machen, sind das 75 Millionen mit einem Mal!« Nun müssten sie nur noch einen Komplizen im Inneren einer Bank finden. »Wir brauchen dann einen Bankdirektor von einer der 25 wichtigsten Banken, auch ein Gebietsleiter geht in Ordnung.«

Ich vermute, die Ermittler konnten sich damals keinen allzu großen Reim darauf machen, von was der Boss hier sprach. Es dauerte eine Zeit, bis sie relevante Personen festnehmen konnten, als Kronzeugen gewinnen und Insiderwissen bekamen. Ihnen offenbarte sich eine breite Palette an neuen Maschen, wie die 'ndrangheta sich bereicherte. Luigi Bonaventura betonte immer, dass die 'ndrangheta-Clans sich je nach Herkunftsregion unterschieden. Seine Gegend sei schon jeher stark im Handel gewesen. Nicht im internationalen Drogenhandel, den überließen sie eher anderen, aber in vielen anderen Bereichen. Nun gehörten sie auch zu denen, die sich mit Finanzinstrumenten besonders gut auskannten. Bemerkenswert war, dass die Clans sich gegenseitig aushalfen und das Wissen, wie man das Finanzwesen ausnutzen konnte, mehr und mehr Gemeingut in der 'ndrangheta wurde.

Da wären zunächst Aktionen mit ruhenden Konten, im 'ndrangheta-Jargon als »Operation im Keller« bezeichnet. Dabei handelte es sich um Konten, deren Inhaber gestorben waren oder die schon lange niemand mehr beanspruchte. Die Kunst war, sie aufzuspüren. Dazu benötigte es entweder Komplizen innerhalb der Bank oder korrupte Funktionäre oder Hacker. Im Juni 2019 beschrieb der wichtigste Kronzeuge im Finanzbereich, Giuseppe Antonio Mancuso, wie die Clans anschließend vorgingen: Jemand besorgte sich gefälschte Dokumente, ließ sich von einem Notar oder Rechtsanwalt gegen etwas Geld die Verwandtschaft bestätigen und sich das Konto anhand dieser Dokumente von der Bank übertragen. Es gebe auch verschlüsselte Konten, die nicht in den Rechenschaftsberichten der Bank auftauchten und somit formal nicht existierten, sagte Mancuso. Oft sammelten sich auf diesen »Box« genannten Konten im Lauf der Jahre erhebliche Summen an. Um an sie heranzukommen, brauche man drei gewogene Bankfunktionäre, die je einen auf das Konto bezogenen Code liefern. Die 'ndrangheta habe eigens Leute beauftragt, Bankiers zu finden, die kooperieren. Nur Hacker könnten das Leeren dieser Konten organisieren, erklärte Mancuso. Um Schwierigkeiten zu vermeiden, schleusten sie sich zwischen Freitag- und Sonntagnacht ein, wenn die Banken geschlossen seien, und verschöben das Geld sofort auf andere Konten, von wo es dann verschwinde. Bis die Bank wieder arbeite, seien dann eventuell sogar alle Spuren beseitigt.

Aus größerer Entfernung betrachtet, rücken Kapitalverbrechen immer mehr in den Hintergrund und Kapital aus Verbrechen rückt in den Vordergrund. Gelder zu bewegen, wurde für die Clans mehr und mehr zur Notwendigkeit. Mich hat es überrascht zu lesen, dass Kreditkarten ein Vehikel dafür sind. Normalerweise hält man zum Bezahlen seine Karte ja an ein Lesegerät, das verbindet sich mit einem Server und bittet um eine Autorisierung. Erfolgt diese, ist die Zahlung verbucht. Es gibt allerdings auch Kreditkarten, auf die man Millionenbeträge laden kann und mit denen eine Offline-Zahlung möglich ist. Es erfolgt dann zunächst keine Anfrage an den Server des Zahlungsunternehmens. Viele 'ndrangheta-Clans haben das für sich ausgenutzt. Sie füllten Karten bei willfährigen Banken mit Geldern aus Drogen- und anderen kriminellen Geschäften und suchten sich Händler, die mitmachten. Auf dem Papier wurden Produkte gekauft, etwa Fahrzeuge, und per Karte bezahlt. Die Clans waren recht erfinderisch, was die Einkaufsmöglichkeiten anbelangte. Zusätzlich zu der Kooperation mit realen Händlern programmierten die Clans Online-Shoppingseiten, der Megna-Clan versuchte gar über die angebliche Vermietung von Zimmern via booking.com seine Karten zu leeren (der Online-Zimmervermittler unterband die Masche allerdings). So einfach ließ sich schmutziges Geld waschen. Von außen war diese Masche nur schwer aufzuspüren. Die Karten stammten oft aus Deutschland, der Schweiz, aber auch aus Osteuropa.

In Abhörprotokollen ist von einem Clan die Rede, der vier bis fünf Karten habe, darunter eine, auf der 3,7 Millionen Euro geparkt seien. Manchmal übertrieben es die Clans auch, wie die bei einem Unternehmen gefundene Dokumentation zeigt: Ein Mann verfügte demzufolge über eine Kreditkarte mit einem Kreditrahmen von 500 Millionen Euro. Die Karte sei von einer italienischen Bank ausgegeben worden und habe Zahlungen bis zu 110 Millionen Euro ermöglicht. Der Mann hatte im Jahr 2017 ein Einkommen von 28 000 Euro versteuert.

Der Erfindungsreichtum der Gangster zeigte sich auch beim Umgang mit Bankgarantien. Der Kronzeuge Antonio Valerio berichtete, die Clans nützten ein Netzwerk von Fachleuten, die in der Lage seien, die interne Kommunikation von Banken zu manipulieren, um falsche Bankgarantien zu beschaffen. Die Clans nutzten die Bankgarantien entweder selbst für eigene Geschäfte, etwa mit Mineralöl-Produkten, oder gaben sie an Unternehmer weiter, die in größerem Umfang Investments tätigen wollten und die dafür nötigen Sicherheiten brauchten. Der Kronzeuge Antonio Giuseppe Mancuso beschrieb im September 2019 ein damit verbundenes, gängiges Betrugsschema: »Auf der einen Seite steht ein Investor, der fiktiv über große Geldsummen verfügt. Er verpflichtet sich auf der Grundlage eines Vertrags, der als Investitionsvereinbarung bezeichnet wird, Geld an eine Gegenpartei, den Projektanbieter, zu überweisen. Der Investor veranlasst, dass seine Bank eine Bankgarantie ausstellt, die er dann an den Projektanbieter überträgt. Dieser muss über eine aktive Kreditlinie bei einer seiner Banken verfügen, also ein Girokonto, das die Möglichkeit zur Diskontierung einer Garantie bietet. Der Projektträger wendet sich dann an seine Bank und beantragt die

Monetarisierung der Bankgarantie. Das erhaltene Geld teilt er dann mit dem Investor und dem oder den Vermittler(n) der Transaktion.«

Den Ermittlungen zufolge nutzten die Clans Bankgarantien auch für Investments auf Plattformen, also genau so, wie es Nicolino Grande Aracri zu Beginn dieses Kapitels geplant hatte. Mancuso, der Finanzmanager seines Clans, erläuterte dies en détail: Banken kommunizierten miteinander über Swift Codes. Um auf einem Konto Vermögen als Sicherheit zu blockieren, benötige man einen Swift Code 760. Mancuso berichtet, er habe gefälschte Bankbelege gesammelt und so erreicht, dass, zumindest auf dem Papier, mindestens 500 Millionen Euro blockiert wurden. Diese Bestätigung verwendete dann ein Verwalter eines Pensionsfonds, um den entsprechenden Betrag auf einer Finanzplattform zu investieren, etwa um Wertpapiere zu kaufen, Öl, Gas oder Edelmetall. Auf weiteren Finanzmärkten ließen sich damit Gewinne erzielen.

Mancuso berichtete auch, wie dieses Vehikel für Geldwäsche genutzt werden könne: Auch echtes Geld, das aus schmutziger Herkunft stamme, lasse sich als Sicherheit einsetzen. Über einen Joint-Venture-Vertrag werde dieses Geld dann an einen Trader übertragen, in dem Fall eine Person, die eine Finanzplattform verwalte, wo das Geld erhebliche Erträge bringe. Nach einiger Zeit werde das Geld von der Plattform wieder abgezogen und der Ertrag zwischen Trader, dem Besitzer der Mittel sowie einiger Personen, die als Vermittler fungierten und im Joint-Venture-Vertrag aufgeführt seien, geteilt. Solche Finanzplattformen brächten Erträge zwischen 7 und 100 Prozent, und zwar pro Tag! Mancuso beschrieb den Ermittlern, wie solche Joint-Venture-Verträge aussähen, und gab ihnen Entwürfe, mit denen er gearbeitet hatte. Nach dem erfolgten Investment würden die Erträge folgendermaßen aufgeteilt: 50 bis 70 Prozent gingen zurück an den Sender, der Rest verbliebe beim Trader und den eingesetzten Vermittlern. Es sei auch möglich, mittels eines weiteren Bankcodes, eines MT103, das eingesetzte Geld auf ein anderes Konto als das ursprünglich verwendete zu senden. So wird aus schmutzigem Geld sauberes. »Die Vertragsparteien unterliegen der Kontrolle des Bankmitarbeiters, der prüfen kann, ob es Kontraindikationen oder Warnungen gibt. Wenn der Bank Officer aber entgegenkommend ist, ist diese Art der Kontrolle nur formal«, sagte Mancuso. Mit »entgegenkommend« meinte er, dass der Bankmitarbeiter bestochen oder der Mafia-Organisation anderweitig gewogen sei. Die Erträge würden über mindestens sieben Konten geschleift und seien fortan nicht mehr rückverfolgbar.

Geldwäsche mit Sicherheit

Aus den Ermittlungen zu Roberto Recordare wissen wir, dass komplexe Finanztransaktionen nicht immer erfolgreich sind. Und dass es aufwendig und teuer ist, sie vorzubereiten. Mico Megna, der Boss, hat deshalb nicht einfach das Geld des Clans dafür herausgerückt. Nein, er hat von Salvatore Assiolo Sicherheiten verlangt. Und diese Sicherheit waren: die Ländereien, die ich inspiziert hatte und die Josef Waldheim (Name geändert) bebaute. Sollten die Finanzoperationen, die Assiolo verfolgte, nicht erfolgreich sein, wäre er diese Grundstücke los. Im Erfolgsfall würde der Gewinn hälftig geteilt: 50 Prozent für den Clan, 50 Prozent für Assiolo. Am 23. April 2019 erfolgte der Startschuss, Assiolo erhielt das erste Geld für seine Tätigkeiten, nämlich 130 000 Euro. Allein konnte er die Operation nicht stemmen und so suchte er sich Hilfe bei Hackern. Es entstand ein deutsches und ein italienisches Team. Ein Mitglied der italienischen Gruppe, Marc Ulrich Gabler (Name geändert), kam sechs Wochen später zu einem Treffen ins Café Noir in Crotone.

Bei meinem Besuch hatte ich mir die Bar am Rande der Altstadt angesehen. Es war schon nach zehn Uhr am Abend, nur noch wenige Männer standen um den Tresen des Lokals. Ich beobachtete sie aus etwas Entfernung. Kaum, dass ich mich der Bar genähert hatte und nah des Eingangs so tat, als würde ich eine Nachricht in meinem Handy lesen, schöpfte einer der Männer Verdacht. Er stellte sich ans Fenster und wartete, bis ich wieder abgezogen war.

Wenige Jahre zuvor hatten dort drei Leute an einem Tisch gesessen: Francesco Monti, der Neffe des Bosses Megna, Salvatore Assiolo und Gabler, der in den Akten als Experte für Finanztransaktionen und Informatik-Betrug bezeichnet wird. Fotos in den Akten zeigen sie. Die drei planten, Geld, Codename »Bier«, aus Panama über Brasilien nach Italien zu schleusen und die Aktion von Deutschland aus zu koordinieren. »Wir arbeiten seit eineinhalb Monaten daran, dass die Gelder ankommen, jetzt haben sie mir gesagt, dass sie sicher in der Nacht von Donnerstag auf Freitag hier sind. Es handelt sich dabei um Beträge, bei denen es Schwierigkeiten geben kann«, erklärte Assiolo. Er arbeite mit den Geheimdiensten zusammen, da könne man das nicht beschleunigen.

Ende August war das Geld immer noch nicht da. Assiolo referierte nun auch dem Boss Megna direkt den aktuellen Stand. Er sagte, die Trader, mit denen er arbeite, hätten Zugang zu Mitgliedern der italienischen Geheimdienste, und erklärte das Prozedere. Megna wollte das alles aber gar nicht hören. »Salvatore, entschuldige, ist das Geld nun da oder nicht? Ich will wissen, ob die Gelder angekommen sind!«

Im Oktober 2019 zog Assiolo nach Deutschland, auch, um von dort die Finanzoperationen besser zu koordinieren. Gabler war vorher schon in seine Heimat zurückgekehrt. Weil er sein Telefon gewechselt hatte, wurde er nur noch abgehört, wenn er Assiolo oder andere Leute aus dem Ermittlungsverfahren kontaktierte. Mico Megna schickte einen seiner Männer hinterher, Pantaleone Laratta, um Assiolo im Blick zu behalten. Man konnte ja nie wissen ...

Die fünf wichtigsten Kronzeugen zum Thema Mafia und Finanzinstrumente sagen es alle unisono: Für diese Geschäfte benötigten die Clans die Unterstützung von Bankdirektoren, die zwei Augen zudrückten und notwendige Kontrollen unterließen. Und sie sagten, dass das koste. Antonio Valerio etwa: »Es stimmt, dass es risikoreiche Geschäfte sind, für die Bankdirektoren oft ihre Entlassung riskieren. Es ist aber auch wahr, dass es sich wegen der hohen Vergütung für den Direktor sogar eher lohnt, entlassen zu werden, als dieses Einkommen zu verlieren, wie es oft bei Direktoren am Ende ihrer Laufbahn der Fall ist.«

Noch eine weitere Konstante gibt es in den Vernehmungen: Vier dieser fünf erwähnten die Deutsche Bank als einen Akteur. Mich ärgerte das, denn das Studium der Akten erinnerte mich an eine dumme Fehleinschätzung. Ich hätte womöglich relativ einfach eine gute Geschichte in die Hand bekommen, wenn, ja, wenn ich damals doch nur einen Schritt mehr getan hätte ... Es war Herbst 2020, ich las den noch nicht veröffentlichten Jahresbericht der Nationalen Antimafia-Staatsanwaltschaft in Italien. Kontakte hatten mir das Dokument zugeschoben, es ist rund 1400 Seiten stark und bezieht sich auf den Zeitraum von Juli 2018 bis Ende 2019. Die Verfasser beschrieben detailliert, gegen wen die Behörde ermittelt hatte. Es wurden Namen von Clans und Mafiosi genannt, Herkunftsorte, wo sie agierten, kurze Zusammenfassungen der Ermittlungen. War der Bericht einmal im Parlament vorgestellt, konnte man ihn im Internet herunterladen, er war öffentlich. Die vergleichbaren Jahresberichte des BKA, ebenfalls öffentlich zugänglich, konnte man dagegen in der Pfeife rauchen: Sie waren sehr oberflächlich gehalten. Der amtierende Nationale Antimafia-Staatsanwalt, Gianni Melillo, hat allerdings leider noch keinen Jahresbericht veröffentlicht und so ist der mir vorliegende der bislang letzte.

Eine Übersicht listet auf, bei welchen Meetings die Nationale Antimafia-Staatsanwaltschaft vertreten war. Einer der angeführten Termine elektrisierte mich: ein Treffen bei Eurojust in Den Haag unter Beteiligung von deutschen Behörden. Gegenstand des Treffens: »Koordinationstreffen zu einer Beteiligung von Funktionären der Deutschen Bank in Geldwäsche-Aktivitäten«. Ich fragte bei verschiedenen Stellen nach, was es damit auf sich habe, vergeblich. Dummerweise kontaktierte ich die Staatsanwaltschaft Frankfurt am Main nicht direkt, nur die Generalstaatsanwaltschaft. Sie antwortete mir: »Wir waren an einem solchen Koordinierungstreffen nicht beteiligt. Im Übrigen bitte ich um Verständnis, dass wir selbst im Falle einer Beteiligung generell keine Auskünfte zu solchen Treffen erteilen können, da es sich um interne Besprechungen handeln würde.« Das leuchtete mir ein. Meine Anfrage wurde freundlicherweise an die zuständige Staatsanwaltschaft Frankfurt weitergeleitet, von dort kam aber keine Antwort und ich erwartete aufgrund der anderen Antwort auch keine Informationen. Also vergaß ich das Ganze.

Inzwischen habe ich Akten zu den Ermittlungen bekommen. Und ja, es hätte sich gelohnt, weiter nachzubohren. Wenn stimmte, was die Kronzeugen sagten, konnte man einiges über das Vorgehen der Clans erfahren – was wichtig ist, um Gegenmaßnahmen ergreifen zu können.

Giuseppe Giglio, der im Juli 2016 mitten in einem Prozess gegen sich die Seiten gewechselt hatte, erinnerte sich, dass Nicolino Grande Aracri ihn im Jahr 2013 gefragt hatte, ob er zwei seiner Unternehmen nutzen dürfe, um einen großen Treibstoff-Deal über die Bühne zu bringen. Giglio war kein Mitglied, aber stellte seine Dienste dem Clan zur Verfügung. Grande Aracri habe Bankgarantien einsetzen wollen, um den Erwerb zu vollziehen. Bei einem Treffen in Kalabrien seien Giglio dann zwei Bankgarantien übergeben worden mit einem Wert von 600 000 Euro, eine davon ausgegeben von der Deutschen Bank in Reggio Emilia. Nicolino Grande Aracri sagte ihm offen, dass sie Bankdirektoren als Komplizen hätten.

Gennaro Pulice hätten wohl wenige für einen Killer und mehr für einen Unternehmer gehalten, tatsächlich war er beides, bis er in der Schweiz, wo er sich niedergelassen hatte, festgenommen wurde und nach Italien ausgeliefert. Heute lebt er als Kronzeuge an einem unbekannten Ort. Pulice hat eine komplizierte Operation aufgezogen, um einer reichen spanischen Familie bei der Steuerhinterziehung zu helfen. Im Oktober 2019 erklärte er Ermittlern, wie er vorgegangen war. Die Ausgangslage war, dass Geld aus Spanien verschoben werden musste, um Steuern zu sparen, es ging also darum, den Transfer einer großen Kapitalmenge in die Schweiz zu legitimieren. »Der Vorgang war so konstruiert, dass die 45 Millionen aus Spanien zunächst in Deutschland bei der Deutschen Bank als erste Transitstation landeten: Mit diesem ersten Geldtransfer wurde in der Praxis der Anschein erweckt, dass die Familie Roja in den Kauf von Derivaten investierte. Der Vorgang war fiktiv, da die Funktionäre der Deutschen Bank, bezahlte Mitwisser, wussten, dass der endgültige Bestimmungsort des Geldes die Schweiz war.« Bei einem solchen Transfer würden eigentlich Kontrollen ausgelöst. »Im vorliegenden Fall kann ich Ihnen sagen, dass die Interbankenkontrollen zwischen Spanien und Deutschland auch dank des Eingreifens von Mitarbeitern des italienischen Geheimdienstes umgangen wurden.« Die deutschen Bankmanager hätten aus der fiktiven Investition in derivative Produkte in Deutschland in Verbindung mit seinem Geschäftspartner eine Bankgarantie für den Einsatz in der Schweiz realisiert. Mit dieser Bankgarantie seien in der Schweiz im Wesentlichen Kreditlinien geschaffen worden, die Barabhebungen des Geldes ermöglichen sollten. Ob es dazu kam, weiß Pulice allerdings nicht: Er wurde vorher verhaftet.

Nicht vom Tellerwäscher zum Millionär, sondern vom Taxifahrer zum Finanzverwalter für die Mafia wurde Massimo Colosimo. Er zog in den Neunzigerjahren in die Gegend um Parma, wo er viele Jahre später die Gebrüder Bolognino kennenlernte. Sie waren wichtige Figuren des Megna-Clans, aber trotzdem auch dafür zuständig, Gelder der Grande Aracri und damit eines anderen Clans in Norditalien zu investieren. Sie berichteten direkt an den Clanboss Nicolino Grande Aracri. »Sergio hatte ein gutes Auge für Unternehmen, die in Konkurs gingen. Er gab ihnen die nötige Liquidität und wurde Teilhaber.« Ihm sei es aber nicht um Wohltaten gegangen, er habe die Unternehmen nutzen wollen, um Kreditlinien bei Banken in Deutschland zu eröffnen, unter Vermittlung deutscher Bankdirektoren. So wurde es besprochen bei einem Abendessen, bei dem Colosimo mit am Tisch saß. Salvatore Grande Aracri, der Bruder des Bosses Nicolino Grande Aracri, habe ihm dabei erklärt, wie er vorgehen solle, und ihm eine Liste mit Direktoren von Kreditinstituten in Deutschland übergeben, die er direkt ansprechen könne. Dank dieser Kreditlinien könne man sich dann sofort Bargeld in großen Mengen und großen Scheinen auszahlen lassen und nach Italien bringen. Die Vernehmung von Colosimo im Jahr 2020 öffnete den ihn vernehmenden Ermittlern die Augen: »Wir hatten schon immer die Umstände im Zusammenhang mit Firmenübernahmen durch die 'ndrangheta als Mittel zum Waschen von Geld aus illegalen Geschäften hervorgehoben«, schreiben die Ermittler. An Kreditlinien hatten sie aber offenbar nicht gedacht: »Dank Massimo Colosimo konnte eine neue Lesart und eine andere Analyse des Phänomens vorgenommen werden.« Colosimo gab zu Protokoll, Salvatore Grande Aracri habe mit ihm über mehrere deutsche Geldinstitute gesprochen, die infrage kämen für die Operation. Auf der Liste seien die Banken vermerkt, deren Direktoren sie unterstützen würden. Er müsse die Liste noch im Lager eines Unternehmens in Parma aufbewahrt haben. »Eine dieser Banken war, soweit ich mich erinnere, die Deutsche Bank.«

Giuseppe Antonio Mancuso trägt einen in Mafiakreisen berühmten Nachnamen, stammt aber nicht aus Limbadi in Kalabrien, wo der Clan dieses Namens herstammt, der im internationalen Kokainhandel eine große Nummer geworden ist. Giuseppe Antonio Mancuso ist in Turin geboren, lebte in Kalabrien und arbeitete für den Clan Grande Aracri als Broker für Finanzen, nicht Drogen. Er gilt als einer der größten Experten unter den Mafia-Kronzeugen für Finanzgeschäfte. In einer Vernehmung im Jahr 2018 berichtete er, wie er half, ein Konto mit einer Kapazität von 100 Millionen Euro für einen Betrug nutzbar zu machen. Dieses Konto sei mit einer Kreditlinie verbunden worden, die bei einer ausländischen Bank angelegt war. Sie hätten dem Direktor der ausländischen Bank 11 500 Euro gezahlt, um den Betrug auf den Weg zu bringen. Das Ziel war, die ausländische Bank dazu zu bringen, einen Vorschuss von 20 bis 30 Prozent der Kreditlinie auf das Konto mit den 100 Millionen Euro Kapazität vorzuschießen. »Der Vorschuss wurde möglich, weil beide Bankfunktionäre uns gewogen waren«, sagte Mancuso. Beide Bankfunktionäre seien auch miteinander in Kontakt gestanden. Wenn er sich nicht irre, dann sei die ausländische Bank die Deutsche Bank gewesen. Mancuso beschrieb diese Masche detailreich, er sagte auch, dass noch eine dritte Bank hinzugenommen werden könne, um die Aktion besser zu koordiniere.

In einem anderen Fall habe Nicolino Grande Aracri ein großes Immobilienprojekt in Algerien geplant, das unter anderem den Bau von 1182 Wohnungen vorsah. Mancuso und andere hätten sich hier engagiert, um Bankgarantien der Halifax Bank in London zu bekommen. Diese Bankgarantien hätten sich auf Werte bezogen, die angeblich bei der Mediolanum Bank angelegt seien, die es in Wahrheit aber nicht gab. Bankfunktionäre als Komplizen hätten die entsprechenden Bestätigungen ausgestellt. Die italienischen Ermittler belauschten ein Treffen von Nicolino Grande Aracri mit dem Bauunternehmer Giovanni Gentile, der das Projekt umsetzen sollte, sowie Finanzdienstleistern. Die Ermittler erfuhren so, dass die Gruppe vorhatte, 30 Prozent der 120 Millionen, die für das Projekt fließen sollten, nach Europa umzuleiten, und zwar auf ein Konto bei der Deutschen Bank in Wien des Bauunternehmers Gentile mit der IBAN AT241999 9203 8800 0000. Diese in den Akten angegebene IBAN gibt es allerdings nicht, wie ein IBAN-Rechner im Internet zeigt, die Prüfsumme stimmt nicht. Über eigene Firmen wollte der Clan auch an den übrigen Geldern in Nordafrika partizipieren, die auf ein Konto der BNP Paribas gehen sollten. Auch diese Konto-Nummer ist in den Akten angegeben, allerdings ohne IBAN, sodass es sich nicht überprüfen lässt. Bei dem Treffen betonte Gentile die Modalitäten bei grenzüberschreitenden Transfers: »Im internationalen Bereich und wenn Summen international über Ländergrenzen hinweg fließen, wollen sie immer wissen, wo die herkommen. Auch ob die Gelder sauber sind, das sehen die Banknormen so vor. Eine Sache hat mir der Direktor der Deutschen Bank [in Wien] gesagt, wo ich die Konten habe, wo wir die ganzen Einkünfte aus dieser Arbeit hintun ... Er rief mich an und sagte, Giova(nni), schau, es ist so und so, ich sage euch, wie man es mir gesagt hat, ich kann dich direkt in Kontakt bringen mit dem Direktor ...« Er, Giovanni, kenne sich zwar aus mit Finanzdingen, er sei aber vor allem ein Geometer und beschäftige sich mit Baustellen. Gentile berichtet der Runde, ihm stünden der Direktor und der Oberdirektor zur Verfügung. Während die Ermittler dieses Gespräch belauschen, stört immer wieder ein klingelndes Telefon die Unterhaltung. Es ist ein Bankdirektor aus Mauritius, der versucht, jemanden an den Apparat zu bekommen.

Natürlich lässt sich nicht jede Detailinformation überprüfen. Ich halte aber dennoch Kronzeugen für eine wichtige Quelle für Journalisten, denn die Informationen aus ihren Aussagen werden von Staatsanwaltschaften nicht einfach blindlings übernommen, sondern durch Befragungen weiterer Personen auf ihren Wahrheitsgehalt überprüft. Als Journalist erhält man, so man ihre Aussagen in die Hand kommt, eine Quelle, die auf ihre Qualität gecheckt ist.

Das heißt nicht automatisch, dass bei der Deutschen Bank tatsächlich Mitarbeiter bestochen worden sind und mit Finanzexperten von Mafiaclans kooperiert haben. Aber möglich ist es, zumal es weitere Erwähnungen des Geldinstituts durch andere Personen gibt. Ich habe der Deutschen Bank daher Fragen dazu gestellt.

Ein Sprecher schrieb: »Die Deutsche Bank nimmt die gesetzlichen Vorgaben zu Meldepflichten sowie zur Überwachung von Zahlungen und Kontoverbindungen sehr ernst. Dazu gehört auch die laufende Überwachung von bestehenden Geschäftsbeziehungen und Transaktionen im Zahlungsverkehr mit Blick auf Auffälligkeiten, die beispielsweise auf einen Zusammenhang mit Geldwäsche oder sonstigen strafbaren Handlungen hindeuten. Auch bei Anfragen von Behörden kooperieren wir entsprechend vollumfänglich und erteilen angemessen Auskunft. Bezüglich Ihrer konkreten Fragen bitten wir um Verständnis, dass wir uns zu möglichen oder tatsächlich existierenden Kundenbeziehungen nicht äußern. Gleiches gilt für mögliche oder tatsächlich stattfindende Ermittlungen interner oder externer Art.«

So weit also die Aussagen der Kronzeugen und die Reaktion der Bank. Um diese Sachverhalte dürfte es aber bei der Eurojust-Besprechung kaum gegangen sein, liegen sie doch schon einige Zeit zurück. Vielmehr rückte mit einer Ermittlung wieder die Familie Assiolo in den Fokus, denn Salvatore Assiolo hatte zwei Teams von Hackern für den Clan Megna laufen, eines in Italien und eines in Deutschland. Und laut Akten gibt es auch hier Bezüge zur Deutschen Bank.

Vertrauen ist der Anfang von allem

Es ist beachtenswert, welchen Aufwand Salvatore Assiolo für seine Finanz-Aktivitäten betrieb. Allein in Deutschland gehörten mindestens zwei Hacker zu seinem Team, dazu ein Berater, der mit Erdöl-Derivaten schwer reich geworden war, ein einstmals ranghoher Soldat in der DDR, der für die Gruppe Kontakt nach Russland hielt, dazu mehrere Unternehmer und eine ganze Reihe von ehemaligen und aktiven Bankfunktionären. Insgesamt weit mehr als ein Dutzend Beteiligte. Die Gruppe bewegte dazu zwei- bis dreistellige Millionenbeträge, hatte Bezüge zur Mafia. Es gab eine gemeinsame Ermittlungsgruppe von BKA, der Antimafia-Staatsanwaltschaft und italienischen Carabinieri und dennoch ist *nichts* darüber in Deutschland bekannt geworden, abgesehen davon, dass Salvatore Assiolo sich den Behörden gestellt hat! Gesucht wurde er wegen Mitgliedschaft in einer kriminellen Organisation und Geldwäsche.

Assiolo war in Deutschland kein unbeschriebenes Blatt. Dass der Boss Nicolino Grande Aracri ihn wegen Drogengeschäften kontaktierte, war polizeibekannt, er tauchte auch sonst in BKA-Akten auf. Vermutlich kamen hier zwei Probleme zusammen: Für die komplexe Finanzkriminalität ist es schwer, das Interesse der Öffentlichkeit zu erregen. Und zu Ermittlungen in diesem Bereich geben Behörden so gut wie nie Pressemitteilungen heraus. Wenn jemand Kokain für 100 Millionen Euro schmuggelt, wird das kommuniziert. Wenn jemand 100 Millionen Euro Schwarzgeld über umständliche Wege bewegt, eher nicht.

Salvatore Assiolo arbeitet seit Langem grenzüberschreitend. Bereits beim Europaradiso-Projekt war neben dem dubiosen israelischen Investor auch ein seriöser deutscher Tourismusunternehmer involviert, der inzwischen als Berater für Investments in die Tourismusbranche in Berlin lebt. Für den Versuch einer Neuauflage konnte Assiolo einen neuen Berater gewinnen, dieses Mal ein Mann aus Hamburg. Der bestand aber darauf, dass alles sauber und nach Gesetz über die Bühne gehen müsse; wohl auch deshalb wurde aus dem Projekt nichts.

Und jetzt also Finanzkriminalität. Assiolo und seine Leute arbeiteten an mehreren Fronten gleichzeitig, wie die Ermittlerinnen und Ermittler des BKA herausfanden. Aber was taten sie genau? Da war zunächst ein Investmentvertrag, den die Beamten am 29. Oktober 2019 abfingen. Ein Mann aus dem italienischen Team von Assiolo schickte eine E-Mail an Salvatore Assiolo, die dieser gleich an Marc Ulrich Gabler weiterleitete. Allein der Betreff der E-Mail, »103«, verriet den Beamten, dass es wohl um einen Swift Code gehe. Denn ein Swift Code mit der Nummer 103 kommt bei internationalen Überweisungen zur Anwendung. Schon bei Telefongesprächen in den Tagen zuvor sagte Assiolo zu dem Absender der E-Mail, sowohl der 103 als auch ein Scheck seien gedeckt. Bruchstückhaft offenbart sich den Ermittlern der Plan: Ein weiterer Mitarbeiter aus Italien sagte, man könne das jetzt zu Geld machen und den Scheck nutzen, um eine Kreditlinie zu aktivieren. Ein Kollege habe den Namen des Unternehmens geschickt, das man dafür nutzen könne. Sie bekamen auch mit, dass ein Treffen in Italien anstand, Salvatore Assiolo fuhr mit dem Audi seines Bruders hin. Was dort allerdings besprochen wurde, blieb ihnen verborgen.

Insofern war es logisch, dass sie die E-Mail vom 29. Oktober 2019 mit dem Gehörten in Verbindung brachten. Denn angehängt war ihr ein Investmentvertrag über 500 Millionen Euro zwischen den Unternehmen »Northern Oil Co. Limited« in Hong Kong und »Llivan Ltd.« in Blackpool, Großbritannien. Das BKA gab dazu die Info nach Italien, dass die Northern Oil ein Partnerunternehmen der »Pintus Group LLC« sei, also des Unternehmens des Mannes, der schon Michele Amandini mit dubiosen Papieren versorgt hat.

Solche Investmentverträge und Swift Codes lassen sich in rauen Mengen im Internet herunterladen, auch mit deutschen Unternehmern als Beteiligten. Sogar ein Vertrag der Northern Oil Co. Ltd. findet sich, allerdings mit dem Datum 12. Juli 2021 und dem Betrag fünf Milliarden Euro, unterschrieben von einem Herrn Cai Huan Chun. Eine Passkopie von ihm ist angehängt.

Wieder einmal, wie bei Roberto Recordares Operationen auch, könnte man alles für Scheinoperationen halten. Und wieder könnte man sich die Frage stellen: wozu all dieser Aufwand für heiße Luft?

Und dann sind da doch Indizien, dass es sich um mehr als bloß heiße Luft handelt: Am 4. Oktober 2019 hatte ein Mann aus seinem Team zu Assiolo gesagt, es stünden schon 500 Millionen bereit. Er solle das Konto also großzügig berechnen, was die Kapazität anbelange. Am 8. Oktober 2019 informierte Marc Ulrich Gabler Assiolo, dass er bei der Deutschen Bank war und nach einem Konto gefragt habe, das große Geldmengen aufnehmen könne. Sie hätten dort jemanden, der ihnen helfe: »Bernd ist ein Bankier, der bei der Bank arbeitet und uns die Codes geben wird, die man braucht, um das Geld herunterzuladen. Es sollte also keine Probleme geben.« Am 11. und 12. Oktober 2019 trafen sich alle in Düsseldorf. Die Gruppe wollte ein schweizerisches Unternehmen nutzen für Transfers, »Maxxoline«. Auch dieses Unternehmen war Curio Pintus zuzurechnen, diesem ominösen Finanzagenten, der seit Jahrzehnten mit dubiosen Finanzprodukten hantierte. Den Ermittlern offenbarte dieses Treffen Ungeheuerliches: Sie hörten, dass die Gruppe quasi jeden Teil der Bankdokumentation ändern könne, Barcodes, Transaktionsnummern. Die Gruppe habe sich de facto ins Bankensystem gehackt, schreiben sie. Ein Albtraum für jede Abteilung zur Überprüfung von Geldwäsche-Verdachtsfällen. Genauso wie das folgende Gespräch zwischen verschiedenen Beteiligten der geplanten Finanzoperation am zweiten Tag des Treffens. Ob es sich hier um »Bernd« dreht oder jemand anderen, wird nicht deutlich. Aber: Das Gespräch legt erneut nahe, dass der Clan auf jemanden in der Bank zählen kann. Gabler: Wir müssen dann die Compliance machen. Beteiligter 1: Das ist nicht das Problem … Er ist im Inneren der Bank und weiß Bescheid. Ok? Beteiligter 2: In Anbetracht der Tatsache, dass es die Deutsche Bank ist, ist es kein Problem, da es keine andere Bank gibt. Assiolo: Er sagt, wir müssen sicher sein. Aber er hat Ja gesagt. Er sagt, es wird keinen Alarm geben.

Ein Gespräch unter vier Augen ist bei der Deutschen Bank auf der Suche nach dem eigenen Weg offenbar durch nichts zu ersetzen. Aber ehrlich gesagt: Solch wenig konkrete Informationen sind für Journalisten dennoch eher undankbar. Man kann kaum etwas mit ihnen anfangen, sie kaum überprüfen. Ich habe bei der Deutschen Bank angefragt. Hat sie Hinweise darauf, dass Mitarbeiter mit der italienischen Mafia kooperieren und »ein Auge zudrücken«, wie die Mafiosi in einem Gespräch sagen? Hat sie Hinweise darauf, dass es den Clans gelungen ist, ihr System zu hacken?

Ich bin daher sehr dankbar, dass sich in den Akten auch sehr präzise Angaben finden. Es geht um eine Anleitung, wie man Geld, das auf Kreditkarten deponiert ist, offline herunterladen kann. In einer E-Mail vom 5. Februar 2020 ist das Verfahren beschrieben. Die Akte nennt auch den (angeblichen) Besitzer dieser Kreditkarte, nämlich die »Strabag AG«, sowie die Nummer des Kontos, das mit der Karte verbunden ist: DE27500700100861188100. Die E-Mail stamme ursprünglich von »Sergej«. Die Ermittlungen des BKA ergaben, dass dieser Sergej wohl als Kontaktperson zu russischen Ex-Offizieren fungierte. In den Akten ist der Weg dieser E-Mail nachgezeichnet. Sergej schickte sie an einen Mann namens Udo W., einen ehemaligen DDR-Militär, von dort ging sie an den Berater der Gruppe, Johann Münkler (Name geändert).

»BESCHREIBUNG DES VERFAHRENS:
Es gibt einen Absender auf einer VISA-Karte.
1. Überweise bis zu 2 Millionen pro Tag (oder so viel, wie du akzeptieren kannst) 2. Die Zahlung erfolgt von den mit den Karten verbundenen Konten. Anzahl der Karten – 3 3. Direkte Zahlung auf die Karte (die Karten des Absenders sind mit den Konten verbunden, es werden keine Kontoauszüge ausgestellt).

BEDARF:
4. VISA GOLD Deutsche Bank Firmenkarte (privat, AG möglich). 5. Bevorzugte Länder: Deutschland, Österreich, Tschechische Repu-

blik, aber auch andere werden berücksichtigt. 6. Langfristige Beschäftigung. 7. Die erste Rate muss in bar zurückgezahlt werden. Die Leute kommen dorthin, wo sie Schulden haben. 8. Die restlichen Raten nach einer separaten Vereinbarung mit Europa. 9. Kosten: Annahme 40%; 50% Absender, 10% (50/50) – an Vermittler

FÜR DIE AUFNAHME DER ZUSAMMENARBEIT:
10. Der Empfänger schickt die Akzeptanzkarte, den Pass des Eigentümers und das Firmennetz. Screenshots auf beiden Seiten und ein neuer Check von der Karte. 11. Der Absender macht eine Testzahlung von 5-10 EUR und schickt einen Screenshot 12. Der Empfänger sendet einen Screenshot für die Annahme der Testzahlung, den Hauptvertrag und die Vertriebsvereinbarung.«

Auch hierzu habe ich die Deutsche Bank befragt. Die Antwort ging nicht über das oben bereits wiedergegebene Statement hinaus. Das Unternehmen Strabag antwortet, man habe keine Kenntnisse von den dargestellten Ermittlungen. »Die zitierte Kontonummer ist unserem Konzern zuzuordnen und uns aus vergangenen Vorgängen im Jahr 2020 bekannt, die wir damals in Deutschland auch zur Anzeige gebracht haben. Unverbindlichen Aussagen der eingebundenen polizeilichen Stellen zufolge handelte es sich aber eher um Phishing- oder Computerbetrugsversuche. Seither gab es keine für uns ersichtlichen kritischen Kontobewegungen auf dem betreffenden Bankkonto und auch von einer Kreditkarte hierzu ist uns nichts bekannt.«

Es ist schwierig, mit solchen bei Durchsuchungen gefundenen Informationen umzugehen. Ein in den Akten abgebildetes Dokument, ein MT103 Swift Code mit Bezug zur Maxxoline AG, wirkt echt: Es ist mit dem Stempel der Deutschen Bank versehen, mit Unterschriften, mit Kontaktdaten der Bankfunktionäre, die den Fall (angeblich) bearbeitet haben. Es trägt das Datum 9. Oktober 2019. Nur: Der »Chief Risk Manager«, der sich gemeinsam mit einem Kollegen anscheinend um den Code gekümmert hat, war zu diesem Zeitpunkt gar nicht mehr für das Geldinstitut tätig, er schied zum 30. September 2019 aus. Der Mann trägt einen nicht gerade seltenen Nachnamen. Das ist insofern von Relevanz, wie dieser Nachname auch schon im Gespräch von Mitgliedern der Gruppe um Salvatore Assiolo gefallen ist, wenn es um Mitarbeiter der Deutschen Bank ging.

Eine eigene Bank

Zuvor habe ich beklagt, dass wenig über diese Finanzgeschäfte des Clans Megna in Deutschland bekannt geworden ist. Man kann einwenden, die Dinge sind zu wenig konkret oder betreffen nicht die große Allgemeinheit. Dagegen spricht eine Aussage, die Johann Münkler in seiner Vernehmung durch das BKA hat fallen lassen. Münkler fungierte als Berater der Gruppe um Salvatore Assiolo. Ich denke, die Öffentlichkeit sollte davon erfahren – auch wenn noch nicht bewiesen ist, ob das zu Protokoll Gegebene stimmt. Die Beamten kamen offensichtlich auf ein Gespräch zurück, das sie vor dem eigentlichen Verhör mit Münkler geführt hatten.

»BKA: Haben Sie vor Beginn des Verhörs gesagt, dass Marc Gabler eine eigene Bank besitzt? Münkler: Nein. Damals, als wir über ein Geschäft sprachen, sagte er mir, dass er und seine Leute eine Bank in Deutschland gründen oder kaufen würden.«

Dieser Plan war auch Thema bei einem Gespräch zwischen Marc Ulrich Gabler und Salvatore Assiolo, das die Ermittler mitgehört hatten:

»Gabler: Lass uns eine schöne eigene Bank eröffnen. Das ist wichtiger als alles andere und zusammen mit dem Leiter der HSBC-Bank können wir handeln, wann immer wir wollen. Das wäre doch eine gute Sache. Assiolo: Man könnte eine Menge Finanzierungen für die Leute dort machen, sie können Land kaufen und alles. Gabler: Oh ja, man kann sich gar nicht vorstellen, was man alles machen könnte. Außerdem würde eine eigene Bank bedeuten, dass man keine Probleme mehr mit diesen beschissenen Konten hat. Verstehst du? Auch weil es eine eigene Bank ist und nicht nur irgendeine Privatbank. Assiolo: Ich habe nicht verstanden, was der Unterschied ist. Gabler:

Also, es gibt Offshore-Banken, es gibt Internet-Banken, es gibt Online-Banken, es gibt Privatbanken, die nur für Privatkunden reserviert sind, und dann gibt es Banken, die alle Lizenzen haben, die die Lizenzen haben, um alles zu tun, Banken, die Schalter haben, wo die Kunden hingehen können, um ihre Geschäfte zu erledigen, wo sie Kreditkarten beantragen oder sperren können, Banken, die Kredite vergeben, kurz gesagt, eine komplette Bank. Man kann alles machen. Assiolo: Und sie haben physische Standorte? Gabler: Ja, natürlich! Ich glaube, sie sind angemietet, ich glaube nicht, dass sie die Gebäude gekauft haben. Assiolo: Und wo sind sie? In Montenegro? Gabler: Das kann ich dir nicht sagen! Assiolo: Und haben sie mehrere Filialen? Gabler: Wahrscheinlich eine, zwei, drei oder vielleicht sogar zehn. Ich habe nicht die leiseste Ahnung! Ich weiß, dass der Besitzer gehen will und 25 Millionen verlangt hat.«

HSBC ließ eine Anfrage in dieser Sache unbeantwortet.

Dann schlägt Gabler Assiolo vor, den ehemaligen Leiter der Sparkasse in Düsseldorf, Heinz-Martin Humme, für ihr Projekt zu gewinnen. Der Mann hatte nach einem Korruptionsfall im Jahr 2008 seinen Job verloren.

Gabler: Humme ... Ich weiß nicht, ob du ihn kennst. Humme war der Direktor der Sparkasse in Düsseldorf – du kannst seine Geschichte lesen – es ist eine tolle Geschichte! Tatsächlich hat er mehrere Kredite vergeben, die später platzten, und er verlor seinen Job. Aber er ist der Einzige, der eine Banklizenz hat, und eine Banklizenz ist unabdingbar.«

Wie das möglich sein soll, ist fraglich. Humme schied 2008 aus dem Finanzinstitut aus. Eine Banklizenz zu »parken«, ist in Deutschland kaum möglich. Die BaFin schreibt auf Anfrage: »Gemäß § 35 Abs. 1 S. 1 KWG erlischt die Erlaubnis, wenn von ihr nicht innerhalb eines Jahres seit ihrer Erteilung Gebrauch gemacht wird. Im Übrigen kann die Aufsichtsbehörde gemäß § 35 Abs. 2 Nr. 1 KWG die Erlaubnis aufheben, wenn der Geschäftsbetrieb, auf den sich die Erlaubnis bezieht, seit mehr als sechs Monaten nicht mehr ausgeübt worden ist. Damit kann die Aufsicht dem unerwünschten Handel mit Banklizenzen durch Verkauf von leeren Hüllen entgegentreten.«

Das BKA erfuhr von dem Berater Münkler mehr zu dem Plan von Salvatore Assiolo und Marc-Ulrich Gabler: »Vor ein paar Wochen erhielt ich die Information, dass die Bank bereits in Betrieb ist«, sagte Münkler. Er könne aber keine weiteren Informationen über die Bank und die Leute geben. »Ich weiß nur, dass Marc mir gesagt hat, dass es sich um eine Bank in Deutschland handelt.«

Auch der Anwalt von Salvatore Assiolo war für eine Stellungnahme nicht zu erreichen.

Dienste als Dienstleister

Mir ist klar, dass manches in diesem Buch schnell als Verschwörungstheorie angesehen werden mag. Dass ein Bankfunktionär sich schmieren lässt, kann man sich gut vorstellen. Aber dass es geheime Logen gibt, in denen Leute aus höheren Gesellschaftsschichten mit Mafiosi zusammentreffen? Dass Geheimdienste der Mafia bei Finanzgeschäften helfen? Der eine oder die andere mag das schnell zur Seite wischen. Und doch ist es wohl nicht so weit hergeholt. Jan Marsalek etwa, der abgetauchte Chef des Finanzdienstleisters »Wirecard«, brüstete sich Presseberichten zufolge mit seinen Geheimdienstkontakten. Wirecard, ein Unternehmen, das mit Mafiageld hantierte, soll zudem Kreditkarten für mehrere Dienste bereitgestellt haben. Der frühere Geheimdienstkoordinator der Bundesregierung, Klaus-Dieter Fritsche, hat sogar für das Unternehmen Lobbyismus betrieben.

Auch bei den bereits erwähnten Ermittlungen zum Clan Megna ergaben sich Hinweise auf Geheimdienstkontakte. Es soll Schwarzgeld geflossen sein über die Schweiz, und wieder sollen Diplomaten eine Rolle spielen. In der Akte ist ein Gespräch transkribiert zwischen Mico Megna und Salvatore Assiolo. Die beiden reden über eine komplexe Banktransaktion, um die sich Assiolo gekümmert hatte. Das Geld sollte auf einer Schweizer Bank eingehen, die Zahlung ließ aber offenbar auf sich warten, zumindest legen das die mitgehörten Gespräche nahe, und Megna, der Boss, war besorgt, übers Ohr gehauen worden zu sein. Ein paar Tage später versuchte Assiolo ihn zu beruhigen und kam dabei auf den Modus Operandi zu sprechen, leider weder allzu ausführlich noch gut verständlich. Als Journalist ist man außerdem immer hin- und hergerissen zwischen einer möglichst wörtlichen Übersetzung, um nah am Original zu bleiben, und einer Anpassung, die den Schnipsel verständlich macht, wenn man aus Telefonüberwachungsmaßnahmen zitiert. Salvatore Assiolo erklärte also Folgendes: »Also die Situation ist so, das Geld geht durch ein Dutzend Banken, am Ende muss es ausgezahlt werden … Marc von dort, nicht? Er hat alle Leute, sie haben jemanden, der versendet und ihnen fehlen die, die es in Empfang nehmen … Wir haben jemanden, und wir haben ihn über die Dienste … Die Geheimdienste bringen Geld ins Ausland, sie bringen das Geld aus dem Ausland her, wenn jemand Schwarzgeld hat, nicht wahr? Er hat Schwarzgeld aus seiner Gruppe, sie geben es ihnen und bringen mit dem Diplomatenkoffer das Geld hin, wohin sie wollen. Sie machen ihm ein verschlüsseltes Konto, sie haben verschlüsselte Konten und sie bringen das Geld in die Schweiz, mit den Nummern, und er holt es dann dort ab. Dafür hat er schon einen Teil des Unternehmens. Wir müssen auch ein Unternehmen gründen in der Schweiz.«

Viele Stellen in den Akten beschäftigen sich mit der Unterstützung für Finanztransaktionen durch Geheimdienste. Es scheint fast so, als habe jeder, der für Mafiaclans Gelder bewegt, entsprechende Kontakte. Francesco Oliverio etwa. Er fungierte als Chef des *Locale* in Belvedere Spinello, ebenfalls in der Region Crotone, bevor er Kronzeuge wurde. Oliverio wusste also bestens Bescheid über die Finanzgeschäfte des Clans, zumal er sie in die Hand seines Cousins Sabatino Marrazzo gelegt hatte, der sich eng mit ihm abstimmte. Marrazzo bewegte sich in Freimaurerkreisen und galt als saubere Figur des Clans. Gelder des Clans investierte er auch in Finanzinstrumente. Oliverio sagte, dass bei diesen Geschäften Personen von italienischen und ausländischen Geheimdiensten involviert gewesen seien. Marrazzo habe ihm berichtet, dass manche der Gelder, die über betrügerische Bankoperationen transferiert werden sollten, aus schwarzen Kassen der Geheimdienste stammten und von Dubai nach Italien fließen sollten. Von dem Clan Papalia wisse er, dass – wie so viele – auch sie Bankdirektoren als Komplizen hätten. Sie hätten ihm ebenfalls bestätigt, dass in solch manipulierte Bankoperationen zur Rückholung von Kapital oft Geheimdienste involviert seien. Auf eine weitere Rolle der Geheimdienste weist Gennaro Pulice hin: Er sagte, Mitarbeiter italienischer Geheimdienste hätten bei Transaktionen, die er getätigt habe, dafür gesorgt, dass Kontrollen in den Banken unterblieben.

Massomafia

Es ist eine wundersame Karriere, die Giuliano di Bernardo in Italien in seinen langen grauen Bart gelebt hat: Der Philosophieprofessor aus dem norditalienischen Trento schrieb ein Buch über die Freimaurer, denen er selbst seit einer halben Ewigkeit angehörte, bekam so bei den Logen Bekanntheit und wurde 1990 zum obersten Freimaurer Italiens gewählt. Dabei war Di Bernardo auf nationalem Parkett ein Neuling, war nie vor seiner Wahl durch die Pforte des Hauptsitzes in Rom gegangen, einer alten Villa auf dem Gianicolo, oder hatte auch nur durch die drei großen Fenster geschaut. »In der ersten Nacht nach der Wahl tat ich kein Auge zu«, erinnerte sich Di Bernardo in einer Vernehmung vor Gericht mit dem Staatsanwalt Lombardo, »was mach ich jetzt? Ich stehe nun an der Spitze einer mächtigen Organisation, von der ich keine Ahnung habe.« Di Bernardo drückt sich stets gewählt und klar aus, auch hier vor Gericht. Seine Sprache passte zu seinem Erscheinungsbild: volles graues Haar, ruhiger und wacher Blick. Nie sieht man ihn ohne gut sitzenden Anzug.

Wie mächtig die Organisation sein konnte, hatte neun Jahre zuvor der Skandal um die geheime Loge »Propaganda Due« gezeigt, abgekürzt »P2«. Bei dem Freimaurer Licio Gelli in der Toskana war bei einer Durchsuchung eine Liste gefunden worden mit Hunderten Namen aus Politik, Geheimdiensten, Strafverfolgungsbehörden, Militärs, Journalismus. In einem Interview mit dem Journalisten Klaus Davi sagte Gelli: »Mit der P2 hatten wir Italien in der Hand. Auf unserer Seite war das Heer, die Guardia di Finanza, die Polizei, alle klar befehligt von Mitgliedern der P2.« Diese Ermittlungen brachten einen Begriff hervor für diese Art von Verwicklungen: »Massomafia«. So nannte der Untersuchungsrichter Giovanni Turone diese Vermischung verschiedenster Sphären.

Selbst ohne solche Skandale sind die Freimaurer in Italien eine bedeutende Organisation. Für den Oktober 2018 gibt der größte Orden, der »Grande Oriente d'Italia«, die Mitgliederzahl mit 23 286 Männern an, die sich auf die gewaltige Zahl von 862 Logen im Land verteilen. Es sind die letzten verfügbaren Zahlen. Für Frauen wurde eine eigene Organisation geschaffen. Daneben existieren zwei weitere Orden, sodass man von rund 40 000 Freimaurerinnen und Freimaurern insgesamt in Italien ausgehen kann. Der Journalist Roberto Galullo schrieb, Kalabrien sei dabei am stärksten durchdrungen: Auf 290 Einwohner Kalabriens komme ein Mitglied des Grande Oriente.

Als Di Bernardo dem Grande Oriente d'Italia vorstand, war die Mitgliederzahl noch halb so hoch. Wie wenig er von der Organisation, an deren Spitze er stand, wusste, wurde ihm spätestens dann deutlich, als ihn der Staatsanwalt Agostino Cordova aus Palmi zu sich rief. Wieder standen Freimaurer-Zirkel im Zentrum von Ermittlungen, Cordova untersuchte den Einfluss der 'ndrangheta auf die Logen in Kalabrien. Ihn interessierte auch, ob ein Notar geholfen hatte, den Besitz der Familie De Stefano vor Beschlagnahme zu schützen. Bald weitete sich der Fokus. Di Bernardo war über die Ermittlungen nicht erfreut: »Meine erste Haltung ihm gegenüber war: Was erlauben Sie sich, die Organisation, die ich repräsentiere, zu beleidigen?«, sagte er. Der Staatsanwalt habe einen Stapel Dokumente auf den Tisch gelegt und ihn aufgefordert, sie zu studieren. Die Lektüre belehrte Di Bernardo eines Besseren oder genau genommen eines Schlechteren: Viele 'ndrangheta-Clans waren demzufolge eng mit Freimaurerlogen verbunden, manche Logen gar unterwandert. Konsterniert verließ Di Bernardo danach Cordovas Büro.

In der Folge holte er Erkundigungen ein. Sein Stellvertreter berichtete ihm, dass von 32 Logen in Kalabrien 28 von der 'ndrangheta kontrolliert würden. In Sizilien erhielt er ebenfalls entsprechende Hinweise: Die Mafia habe einige Logen übernommen. Di Bernardo sah für sich nur einen Weg: den obersten Freimaurer in Großbritannien zu informieren – und zurückzutreten. Das tat er im

April 1993, nach nur wenig mehr als drei Jahren im Amt. »Wenn ich weiter Großmeister geblieben wäre, wäre ich auch Großmeister von Personen gewesen, die in der sizilianischen Mafia sind oder zur 'ndrangheta gehören«, sagte er mir am Telefon. »Das wäre ein Widerspruch zu der Vorstellung, die ich von den Freimaurern habe: Sie setzt sich zusammen aus einer Verbindung von moralischen und universellen Prinzipien, die nichts zu tun haben mit kriminellen Organisationen und derartigen Aktivitäten.«

Auch der ständige Mafia-Untersuchungsausschuss aus Mitgliedern des italienischen Parlaments und des Senats nahm sich des Themas an. Er konstituiert sich in jeder Legislaturperiode neu. Bereits 1992 hatte er berichtet, dass Freimaurer um die Jahre 1977 bis 1979 das Leitungsgremium der Cosa Nostra gebeten hatten, die Mitgliedschaft von Vertretern verschiedener Mafia-Familien bei sich zu erlauben. So rum: Die Freimaurer baten die Mafia! 2017 verfasste die Vorsitzende der Antimafia-Kommission, Rosy Bindi von der Partei »Partito Democratico«, einen Bericht zu dem Thema. Die Kommission hatte festgestellt, dass sich die Beziehungen zwischen Mafia und Freimaurerei in jüngster Zeit intensiviert hätten, in Bezug auf typisch mafiöse Aktivitäten wie auch auf Korruption von Amtsträgern. Man kann den Bericht als Alarmzeichen sehen: Obwohl das Thema aus seiner Nische in den Fokus der öffentlichen Diskussion gerückt war, hatte sich am zugrunde liegenden Problem offenbar wenig geändert. Das Kalkül der 'ndrangheta schien aufgegangen zu sein: die Verbindung zwischen bürgerlicher Sphäre und Mafia-Sphäre zu beiderseitigem Profit entwickelte sich zu einem Erfolgsmodell.

Luigi Bonaventura ist überzeugt, dass auch Mitglieder seines Clans in Freimaurerlogen Mitglied sind, zumal frühere Kollegen Hinweise in diese Richtung gaben. Abgehörte Gespräche unterfüttern seine Einschätzung. Die Clans verfolgten damit nicht nur wirtschaftliche Interessen. Ihnen ging es auch um Einflussnahme auf Wahlen und generell politische Entscheidungsträger wie auch auf Ermittlungen. Gaspare Mutolo, einer der historischen Kronzeugen der Cosa Nostra, beschrieb den Ermittlern, dass die Mitgliedschaft in den Logen gezielt eingesetzt wurde, um Zugang zu solchen Sphären zu bekommen. Bei einem Gespräch Anfang 2024 sagte er mir, er sei zwar nicht selbst Mitglied in einer Loge gewesen, habe aber bestens Bescheid gewusst, wer. »Wir waren eng befreundet mit Leuten, die in Logen aktiv waren, vor allem mit Rechtsanwälten, aber auch Richtern und dem ein oder anderen Politiker.« Mutolo sagt, manche Mitglieder der Logen, gerade die Richter, würden von den Clans benutzt, um den Ausgang von Prozessen zu regeln. Ein zutiefst undemokratischer Akt, lebt die Demokratie doch von einer ungehinderten Rechtsprechung.

Giuliano di Bernardo treiben die noch immer bestehenden Mafia-Infiltrationen auch dreißig Jahre nach seinem Rücktritt noch um. Seine Erwartung damals war, dass die Orden das Problem ernst nähmen und Mafia-Mitglieder auskehrten, doch er wurde darin enttäuscht. Im Juni 2023 sendete er eine E-Mail an sämtliche Freimaurerlogen in Italien. In einem am 10. Dezember 2023 veröffentlichten Gespräch mit dem Journalisten Aaron Pettinari vom Fachmagazin *Antimafia2000* erläuterte er seine Gründe. »Als ich zurücktrat, gab es noch keine gravierenden Fälle krimineller Aktivitäten. [...] Heute ist die Situation viel schlimmer, weil es schon seit mindestens sechs Jahren eklatante Fälle von Verbindungen mit der Mafia gibt von Brüdern in einigen sizilianischen Logen.« Ermittlungen nach der Festnahme von Matteo Messina Denaro, einem wichtigen Boss der Cosa Nostra und einem der meistgesuchten Verbrecher Italiens, hatten zuvor ergeben, dass mehrere Freimaurer ihm eng verbunden waren, obwohl er Jahrzehnte lang im Untergrund gelebt hatte. Messina Denaro ist inzwischen verstorben. Di Bernardo kritisierte die aktuelle Führung des Grande Oriente d'Italia, sie leugne das Problem. Er kämpft um Reinheit: »In den 30 Jahren seit meinem Austritt führen die Spitzen die Institution hin zu Zwecken, die mit dem Freimaurertum nichts zu tun haben.«

Schon damals hatte Di Bernardo sämtlichen Großmeistern in Europa und den USA Briefe geschrieben, in denen er seinen Rücktritt erklärte. Mit dem deutschen Großmeister Rainer J. Schicke habe er viele Gespräche geführt. Andere hätten ihn schriftlich um vertrauliche Informationen gebeten. Ihm war wichtig, dass alle über die (damals) neue Gefahr Bescheid wüssten. Denn wer Mitglied einer Loge in Italien sei, erhalte Zugang zu allen anderen Logen in der Welt, die vom entsprechenden Orden anerkannt seien. »Ich schließe daher von vorneherein nicht aus, dass die deutschen Logen von der ’ndrangheta infiltriert worden sind, das passiert inzwischen überall«, sagte Di Bernardo in unserem Gespräch im Dezember 2023. »Deutschland als Lokomotive der Ökonomie in Europa ist für die ’ndrangheta sehr interessant. Wenn ich auch keine besonderen Fälle kenne, kann ich sagen, dass die Freimaurer als Kanal der Infiltration in Deutschland gedient haben und heute noch dienen.« Es ist gut, dass ein wichtiger Freimaurer sich so äußert, denn wer über Freimaurer schreibt, gerät sonst schnell in den Ruch, Verschwörertum zu befeuern.

Ich habe geschaut, was es an sachlichen Informationen und nüchternen Fakten zu diesem Thema zu Deutschland gibt. Vorweg: Es ist nicht viel. Wie so oft müsste man auch diese Frage vertiefend behandeln, so wie das etwa die Kriminologin Anna Sergi für Italien kritisch getan hat, Professorin für Kriminologie und Studien zur Organisierten Kriminalität an der Universität von Essex in Großbritannien. In ihrem gemeinsam mit dem Politikwissenschaftler Alberto Vannucci verfassten Buch *Mafia, deviant Masons and Corruption* (2023) sagt sie, dass das Freimaurertum in Italien im Gegensatz zu anderen Ländern Strukturen ausgebildet habe, die es verletzlicher machten für mafiöse Unterwanderung. In Süditalien hätten sich die Logen zwar als Ort ausgebildet, wo sich mafiöse und wirtschaftliche Interessen begegnen, in anderen Teilen Italiens und im Rest von Europa jedoch nicht. Zudem gebe es anderswo Schutzmechanismen gegen eine Unterwanderung und nicht diese Pseudo-Logen wie in Süditalien, die sich zwar als »Freimaurer« bezeichnen, es aber eigentlich nicht seien. Sergi geht also nicht von süditalienischen Verhältnissen in Deutschland aus.

Schauen wir also, welche Berührungspunkte hierzulande bekannt sind. Der Journalist Antonio Anastasi hat mit *La Storia di Mano di Gomma* (2023) eine Biografie über Nicolino Grande Aracri geschrieben, den Boss aus Cutro, der eine Zeit in Deutschland gelebt hatte. In dessen Bunker in Italien beschlagnahmten Ermittler im Juni 2012 bei einer Hausdurchsuchung ein Schwert mit dem Emblem des Malteserordens. In einer Akte finde ich das näher beschrieben. Einem Gespräch zufolge ist Grande Aracri im Vatikan in den Orden aufgenommen worden. In der Akte ist auch ein Gespräch zwischen ihm und Sabatino Marrazzo wiedergegeben, dem Boss eines Clans in Belvedere Spinello. Marrazzo ist als Freimaurer bekannt, sein Spitzname lautet sogar »il Massone«: »der Freimaurer«. Grande Aracri sagte ihm, dass sich in den Templerorden und bei den Kreuzrittern von Malta die hohen Schichten der Institutionen und der ’ndrangheta bewegten.

Die Akte verrät, dass auch Mario Luttini Freimaurer sein soll. Im Juni 2012 hatten die Ermittler eine Wanze in seinem Auto platziert, einem VW Passat mit Stuttgarter Kennzeichen. Einmal sei ein Freund von Luttini mit dem Wagen unterwegs gewesen, ein Unternehmer namens Salvatore Scarpino, er stellt Laminatböden her. Scarpino fuhr also mit Luttinis Wagen und einem nicht näher bezeichneten Orlando nach San Luca. Auf der Fahrt redeten die beiden über Luttini und Scarpino sagte, er habe Luttini den Titel eines Ritters von Malta verliehen. In Assisi sei das gewesen. Der Unternehmer Scarpino wurde einige Jahre später festgenommen, er soll mit dem Clan Grande Aracri zusammengearbeitet haben, für Finanzoperationen und als Verbindung zu Amtsträgern, die er in Logen angesprochen haben soll.

Mit Ivano Monaco, einst Vertreter des sizilianischen Bosses Salvatore Rinzivillo in Köln, soll ein weiterer hochrangiger Mafioso Freimaurer sein, so sagt es zumindest dessen eigener Onkel. Er hatte sich Anfang Februar 2015 bei Rinzivillo für seinen Neffen starkgemacht: Er sei dank der Mitgliedschaft in einer Freimaurerloge bestens eingeführt in die deutsche Wirtschaft und Politik. Ein Rechtsanwalt habe die Aufnahme in die Wege geleitet. Monaco selbst äußerte sich ebenfalls zu dem Thema: Man müsse sich in die Logen mit viel Geld einkaufen, sagte er laut Abhörprotokollen bei einer Fahrt mit seinem Fiat Panda. Die Freimaurer würden Geld verdienen mit Kreditlinien, die sie zur Verfügung hätten, sie stellten sie anderen zur Verfügung, die Bedarf an Liquidität hätten, unter anderem großen Supermarktketten.

Welch irrer Gegensatz, Monaco kutschierte mit einer billigen Kiste durch die Lande und berichtete von Millionen, die er investiert habe. Sein Monolog ist etwas sprunghaft, er war Karlsruher Ermittlern aber dennoch eine Aktennotiz wert: Monaco sei in Kontakt mit der Tochter eines Rechtsanwalts namens Julia, die eine Leitungsfunktion bei der Kriminalpolizei in Köln habe. Dieser Anwalt ist wohl auch derjenige, der Monaco als Freimaurer einführte.

Eureka!

Im April 2021 war in Italien berichtet worden, dass Nicolino Grande Aracri mit den Justizbehörden zusammenarbeiten wolle. Wir informierten darüber auf der Homepage und im Newsletter von *mafianeindanke* und regten an, ihn auch in Deutschland zu vernehmen, schließlich könne er viel über die Aktivitäten hierzulande sagen. Schon bei unserer Konferenz im Jahr 2017 hatte Peter Henzler, Vizepräsident beim BKA, dem italienischen Nationalen Antimafia-Staatsanwalt Franco Roberti auf der Bühne die Hand geschüttelt und angekündigt, verstärkt auf die Hilfe von italienischen Kronzeugen zurückzugreifen. Die italienischen Behörden mussten aber leider feststellen, dass Grande Aracri keineswegs umfassend aussagen wollte. Vielmehr habe er mit seinen Aussagen Familienmitglieder schützen wollen, berichteten italienische Medien.

Umso schöner war es, in Akten zur Operation »Eureka« zu lesen, dass zu diesem bedeutenden Schlag gegen die ’ndrangheta in Deutschland im Juni 2023 auch Kronzeugen beigetragen hatten. »Insbesondere der am 23. Februar 2021 angehörte Kronzeuge Basile Giorgio bestätigte, dass Restaurants in Deutschland der häufigste Weg für kriminelle Organisationen sind, die Erlöse aus dem Drogenhandel zu verwenden.« Ich musste das Datum zwei Mal lesen, tatsächlich: Februar 2021. Giorgio Basile, ein Mann aus dem Pott und ein Killer, ist der Mann, der 1998 in Kempten verhaftet worden war. Hier fasste er die Vorteile von Gaststätten für die Geldwäsche prägnant zusammen: »Pizzerien und Restaurants in Deutschland bieten eine sichere und einfache Möglichkeit, die Erlöse aus dem Drogenhandel und anderen illegalen Aktivitäten zu waschen, und zwar sowohl in der Kaufphase als auch im Laufe ihrer Führung. Bei der Führung dieser Betriebe wurde bewusst darauf geachtet, einen geringen legalen Umsatz zu erzielen, sodass ›schmutziges Geld‹ aus illegalen Aktivitäten in die Bilanzen einfließen konnte. Auf diese Weise wurde ein doppelter Vorteil erzielt: Die Erlöse aus den illegalen Tätigkeiten wurden gesäubert und der Wert des Unternehmens wurde erhöht. So konnte man bei einem hohen Umsatz das Restaurant nach einigen Jahren zu einem höheren Preis als seinem tatsächlichen Wert weiterverkaufen.«

Basile war damals seit 25 Jahren im Zeugenschutz, ich hatte nicht damit gerechnet, auf eine aktuelle Aussage von ihm zu stoßen! Ich sprach auch mit Luigi darüber. Er sei auch für dieses Verfahren vernommen worden, sagte er, in Mailand, der Staatsanwalt, der für ihn zuständig sei, war aus Kalabrien gekommen, ein paar Ermittler aus Deutschland, eine Übersetzerin. Diese Vernehmung lobte er sehr: Seinen Gesprächspartnern sei es darum gegangen, die ’ndrangheta zu verstehen, nicht bloß ein paar Informationen zusammenzutragen. Zwei Tage hätte sie gedauert. »Der deutsche Staatsanwalt war leider kurzfristig verhindert. Aber er hat mich extra angerufen und mir gedankt. Das fand ich sehr anständig von ihm. So eine Wertschätzung zu bekommen, ist für uns Kronzeugen wichtig.« Was er ausgesagt hatte, verriet er mir nicht: Das wäre unprofessionell.

Über Eureka und andere Großoperationen der vergangenen Jahre zu berichten, erscheint mir wichtig, alle hätten es verdient, genauer beleuchtet zu werden. Mein Ansatz in diesem Buch ist aber ein anderer.

Liechtenstein, immer wieder, und die Schweiz

Im Jahr 1999 hatte der deutsche Bundesnachrichtendienst eine Analyse verfasst, die ihren Weg in die Medien fand, obwohl sie als Verschlusssache eingestuft war. Die Agentinnen und Agenten beschreiben darin ein Geflecht, das sich in Liechtenstein herausgebildet haben soll und einem mafiösen Staat zur Ehre gereichen würde.

Anfangs klingt die Analyse noch bürokratisch: »Das Fürstentum Liechtenstein gilt als eine der ersten Adressen für die Anlage von Vermögenswerten, die nicht immer zweifelsfrei legalen Ursprungs sind oder sogar eindeutig aus illegalen Geschäften stammen. Der Reiz Liechtensteins als einer der bedeutendsten Geldwäscheplätze in Europa und ›Weltzentrum der Briefkastenfirmen‹ erklärt sich aus dem Zusammentreffen eines sehr liberalen Wirtschafts- und Rechtssystems mit einem traditionell kundenfreundlich-diskreten Finanzdienstleistungssektor. [...] Geschätzt wird Liechtenstein aber auch wegen der strengen Einhaltung des Bankgeheimnisses. Da es im Fürstentum Anwälte und Vermögensberater gibt, die es verstehen, die örtlichen Gegebenheiten für Geldwäscheoperationen und Anlagezwecke illegalen Vermögens zu nutzen, übt es auf Steuerflüchtlinge und Wirtschaftskriminelle gleichermaßen eine besondere Anziehungskraft aus.« Der Bericht führt weiter aus, dass für Gruppen der Organisierten Kriminalität »spezielle ›Finanzdienstleistungen‹« geschaffen würden. Die Palette reiche von anonymen Kontoeröffnungen über Unterstützungen beim Einschleusen illegaler Vermögenswerte in den Finanzkreislauf und der Errichtung von Tarn-/Scheinfirmen bis hin zur maßgeschneiderten Geldwäscheoperation, z. B. »durch das Verschaffen von Einflussmöglichkeiten auf die Geschäftsführung von Banken.«

In dem Dokument sind mehrere Männer namentlich genannt, Treuhänder, Rechtsanwälte und Bankfunktionäre, die diese Dienstleistungen anböten. Ein Mann wird als Schützling des (ehemaligen) liechtensteinischen Präsidenten Hans Brunhart bezeichnet. Dass er dennoch verhaftet wurde, sei ein »Betriebsunfall« gewesen: »Ein neueingestellter junger Richter, der noch nicht auf der ›Gehaltsliste‹ der Community stand und vermutlich die einschlägigen Zusammenhänge nicht kannte, hatte die Verhaftung [...] veranlasst.«

Die Analyse hebt die Rolle der liechtensteinischen Verwaltungs- und Privatbank AG (»VP Bank Liechtenstein«) hervor. Der Präsident der Bank sei der Bruder eines der Geldwäsche beschuldigten Treuhänders. Ein weiterer Verwandter der beiden wird als liechtensteinischer Polizeibeamter beschrieben, der dort für die Kooperation mit Interpol zuständig ist. Seine Hauptaufgabe sei die Behandlung von Rechtshilfeersuchen ausländischer Staatsanwaltschaften im Auftrage der Liechtensteiner Justiz.

Der Aufklärungswille der Strafverfolgungsbehörden sei dementsprechend ausgeprägt, so der Bericht. Im Jahr 1995 sei ein Rechtshilfeersuchen an die liechtensteinische Polizei gesendet worden, das Büro eines Rechtsanwalts solle durchsucht werden. Deutsche Ermittler warfen ihm vor, ein Firmengeflecht für Geldwäsche-Zwecke bereitzustellen, unter anderem für südamerikanische Drogenkartelle. »Kurz nachdem die Aktion der örtlichen Polizei angelaufen war, wurde sie von höchster Stelle gestoppt und erbrachte damit keine verwertbaren Erkenntnisse«, heißt es nüchtern.

Eine Flut von Artikeln zu diesen schmutzigen Geschäften erschien in der Folge in renommierten Medien, zugleich wurden auch Zweifel an der Qualität des BND-Papiers laut. Liechtenstein gelobte Besserung, und tatsächlich wurde es eher still um den Finanzplatz. Wenn aber stimmt, was in den Akten steht, die mir zugespielt wurden, steht erneut Ärger ins Haus.

Oft hängt es von einzelnen Personen ab, ob die italienische Mafia entschieden bekämpft wird oder nicht. Die Schweiz gibt dafür ein gutes Beispiel ab. Lange hat man dort die Gefahr vernachlässigt, obwohl das Land nicht nur als Finanzplatz für die Clans interessant ist, sondern auch als Herkunftsland und Handelsort für Waffen.

Der Bundesanwalt Michael Lauber, der ranghöchste Ermittler also, hat 2015 öffentlich bekundet, kaum etwas gegen die Mafia unternehmen zu können. Inzwischen ist er geschasst worden aufgrund von Fehlverhaltens bei Ermittlungen gegen die FIFA, den Weltfußballverband. Sein Nachfolger Stefan Blättler reiste kurz nach Amtsantritt nach Italien und ließ sich dort über Mafiaaktivitäten informieren. Dann kündigte er an, den Kampf gegen die Mafia zu einer Priorität zu machen. Seitdem greifen Ermittler verstärkt durch, die Medien berichten mehr und auch die Behörde selbst veröffentlicht reichlich Informationen. Gerne hätte ich Blättler interviewt, doch meine Anfrage wurde freundlich abgeschlagen.

Der neue italienische Nationale Antimafia-Staatsanwalt Giovanni Melillo wählte im November 2022 für seinen ersten Auslandsbesuch die Schweiz als Ziel. In Pressegesprächen sagte er, dass Mafiosi in der Schweiz lebten, aber in Italien gewaltsame Bedrohungs-Aktionen verübten. Blättler und er wollten sich künftig mindestens zwei Mal pro Jahr sehen, berichtete der *SRF*. Blättler kündigte an, italienische Antimafia-Bemühungen durch eigene Ermittlungen zu unterstützen, und forderte gesetzliche Verbesserungen. Beispielsweise seien Geldwäsche-Vergehen durch Unternehmen nur mit maximal fünf Millionen Franken zu sanktionieren, das sei lachhaft. Immerhin wurde das Gesetz in einem Punkt verschärft: Wer sich an einer kriminellen Organisation beteiligt, kann seitdem mit bis zu 20 Jahren Haft bestraft werden.

Ich hätte mit Blättler gerne über ein besonders brisantes Verfahren gesprochen. Es ist verständlich, dass über manche Ermittlungsinstrumente lieber geschwiegen wird. Der Einsatz von Vertrauenspersonen etwa, also von Leuten, die Teil einer Organisation sind, oder von verdeckten Ermittlern. Die Informationen, die sie weitergeben, können sehr wichtig sein. Zugleich sind beide in einem äußerst komplexen Umfeld tätig: sie haben direkten Kontakt mit hochkriminellen Menschen, dürfen aber keine Straftaten begehen und wenn sie auffliegen, sind sie in Todesgefahr. Dazu sind Mafiosi qua Natur misstrauisch und noch dazu haben die Organisationen oft eine Art von »Intelligence« nach dem Vorbild von Nachrichtendiensten und einen Informationsaustausch im Verborgenen. Wahr ist aber auch: Wenn es gelingt, Polizisten im Inneren von Mafia-Clans zu platzieren, sind die Ergebnisse immer spektakulär. Die Ermittlungsergebnisse der Operation »Fido« in Thüringen zeigen das, auch wenn das Verfahren dann merkwürdigerweise rasch geschlossen wurde. Auch der große Schlag gegen die ’ndrangheta im Mai 2023, die Operation »Eureka«, war nur dank des Einsatzes von verdeckten Ermittlern dermaßen erfolgreich.

In der Schweiz erhielten Ermittler auf diese Weise spektakuläre Hinweise zu Geldwäscheaktivitäten in Liechtenstein. Über die Ermittlungen ist aber quasi nichts nach außen gedrungen. Dabei haben die Berichte der verdeckten Ermittler, die mir vorliegen, das Zeug dazu, Liechtenstein erneut an den Pranger zu stellen, wieder einmal. Der Anstoß zu den Ermittlungen kam aus Italien, genau genommen von einem Mafioso kurz vor seiner Freilassung. Er wollte unbedingt Nicola Gratteri sprechen. Gratteri ist Staatsanwalt, einer der furchtlosen Art. 1958 in Gerace in Kalabrien geboren, hat er den größten Teil seines Lebens der Bekämpfung der ’ndrangheta gewidmet. Im Jahr 2023 wechselte er nach Neapel und stellt sich nun der Camorra entgegen. Für seine Arbeit nimmt er ein Leben in ständiger Todesgefahr und unter Polizeischutz in Kauf. In Italien genießt er Heldenstatus, gemeinsam mit ein paar seiner Kolleginnen und Kollegen: Ilda Boccassini etwa, inzwischen pensioniert, die als Anklägerin gegen Silvio Berlusconi wirkte, außerdem der bereits erwähnte Giuseppe Lombardo, der zu Verstrickungen zwischen Politik und Mafia arbeitet. Sehr viele weitere Staatsanwälte bekommen weniger Öffentlichkeit, gehen aber oft genauso mutig und aufopferungsvoll gegen die Mafiaclans vor.

Dass Gratteri sich den Drohungen nicht beugt, bringt ihm Respekt. Die Menschen vertrauen ihm, manchmal sogar die auf der Gegenseite. Insofern war es nicht völlig überraschend, dass am Tag seines Amtsantritts in Catanzaro das Telefon läutete. Gratteri war noch nicht offiziell als Staatsanwalt vorgestellt worden, die Zeremonie dazu war erst für Mitte Mai 2016 geplant, einige Tage später.

Der Anruf kam aus Rom, aus einem Gefängnis. Ob er am nächsten Tag kommen könne, jemand wolle mit ihm sprechen. Der Mann war Andrea Mantella, 43 Jahre alt, mit einer beachtlichen Karriere in der ’ndrangheta, er saß allerdings »nur« wegen Mafia-Mitgliedschaft. Mantellas Freilassung stand unmittelbar an und damit seine Rückkehr nach Kalabrien. Am nächsten Morgen flog Gratteri also nach Rom und setzte sich dem Mann gegenüber. Mantella sagte, er wolle nicht zurück in seine alte Funktion, sondern Kronzeuge werden. Er war der mächtigste Mann der ’ndrangheta in der Region Vibo Valentia, hatte das dortige *Locale* geleitet und wusste somit über sämtliche ’ndrangheta-Aktivitäten in seinem Bezirk Bescheid. Für Gratteri ein Glücksfall, quasi ein Geschenk zum Amtsantritt. Und Mantella fing an zu reden: Es war der Beginn des Ermittlungsverfahrens »Rinascita-Scott« mit 334 Verhaftungen und einem Maxi-Prozess mit über 400 Beschuldigten.

Mantella sprach in den Vernehmungen nicht nur über seinen eigenen Clan, sondern über sämtliche Clans, die in der Provinz Vibo Valentia aktiv sind. Das Gerichtsverfahren ist deshalb einzigartig. Es sitzt ein kompletter Ausschnitt des kriminellen Lebens in einer Region auf der Anklagebank. Für die Verhandlung wurde eigens eine Halle im Industriegebiet von Lamezia Terme umgebaut. Gleich zur Eröffnung des Hauptverfahrens wurde Luigi Bonaventura gehört, er war der zweite vernommene Kronzeuge, noch vor Andrea Mantella. Davor sprach sein Onkel Giuseppe Vrenna.

Eine der Gruppen, über die Andrea Mantella auspackte, war der Clan Anello aus Filadelfia, einem Städtchen mit knapp 5000 Einwohnern und einem schönen Altstadt-Kern. Wie fast alle ’ndrangheta-Clans hat auch er eine Geschichte mit Blut, Mord und Totschlag. Beispielsweise hatte die Frau des Bosses Rocco Anello zwei Liebhaber, während ihr Mann in Haft saß. Beide Männer verschwanden, der eine 2002, der andere vier Jahre später. Die dafür Verantwortlichen wurden nie gefunden. Der Journalist Klaus Davi hat dazu vor Ort recherchiert und im Juni 2016 ein interessantes Video auf YouTube eingestellt. Davi ist eine schillernde Figur, er tritt stets in auffälligen und eleganten Anzügen auf, lebt offen homosexuell, spricht Italienisch mit schweizerischem Akzent, klingelt an jeder Mafia-Tür und schreckt vor keiner Konfrontation zurück. Als erklärter Mafia-Gegner wurde er Gemeinderat in San Luca, dem Stammort der ’ndrangheta, der entsprechend stark kontaminiert ist.

Einer der Morde an den Liebhabern wurde dem Bruder von Rocco Anello vorgeworfen, Tommaso Anello. Weil er sich mit ihm unterhalten wollte, sprach Davi verschiedene Familienangehörige an, allerdings mit laufender Kamera. Eine Frau, die gerade die Straße kehrte, schwang kurzerhand ihren giftgrünen Besen und griff Davi an, wollte auf ihn einzuprügeln. Eine weitere Verwandte bot dagegen an, Tommaso Anello anzurufen, und tatsächlich sieht man ihn kurz darauf in einem grauen SUV heranfahren. Der Bruder des Bosses blieb höflich: »Ich habe dazu nichts zu sagen, ich hatte ein Gerichtsverfahren und bin freigesprochen worden. Das muss genügen, tut mir leid.« Der Kameramann von Davi insistierte und fragte nach seinem Bruder, dem Boss, der zu der Zeit in Hausarrest saß. »Mein Bruder? Keine Ahnung.« Davi ließ nicht locker und fragte weiter durch das offene Autofenster nach einem der verschwundenen Männer: »Und Santo?« Er wisse nicht, was mit dem Mann passiert sei, antwortete Anello und gab seinem Fahrer ein Zeichen davonzufahren. »Ciao« sagte er und winkte zum Abschied. Eine Zigarette klemmte zwischen Zeige- und Mittelfinger. Zwei Jahre später, 2018, wurde Rocco Anello verhaftet.

Andrea Mantella redete bei seinen Vernehmungen im Jahr 2016 auch über die Geschäfte des Clans in der Schweiz. Die Schwester des Bosses Rocco Anello habe dort Investments getätigt, der Clan in Hotels und Restaurants investiert und über Strohleute auch in den Finanzsektor. Personen, die dem Clan nahestünden, würden in vom Clan finanzierten Geschäften Silberobjekte und Antiquitäten verkaufen. Auch krasse Aussagen tätigte Mantella: »Nachdem, was ich direkt von Rocco Anello und den Brüdern Fruci erfahren habe, pflegte Rocco Anello Gold zu verkaufen, dass er von Drogenabhängigen gestohlen hatte, er ließ es über Freunde in Arezzo einschmelzen und gewann daraus Goldbarren, die er dann in Schließfächern in der Schweiz deponierte.« Ob die Ermittlungen das bestätigten, ist mir nicht bekannt.

Die italienischen Ermittler schickten jedenfalls weitere Hinweise in die Schweiz, die sie von einem weiteren Kronzeugen erhalten hatten: Ein Carmelo führe ein Nachtlokal, dass Rocco Anello gehöre, ein Herr Mizzi* habe ein Vermögen gemacht mit Geld, dass er für

Anello verwalte und in verschiedene Geschäftstätigkeiten investiert habe. Schnell ergaben die Ermittlungen, dass es um den Gastwirt Marco Gombrino* und den Unternehmer Carmelo Mizzi gehen musste.

Das schweizerische Bundesamt für Polizei, die »fedpol«, leitete eine Kooperation mit der italienischen Antimafia-Staatsanwaltschaft in Catanzaro in die Wege. Den Schweizern gelang es, mindestens einen verdeckten Ermittler in die beschriebene Gruppe einzuschleusen. Der Ermittler konnte die von den Kronzeugen erhobenen Vorwürfe bestätigen: Die Gruppe beschaffte tatsächlich Waffen aus der Schweiz und handelte mit ihnen, sie handelte mit Falschgeld, sie setzte Strohleute in der Schweiz für Geschäftstätigkeiten ein und ihre Mitglieder transportierten Bargeld nach Kalabrien, wenn der Clan welches anforderte.

Damit hätte man das Ermittlungsverfahren beenden können, Auftrag erledigt, die üblichen mafiösen Aktivitäten, Abschlussbericht, Dankeschön. Stattdessen wurde es jetzt erst richtig interessant. Über den weiteren Fortgang der Ermittlungen mehr herauszufinden, ist zugleich leider nahezu unmöglich: Behörden teilen auf Anfrage mit, dass das Verfahren noch laufe, immer noch, nach inzwischen mehr als fünf Jahren, und erteilen keine weiteren Auskünfte. Auch auf inoffiziellen Wegen sind keine Informationen zu bekommen: Wer mit den Ermittlungen vertraut ist, schweigt. Eine Quelle hat mir Teile der Berichte der Undercover-Agenten zugespielt, sie sind in italienischen Dokumenten enthalten, aus denen ich hier zitiere. Ich möchte sie weitgehend für sich sprechen lassen. Im Fokus der Ermittlungen stehen der Gastwirt Gombrino und der Unternehmer Mizzi. Um die beiden herum bewegen sich die nicht näher benannten »Kevin« und »Gianni«. Zunächst geht es in den Dokumenten darum, dass Marco Gombrino Geld wechseln wollte, und zwar über den verdeckten Ermittler:

> 12.3.2018 Hotel Petit Lancy, Genf Wenn Marco über interessante Dinge sprach, begann er mit der Stimme leiser zu werden. So fragte er mich auch relativ leise, ob ich Beziehungen zu jemandem habe, welcher Schweizerfranken in Euro wechseln könnte [...]. Ich er-

klärte, ich müsse mich bei Kollegen in Deutschland schlau machen. Danach fragte ich nach der relevanten Summe. Marco sagte, er müsse ca. CHF 100 000 in Euro wechseln. Das Ganze müsse unauffällig geschehen und schwarz nach Italien gelangen.

05.04.2018 Wir gingen zur Bar und Marco schenkte mir ein Glas Wasser ein. Ich schlug Marco den Betrag von Euro 44 000 für CHF 48 000 vor. Er behändigte einen Taschenrechner und machte einige falsche Rechenbeispiele. Daraufhin fragte Marco mich, wie es denn korrekt gehe. Ich erklärte ihm, dass dies etwa einem Kurs von 1.09 entsprechen würde. Mit dieser Angabe rechnete Marco die Beträge nochmals durch und sagte, dass dies für ihn in Ordnung sei.

Knapp zwei Wochen später, zuhause bei Marco Gombrino:

Anschliessend begab sich Gombrino Marco in einen anderen Raum. Er kam mit einer roten, ca. 20x 25 cm grossen Kunstledermappe zurück. Darin befanden sich die CHF 48 000, welche er in Hunderter und Fünfziger mit Gummibändern zusammengebunden hatte. Gombrino Marco legte das gesamte Geld auf den Tisch. Ich nahm die Euro 44 000 aus meiner Umhängetasche und legte das Geld ebenfalls auf den Tisch. Gombrino Marco ergriff dieses und wunderte sich über die Verpackung. Dann legte er die Euro 44 000, ohne diese zu zählen, zur Seite und wir zählten gemeinsam die CHF 48 000. Anschliessend verstaute ich die CHF 48 000 in meiner Umhängetasche. […]

Im weiteren Verlauf der Ermittlungen bot Carmelo Mizzi, ein Mitglied der schweizerischen Gruppe, dem Bericht zufolge einem der verdeckten Agenten Falschgeld an:

14.05.2018 In einem Moment begann er zu mir mit ungewohnt leiser Stimme etwas über 50 Euro zu murmeln. Ich konnte ihn zuerst nicht verstehen. Dann sagte er mir, dass einer seiner Bekannten gut gefälschte 50 Euro Noten habe. Sie seien so gut, dass selbst erfahrene Leute die Fälschung nicht bemerken würden. Er sei mit solchen Noten bei einer Prostituierten in Zug gewesen und habe ihr gesagt, dass das Geld gefälscht sei. Sie habe jedoch gesagt, dass dies nicht stimme. Die Scheine seien echt, soll sie erwidert haben. Ich fragte, welche Scheine er habe und wieviel das Falschgeld koste. Carmelo sagte, sein Kollege verfüge über 20er und 50er Noten. Er werde mir bei Gelegenheit einen 50er zur Ansicht mitbringen.

Die Mitglieder der Zelle in der Schweiz wissen offenbar, dass sie unter Beobachtung der Polizei stehen:

30.5.2018 Kurz nach der Abfahrt fragte mich Marco mit gedämpfter Stimme, ob man hier in meinem Auto sprechen könne. Ich fragte wie er das meine. Er fragte, ob es hier keine Mikrofone gäbe. Ich zeigte auf das Mikrofon oben links im Auto und erklärte, dies sei das einzige, es diene der Mobiltelefonkommunikation. Ich wollte wissen warum er gefragt hatte. Marco erzählte, Carmelo habe vor einiger Zeit sein Auto bei einem Kollegen in Italien auf den Lift gestellt. Da hätten sie unter dem Auto zwei Kästchen entdeckt. Ich fragte was für Kästchen das gewesen seien. [...]. Kevin erklärte, es seien so etwas wie Peilsender gewesen. Ich fragte, warum Carmelo Peilsender an seinem Auto gehabt habe. Marco meinte, diese seien montiert gewesen, um Carmelo auszuspionieren. Ich wollte wissen, wer so etwas tun sollte. Marco sagte, das sei die Polizei. Dies weil Carmelo in Kalabrien Freunde habe, welche stark seien.

In der italienischen Akte steht nun: »Die Subjekte befinden sich im Auto des Undercover-Agenten.«

Er, Carmelo und eine weitere Person hätten bei dem Wirt CHF 75000 in ein Pyramidensystem investiert [...] Irgendwann hätten sie nach ihrem Geld gefragt, sie seien dann immer wieder vertröstet worden. Er, Marco, habe dem Wirt dann wütend gesagt, er habe keine Chance mit dem Geld zu verschwinden. Er habe es mit Leuten aus Kalabrien zu tun. Überall wohin er flüchten werde, gebe es Leute aus Kalabrien, welche ihn finden würden. [...] Am nächsten

Tag sei der Schuldner mit einem Couvert in sein Restaurant gekommen.

Die Polizei erfuhr über die verdeckten Ermittler von den Geschäften der Zelle: vom Handel mit Waffen und Immobilien und wie sie mit verschiedenen Währungen dank der Währungsschwankungen Profite generierte. Offensichtlich waren die Mitglieder der schweizerischen Zelle schon länger, mehr als zwei Jahre, unter Beobachtung, wie der folgende Ausschnitt zeigt.

19.09.2018 [...] In diesem Moment sprach Kevin mit Carmelo plötzlich über die gefundenen Sender am Auto. Ich fragte, wann das gewesen sei. Carmelo zeigt auf sein Auto auf dem Parkplatz und meinte, der Vorfall sei vor etwa 2 Jahren passiert.

Die Mitglieder waren eng an die Clanführung angebunden:

28.1.2019, im Auto Unterwegs fragte ich Carmelo, ob die Bemerkung von Kevin stimme, wonach er, Carmelo, momentan nur schlecht Business machen könne, da sein Kollege in Kalabrien im Gefängnis einsitze. Carmelo verneinte und erklärte, er könnte trotzdem Business machen. Er beschrieb, sein Kollege sei ein »Padrino«. Ich fragte: »un Padrino?«. Carmelo antwortete: »un vero Padrino sai come un Boss« [Anm.: »ein echter Pate, weißt du, wie ein Boss«). Ich zeigte mich erstaunt und sagte, noch nie einen echten Padrino kennengelernt zu haben. Carmelo erklärte, er werde im Sommer in Kalabrien dafür sorgen, dass ich mich zum Padrino an den Tisch setzen könne.

Ich fragte Marco, ob er den Boss gut kenne. Marco bejahte [...]. Bevor der Boss in »die Ferien musste«, habe er einen Hausarrest gehabt. Sie seien damals alle beim Boss zuhause gewesen und hätten gemeinsam gekocht und gegessen. Dann sei die Polizei gekommen um zu schauen, ob der Boss wirklich zu Hause sei. Sie hätten sich dann alle in der Küche versteckt, während der Boss an der Türe mit der Polizei gesprochen habe. [...] Ich fragte, ob der Boss schon oft im Gefängnis gewesen sei. Marisa erklärte,

> er habe schon sein halbes Leben im Gefängnis verbracht. Marco sagte dazu, der Boss sei früher oft im Gefängnis gewesen [...] An dieser Stelle machte Marco mit der Hand eine »Pistolen-Schussabgabe-Bewegung«.

Wie kommt Geld von der Schweiz nach Kalabrien? Legales Geld via Überweisung, erfuhren die Ermittler, Schwarzgeld per Kurier.

> 28.2.2019 Marco erklärte [...], dass er soeben 150 000 nach Kalabrien für sein neues Haus überwiesen habe. Als er das sagte, berührte er mit seinem rechten Zeigefinger einen weissen Stehtisch und sagte, dass er das Geld so überwiesen habe. [...] Ich fragte Marco, ob er der Person, an die er 150 000 überwiesen habe, auch vertrauen könne. Mit grossen Augen sagte er: »Ja! Ja! Das ist der Sohn eines Bekannten von uns. Sein Vater ist in unserem Dorf so etwas wie ein Comandante. [...] Er nimmt nicht einfach Geld von den Leuten, aber im Moment ist er in den Ferien.« (Anmerkung VE A 3855: Marco hob wieder seine gespreizte, rechte Hand vor sein Gesicht um Gitterstäbe zu simulieren).

Konspiratives Vorgehen ist ein Standard der Gruppe, er wird nur nicht von allen berücksichtigt:

> 14.03.2019 Sein Kollege unten in Kalabrien, welcher derzeit im Gefängnis sitze, habe gesagt, Giuseppe sei ein Trottel. Sie hätten sich zum Beispiel einmal alle bei diesem Kollegen, als er frei war, zu Hause zum Essen getroffen. Giuseppe sei damals der einzige gewesen, welcher mit seinem grünen Ferrari direkt vor dem Domizil seines Kollegen geparkt habe. Er, Marco, und alle anderen Gäste hätten weit weg vom Haus des Kollegen parkiert und ihre Mobiltelefone in den Autos gelassen. So wie man das mache. Wegen des grünen Ferraris hätten alle Leute geschaut.

Im Juni 2019 war mehr als ein Jahr vergangen, seit die verdeckten Ermittler in der Zelle platziert werden konnten. Die Mitglieder der Gruppe hegten offenbar keinen Verdacht und verrieten immer mehr, auch über ihre »Geschäftspartner« bei der Geldwäsche und wer die Dienste in Anspruch nahm.

6.6.2019 Gianni fragte, ob ich zum Beispiel auch Geld nach Liechtenstein transportieren könne. Ich bejahte, worauf Marco präzisierte, ich könne überall hinfahren, ich sei in Deutschland, Österreich aber auch in Italien unterwegs. [...] Gianni meinte, dies sei gut zu wissen. Er habe erst kürzlich Gold von Kenia »zu uns' organisiert. Da hätte er so jemanden wie mich gebrauchen können. [...] Marco hatte sich selber nicht vorgestellt, er begann sogleich über Geld zu sprechen. Zuerst holte er aus und sagte, dass man Geld aus Geschäften habe, welches »so' (er zeigte dabei auf das schwarze Display meines Mobiltelefons) sei. Man wolle darauf Geld haben welches »so« sei (dabei zeigte er auf die weisse Innenseite einer Serviette). Gianni sagte, das sei klar. Die Herkunft des Geldes würde ihn nicht interessieren. Dass es jetzt schwarz und danach sauber sei, sei auch klar. Wenn man Geld in ihrer Bank anlege, sei dieses bereits am nächsten Tag sauber. [...] Gianni begann dann gleich zu erklären, wie eine »Operation« (wörtlich) bei ihnen ausschauen würde. Er nannte dabei einige italienische Vornamen als Referenz und hohe Geldsummen, welche sie so »reingemacht« hätten. Er erwähnte auch einen Italiener aus Pfäffikon, welcher einen zweistelligen Millionenbetrag über sie gewaschen habe. Das System sei immer das gleiche. Es sei total simpel, auch wenn dies viele Leute nicht glauben würden. Jemand, welcher nicht durch Interpol gesucht werde, müsse ein Konto als beispielsweise Beteiligter einer Petrolfirma eröffnen und zahle den gewünschten Betrag auf das Konto ein. Bereits am nächsten Tag könne maximal die Hälfte des Betrages wieder abgehoben werden und sei gewaschen. Der andere Teil müsse zwingend noch mindestens 6 bis 7 Monate auf dem Konto liegen bleiben. [...] Marco fragte nach Beispielen in der Höhe von 200 000 bis 300 000. Gianni sagte, dies sei bei ihnen in der Regel der Mindestbetrag für ihre Operationen. Wenn jemand nur CHF 100 000 auf ein Konto einzahlen wolle, dann könne er dies auch bei einem Banker machen, mit welchem er oder ein Bekannter zur Schule ging. Das sei ja kein Problem. Das würde sich nicht lohnen. Die Kommission sei immer 15%. [...] Er, Gianni, erhalte ca. 1% vom Betrag.

Glaubt man den Mitgliedern der Zelle, sind höchste Kreise in Liechtenstein in die Geldwäsche-Aktivitäten verstrickt. Die entsprechende Person ist nicht klar benannt. Die Rede ist von einem Premierminister »Kessel«, es gab jedoch keinen Politiker mit diesem Nachnamen. Zu der Zeit, als diese Berichte entstanden, war Adrian Hasler Premierminister von Liechtenstein, vor seinem Eintritt in die Politik wirkte er unter anderem als stellvertretender Direktor der Verwaltungs- und Privatbank in Vaduz sowie Chef der Liechtensteinischen Landespolizei. Mitglieder der Zelle sprechen auch vom »König«. Liechtenstein ist zwar als konstitutionelle Monarchie angelegt, einen König gibt es aber nicht. Das Staatsoberhaupt ist Fürst Hans-Adam II., die Regierungsgeschäfte führt seit 2004 aber sein Sohn, Erbprinz Alois von und zu Liechtenstein. Dem Fürstenhaus von Liechtenstein gehört die »LGT Gruppe«, ein international aufgestelltes Finanzdienstleistungsunternehmen. Einmal heißt es auch, der »Prinz« bekomme für die Geldwäsche einen Anteil von 15 Prozent. Wer also gemeint ist, bleibt unklar.

6.6.2019 Das Gute an ihrer Bank sei, dass der Premierminister »Kessel« (phonetisch) vom Fürstentum Liechtenstein dahinterstehe. Der würde für alles garantieren. Marco fragte wie alt diese Person sei. Nicht dass sie bald sterben würde. Gianni sagte, dass er ihn vor etwa zwei Monaten vor der Bank in einem Kaffee gesehen habe. Er sei wie wir. Ganz normal gekleidet und nicht abgehoben. Natürlich werfe er sich bei speziellen Anlässen in Schale, aber sonst sei er sehr bescheiden. Er kenne sein Alter nicht, schätze ihn aber auf ca. 67-jährig. Ich fragte Gianni ob es möglich sei, beispielsweise CHF 100 000 von einem frisch erstellten Konto in Liechtenstein auf mein Konto in Kalifornien zu überweisen. Ich fragte beiläufig nach dem Namen der Bank in Liechtenstein, Gianni erklärte, er könne diesen zum jetzigen Zeitpunkt nicht preisgeben. Es sei eine Privatbank im Fürstentum Liechtenstein. Zurückkommend auf meine erste Frage sagte er, dies stelle absolut kein Problem dar. Es würden wieder dieselben Regeln gelten wie zuvor erwähnt. Nach 24 Stunden sei das Geld gewaschen und die Hälfte müsse auf dem Konto bleiben. Marco erwähnte, dass sich dies immer so gut anhören würde. Er habe bei der UBS aber schon CHF 500 000 verloren. Gianni wiederholte, dass bei ihnen der Premier Minister hinter der Sache stehe und nichts schieflaufen könne. Marco wollte wissen, ob schon jemals etwas schiefgelaufen sei. Gianni sagte, dass in all den Jahren in welchen er das nun mache, er von keinem einzigen solchen Fall Kenntnis habe. Um 16:05 Uhr traf Domenico Nardone, genannt Mimmo ein. Er stellte Gianni einige skeptische Fragen. [...] Mimmo wollte dann von Gianni wissen, ob der »König« für die Geschäfte bürgen würde. Dann hätte das Ganze einen anderen Charakter und sei nicht angreifbar. Gianni erwähnte immer wieder, dass es mit dem Premierminister nie Probleme gegeben habe.

Wenn man den Aussagen der Mitglieder der Zelle Glauben schenken kann, spielten Fahrzeuge mit Diplomaten-Kennzeichen (»CD« auf dem Kennzeichen steht für »corps diplomatique«), eine Rolle. Solche Fahrzeuge werden an der Grenze nicht kontrolliert.

15.09.2019 Die Leute, die er kenne, hätten in Liechtenstein Millionen ›saubergemacht‹. Bei einer Million bekomme der »Prinz« 150 000. [...] Das Geld werde mit ›CD Fahrzeugen‹ transportiert. Aus diesem Grund könne man Personen nicht kontrollieren.

01.07.2019 Er [Marco] schicke jeden Monat CHF 10 000 »weiss« hinunter. Jeweils mittels Banktransfer.[...] In Kalabrien habe er nun wieder die Typen getroffen, welche die Finanz-Dienste des Liechtensteiners in Anspruch genommen haben sollen.

Diese Vorwürfe wiegen schwer, zugleich sind sie nicht eindeutig. Die schweizerischen Behörden äußern sich nicht, mit Verweis darauf, dass das Verfahren noch nicht abgeschlossen sei. Eine Sprecherin der Regierung des Fürstentums Liechtenstein teilte dazu mit: »Ein Teil der Ihnen aus italienischen Ermittlungsakten bekannt gewordenen Vorwürfe sind den zuständigen liechtensteinischen Behörden aufgrund eines Rechtshilfeersuchens aus der Schweiz aus dem Jahr 2021 bekannt. Mit italienischen Ermittlungsbehörden gab es hierzu keinen direkten Kontakt. Aufgrund des eingegangenen Rechtshilfeersuchens aus der Schweiz wurden Ermittlungshandlungen durchgeführt, die Vorwürfe konnten jedoch nicht bestätigt werden. Da es sich beim von Ihnen angeführten Sachverhalt um nicht weiter substantiierbare Behauptungen handelt, bestand für die liechtensteinischen Strafverfolgungsbehörden kein Anlass, ein inländisches Ermittlungsverfahren wegen Geldwäscherei zu eröffnen.«

Ich hatte die Pressestelle der Regierung auch gefragt, ob sie Kenntnis davon habe, dass Bargeld mit Diplomaten-Fahrzeugen transportiert werden solle und der »Prinz« dafür 15 Prozent bekäme, und um einen Kommentar gebeten. Dazu schreibt die Sprecherin: »Vom zweiten von Ihnen erwähnten Vorwurf betreffend die 15 Prozent und dem von Ihnen erwähnten Prinzen haben die liechtensteinischen Strafverfolgungsbehörden keine Kenntnis.«

Die italienische Ermittlungsakte gibt auch nachvollziehbare Informationen, denen zufolge Rocco Anello Geld auch in Deutschland investiert hat, in ein Veranstaltungszentrum in Mainz. Das rheinland-pfälzische LKA teilt aber mit, dass es dazu keine Ermittlungen führe.

Den Fußball umarmen

Fußball ist großartig, schaust du ein Spiel, gerät der anstrengende Alltag für ein paar Stunden in den Hintergrund. Gehst du zu einem Match deines Lieblingsvereins ins Stadion, sind alle gleich, schnell bist du mit allen per Du und generell hast du mit anderen Fußballfans immer Gesprächsstoff. Auch Luigi und seine Familie mögen Fußball, sind aber erstaunlich wenig fanatisch. Mich rührt noch immer eine Szene unseres allerersten Treffens. Luigi und ich standen vor dem kleinen Fernseher in der Ecke und schauten eine Doku. Bilder von Leichen waren zu sehen, schwarz-weiß und abgedeckt mit weißen Tüchern oder im Blut liegend. Irgendwann gesellte sich Salvatore zu uns, Luigis Sohn, er war damals noch klein, zarte neun Jahre alt. Er stellte sich neben uns, schaute eine Zeit lang ungerührt zu. Dann fragte er mich, für welchen Verein mein Herz schlägt. Eine Frage wie aus einer anderen Welt, unschuldig. Er nickte und machte sich wieder in sein Zimmer auf. Kurz vor dem Abendessen streckte mir Salvatore ein Blatt Papier hin. Ein Männchen in einem Trikot mit rot-weißen Längsstreifen hatte er für mich gemalt. »Stimmt das so?«, fragte er und schaute mich mit großen Augen an. »Fast«, sagte ich, in dem Wissen, ihn zu enttäuschen, »bei meinem VfB Stuttgart laufen die Streifen quer.« Ihn schien es kaum zu stören, zum Glück, vielleicht auch, weil ich mich laut und ausgiebig bedankte; ich freute mich wirklich sehr über die Geste.

Fußball ist eine emotionale Sache. Das merkt man, wenn man Kinder kicken sieht, wenn man Fußballfans bei Streitgesprächen zuhört. Und das merkt man, wenn Medien negativ über Fußball berichten: Es gab Doping im Fußball, zeigte eine Studie der Uni Freiburg, es gab Korruption, wie die Ermittlungen zum sogenannten »Sommermärchen« belegten, und vor allem gibt es die FIFA mit ihren vielen Skandalen. Es gab verschobene Spiele, wie der Wettskandal um den kroatischen »Zockerkönig« Ante Šapina und den Schiedsrichter Robert Hoyzer zeigte. Und doch wenden sich die meisten schnell wieder den Ergebnissen und Spielberichten zu. Es scheint, als wollten wir unseren Nationalsport unbedingt unbefleckt sehen.

Gibt es auch eine Nähe zwischen Fußball und Italienischer Organisierter Kriminalität? Das Europaparlament und der Rat der Europäischen Union sehen jedenfalls die Gefahr der Geldwäsche über Profi-Clubs und haben im Januar 2024 beschlossen, dass künftig auch Vereine und Spielerberater verpflichtet sind, Meldungen abzugeben, wenn sie einen Verdacht auf Geldwäsche sehen. Die Mitgliedsstaaten können allerdings Vereine davon entbinden, wenn ein geringes Risiko besteht.

In Italien ist eine solche Nähe immer wieder festzustellen, wie auch das Beispiel Michele Amandini zeigt. Oder Gennaro Pulice, der mit dem später getöteten Freund von Luigi, Luca Megna, die Zelle teilte und heute Kronzeuge ist. Pulice erklärte nicht nur, dass er den FC Como vor der Insolvenz bewahrt habe, sondern lud auch Fußballmannschaften aus dem Ausland nach Kalabrien ein, um sie dann für sich nutzbar zu machen, etwa für Wettbetrug. Auch der oben erwähnte Roberto Recordare, der Umgang mit Mafiosi hatte und mutmaßlich als Geldwäscher fungierte, schlug einem Geschäftspartner vor, dessen Fußballverein für eine (Schein-) Rechnung einzusetzen. In niederen Ligen sorgt so etwas kaum für Schlagzeilen über das Land hinaus.

Zur Eröffnung der Weltmeisterschaft 2006 seien verschiedene Mafiosi nach Deutschland gereist, sagen Strafverfolger aus Nordrhein-Westfalen. Sie feierten dort auch ihre Verwandten und Freunde von Mitgliedern auf dem Spielfeld: Vincenzo Iaquinta etwa, Stürmer aus Crotone, der 2006 mit der italienischen Nationalmannschaft die Weltmeisterschaft gewann. 2018 wurde er erstinstanzlich zu zwei Jahren Haft wegen illegalen Waffenbesitzes verurteilt. Ihm wurde auch die Zugehörigkeit zur Mafia vorgeworfen, das Gericht sah sie aber als widerlegt an. Sein Vater Giuseppe dagegen muss als Mafia-Mitglied eine langjährige Haftstrafe verbüßen.

Gennaro Gattuso ist ein weiteres Beispiel. Gegen ihn selbst wurde nie ermittelt, und doch ist es von dem ehemaligen Mittelfeldspieler oft nicht weit zu Männern im Mafia-Umfeld. Im Dezember 2006, also recht kurz nachdem auch er Weltmeister geworden war, weihte er in Corigliano Calabro eine Anlage zur Verarbeitung und zum Verkauf von Fisch ein. Die einen 50 Prozent gehörten Gattusos Vater, die anderen 50 Prozent einem Mann, der unter anderem wegen Mitgliedschaft in der Mafia, Erpressung und Waffenhandels verurteilt worden war. Auch Gattusos Onkel wird in einem Ermittlungsverfahren erwähnt. Gattusos enger Freund Salvatore Pipieri war eine der Hauptpersonen in Ermittlungen zu einem Wettskandal, geführt von der Staatsanwaltschaft in Cremona. Die Ermittler interessierten sich für eine Vielzahl an Telefongesprächen zwischen den beiden. Pipieri ist in München geboren und italienischen Akten zufolge betrieb auch er gemeinsam mit dem Vater Gattusos ein Unternehmen, nämlich einen Sportwarenhandel. Und dann gibt es da noch diese Bilder von Gattuso, die ein Gastwirt aus dem Allgäu auf seinem Facebook-Profil gepostet hat: Sie zeigen ihn im Restaurant des Wirts. Das Lokal, wo die Bilder aufgenommen worden sind, soll mit Mafiageld finanziert worden sein. Über den Inhaber des Restaurants berichtete man in Polizeikreisen, dass er im Frühjahr 1998 die Polizei angerufen und informiert habe, dass der gesuchte Killer Giorgio Basile nach Kempten komme. Die Polizei bekam den Mann (und späteren Kronzeugen) so auf dem Silbertablett präsentiert. Im Februar 2024 kam das Umfeld von Gennaro Gattuso, bis vor kurzem Trainer beim französischen Erstligaclub Olympique Marseille, wieder in die Schlagzeilen, aber als Opfer einer Erpressung. Ein ranghoher Mafioso aus Schiavonea habe von seiner Schwester Geld verlangt. Die Familie hatte eine Photovoltaik-Anlage errichtet und der lokale Clan wollte davon profitieren. Zwei Mal wurde das Auto der Schwester angezündet. Gennaro Gattuso habe schließlich seinen engen Freund Salvatore Pipieri in den Süden geschickt und 3000 Euro bezahlen lassen. Es passiert auch nicht alle Tage, dass ein internationaler Top-Trainer eine Schutzgeldzahlung an die 'ndrangheta organisiert. Lucio Musolino, bekannter Journalist und Autor des Berichts, schrieb am 2. Februar 2024 im *Il Fatto quotidiano*, er habe vergeblich versucht, einen Kommentar dazu von Gattuso zu bekommen. Sein Artikel lässt vermuten, dass das bis jetzt Bekannte nicht die ganze Wahrheit ist. Demzufolge habe der Exmann von Ida Gattuso bei einem abgehörten Telefongespräch geschimpft, der Vater von Ida und Gennaro Gattuso habe Verbrecher um einen Gefallen gebeten und dann die Absprachen nicht eingehalten, deshalb würde das jetzt passieren.

Auch Mario Luttini war offensichtlich beliebt bei Fußballern, wie man früher auf Facebook bestaunen konnte. Ein Bild vom Mai 2013 zeigt ihn, einen Teller Pasta und zwei italienische Spieler des VfB Stuttgart: Federico Macheda, der von Manchester United ausgeliehen war und kaum Spuren hinterlassen konnte, und Cristian Molinaro. Bei einem weiteren Bild, ohne Pasta, ist auch Luigi Assiolo auf dem Bild und legt seinen Arm um Molinaro.

Der Tisch der Harten

Luigi zögerte. Schon bei einem frühen Treffen hatte er mir von einem Video seiner Hochzeit erzählt. Paola und er feierten im Sommer 2000 ihre Heirat, zu einer Zeit also, zu der er sich längst in Crotone etabliert hatte. Ich fragte Luigi daher, ob er mir das Video zeigen würde. Er sperrte sich etwas gegen den Gedanken. Ehrlich gesagt habe ich dieses Zögern zunächst nicht verstanden. Wir machten dann aber einen Termin aus, Luigi kam mit seinem DVD-Player zu mir ins Hotel und wir starteten den Film. Ich fragte beiläufig, ob ich ein paar Fotos machen dürfe vom Fernseher, nur für mich, als Hilfe beim Schreiben. Ich tat das häufiger. Tatsächlich hatte das mit der Geschichte zu tun, die ich über ihn für das schweizerische Magazin *Reportagen* geschrieben hatte. Es ist eine Petitesse, aber ich war überzeugt, dass die Knöpfe der Klingel an der Haustür goldfarben glänzten, ich sah die Klingel förmlich vor mir beim Schreiben. Tatsächlich waren sie mattsilbern. Seitdem fotografierte ich häufiger bei Recherchen. Er sagte Nein. Ich sagte, ich würde die Bilder nirgends veröffentlichen, versprochen. Nein.

Erst später, am Schreibtisch, beim Verfassen dieses Buchs habe ich verstanden, um was ich ihn gebeten hatte. Luigi, Paola, die Kinder: Sie alle waren aus ihrem alten Leben nicht nur herausgerissen worden. Nein, das neue Leben beinhaltete auch weit weniger Räume, die privat blieben, wenn etwa ein Arztbesuch anstand, mussten sie die Polizeieinheit fragen, die sie verwaltete. Wenn sie außerhalb ihrer Wohnregion reisen wollten, mussten sie um Erlaubnis fragen. Immer wenn jemand sie nach ihrem Namen fragte, waren sie gezwungen, einen Namen zu nennen, der nicht der ihre ist, und eine Familiengeschichte zu erzählen, die sie nicht erlebt hatten. Schon vor dem Entschluss, ins Kronzeugenprogramm zu gehen, war das Verhältnis zum Privatbereich speziell. Es gibt wenig unbeachtete Räume im Leben, wenn man Mafiaboss ist, im Grunde wie bei anderen Prominenten auch. Die Aufnahme ins Kronzeugenprogramm hat dieses Verhältnis erst recht erschüttert. Kaum etwas Privates ist ihnen geblieben, und mit das Allerprivateste, was man haben kann – die verliebten Blicke, das Ringeanstecken, der Kuss als Ehepaar, die Hochzeitstorte –, von all dem hatte ich mir einfach so ein Stück erbeten. Nachdem mir das also klar geworden war, habe ich mich etwas geschämt. Aber da war es schon zu spät, da hatten wir das Video schon angesehen.

Als Allererstes flimmerten Aufnahmen von den beiden am Hafen von Crotone über den Fernseher: Paola in einem wundervollen Kleid, nicht übertrieben geschminkt, eine natürlich attraktive Frau. Luigi trug einen grauen Anzug, darunter eine Weste, die silbern schimmerte. Auch er ein hübscher Mann, dachte ich, und machte ihm ein Kompliment. »Der Friseur hat mir gesagt, ich soll meinen Spitzbart abrasieren«, kommentierte er die Szene. »Aber ich mag mich eigentlich nicht ohne Bart.« Keine einzige Falte zog sich damals durch sein Gesicht. Inzwischen haben die Anstrengungen des Kronzeugenlebens ihre Spuren hinterlassen. Wie schön, dachte ich in dem Moment, dass die beiden heute noch zusammen sind, nach all dem, was sie durchgemacht haben.

Natürlich sind diese Küsse und Umarmungen am Meer inszeniert. Blicke aber nicht. Die Aufnahmen ließen keinen Zweifel daran, dass hier eine große Liebe den nächsten Schritt ging, eine große Liebe, die erste Früchte trug: Sah man Paola im Profil, konnte man erkennen, dass der Bauch sich wölbte.

Luigi ließ mich das ganze Video schauen. Ich sah, wie sie in einem langen Mercedes vor das Standesamt rollten, sah, wie sein Trauzeuge mit seiner Unterschrift die Eheschließung bestätigte. Ohne dass ich ihn aufzufordern brauchte, sprudelte es aus Luigi heraus: »Mein Trauzeuge war Antonio de Biasi, einer meiner treuesten Männer, zuständig für den Drogenhandel.« Der Trausaal war übervoll, manche Leute drängten sich in den Türrahmen, um einen Blick auf das Paar werfen zu können. Beim Gruppenbild stoppte

Luigi den Film. Vor dem Rathaus von Crotone standen in mehreren Reihen vielleicht 50, 60 Personen versammelt. »Wie viele von den Leuten gehören denn zum Milieu?«, fragte ich Luigi. »Bedenkt man, dass sie mit Partnerinnen gekommen sind, mit Sicherheit der größere Teil«, antwortete er nüchtern. Sein Finger rutschte in die Mitte der Menschenmenge, zu Paola. »Schau hin! Es ist wichtig, dass du genau hinsiehst!«, forderte er mich auf. »Dieses Bild sagt alles, hier ist nichts zufällig. Rechts von meiner Frau stehen ihre Eltern. Und dann er hier: der Patriarch.« Mein Blick folgte seinem Finger. Ein älterer Herr in einem Anzug, der teuer aussah, eine Brille mit Goldrand in Pilotenform, volles dunkles Haar. »Es ist kein Zufall, dass er sich genau da platziert hat. In alteingesessenen Familien der ’ndrangheta gibt es immer einen Patriarchen.« In der Regel sei das einer der Unsichtbaren, sagte Luigi, er dürfe niemals kriminell erscheinen. »Der hält alle Fäden in der Hand. Tatsächlich war er nie im Gefängnis.« Sein Tonfall war eindeutig: Diesen Mann, fast direkt neben ihm, konnte er nicht ausstehen. »Er ist einer der Freimaurer, die sich im Schatten von geheimen Logen bewegen, ein Unternehmer, er verkehrt dort, wo sich Freimaurerlogen und Mafiaclans überschneiden. Auf dem Papier schien er nicht einmal ein Verwandter von mir zu sein.«

Aus den hinteren Reihen linsten eine Menge jünger aussehender Gesichter hervor. »Das sind die Männer, die mir den Rücken freihielten«, sagte Luigi, seine Gefolgsleute. Ich konnte mir überhaupt nicht vorstellen, wie es sich für Luigi anfühlen mochte, all die Menschen zu sehen, die ihm viel bedeuteten, mit denen er viel teilte, damals, und die jetzt wie in einem Paralleluniversum lebten, die einen immer noch in der Mafiawelt und die anderen an einem Ort, den er nicht mehr besuchen konnte.

Inzwischen war die Festgesellschaft im Restaurant gelandet. Ich sah den Tisch mit dem Brautpaar, natürlich. Ein feines, nicht zu aufdringliches Blumenbukett zierte ihn, ich meine in Herzform. Dann fing die Kamera an, die einzelnen runden Tische zu besuchen. Nach dem ersten rief Luigi: »Jetzt kommen wir an die Tische der Harten!«

Die Kamera schwenkte über eine Reihe recht junger, fröhlicher Menschen. Sanfte Harfenklänge, unterfüttert von schwülstigen

Streicherakkorden erklangen dazu. In schneller Abfolge referierte Luigi, wer seine Gäste waren: »Das hier ist Tonino Papaleo, der Bruder von Franco Papaleo. Franco ist gemeinsam mit Pasquale Nicosia im Moment einer der wichtigsten Bosse der 'ndrangheta. Antonio Basile, der ist in Deutschland geboren, zuständig für Drogen. Hier haben wir Sasa Colluccio, einer der Top der Top. Er hat Millionenraube gemacht, war auch Killer für die De Stefano, er ist der Mann einer Tante von mir und gehörte zu meiner Familie. In Rom war er auch dafür zuständig, Kontakt zu halten mit der dortigen Organisierten Kriminalität und mit den Terroristengruppen von den Brigate Rosse und den neofaschistischen NAR. Vor drei, vier Jahren starb er ziemlich schnell an einem Tumor. Er hier hatte bei mir den höchsten Rang für den Drogenhandel, er hier den für Raub und Mord, und hier sitzt Francesco Russelli. Sein Bruder Leo war zu der Zeit drinnen, Luca Megna war auch in Haft. Francesco vertrat an dem Tag auch die Grande Aracri. Der hier ist ein Alampi, der da ein Corigliano. An die zwei erinnere ich mich nicht mehr. Wo zum Teufel hab' ich die alle gefunden? Ich erinnere mich nicht mal mehr dran«, sagt Luigi im Scherz. »Hier, der ist Francesco Tornicchio, der vom Massaker an dem kleinen Dodò. Ich wusste nicht mal, dass der da war.«

Vor mir auf dem Bildschirm waren plötzlich all die Menschen zu sehen, deren Namen ich wieder und wieder gelesen hatte, von denen ich gelernt hatte, sie ihrem Clan zuzuordnen, deren Morde ich kannte. Die Namen bekamen ein Gesicht, oft ein unscheinbares und nicht selten ein sympathisches. Einige Männer trugen schwarze T-Shirts, einer war pummelig. Welch Kontrast zu den Mafia-Hochzeiten, wie sie uns Hollywood zeigte!

Dann kam Francesco Murgeri ins Bild, der von allen nur Franco gerufen wurde. Er hatte vorher Luigi und Paola im Hochzeitsauto zum Standesamt gefahren. Luigi bat ihn auch, Taufpate von Salvatore zu werden. Einige Jahre darauf wurde er zu zehn Jahren Haft verurteilt, auch weil Luigi ihn in Vernehmungen klar als einen Mörder benannt hatte: »In einem beigen Fiat Uno in Besitz von Francesco Cardamone saßen Francesco Cardamone, Franco Vallone und Franco Murgeri. Wir hatten auch Kundschafter, bestehend aus Antonio Basile, Luca Policastresi, Massimo Murgeri. Nachdem ihr Pfiff zu hören war, sollten zwei aus dem Auto aussteigen, ihn zu Fuß erreichen, um ihn wegzumachen. So ist es dann auch geschehen. Er kam mit seiner Familie. Wie sich seine Frau und die Kinder dem Türbogen näherten, kamen Franco Murgeri und Franco Vallone heran und Franco Murgeri gab ihm einen Schuss in den Kopf. Der Rest der Schüsse löste sich nicht, mit einer 7,65er.«

Ein Teil dieses Kommandos feierte hier vor mir, fröhlich. Zum ersten Mal sah ich auch Luigis Vater, den Mann, der zweimal versucht hatte, seinen Sohn zu töten. »Ich habe ihm das verziehen«, sagte Luigi dazu. »Er war Teil der ’ndrangheta, er musste das tun. Ich kann ihn dafür nicht verurteilen.«

Schließlich schwenkte die Kamera auf einen selbstbewusst dreinblickenden Mann, durchtrainiert, lange, schwarze Haare, ein Sunnyboy. »Das ist Salvatore Aronica, ein Fußballer.« Dieser Mann war einer der Gründe, weshalb ich das Video hatte sehen wollen. In Interviews mit italienischen Medien hatte Luigi erzählt, dass Aronica zu Gast bei ihrer Feier war. Für mich war spannend zu erfahren, wie das funktionierte, so ein Kontakt zwischen Mafioso und Profikicker. »Wusste er eigentlich, wer du bist?«, fragte ich Luigi. »Natürlich!« Barry Whites samtene Stimme untermalte jetzt unser Gespräch: »You’re my first, my last, my everything.« Ich drehte den Ton leiser. Luigi schmückte sich nicht etwa mit dem Kontakt zu Kickern wie Aronica, der später für den SSC Neapel sogar Champions League spielte und den italienischen Pokal gewann. Im Gegenteil, es schien ihm kaum etwas zu bedeuten, er redete fast teilnahmslos darüber. Aronica sei auf Empfehlung aus Sizilien zu ihnen gekommen, sagte er. »Es funktionierte so: Meine Cousins zweiten Grades, Raffele und Gianni Vrenna, hatten die Crotone gekauft, als sie vor dem Bankrott stand, 1991 war das, sie spielte in der siebten Liga. Sie brachten den Verein nach oben, bis in die Serie A, und machten ihn zu dem, was wir heute kennen. Meine Cousins kümmerten sich um die Präsidentschaft, zuvörderst Raffaele Vrenna. Und ich kümmerte mich um alles, was organisatorisch zu tun war, die Sicherheit, die Stadien. Ich richtete ein ernstes Wort an die Spieler, wenn sie nicht ordentlich funktionierten, ich pflegte die Kontakte zu den ’ndrine der Gegend, ließ ihnen Tickets zukommen, die Rucksäcke, alles.« »Welche Rucksäcke?«, unterbrach ich Luigi. »Werbegeschenke, die man macht, mit Schuhen drin, Trikots, dem offiziellen Ball, Schals. Die Gesellschaft stellte sie mir zur Verfügung, zehn Rucksäcke für Papanice, zehn Rucksäcke nach Isola zur Familie Nicosia, zehn an die Arena und so weiter.« »Hast du das im Auftrag deiner Cousins getan?« »Ich habe für sie gearbeitet, wir arbeiteten zusammen. Ich hatte zwei Unternehmen, ein Sicherheitsdienst und eine Eventagentur. Ich traf mich mit meinen Cousins in einem Gang unter den Umkleiden, dort besprachen wir uns.« Luigi war nach der Salvaguardia Ambientale also abermals für seine Cousins tätig, nun für den FC Crotone. »Für die Partie gegen Juventus Turin im September 2006 schickte ich auch Gratistickets nach Papanice, sowohl an die Gruppe um Leo Russelli als auch an die Megna. Zu diesem Spiel kamen auch Vertreter von vielen 'ndrine von außerhalb der Provinz, aus Reggio Calabria und so weiter. Natürlich kümmerte ich mich darum.« »Inwiefern hattest du mit den Spielern zu tun?« »Wenn sie mit einem Transfer nicht einverstanden waren, hielt ich sie im Zaum. Sie feierten Partys bei sich zu Hause und luden mich ein. Ich ging für eine halbe Stunde hin, passte auf, dass sie sich halbwegs gesittet benahmen, nicht zu sehr an Drogen berauschten oder zu viel tranken. Es gab Frauen, alles. Ich schlürfte ein wenig Champagner, Fotos wurden gemacht, so Sachen halt.« »Es soll auch Stress mit den Ultras gegeben haben?« »Ja. Einmal haben die Fans den Präsidenten beleidigt. Oft versuchte ich zwischen ihnen und dem Präsidenten zu vermitteln, aber diese Sache konnte ich nicht durchgehen lassen, verstehst du? Mit einem Prügel in der Hand ging ich zum Clublokal. Ich schnappte mir einen der Hauptverantwortlichen und tat, was ich tun musste. Er kam mit einem gebrochenen Arm davon, am nächsten Tag lief er mit Gips rum. Ehrlich gesagt hat es mir leidgetan, denn der Typ war eigentlich völlig in Ordnung. Es ging aber nicht anders. Mit der Familie macht man keine Scherze.« »Und dann?« »Beim nächsten Spiel schrie die ganze Kurve: ›Die Familie fasst keiner an! Die Familie fasst keiner an.‹ Ich ließ sie das schreien. Und die Familie war natürlich die Familie der 'ndrangheta. Das war auch eine Botschaft an die Institutionen, an die Polizei.«

Seine beiden Cousins zweiten Grades, Raffaele Vrenna, damals der Präsident des FC Crotone, und Gianni Vrenna, waren nicht zu seiner Hochzeit gekommen. Sie waren auch nicht eingeladen. Es sei so abgesprochen gewesen, sagte Luigi. »Raffaele Vrenna schickte mir Franco Astorino und seinen Vater vorbei, sie brachten einen Umschlag mit vier, fünf, sechs Scheinen à 500 Euro, irgend so was.«

Luigi erzählte mir, dass seine Familie im Vorfeld darauf gedrängt hatte, seine Hochzeit für einen Mafiagipfel zu nutzen. Dem habe er sich verwehrt. Die Familie Vrenna wurde damals zu einer wichtigen Kraft in der Wirtschaft der Region mit dem Abfallentsorgungsbetrieb und der Fußballmannschaft. Die Salvaguardia Ambientale war Keimzelle für einen inzwischen verzweigten Konzern.

Einige Jahre nach der Hochzeit sprach Luigi in Vernehmungen der Staatsanwaltschaft Crotone über diese familiären Verknüpfungen. Sein Security-Unternehmen sei auch für Sonderaufgaben zuständig gewesen, berichtete er, eine war, anderen Kriminellen, die keine Tickets hatten, den Eintritt zu verwehren. An eine Episode erinnerte er sich besonders. Es ging um ein Spiel der dritten Liga damals, FC Crotone gegen Benevento Calcio. Er habe direkt von seinem Cousin den Auftrag bekommen, die gegnerischen Spieler so zu bearbeiten, dass die drei Punkte in Crotone blieben. »Als die Mannschaft ankam, gab ich Antonio Basile den Startschuss, die Forderung des Präsidenten zu erfüllen.« Die Crotone gewann tatsächlich, die Betreuer des gegnerischen Teams, die ebenfalls angegangen worden waren, erstatteten aber Anzeige. »Wir machten uns deshalb Sorgen, aber Raffaele Vrenna sagte, er werde das zum Guten regeln.« Auch die eigenen Spieler erinnerte Luigi zuweilen daran, wer Raffaele Vrenna sei. Zu seinem Team gehörten mehrere Leute der Organisierten Kriminalität, etwa Vincenzo Marino aus seinem Clan. Auch er wurde Kronzeuge und referierte über seine Arbeit. Etwa wie er dem Torwart der Mannschaft klarmachte, die Finger von einer Frau zu lassen. Dem Staatsanwalt Bruni sagte Marino im Oktober 2008: »In letzter Zeit litt Raffaele Vrenna unter Verfolgungswahn, auch wegen euch, Dottore, er sagte, er träumte sogar nachts von Ihnen, er sagte, dass er Sie am Hacken habe, dass er die Antimafia am Hacken habe, ich kann es mir nicht erlauben, ich kann mir die Anwesenheit von Luigi nicht erlauben, die Anwesenheit von Vincenzo Marino am Feld, weil ich Einnahmen habe, er sagte, ich habe etwas zu verlieren. Machen wir eine Sache, sagte er, das Geld gebe ich euch trotzdem, aber wir müssen ein Sicherheitsunternehmen bestellen, das Rechnungen schreibt und alles. Luigi gefiel das nicht.«

Die Zeit, über die Marino hier sprach, das Jahr 2006, war für Luigi eine sehr angespannte. Er hatte seiner Familie kundgetan, nicht mehr kriminell sein zu wollen; der Entschluss, Kronzeuge zu werden, stand aber noch nicht. Luigi plante, von seinem Sicherheitsdienst ein ehrliches Leben zu leben. Doch so einfach war das nicht: Seine Cousins drängten ihn aus dem Stadion, seine Familie verlangte von ihm, weiter Schutzgelderpressung und Morde zu betreiben und sich um den Drogenhandel zu kümmern. Und ließ ihn fragen, was er denn tun würde, wenn man ihm Frau und Kinder töten würde. Zugleich gab es ein Treffen, wo Vertreter von Clans der Region sich absprachen, wie man sich im Fall seiner Kronzeugenschaft Verhaftungen entziehen könne.

Am Ende wurde Luigi erneut dafür bezahlt, nicht mehr für seine Cousins zu arbeiten. Es brauchte mehrere Treffen, doch am Ende stand die Übereinkunft. 12 000 Euro sollte er von nun an jedes Jahr erhalten. Die erste Rate überreichte ihm sein Cousin auf der Toilette eines Restaurants. Luigi saß mit Leo Russelli, Salvatore Sarcone, Luca Megna und Antonio Basile bei einem Mittagessen. An den Zeitpunkt erinnert er sich nicht genau. Es war Sommer, er habe kurze Ärmel getragen. Sein Cousin sei hereingekommen, habe ihn nur mit einem Blick gegrüßt, später hätte er ihn auf die Toilette gerufen. Vrenna habe ihm 2500 Euro gegeben und gesagt, er zahle auch das Mittagessen. Der Wirt Ercole bestätigte es Luigi später, 800 Euro habe es gekostet.

Am 19. September 2006 kam Juventus Turin nach Crotone. Luigi hatte all die Karten für andere Clans organisiert und für den erhöhten Aufwand zusätzliche 15 000 Euro für seine Arbeit bekommen. Das Spiel besuchte er nicht. Am Morgen vor dem Spiel hatte sein Vater zum zweiten Mal versucht, ihn umzubringen. Luigi tauchte in Papanice unter.

Die Nachfolger

Luigi war also raus, die 'ndrangheta aber nicht. Das besagte Ermittlungsverfahren Glicine Acheronte untersuchte nämlich nicht nur die finanziellen Geschäfte des Clan Megna, sondern auch, wie sich der Clan bei Wachdiensten und Security-Firmen festsetzte. Im Stadion von Crotone garantieren nach Luigis Abschied weiterhin Mafiosi die Sicherheit, nur eben von einem anderen Clan. Zwei Männer waren jetzt zuständig: Gaetano Russo, Sohn eines Juweliers, er tat seine ersten kriminellen Schritte dank Luigi. 2018 wurde er im Rahmen der Operation Stige verhaftet. Er gilt als Mitglied des Clans Farao-Marincola. Und Maurizio del Poggetto. Seine Schwester hatte den Bruder des Bosses Mico Megna geheiratet, er gehörte also zum inneren Zirkel des Clans. In den Neunzigerjahren hatte del Poggetto die Gerichte bemerkenswert oft mit Arbeit versorgt, zuletzt war es in dieser Hinsicht aber deutlich ruhiger um ihn geworden. Die beiden ließen aber größtenteils saubere Leute für sich arbeiten, sagte der Kronzeuge Francesco Oliverio aus. Man kann ihm attestieren, vom Fach zu sein, denn er hatte früher gemeinsam mit Luigi im Sicherheitsbereich gearbeitet. Als Busfahrer der Mannschaft fungiere jetzt Cesare Carvelli, der früher für die Papaniciari auf den Straßen gut sichtbar gewesen sei, ein enger Verwandter von Mico Megna, jetzt aber im Hintergrund bleibe. Oliverio kennt auch del Poggetto, einen der Geschäftsführer des Unternehmens. Der fahre für ein Unternehmen der Familie Vrenna ein Müllauto oder habe das zumindest früher getan. Mit Oliverio sagt ein weiterer Kronzeuge, dass Raffaele und Gianni Vrenna zur Mafia-Familie Vrenna gehörten, obgleich auch nicht offen. Die Brüder hätten das »Angebot« der Megna, die Security zu übernehmen, anfangs nicht annehmen wollen. Raffaele Vrenna sei daraufhin in seinem Wagen von Vermummten gestoppt und verprügelt worden. »Im Milieu wussten alle, dass es die Papaniciari waren.« Danach sei es dann zu einer Übereinkunft gekommen und die Sicherheit im Stadion des FC Crotone liege seitdem in der Hand der Papaniciari.

Im November 2018 hörten die Ermittler ein Gespräch mit zwischen Rosa Megna, der Tochter des Bosses, und Mario Megna. Sie hatte ihren Sohn Francesco am Vorabend vom Fußballtraining abgeholt und bat Megna nun, Druck auf Luigi Marasco auszuüben, der Chef der Jugendabteilung der Crotone. Ihr Sohn habe ihr von einem Disput berichtet. Marasco habe ihn duschen schicken wollen, worauf er geantwortet habe, er solle doch selbst duschen gehen! Ihr Sohn habe gesagt, Marasco solle Farina rufen (damals Koordinator des Jugend-Scoutings der Crotone), der kriege dann auch Schläge. Marasco müsse man eine einschenken, rief die Mutter ins Telefon. Mario Megna sagte, er sehe ihn heute sowieso und spreche mit ihm.

Auch der Staatsanwalt Domenico Guarascio interessierte sich für das Verhältnis zwischen dem Verein und dem Clan Megna. Eher beiläufig befragte er den Kronzeugen Massimo Colosimo dazu. Guarascio interessierte sich für ein wichtiges Mitglied der Megna, Michele Bolognino, der in Parma Restaurants betrieb, sich aber auch für die Papaniciari um den Drogenhandel kümmerte.

»Angesichts ihrer Verbindung zu Bolognino, hat er je mit ihnen darüber gesprochen, was der Clan der Papaniciari mit Crotone Calcio, also den sportlichen Aktivitäten, andere Dinge …« Colosimo ließ ihn die Frage nicht beenden. »Die Papaniciari an sich hatten Beziehungen mit den Vrenna wegen der Crotone.« »Das wissen Sie woher?« »Weil ich es gehört habe … Michele Bolognino hat mir immer gesagt, dass sie bei der Crotone Calcio gewichtig etwas mitzureden haben.« »Inwiefern?« »Sie sind Teil davon, sie haben Beziehungen zu den Vrenna, weil die Vrenna in den vergangenen Jahren immer Teil der ’ndrangheta gewesen sind, und deshalb hätten sie Beziehungen zu den Papaniciari, das ist das, was Michele Bolognino mir referiert hat.«

Der Stürmer

Wer gehört eigentlich zur 'ndrangheta? Früher wäre diese Frage einfach zu beantworten gewesen: wer die Taufe bekommen hat oder aus einer traditionellen Mafiafamilie kommt und Erstgeborener ist. Heute pflegen nicht mehr alle Clans die alten Rituale. Mit der zunehmenden Ausdifferenzierung der Organisation ist die Frage erst recht nicht mehr so einfach zu beantworten. Natürlich stehen Abkömmlinge von wichtigen Mafiosi sofort im Verdacht, auch ihrerseits Mitglied zu sein. Es ist aber nicht immer der Fall. Und auch deshalb ist die Geschichte von Giuseppe Sculli, von seiner Mannschaft Juventus Turin von 2000 bis 2002 an den FC Crotone ausgeliehen, so interessant. Sein Opa war ein weithin bekannter Boss der 'ndrangheta, »U Tiradrittu« genannt, was übersetzt so viel heißt wie »der, der schnell« oder auch »gerade schießt«, was – den mafiösen Kontext mal außen vor – kein schlechter Spitzname für den Opa eines Stürmers ist, der Sculli war. Aber macht ihn das zu einem Mafioso?

Luigi sagte mir, sie hätten sich sofort gegenseitig respektiert, Sculli wusste, wer er war, und andersherum genauso. Eingeladen zu seiner Hochzeit war er aber nicht, gerade wegen seiner Herkunft.

Am 2. Juni 2002 hat Giuseppe Sculli einen Elfmeter verschossen. Die Mannschaft von Crotone war schon abgestiegen und es stand 2:1. Sculli hätte ausgleichen können, aber setzte den Ball über das Tor. Am Telefon fragte ihn sein Cousin damals: »Haben sie die Capocolli gebracht?« Capocollo ist eine typische kalabrische Spezialität: Pökelfleisch aus dem Nacken des Schweins. »Und wie sie die gebracht haben! Vier haben sie hierhergebracht, sechs gingen an Bari und sie haben die Ternana [einen Fußballverein] versenkt!«

Die Carabinieri belauschten auch ein Gespräch Scullis mit seiner Verlobten: »Es gab einen Zwanziger, Amore. Wenn er geschossen hätte, hätte er getroffen. Ich kaufe dir ein schönes Handy!« Sculli wurde vom Sportgericht für acht Monate gesperrt. Macht ihn das zu einem Mafioso? In einem weiteren abgehörten Telefonat sagte er ebenfalls zu seiner Verlobten: »Du weißt, dass ich aus einer besonderen Familie komme. In meiner Familie sagt man nicht Nein, in deiner vielleicht schon. In meiner Familie sagt man niemals nie. Zu niemandem.«

2004 gewann die italienische Nationalmannschaft Bronze bei den Olympischen Sommerspielen in Athen. Alle seine Kollegen wurden in den Palast des Präsidenten eingeladen, nur Sculli nicht. Alle wurden zum Cavaliere geschlagen, ähnlich dem Bundesverdienstkreuz. »Aber ich bin der Enkel von Giuseppe Morabito, einem Mafioso. In dem Moment habe ich mich nicht als italienischer Bürger gefühlt.« Es ist ein schwieriges Verhältnis. 2007 sagte er: »Ich bin sauber, aber jemand wollte, dass ich mein Blut leugne.«

Gegen Sculli wurde allerdings mehrmals ermittelt: wegen Wettbetrug, Mafiazugehörigkeit und Falschaussage. Sein Name tauchte auch in anderen Verfahren auf, ohne dass er selbst Gegenstand von Ermittlungen war. Von einem Gericht ist er nie verurteilt worden, in der Öffentlichkeit dagegen schon. Zugleich wurden immer wieder Kontakte von Sculli zum Milieu öffentlich. So nahm er am 21. Oktober 2017 an einem Mafia-Treffen in Samarate im Umland von Mailand teil, bei dem auch Giuseppe Spagnolo mit am Tisch saß. Es ging bei dem Treffen darum, »gemeinsame Strategien zu definieren und interne Konflikte zu lösen«, schrieben die Ermittler.

Ein Freund von Sculli ist Gaetano Russo von der Security. Die beiden haben es sich gemeinsam mit ihren Frauen in Ibiza im Urlaub gut gehen lassen. Auch Gaetano Russo saß bei Luigis Hochzeit am Tisch der Harten. Er lieferte zunächst Eis an das Stadion der Crotone und organisierte dann die Jungs der Security. Mit den wichtigen Figuren des Megna-Clans ist er bestens bekannt. Im Mai 2019 schlug Russo seinem Freund Sculli einen Deal vor, den der kaum ausschlagen konnte: Er könne im Zentrum von Mailand ein Restaurant übernehmen, gratis. Russo hatte die Sache zuvor mit dem Boss

Mico Megna besprochen und dessen Placet erhalten. Ob Sculli diese Hintergründe kannte, ist nicht bekannt. Aber er fand die Offerte großartig. »Wirklich? Und wo ist es? Lass es uns anschauen gehen, Kumpan! Los! Wir machen das, Kumpan!«

Die Frage bleibt: Was macht einen Mann heute zu einem Mafioso?

Mimmo, der Mann fürs Mittelfeld

Die vorigen Kapitel haben gezeigt, dass sowohl der Clan Vrenna-Bonaventura als auch der Clan Megna großes Interesse haben, im Fußballbusiness präsent zu sein. Dass dies auch beim Clan Farao so ist, davon kann der Kronzeuge Domenico Bumbaca aus erster Hand berichten. Seine Vernehmungen sind sehr unterhaltsam zu lesen und so sagte er bei einer Vernehmung einmal zu Pierpaolo Bruni, halb vorwurfsvoll, halb scherzhaft: »Wenn Sie mich nicht verhaftet hätten, Dottore, ich sage es Ihnen ins Gesicht, würde ich jetzt in der ersten Liga spielen!« Der Staatsanwalt reagierte trocken: »Schade, schade!« Bumbaca darauf: »Sie werden jetzt sagen, wenn ich kein Krimineller gewesen wäre, hätte ich ihn nicht verhaftet. Da haben Sie auch recht!«

So war Bumbaca. Ein Lebemensch. Spaß musste sein. Alles nicht so ernst nehmen. Seine Geschichte war eng mit dem Fußball verbunden: 1988, mit 16 Jahren, spielte er in einer Liga, die der zweiten Liga vergleichbar war. Er feierte gerne in der Disco, mochte Frauen, mochte Drogen, er kaufte Kokain 50-Gramm-weise, um sich Lebensstil und Drogenkonsum zu finanzieren. Zwei Jahre später, 1990, waren es schon 200 bis 300 Gramm pro Einkauf. Die Kontakte hatten ihm ältere Fußballer besorgt. Schließlich landete Bumbaca im Kilo-Bereich. 1994 spielte er für die Mannschaft Cirò Superiore. Er hat noch genau vor Augen, was im Trainingslager passierte, und berichtet es dem Staatsanwalt, als wäre es gestern erst gewesen: »Nachdem ich von der Cirò Superiore gekauft worden war, holten die Manager einen nach dem anderen zu sich, um eine Vereinbarung zu treffen, wie hoch das Gehalt war. Alle hatten sie zu sich gerufen, alle außer mir, und ehrlich gesagt bin ich ausgeflippt, wie immer, ich bin ziemlich impulsiv, das muss ich sagen.« Bruni: »Das sieht man, dazu braucht man nicht unbedingt einen Abschluss in Psychologie.« Bumbaca: »Ich war verletzt, ich sagte, heilige Scheiße, sie haben all diese Verlierer zu sich gerufen und mich nicht, also bedeutet das, dass sie mich nicht wollen, ich bereitete meinen Rucksack vor und wollte gehen. Dann kommt Mario Siciliani, der auf dem Papier Präsident des Teams war, er sagt, wohin gehst du? Ich sagte ihm, ich gehe nach Crotone, hier bin ich wohl nicht willkommen. Er sagte mir, was sagst du da? Die Manager warten oben auf dich. Und ich sagte, wie oben, die sind alle da unten auf der Bank. Vergiss die da, auf dich warten andere Manager! Welche anderen Manager? Komm nach oben!« Siciliani zog Bumbaca mit sich. Und da wartete sie, die komplette Führung des Farao-Marincola-Clans, und Bumbaca in seinem Fußball-Dress: Cataldo Marincola war da, Silvio Farao, Cataldo Golbino und wohl auch Gino Vasamì, da war sich Bumbaca aber nicht mehr sicher. »Eine rechte Clique, Dottore!« Bruni: »Kannten Sie sie?« Bumbaca: »Ja, ich wusste, wer sie waren und wer sie nicht waren.« Bruni: »Und woher?« Bumbaca: »Also, Dottore, in Cirò ... Es war im Milieu bekannt, wer das Locale von Cirò war, und ich war aus dem Milieu.« Bruni: »Milieu, genau! Wer hat es Ihnen gesagt, dass sie ...« Bumbaca: »Verdammt, Dottore, wie pingelig Sie doch sind!« Bruni: »Sie müssen mir sagen, woher Sie das wissen!« Bumbaca: »Ich wusste es, weil es in den Kreisen der Unterwelt bekannt war, wer zum Locale von Cirò gehörte.« Bruni: »Aber Sie waren zu der Zeit kein großer Gangster, woher kannten Sie also diese Namen?« Bumbaca: »Also, Dottore, ich kannte sie. [...] Marincola war übrigens gut über mich informiert. Er hat mir gesagt, ich weiß, dass du Frauen magst, ich weiß, dass du jeden Samstagabend in die Disco gehst, obwohl du am Sonntag spielen musst. [...] Ich weiß, dass du Kokain verkaufst, ich weiß alles, was du tust, es ist mir persönlich egal, hat er mir gesagt, aber es gibt eine Sache: Du musst zu allen Trainingseinheiten kommen und am Sonntag musst du so spielen, wie du spielen kannst, du machst dein Training hier, dir steht hier ein Häuschen zur Verfügung, sodass ich nicht hin- und herreisen musste, denn morgens haben wir immer um halb neun trainiert, ich will nicht, dass du eine Trainingseinheit verpasst, du bleibst hier, in Cirò Superiore!« Bruni: »Sie werden lernen müssen, dass meine Fragen noch viel kleinlicher sein werden.«

Im Lauf dieser Vernehmung macht Bumbaca Bruni vielleicht das schönste Kompliment, das ein Kronzeuge einem Staatsanwalt machen kann. Bruni hatte wieder nach einem Detail gefragt und hinzugefügt, er wisse, dass es nervig sei, das immer zu sagen. »Nein, es ist nicht nervig«, sagte Bumbaca, »es ist ein Vergnügen, mit Ihnen zu sprechen, Sie sind penibel, aber ich rede gerne mit Ihnen, Dottore.«

Rot-weiße schwarze Kassen

Hans Woller ist ein angesehener Historiker. Er arbeitete für das Institut für Zeitgeschichte (IfZ) in München und war lange Chefredakteur einer der wichtigsten historischen Publikationen in Deutschland, der Vierteljahrshefte für Zeitgeschichte. Woller forschte auch viel zu Italien. Dass ich hier auf ihn zu sprechen komme, liegt an einem Buch, das er 2019 veröffentlicht hat: eine Biografie über Gerd Müller. Der Stürmer hat bis heute die meisten Tore in der deutschen Bundesliga geschossen, man nannte ihn deshalb auch den »Bomber der Nation«, was dem Historiker Woller möglicherweise nicht gefiel. In dem Buch geht es auch um übergeordnete Aspekte, wie schon der Titel verrät: *Gerd Müller oder wie das große Geld in den Fußball kam.* 15 Jahre lang spielte Müller für den FC Bayern München, der heute nicht nur Rekordmeister ist, sondern auch der umsatzstärkste Verein im deutschen Fußball: In der Saison 2022/2023 waren es 854 Millionen Euro. Auf dem zweiten Platz, so *Statista,* folgt Borussia Dortmund mit etwas mehr als der Hälfte des Bayern-Umsatzes, 461 Millionen Euro.

Man ist überrascht, bei Woller zu lesen, dass der Verein zu Beginn der 1970er-Jahre streng haushalten musste. Um »einigermaßen liquide zu bleiben«, schreibt er, musste der FC Bayern eine »Unzahl an Privatspielen« im In- und Ausland ausmachen. Die Höhe der Einnahmen aus diesen Freundschaftsspielen sei ein streng gehütetes Geheimnis geblieben: »Zeitzeugen nannten hohe DM- und Dollarsummen, die Robert Schwan (damals Manager des FC Bayern) immer in bar einkassierte und nie regulär verbuchte. Nach einer ausgiebigen Südamerikatournee mit vielen Spielen ließ er lediglich 5000 DM Gewinn in die Bücher schreiben. Der Löwenanteil dieser illegalen Einnahmen ging direkt an die Spieler.«

Manchmal hätten Spieler schon auf der Heimreise im Flugzeug einen Briefumschlag mit einer bestimmten Summe erhalten – einige Hundert Dollar die Normalsterblichen, ein Vielfaches die Stars wie Franz Beckenbauer und Gerd Müller. Woller schreibt, der »Kaiser«, also Beckenbauer, habe später offen bekannt, dass sie mit »dicken Bündeln« zurückgekehrt seien. Auch der damalige Präsident Wilhelm Neudecker hat darüber in seinen Memoiren geschrieben. Das Buch ist nie veröffentlicht worden, Woller durfte es aber einsehen und daraus zitieren: »Einer dieser Edelamateure – so hat mir ein Insider erzählt – soll am Vormittag kassiert haben und am Nachmittag mit dem Geld gleich in die Schweiz geflogen sein.« Woller beschreibt auch, dass der Bayern-Manager bei Zwischenlandungen in Zürich einen Teil der Einnahmen auf einem Sonderkonto deponierte – sicher und gewinnbringend. Auch der FC-Bayern-Magnat Uli Hoeneß habe das eingeräumt, so Woller in einer Fußnote unter Verweis auf eine Biografie aus der Feder von Christoph Bausenwein. Alles sei von der bayerischen Politik gedeckt worden. Auf einer der vielen Rückreisen soll Staatssekretär Erich Kiesl aus dem Innenministerium den Zöllnern auf dem Münchner Flughafen erklärt haben: »Ich bin der Staatssekretär Kiesl und das ist der FC Bayern München – also lasst uns durchgehen.« Woller zitiert einen nicht näher benannten Insider, der sagt, die Vereinsführung habe Jahr für Jahr 300 000 bis 350 000 DM an Schwarzgeld gebraucht, um den geschriebenen und ungeschriebenen Verpflichtungen gegenüber den Spielern nachkommen zu können. Er, so dieser Insider, habe immer mit einem Bein im Gefängnis gestanden.

Dieser Insider hatte aber wohl gar nichts zu befürchten, denn der Autor Woller sagte im Interview mit der *Neuen Zürcher Zeitung* (Die »kriminelle Kehrseite« des FC Bayern: »Die Einnahmen flossen in die Taschen der Stars oder wurden bei einer Zwischenlandung in der Schweiz deponiert«, 11. Dezember 2019): »Es gibt verschiedene Beispiele, wo das Finanzministerium direkt bei den verantwortlichen Stellen interveniert hat, damit die Ermittlungen nichts erbrachten.« Das sind mächtige Vorwürfe. Woller sagt gar, der damalige Finanzminister habe ein solches System der Steuerhinterziehung und der Schwarzgeldzahlungen angeregt: »Eigentlich müsste das Ministerium die Akten freigeben und für Transparenz sorgen. Das Ministerium schützt heute noch den damals handelnden Minister. Und natürlich damit auch automatisch den FC Bayern München und die Steuersünder.«

Natürlich rücken schwarze Kassen einen Verein nicht in die Nähe der Mafia. Aber gute Werbung sind solche unausgeräumten Vorwürfe eben auch nicht. Ich habe deshalb dem Verein FC Bayern eine lange Liste mit Fragen geschickt, erhielt darauf aber keine Antwort. Auch das bayerische Finanzministerium habe ich zu den gravierenden Anschuldigungen befragt. Ich wollte wissen, ob man ihnen nachgegangen ist. Meine Fragen waren zugegebenermaßen sehr direkt: »Hat der damalige Finanzminister ein System der Steuerhinterziehung und der Schwarzgeldzahlungen angeregt? Sind Ermittlungen tatsächlich verhindert worden oder stimmt es nicht, was Woller hier schreibt? Gab es in der Zwischenzeit Ermittlungen, die aufgeklärt haben, ob der Verein dieses Sonderkonto in der Schweiz unterhält oder nicht? Schützt das Bayerische Ministerium für Finanzen den damals handelnden Minister, wie Woller schreibt? Sind die Akten inzwischen frei gegeben worden?«

Meine Fragen bezögen sich auf steuerliche Sachverhalte des FC Bayern sowie von Herrn Gerd Müller, die dem Steuergeheimnis unterlägen, antwortete mir die Behörde. »Eine Beantwortung Ihrer Fragen und auch eine Kommentierung der von Ihnen angesprochenen Darstellungen des Herrn Woller sind dem Bayerischen Staatsministerium der Finanzen und für Heimat deshalb nicht möglich.« Ob diese schwarzen Kassen noch existieren oder nicht, sagte mir also niemand und es schien auch niemanden besonders zu interessieren.

50 Millionen und kein Tor

Gab es eine solche Einflussnahme auch viele Jahre später? Diese Frage stellt sich wohl angesichts spanischer Ermittlungen, die, als sie im Jahr 2010 bekannt wurden, für einigen Aufruhr in der deutschen Fußballszene sorgten. Der Untersuchungs-Richter Baltazar Garzón hatte seit 2008 die Russische Organisierte Kriminalität in seinem Land im Blick. Es ging vor allem um Geldwäscheaktivitäten, etwa durch Immobilienkäufe von ranghohen Mitgliedern der Tambovskaya-Organisation, einer kriminellen Gruppe aus Sankt Petersburg. Seit Mitte der Neunzigerjahre hatten sich einige Mitglieder in Spanien niedergelassen, ohne Einkommen und Beruf, aber in teuren Villen. Garzón ließ einen Mann abhören, der als Chef der Organisation galt: Gennadi Petrow. Als ein Nebeneffekt fielen dabei Hinweise ab, dass ein Spiel des FC Bayern verkauft worden sein könnte. Im Internet kann man den Ausgangspunkt für den Kurzzeit-Skandal im deutschen Fußball inzwischen nachhören. Die *Expertengruppe zur Bekämpfung grenzüberschreitender Korruption*, eine NGO aus der russischen und ukrainischen Zivilgesellschaft, hat ein »Transborder Corruption Archive« online gestellt. Darin findet man die Akten und Tonaufnahmen.

Am 24. April 2008 spielte der FC Bayern im Hinspiel des UEFA-Cup-Halbfinales zu Hause gegen Zenit St. Petersburg. Das Spiel endete 1:1. Das Fußballmagazin *Kicker* fasste das Spiel so zusammen: »Der deutsche Rekordmeister war in der ersten Halbzeit aktiver und hätte auch höher als 1:0 führen können. Nach dem Seitenwechsel agierte der FCB zu passiv, so dass Zenit immer besser in die Partie kam. Am Ende hatten beide Teams die Chance zum Sieg.« Am 1. Mai fand das Rückspiel in Russland statt: es endete desaströs für die Bayern mit 4:0. Der *Kicker* spricht von einem der »schmachvollsten Spiele der jüngeren Vergangenheit«. Ausgerechnet Pawel Pogrebnjak, der später zum VfB Stuttgart wechseln und bei »meinem« Verein nichts reißen sollte, war der Mann des Spiels. Verlierer des Matchs war Oliver Kahn: »Der Titan« trat mit einer desaströsen Leistung von der internationalen Fußball-Bühne ab. Wenige Monate später hängte er die Torwart-Handschuhe an den Nagel.

Knapp zwei Wochen nach dem Spiel belauschten die Spanier ein Gespräch zwischen Gennadi Petrov und einem ranghohen Kollegen der Organisation, Andrey Miroedov. Miroedov sagte zu Petrov, dass Bayern München »50 Millionen« erhalten hätte, damit Zenit gewinne. Einen Tag später hörten die Ermittler ein weiteres Gespräch mit, wieder ging es um Zahlungen. »Haben sie schon etwas gezahlt?«, fragte der eine Gesprächsteilnehmer. Der andere bekräftigte, dass sie das Geld bereits erhalten hätten, ohne deutlich zu machen, wer »sie« sind. Auch dieses Gespräch lässt sich über das Onlinearchiv nachvollziehen, dort ist nämlich eine interne Akte der UEFA, des europäischen Fußballverbands, eingestellt, die den Fall untersuchen ließ. Verfasst wurde der Bericht von Rudolf Stinner, der einst für das Landeskriminalamt Steiermark in Österreich im Dienst war und dann zum Chefermittler der UEFA wurde. Heute ist er pensioniert. Auf seinen Bericht im Internet angesprochen, sagte er, dass er sich nicht mehr mit dem Thema beschäftige. Er hatte damals geschrieben: »Die spanischen Ermittler gehen davon aus, dass auf Grund der Ernsthaftigkeit der geführten Telefongespräche kein Zweifel darüber besteht, dass die Manipulationen der beiden Fußballspiele tatsächlich stattgefunden haben.« Ein Rechtshilfeersuchen sei an die Staatsanwaltschaft München gesendet worden. Als die Sache bekannt wurde, dementierte die Behörde Medienberichten zufolge das Vorhandensein eines derartigen Ersuchens. In dem Bericht des Ermittlers Stinner ist zu lesen, er habe aus verlässlichen Quellen ermitteln können, dass sich bei der Münchner Justiz hochrangige Personen einschalteten (aus Politik und Wirtschaft, vom Deutschen Fußballbund DFB, von der FIFA und der UEFA), die die Causa »entsprechend« behandelt wissen wollten. Tenor dieser Interventionen sei gewesen, dass man »wegen einer derart dubiosen

Verdächtigung den Verein Bayern M. nicht in irgendwelche justiziellen Ermittlungen treiben solle«. Dem Verein würden in diesem Fall schwere wirtschaftliche Folgen erwachsen, da Bayern München als »die« bayerische Institution schlechthin und als internationales Aushängeschild des deutschen Fußballs gelte.

Es wäre spannend aufzuklären, was damals passiert war. Denn der Bericht führt weiter aus: »Nach zuverlässigen Informationen aus Münchner Justizkreisen, langte im Spätsommer 2008 in der STA [Staatsanwaltschaft] München eine anonyme Anzeige ein, mit dem Inhalt, dass auf ein Bankkonto eines hohen Funktionärs (Manager) von Bayern M. vor dem gegenständlichen Spiel in St. Petersburg 2 Millionen Euro eingegangen wären. Ebenso sei nach dem Spiel dieselbe Summe auf das angeführte Bankkonto eingegangen.« Die Staatsanwaltschaft München I habe aber kein Ermittlungsverfahren eingeleitet, sondern den Akt ohne jede weitere Verfügung abgelegt.

Der Bericht datiert vom 5. April 2009 und er ist als streng vertraulich etikettiert. Jürgen Roth, Autor vieler Bücher zu Organisierter Kriminalität in Deutschland, widmete sich in dem 2011 erschienenen Buch *Unfair Play* ebenfalls diesen Vorgängen. Dem Text zufolge bestätigte ihm eine Quelle damals den Eingang des Rechtshilfeersuchens in München. Auch auf die Frage nach der anonymen Anzeige und den zwei und zwei Millionen Euro bekam er eine Bestätigung, und zwar von der Staatsanwaltschaft: »Es gab vor einiger Zeit einmal eine anonyme Anzeige in diesem Zusammenhang, diese ist aber längst eingestellt.«

Es bleiben also Fragezeichen, denn eine Anzeige einzustellen heißt nicht, dass Ermittlungen stattgefunden haben. Nichts ist also belegt, was das verkaufte Spiel anbelangt. Widerlegt ist aber auch nichts. Diese Geschichte, ob sie nun stimmt oder nicht, ob nun Geld geflossen ist oder nicht, hatte ich im Hinterkopf, als ein anderes Thema zu mir kam.

Wie ich versuchte herauszufinden, ob der Fahrer von Karl-Heinz Rummenigge tatsächlich ein Mafioso ist

Ich möchte mit diesem Buch auch erklären, wie Journalismus funktioniert und warum er für eine Demokratie wichtig ist. Gerade wenn andere Systeme Demokratien unter Druck setzen, muss man von innen heraus stabilisieren. Dazu gehört auch, Medienarbeit transparent zu machen. Ich nehme an, Menschen stellen sich die Arbeit eines Mafia-Journalisten immer hochkonspirativ vor: dass man sich abgelegen im Wald mit Menschen trifft, um Informationen auszutauschen, an Autobahnraststätten oder in Tiefgaragen. Ehrlich gesagt passiert das selten. Ich stieg einmal in Kempten für eine Recherche in das Auto eines Kokaindealers und wir fuhren irgendwohin, wo wir ungestört reden konnten, mitten ins Grüne, nur Bäume um uns und kein Mensch weit und breit. Ich war noch nie so froh wie in diesem Fall, dass meine Menschenkenntnis mich nicht getrogen hatte und der Dealer mich wieder dorthin brachte, wo er mich abgeholt hatte. Die übrigen Gespräche mit Quellen erfolgten nicht im Wald.

Luca, im Jahr 2019. Wir saßen in einem Café in einer deutschen Großstadt, regelmäßig schaute die Bedienung vorbei und wenige Tische weiter tranken Gäste Tee, während hier brisante Informationen auf mich warteten. Ich kannte Luca schon länger und wusste, wie zuverlässig diese Quelle war. Weil Quellenschutz äußerst wichtig ist, gibt es hier keine weiteren Details, Luca soll nicht irgendwelche Nachteile erleiden. Und die waren zu erwarten. Nach einer weit weniger bedeutenden Enthüllung hatte ich nämlich einmal erfahren, dass man meine Quellen gesucht hatte (und musste grinsen, denn die Suchenden hatten am völlig falschen Ort angesetzt). Und dieses Thema nun war wirklich brisant: Luca berichtete nämlich, dass in München Ermittlungen stattgefunden hätten, im Umfeld von italienischen Restaurants, und zwar wegen Drogen und dabei sei eine Person aufgeschienen und die bewege sich im engen beruflichen Umfeld von Karl-Heinz Rummenigge: Herr Giuseppe Forte*, sein Fahrer, sei ein hochrangiges Mitglied der 'ndrangheta. Rummenigge war damals – wie später wieder – Manager des FC Bayern.

Oje! Man könnte meinen, als Journalist mache man dann einen Luftsprung vor Freude. Aber nein. Die Information kam von einer Top-Quelle, ja, untadelhaft, authentisch, ich wusste sicher, wo die Quelle arbeitete. Dennoch war klar, dass es schwer werden würde, zu überprüfen, ob das stimmte. Aus gutem Grund darf ich als Journalist nicht einfach Informationen ungeprüft in die Welt hinausblasen, die betroffene Person könnte gravierende Folgen erleiden. Wenn dieser Mann rein gar nichts mit der Mafia zu tun hat, wird ihm möglicherweise gekündigt oder er erleidet andere Nachteile. Noch dazu ist es ehrenrührig, jemanden in die Nähe der Mafia zu rücken. Ganz abgesehen davon, was es für den FC Bayern bedeuten würde. Daher sind der so genannten »Verdachtsberichterstattung« gesetzlich enge Grenzen gesetzt. Gerade, wenn man über mutmaßliche Mafiosi berichten mag, macht das die Lage extrem heikel. Es gibt kein offizielles Register in Deutschland, niemanden, der einem rechtssicher bestätigen kann, dass jemand zur Mafia gehört oder nicht. Und selbst wenn Behörden Informationen vorliegen, wird man auf offiziellem Weg nie eine personenbezogene Information bestätigt bekommen. Das geht sogar so weit, dass in Italien nach Polizeioperationen die Namen aller Verhafteten fein säuberlich aus Pressemitteilungen abgeschrieben und veröffentlicht werden und die deutschen Behörden nicht einmal diese Informationen bestätigen. Es ist also unmöglich, von deutschen Ermittlern offiziell die Bestätigung zu bekommen, dass jemand Mafioso ist, sei es der Fahrer von Rummenigge oder ein Straßenkehrer.

Die Mitgliedschaft in der Mafia feststellen können nur Gerichte und die interessiert diese Frage im Normalfall leider nicht. Noch dazu muss es überhaupt erst zu einem Verfahren kommen. Derzeit steht eine Reihe von Männern mit Nachnamen, die bekannte

Clans benennen, in einem Prozess vor dem Landgericht Duisburg. Sie waren im Dezember 2018 verhaftet worden und sind angeklagt, Mitgliedschaft in einer kriminellen Vereinigung zu sein. Das Urteil gegen sie könnte erst das zweite(!) in der Bundesrepublik sein, dass Männer bestraft, weil sie Mafiosi sind. Das erste deutsche Urteil, das überhaupt eine Mafia-Mitgliedschaft beschreibt, stammt aus dem Jahr 2021! Dem Amtsgericht Konstanz gebührt diese zweifelhafte Ehre.

Wir bewegen uns im vorliegenden Fall also in einem ganz engen Grenzbereich der Berichterstattung. Medien dürfen, um ihrer Kontrollfunktion nachzukommen, über Verdachtsfälle berichten. Erst recht, wenn ein Interesse der Öffentlichkeit besteht. Ich gehe davon aus, dass dies gegeben ist, wenn ein mutmaßliches 'ndrangheta-Mitglied direkten Zugang hat zu einem der wichtigsten Männer für den Fußball in Deutschland und Europa, ja, wenn manche sogar diesen mutmaßlichen Mafioso als »Manager« und »Bodyguard« bezeichnen, er also auch für die Sicherheit von Rummenigge verantwortlich sein soll. Im Fußball geht es um Hunderte Millionen Euro Umsätze, es sollte nur der sportliche Wettbewerb zählen und keine Beeinflussung von außen bestehen. (Mutmaßliche) kriminelle Einflüsse passen dazu nicht.

Als allererstes versucht man in so einem Fall, etwas Schriftliches in die Hände zu bekommen. Papier ist immer gut. Da die deutschen Behörden weniger breit ermitteln zum Thema Mafia und vor allem mit Akten nicht gerade großzügig um sich werfen, habe ich also versucht herauszufinden, ob in Italien etwas Belastendes zu dem Fahrer vorliegt – oder auch der Beleg, dass es sich bei der Information um eine Fehlinformation handelt. Als Journalist bin ich verpflichtet, nicht einseitig einer These zu folgen, um diese bestätigt zu bekommen, sondern ergebnisoffen zu recherchieren. Ich war also mehrmals in Italien unterwegs und habe mit Staatsanwälten und mit Mafia-Ermittlern gesprochen, die für den Herkunftsort von Forte zuständig sind. Es sei bekannt, sagte ein Ermittler, dass es eine Familie Forte gibt. Über die Einzelperson sagt das aber nichts aus. Schriftliche Unterlagen in dieser Sache waren nicht zu bekommen, eventuell auch weil der Mann schon länger in Deutschland lebte.

Selbstverständlich habe ich auch Luigi gefragt. Er sagte, der Mann komme ihm bekannt vor, sonst konnte auch er leider nichts beitragen.

Natürlich habe ich auch in meinem Aktenbestand nach Informationen gesucht: Nichts, was konkret von Nutzen wäre. Der Herkunftsort der Person, Crucoli, wird häufig genannt, der Clan Farao ist dort aktiv, aber auch das heißt nichts für unseren Fahrer. Dass mehrere Mitglieder des Farao-Marincola-Clans dort geboren sind und dass Giuseppe Spagnolo einen Juwelier in Torretta di Crucoli ausgespäht hat, der später überfallen wurde, besagt, dass es dort bis heute mafiöse Umtriebe gibt. Es sagt aber nichts über Herrn Forte aus. Dass es einen anderen Herrn Forte in Norddeutschland gab, gegen den wegen Geldwäsche ermittelt wurde – auch das im Grunde irrelevant.

Giuseppe Forte ist vom Staat Italien mit hohen Ehren versehen worden, mit gleich zwei Orden: 16 Jahre nach seinem ersten Verdienstorden wurde er gar zum »Commendatore« ernannt, in der Rangfolge der italienischen Verdienstorden immerhin im Mittelfeld. Manchmal sieht man die Nadel am Revers seines Anzugs. Über sein Vorleben lässt sich im Internet herausfinden, dass er früher ein ranghoher Polizist gewesen sei, der zu Beginn der Neunziger sein »schwarzgelbes Herz« entdeckt habe. So steht es auf der Seite des Bayern-Konkurrenten Borussia Dortmund. Der Römer sei immer zur Stelle gewesen, als die Borussia in Italien angetreten sei. Der Leiter des Reisebüros, das die Reisen der Mannschaft organisierte, äußerte sich voll des Lobes über ihn: »Durch seine engen persönlichen Kontakte insbesondere zum italienischen Innenministerium macht er Dinge möglich, die uns sehr helfen.«

Der nächste Schritt bei der Recherche: analysieren, wie der Verdacht zustande gekommen sein konnte. Vereinfacht gesagt gibt es dafür drei Möglichkeiten: aus italienischen Ermittlungen, aus deutschen Ermittlungen und die dritte Möglichkeit: aus Geheimdienst-Kreisen. Im vorliegenden Fall konnte ich die erste Möglichkeit quasi ausschließen. Bei Ermittlerinnen und Ermittlern vor Ort war die Person nicht aufgefallen. Ein italienischer Staatsanwalt teilte mir mit, dass es sich möglicherweise um eine Verwechslung handle, denn im Rahmen einer Polizeioperation war gegen einen Nicola

Forte ermittelt worden und der Mann in der Folge auch festgenommen (und später freigesprochen) worden.

Es war eine verhexte Recherche. Im Heimatort von Forte, einem netten Bergdorf, erzählte mir ein Barista, dass Forte für die Sicherheit von Rummenigge zuständig sei, und ein Junge trug ein Bayern-Trikot. »Leute von hier gehen zu den Spielen nach München, er lässt sie nichts bezahlen und bringt sie sogar noch in die Umkleiden!« Rummenigge sei auch schon nach Crucoli gekommen. In dem Ort findet man eine Reihe von Hinweisen auf Verbindungen nach Deutschland: Ein Mann putzte einen schwarzen Motorroller mit deutschem Kennzeichen, eine Fußmatte hieß Gäste auf Deutsch herzlich willkommen, dazu parkten für das kleine Dorf erstaunlich viele Autos mit deutschen Kennzeichen in den Straßen: zweimal HA, zweimal GI, einmal OF und einmal LB. Die Fahrt brachte also keine verwertbaren Informationen.

Den Staatsanwalt, der wegen der Bestätigung der Mafia-Mitgliedschaft angefragt worden war, hatte ich im Sommer 2020 besucht. Ich fand ihn in einem leeren Büro vor, keine Papierstapel auf dem Schreibtisch, ein Häufchen Elend. Er war geplagt von einer Erkältung, ja. Es war aber offensichtlich, dass hier etwas anderes außer seiner Gesundheit nicht stimmte. Und dass er nicht zum Arbeiten ins Büro kam. Anscheinend kooperierten manche Ermittler nicht gerne mit ihm, wurde geraunt. Mir tat sich ein großes Fragezeichen auf, denn der Mann hatte bislang als äußerst engagiert gegolten. Was ich damals nicht wusste: Gegen Staatsanwalt Vincenzo Luberto war tatsächlich ein Ermittlungsverfahren eröffnet worden, im Dezember 2019 hatte die zuständige Staatsanwaltschaft in Salerno eine Durchsuchung angeordnet. Die Behörde warf ihm vor, bestechlich zu sein und einen befreundeten Ex-Abgeordneten zu schützen. Luberto wurde nach meinem Besuch versetzt. Sowohl in erster Instanz als auch letztinstanzlich wurde er von den Vorwürfen komplett freigesprochen, genauso wie der beschuldigte Politiker. Heute arbeitet Luberto wieder als Staatsanwalt, allerdings nicht in Catanzaro, sondern in Reggio Calabria.

Wegen dieser Vorgeschichte und auch, weil das Gespräch in seinem Büro nicht sonderlich ergiebig verlaufen war, zögerte ich, ihn erneut zu kontaktieren. Am Ende aber wollte ich von ihm persönlich wissen, ob er Giuseppe Forte verwechselt habe. Ich schrieb ihm eine Nachricht. Ob ich ihn anrufen könne? Kaum hatte ich das Telefon zur Seite gelegt, klingelte es auch schon. Luberto. Ich erklärte ihm mein Anliegen und berichtete über das Ermittlungsverfahren. Zunächst erinnerte er sich nur vage an die Anfrage. Ja, es habe da eine Kontaktaufnahme gegeben, eine jüngere Kollegin, sie habe auch etwas Italienisch gesprochen. Ich versuchte, seiner Erinnerung etwas auf die Sprünge zu helfen. Es sei dabei wohl auch um Giuseppe Forte gegangen, den Fahrer von Rummenigge. Ja, natürlich, rief er aus, daran erinnere er sich! Nun kehrte die Erinnerung zurück. Er sei noch nicht zum Procuratore Aggiunto (Stellvertreter des Leiters der Staatsanwaltschaft) befördert gewesen, sagte Luberto, die Anfrage müsse also 2014, 2015 eingegangen sein. Er meinte, er sei sogar nach Deutschland gereist deswegen. Ich war überrascht, wie aufgeräumt er wirkte, ganz anders als damals in seinem Büro. Ob es sein könne, dass er Nicola Forte*, gegen den in einem anderen Verfahren ermittelt wurde, mit Giuseppe Forte verwechselt habe? Ich hielt diese Hypothese nie für realistisch, denn die beiden Figuren unterschieden sich in jeder Hinsicht: Der eine, Nicola Forte, hatte lange Haare und war ein dünner, lustig dreinschauender Schlaks, der sich gerne extravagant kleidete. Der andere, Giuseppe Forte, war bullig, häufig im schwarzen Anzug unterwegs und keinesfalls in schrillen Klamotten. Der eine lebte in Kalabrien und hatte ein neobarockes kitschiges Schloss gebaut, wo er Gäste empfing. Der andere war Fahrer in München und wohnte gutbürgerlich mit viel Grün drumherum. Gegen Nicola Forte hatte Luberto die Anklage ausgearbeitet und geführt, den Münchner kannte er nur von dieser Anfrage. »Nein, ich schließe aus, dass ich die beiden verwechselt habe«, sagte Luberto, »Nicola Forte trat später und in einem anderen Kontext auf den Plan, nämlich mit dem Ermittlungsverfahren Stige. Ich müsste aber in meinen Unterlagen nachsehen.« In seiner Antwort, weiß ich inzwischen, war damals tatsächlich der richtige Name Giuseppe Forte angegeben.

Wir sprachen eine Weile über seine Arbeit. Luberto sagte, er habe schon viele Verfahren geführt, in Deutschland sei es ein Problem, dass, wenn es nur um das Organisationsdelikt gehe, also darum, ob jemand Mitglied einer Mafiazelle sei, aber sonst nicht auffällig, es dann schwer sei, Abhörmaßnahmen zu erreichen. Auch hätte Italien nach den islamistischen Attentaten viel Unterstützung bei der deutschen Polizei verloren. Man hört diese Klage auch von deutscher Seite, dass nämlich die zur Bekämpfung des Terrors nötigen Kräfte bei der Bekämpfung der Organisierten Kriminalität abgezwackt worden seien. Dann aber passierte etwas Unerwartetes. »Ich erinnere mich, dass jemand sagte: ›Du hast Mist gebaut, du hast da eine Verwechslung angestellt.‹ Aber ich erinnere mich nicht weiter, und ich bin mir nicht sicher über das, was ich sage, okay?« »Ich kann ihnen gerne weitere Namen nennen, ich habe inzwischen Unterlagen gefunden.« »Machen Sie das gerne, ja.« Ich las ihm Namen vor. »Die Namen kenne ich quasi alle, ja, an die erinnere ich mich.« »Dann ging es auch um Luigi Assiolo.« »Ja, Luigi Assiolo mit Sicherheit.« Ich kam auf Mario Luttini zu sprechen. »Das ist aber dann das Ermittlungsverfahren Stige!«, sagte Luberto zutreffend. Ich kam erneut auf Forte zu sprechen. »Die Tatsache, dass jemand Mitglied der 'ndrangheta sein soll, zählt wenig in Deutschland«, sagte Luberto. Was blieb am Ende? Ein Mann, der klar strukturiert ist, der Namen und Personen eindeutig Ermittlungsverfahren zuordnen kann, der aber von dem, was ihm passiert war, verunsichert war und sich selbst nicht mehr zu hundert Prozent traute. Es wäre sicher hilfreich, mit ihm gemeinsam seine Unterlagen zu sichten. Doch das ist nicht möglich, Luberto arbeitet jetzt ja als Staatsanwalt in einem anderen Amt und hat keinen Zugriff mehr darauf. Und die aktuelle italienische faschistische Regierung unter Ministerpräsidentin Giorgia Meloni zieht Staatsanwälten und Richterinnen die Daumenschrauben weiter und weiter an, was Kontakte zur Presse anbelangt, das Vorhaben war also illusorisch. Mich persönlich freute es, am Telefon zu spüren, dass dieses Antimafia-Engagement bei Luberto weiter da war, trotz all dem, was ihm passiert war.

Eine weitere Möglichkeit, wie die Information in die Welt gekommen sein konnte, ist eine, die vor Journalistinnen und Journalisten quasi komplett verschlossen ist: In Bayern hat nämlich auch das Landesamt für Verfassungsschutz den Auftrag, Organisierte Kriminalität zu beobachten, und das Amt ist zentraler Ansprechpartner für ausländische Inlandsnachrichtendienste. Mein Eindruck ist, dass die Behörde dabei gute Arbeit leistet, das muss ich bei aller kritischen Grundhaltung, die ich gegenüber Geheimdiensten hege, zugeben. Das Problem ist hier eher grundsätzlicher Natur: In Deutschland gilt das sogenannte »Trennungsgebot«, aus gutem Grund. Es besagt, dass geheimdienstliche Informationen nicht in polizeiliche Ermittlungen einfließen dürfen. In der Praxis bedeutet das, dass nur sehr wenige Informationen ausgetauscht werden, oft auch nur sozusagen unter der Hand, und selten können diese Informationen dann polizeilich verwertet werden.

Ein Geheimdienst hat weit weniger Einschränkungen bei der Arbeit: Die Dienste können Informationen anlasslos sammeln, polizeiliche Ermittlungen müssen dagegen aufgrund eines konkreten Tatverdachts von der Staatsanwaltschaft angeordnet werden und erfolgen in einem relativ engen gesetzlichen und zeitlichen Korsett. Es ist also gut vorstellbar, dass ein Informant sich über den Fahrer an die Behörde gewandt hat. Das bedeutet aber auch, dass diese Information dann nicht »im Besitz« der Strafverfolgungsbehörden ist, also dem polizeilichen Bereich zuzurechnen ist, sondern eben eine nachrichtendienstliche Information ist und damit einer ganz anderen Verwertbarkeit unterliegt. Es heißt aber auch, dass es keine gesicherte Information ist. Für das oben erwähnte konkrete Beispiel des Fahrers bedeutet das: Sollte er tatsächlich zur ’ndrangheta gehören, aber keine Straftat begehen (man könnte hier auch schreiben: keine weitere Straftat begehen, denn sich einer kriminellen Organisation anzuschließen *ist* eine Straftat, sie wird nur sehr selten geahndet), dann würde er nicht Gegenstand von Ermittlungen werden. Ob er also Mitglied der Mafia ist oder nicht, bleibt somit für deutsche Ermittler nicht sonderlich von Belang. Ein Polizist oder eine Polizistin kann nicht einfach hergehen und ermitteln, ob jemand ein Mafioso ist oder nicht. Es braucht einen Anfangsverdacht. Bei Menschen, die sich in solch prominenten Kreisen bewegen, erst recht. Ich möchte mir trotzdem nicht ausmalen, welche Reaktion ein solches Ansinnen an den entscheidenden Stellen hervorrufen würde . Ich glaube nicht, dass sich die Verhältnisse, die in den vorigen Kapiteln beschrieben sind, maßgeblich geändert haben. Ein wichtiger Ermittler sagte mir einmal, wenn in Bayern der FC Bayern oder »die Partei« (also die Christlich-Soziale Union, CSU) von Ermittlungen berührt werde, könne man die Akten gleich schließen. Das mag stimmen oder nicht. Es wäre aber in jedem Fall mehr als überraschend, wenn gerade in Bezug auf den Fahrer die eventuelle Mitgliedschaft in der Mafia für ausreichend erachtet würde, ein Ermittlungsverfahren zu eröffnen. In Italien wäre die Situation eine andere. Dort ist die Mitgliedschaft in der Mafia eine sehr oft verfolgte Straftat, die zudem mit hohen Strafen versehen ist. In Deutschland dagegen liegt die Maximalstrafe bei fünf Jahren Haft. Mir wurde auch berichtet, Forte soll Spieler für Fototermine an Restaurants vermittelt haben, gegen Bezahlung. Dies dürfte strafrechtlich auch nicht von Belang sei, maximal ein Fall für die Steuerämter.

Es wäre gravierend, wenn ein Mafioso tatsächlich in der direkten Umgebung eines der wichtigsten Männer im deutschen Fußball wäre. Dennoch würde ich diese Information hier nicht veröffentlichen, wenn ich sie nicht auch aus einer zweiten und einer dritten Quelle vernommen hätte, beides Personen, die in Kriminalämtern auf Landes- oder Bundesebene arbeiten. Allerdings heißt auch das nicht, dass die Information stimmt – selbst wenn drei Quellen dasselbe sagen. Ich habe deswegen auch versucht, die Betroffenen zu erreichen. Die Sprecherin von Karl-Heinz Rummenigge leitete meine Anfrage vom 15.02.2024 an einen Hamburger Medienanwalt weiter, der mir einen Tag später die Information zukommen ließ, dass der Fahrer Karl-Heinz Rummenigge vom FC Bayern München zur Verfügung gestellt werde, bei dem er auch angestellt sei, Weitere Angaben machte er nicht. Der FC Bayern ließ meine vielen Fragen zu all den Sachverhalten, die ihn hier betreffen, von einer automatischen Eingangsbestätigung abgesehen, unbeantwortet.

Es bleibt leider unbefriedigend.

Where do we go from here

Im Frühjahr 2023 saß ich in einem Büro unweit der Frankfurter Paulskirche, draußen schob sich die Fülle einer finanzstarken Stadt durch die Straßen. Ich erklärte dem Verleger Markus J. Karsten und ein paar Leuten aus dem Team des Westend Verlags mein Konzept. Zum Abschluss schüttelte mir Karsten die Hand und kündigte einen Vertragsentwurf an. Der Weg zurück zum Bahnhof fühlte sich leicht an, aber nicht unbeschwert, und führte am Schauspiel Frankfurt vorbei. Neonrosa knallte von dessen Wand ein Plakat durch das Häusergrau: »Where do we go from here?«, fragten fette Lettern in Grellgelb, ein neues Theaterstück. Die Begegnung schien mir bedeutungsschwanger zu sein. Denn wo dieser, wo mein Weg mich hinführen würde, fragte auch ich mich jetzt: Ein Buch gegen die Mafia zu schreiben konnte ein Leben schließlich ganz schön verändern. Im Zug postete ich das Bild auf Instagram, wie sich das bei trivialen und profunden Welterkenntnissen eben gehört. Fortan pendelte ich zwischen der Freude, endlich all diese Rechercheergebnisse aufschreiben zu dürfen, und der Furcht vor unangenehmen Konsequenzen.

Schon damals hatte ich vor, über ein Ermittlungsverfahren zu schreiben, das »Quo vadis« betitelt worden war, zu Deutsch: »Wo gehst Du hin«. Das war insofern sinnig, wie es die Wege aufdecken sollte, über die Kokain in großen Teilen Bayerns an den Mann und die Frau kam. Ende 2015 hatte die Staatsanwaltschaft München I das Verfahren auf das Gleis gebracht. Mehrere Ermittlungsverfahren sind in Quo Vadis zusammengeflossen. Rund 30 Personen nahmen die Ermittler in den Blick, ein Großteil von ihnen Gastwirte, darunter auch Lebensmittelhändler und das, was man landläufig als

»Promiwirt« oder »Luxus-Italiener« bezeichnet. Seit Ende 2015 war viel Zeit vergangen, acht Jahre sind für ein Ermittlungsverfahren eine halbe Ewigkeit, aber offenbar nicht genug, um es abzuschließen oder einzustellen. Denn nach wie vor ist jemand bei der Staatsanwaltschaft dafür zuständig.

Und das ist nicht gut. Denn es ist heikel, über laufende Verfahren zu berichten. Es wäre schlimm, wenn Ermittlungen wegen meiner Veröffentlichung keine Ergebnisse brächten. Ich beruhigte mich: Die gewonnenen Informationen waren an eine Vielzahl von Personen weitergereicht worden. Noch dazu hatten im Lauf der Jahre locker mehr als hundert Beamtinnen und Beamte mitgearbeitet. Die Sorge, dass die Gegenseite davon erfahren könnte, war wohl überholt.

Über Wochen hatten Spezialkräfte einen kleinen Lastwagen quer durch Bayern verfolgt, Autobahn Richtung Süden, Autobahn Richtung Norden. Nahe der österreichischen Grenze beobachteten die Kräfte dann ein wundersames Geschehen. Die zwei Männer hielten an einer Abfahrt an, ein Fahrzeug nach dem anderen fuhr heran, jemand stieg aus, holte eine Stiege Tomaten ab und übergab einen Umschlag. »Der Umschlag war direkt viel zu dick für Tomaten«, sagte eine Ermittlerin. Die merkwürdige Szenerie dauerte zehn, zwanzig Minuten, dann startete der Lastwagen den Motor und fuhr weiter. »Es war ein Fehler gewesen, in dem Moment nicht zuzuschlagen«, knurrte ein Ermittler. In der Tat: Bei einer späteren Kontrolle in Ostbayern schlugen die Spürhunde zwar an, der Wagen war kontaminiert, die Kräfte entdeckten sogar ein Geheimfach. Nur kein Kokain.

Den Wagen kann man sich noch heute anschauen, auf Facebook, inklusive rot leuchtender Tomaten. »Heute sind wir mit dieser Ladung in München«, steht auf Italienisch daneben.

Die Ermittler beobachteten außerdem Menschen, die mit Rollkoffern aus Lebensmittelläden kamen. Sie fanden Verbindungen zur Großmarkthalle, spürten eine Garage auf, die sie für den Lagerraum der Drogen hielten, sie listeten eine Menge Kontakte auf und immer neue Gastwirte. Sie bemerkten, wie manche Restaurantbesitzer Aufpasser einsetzten, um Observationskräfte abzuschrecken. Entdeckten abgeschirmte Bereiche in manchen Lokalen, mit Wachpersonal. Telefone wurden abgehört. Ganz am Rande erwähnt, hörten die Ermittler so auch vom Fahrer Rummenigges. Italienische Kollegen von der nationalen Antimafia-Staatsanwaltschaft sowie in Catanzaro wurden in das Verfahren miteinbezogen, Staatsanwälte reisten nach München, der Austausch funktionierte. Schließlich ergaben sich auch enge Verbindungen zwischen Zielpersonen in München und Leuten aus Stuttgart. Mario Luttini und Luigi Assiolo hatten beide Kontakt zu einer zentralen Figur des Verfahrens. Einmal soll Luttini, in Begleitung von Bodyguards, dem Wirt einen Sack Äpfel mitgebracht haben, wohl ein symbolisches Geschenk, dass die Ernte jetzt da sei. Derselbe Wirt hatte Assiolo auch um die Aufnahme in die Società gebeten. Im Italienischen kann das »Unternehmen« bedeuten oder auch im ’ndrangheta-Jargon den höher gestellten Teil eines *Locale*. Trotzdem stehen die Ermittlerinnen und Ermittler noch immer mit leeren Händen da. Ein Beamter sagte verbittert, dass es auch Behinderungen der Arbeit gegeben habe: »Das Große und Ganze durfte nicht rauskommen.«

»Where do we go from here« – Ich wusste nicht, dass man auf diese Wendung auch zurückgreift, wenn man sagen möchte: »Und jetzt?« Das renommierte *Collins Wörterbuch* sagt: Wer »where do we go from here« sagt, fragt, was als nächstes getan werden soll – in der Regel, weil ein Problem nicht auf zufriedenstellende Art gelöst worden ist.

Der Geburtstag

Nicht alle Tage kommt eine Größe des Weltfußballs nach Crotone, und so wurde Karl-Heinz Rummenigge schon von einem Reporterteam erwartet. »Dank unserer Quellen hatten wir das Vergnügen, einen Weltmeister des Fußballs, Karl-Heinz Rummenigge, exklusiv zu interviewen«, brüstete sich ein Journalist. Auf YouTube sieht man Rummenigge mit seiner Familie, frisch gelandet auf dem Flughafen von Crotone (»Il mitico Rummenigge in vacanza a Crotone«). Vorneweg geht Giuseppe Forte, ein geöffnetes Polohemd gibt den Blick auf ein dünnes Goldkettchen um seinen Hals frei. Die Hand wedelt abwehrend durch die Luft. »Darf ich ein paar Fragen stellen?«, fragte der Reporter. Forte gesteht ihm eine Minute zu. Rummenigge sagt, er habe in ein paar Tagen Geburtstag, sei hier nur in Urlaub und wolle ein bisschen das gute Wetter genießen. Er mochte Italien, spielte früher für Inter, sprach fließend Italienisch. »Dann schon jetzt meine Glückwünsche«, sagt der Reporter. »Sie sind im Komitee der UEFA, wie, denken Sie, kann man den Fußball in Europa verbessern?« Als Rummenigge antwortet, schwenkt die Kamera auf ein kleines, blondes Kind an seiner Hand. Auf Aufforderung grüßt er noch alle Interfans und geht dann zu den schwarzen Vans, während Forte sich um das Gepäck kümmert, dann bricht das Video ab.

Die Vans brachten die Familie zu ihrer Unterkunft ein paar Kilometer weiter, dem »Praia Art Ressort« in Praia Longa. Das Ressort war eines Weltfußballers würdig: Es wirbt mit seinem Sterne-Restaurant, seinem Privatstrand mit weißem Sand, Pinien, kostenlosen Liegen und Hochglanzoptik. Der Besitzer dieses Ressorts: Raffaele Vrenna, der Cousin von Luigi Bonaventura. Vrenna besaß seit 1991 ein Haus in der Siedlung dort und seit mehr als zehn Jahren auch das Ressort.

Rummenigge kannte die Vorgeschichte dieses Ortes wohl kaum. Sie war, wie so oft in der Gegend hier, mit der 'ndrangheta verbunden, allerdings nicht mit dem Clan Vrenna-Bonaventura, sondern dem Clan Maesano aus dem nahen Isola di Capo Rizzuto. Zunächst eröffnete der mehrfach vorbestrafte Domenico Maesano, Boss des Clans, eine Metzgerei in Praia Longa und wurde kurz darauf, 1988, erschossen. Viele Jahre später wurde vor dem Sommerhaus eines Regionalpolitikers in die Luft geschossen, ein Brief mit Todesdrohungen folgte. Im Mai 2004 wurde das Auto des damaligen Verwalters von Praia Longa von vier Schüssen getroffen. Luigi Maesano, inzwischen Boss des gleichnamigen Clans, versuchte aus dem Gefängnis heraus einen seiner Gefolgsleute als neuen Verwalter des Ortsteils zu installieren und war erfolgreich. Sein Mann wurde gewählt. Der Clan wollte Arbeiten in Praia Longa übernehmen, Grünpflege etwa. Die Ermittler fanden später heraus, dass die Arbeit von der staatlichen Forstpolizei geleistet worden war, den jeweiligen Grundstücksbesitzern aber trotzdem in Rechnung gestellt wurde. Der Mafioso (und spätere Kronzeuge) Dante Mannolo kaufte ebenfalls ein Haus in Praia Longa. Der von Maesano ins Amt gedrückte Verwalter wurde 2006 verhaftet. In seinem Haus war sogar eine »Pax Mafiosa« verhandelt und beschlossen worden, also ein Friedensschluss zwischen verschiedenen Clans.

Bei den Ermittlungen damals war auch gegen Raffaele Vrenna ermittelt worden, berichtete die Nachrichtenagentur *ANSA*. Jetzt wird wieder gegen Rummenigges Gastgeber und dessen Bruder Gianni ermittelt. Dieses Mal geht es um Müllgeschäfte. Interessant ist, dass Raffaele Vrennas Telefone mindestens seit August 2017 abgehört wurden. Möglicherweise hatten die Carabinieri von der Umwelteinheit in Catanzaro also auch Rummenigges Stimme aufgenommen. In den Akten ist dazu nichts vermerkt, aber dort wurden ja auch nur Gespräche erfasst, die in Bezug zu eventuellen Straftaten und den Tätern stehen, was bei unserem Europameister Rummenigge nicht der Fall ist. Quasi als Beifang ergaben sich bei diesen Abfall-Ermittlungen Hinweise auf die Verschiebung eines Spiels des FC Crotone.

Ermittler entnahmen abgehörten Gesprächen zwischen Raffaele Vrenna und seiner Partnerin entsprechende Hinweise, beobachteten in Rom dann ein Treffen von drei Managern italienischer Erstligisten, und tatsächlich gewann der FC Crotone das letzte Spiel der Saison 2017/2018. Vielleicht war das kein Zufall. Da das Treffen selbst aber nicht überwacht werden konnte, fehlt der letzte Beweis.

Im Sommer ist die Gegend hier herrlich: schöner Strand, angenehm frische Luft, gute Restaurants. Zahlreiche Stars erholen sich hier. Aktuelle Ermittlungen zeigen, dass Raffaele Vrenna auch Lokalpolitiker in sein Ressort einlud, wenn es förderlich war. Gewiss war er ein angenehmer Gastgeber, charmant, gepflegt. Vermutlich haben Rummenigge und Vrenna sich gut verstanden, denn im Sommer darauf brach Vrenna zu einer Dienstreise nach München auf. In einem Onlinemagazin aus Crotone wurde auf die guten Beziehungen zwischen den beiden verwiesen, ein Freundschaftsspiel der beiden Mannschaften sei geplant und auch über junge Spieler des FC Bayern sei gesprochen worden, die beim FC Crotone reüssieren könnten (www.crotonenews.com, »Il Crotone aspetta l'allenatore, trova le conferme e va in missione dal Bayern«). Das Freundschaftsmatch fand dann aber doch gegen Atlético Madrid statt und der einzige Spieler, der nach Kalabrien wechselte, war Jahre später Nick Salihamidžić, der Sohn von Hasan Salihamidžić, allerdings zum Zweitligisten Cosenza Calcio.

Wir haben ihn

Als Mario Luttini am Abend des 8. Januar 2018 in seinen Wagen stieg, konnte er wohl kaum wissen, dass es für lange Zeit seine letzte Fahrt sein würde. Im Porsche war er schon länger nicht mehr unterwegs, den Ferrari Testarossa, den er einst besaß, hatte die Polizei abgedeckt und abgemeldet in der Garage eines Freundes in Stuttgart gesehen, 2002 war das, bei einer Durchsuchung. Jetzt blieb Luttini unauffällig, zumindest legen Polizeidokumente das so nahe. Maximal half er Freunden beim Autokauf, wie etwa dem Manager eines berühmten Formel-1-Piloten, der erst 80 000 Euro Anzahlung für einen Ferrari geleistet hatte und ihn dann doch nicht wollte. Mit ihm flog Luttini in dessen Privatjet nach Verona, um die Sache zu klären.

Ich habe mich oft gefragt, wie das ist als Mafioso, wenn man weiß, seit Jahrzehnten darum weiß, bei der Polizei auf dem Radar zu sein. Blendet man es irgendwann aktiv aus? Dachte Mario Luttini in dem Moment, als er im Januar die Autotür schloss, daran, dass er festgenommen werden könnte? Wenn er das Haus verließ? Blickt man sich routinemäßig immer um? Oder nimmt man die Situation sportlich? Hatte er den Ferrari vorsorglich an einen Partner verkauft, um ihn vor einer eventuellen Beschlagnahme zu schützen? Hatte ihn die Jahrzehnte mehr oder weniger erfolglose Arbeit der Strafverfolgungsbehörden besänftigt, ihm gar eine gewisse Hybris geschenkt, mir können sie sowieso nichts? Hybris ist jedenfalls nicht gerade selten in der Mafia-Welt. Oder wusste er ohnehin schon, dass Ermittlungen gegen ihn in Gang sind, und rechnete mit der Festnahme?

Die vorliegenden Abhörprotokolle sagen über solche Fragen wenig aus. Jedenfalls hatten italienische Ermittler Luttini und annähernd 170 andere Personen im Blick. Das Verfahren der Antimafia-Staatsanwaltschaft in Catanzaro richtete sich gegen den Clan Farao, aber auch Unterstützer in der Politik. Mehrere Bürgermeister etwa. Wie immer, wenn es um Ermittlungen zur ’ndrangheta geht, waren fast alle Männer (Frauen rücken inzwischen zwar etwas mehr in den Fokus und es stellt sich heraus, dass sie die Aktivitäten der Clans auf mehreren Gebieten unterstützen. Da sie formal nicht Mitglied werden können, hat man ihren Beitrag lange Zeit nicht bewertet). Luttini gehörte zu den wichtigsten Beschuldigten. Die Ermittler wussten deswegen stets, wo er sich gerade bewegte. Als sie mitbekamen, dass er ins Auto stieg und nach Deutschland davonfahren wollte, fassten sie einen riskanten Entschluss: Irgendwo in Kalabrien richteten sie eine Polizeikontrolle ein, um ihn aufzuhalten. Sie sagten ihm, er müsse mit aufs Revier kommen.

Irgendjemand hat ein Bild von ihm dort aufgenommen. Es ist kein offizielles Bild, veröffentlicht worden ist es nie. Die Aufnahme zirkuliert aber unter Ermittlern. Luttini hält darauf eine Trinkflasche in der einen, den Deckel in der anderen Hand, schaut missmutig drein. Er ist frisch rasiert und trägt eine dunkelblaue, sportliche Jacke. Sein eleganter, grau gemusterter Seidenschal passt nicht so recht dazu. Einer Banderole gleich sind am Arm der Jacke die Farben der italienischen Trikolore eingearbeitet. Ich stelle mir vor, wie sich die an den Ermittlungen Beteiligten das Bild als Trophäe schickten: Seht her, wir haben ihn!

Die italienischen Ermittler hatten beschlossen, Mario Luttini lieber rasch in Italien festzunehmen, um Probleme zu vermeiden, wie ein wichtiger Ermittler betonte. Sie wollten das Risiko nicht eingehen, dass er anderswo mit einer milderen Strafe davonkommt oder gar fliehen könne. Gerade in Bezug auf Luttini ist zu vernehmen, dass die Ermittler in Baden-Württemberg ihn aus dem Kreis der Verdächtigen heraushalten wollten und sich auch sonst wenig kooperativ zeigten. Ein italienischer Ermittler sagte mir: »Wer abgehört wird, bestimmt Deutschland.« Obwohl Luttini in Stuttgart aktiv war, seien die Abhörmaßnahmen über eine andere Staatsanwaltschaft gelaufen. Ein beteiligter Ermittler erklärte auch: »Es war einfacher, Mario Luttini zu überwachen, der regelmäßig nach Kalabrien fuhr, als andere Personen, die sich in Süddeutschland aufhielten.« Tatsächlich äußerte sich ein Staatsanwalt aus Stuttgart bei einem Treffen im BKA im Herbst 2017 italienischen Vertretern gegenüber sogar entschuldigend über das Verhalten seiner Behörde, wie einer internen Unterlage zu entnehmen ist.

Die Ermittler standen nun aber an diesem Abend, an diesem Punkt, dem Start der Operation, vor einem Problem: Es war spät, aber noch nicht spät genug, und sie hatten schon eine der Hauptpersonen ihres Ermittlungsverfahrens festgesetzt. Unter fadenscheinigen Begründungen müssten sie Luttini nun für mehrere Stunden hin- und festhalten, um die Zeit zu überbrücken, bis überall die Beamtinnen und Beamten ausrücken würden, um die anderen Beschuldigten festzunehmen. Ahnte Luttini jetzt, was gerade passierte? Wie konnten sie verhindern, dass Kollegen von Luttini von der Aktion Wind bekamen?

Vor groß angelegten Operationen gegen die 'ndrangheta sind die Ermittlerinnen und Ermittler in den Strafverfolgungsbehörden naturgemäß immer etwas nervös. Es ist wichtig, das Überraschungsmoment zu nutzen, es ist wichtig, möglichst viele Beschuldigte anzutreffen und festzunehmen sowie Beweismaterial zu sichern. Im Fall der Operation Stige dürfte die Nervosität noch etwas größer als sonst gewesen sein, denn sie richtete sich auch gegen das Unterstützerumfeld und in der langen Vorgeschichte ist beileibe nicht alles reibungslos gelaufen.

Mit dieser Festnahme von Mario Luttini mit verschleierten Gründen fing sie also an, die Operation Stige am 8. Januar 2018. Später in der Nacht beziehungsweise früh am Morgen rollten die Kommandos dann überall los, vor allem auch in Deutschland. Im Süden von Stuttgart ließ der Rammbock die Tür zu einer Gaststätte mit einem lauten Knall bersten, Wochen später noch sicherte eine provisorische Spanplatte den Eingang. In Hessen klickten die Handschellen, auch in Bayern rückte die Polizei aus. Und natürlich quer über den italienischen Stiefel.

Die Antimafia-Staatsanwälte in Catanzaro beschuldigten Luttini im anschließenden Prozess der Mitgliedschaft in der 'ndrangheta. In Italien ist die Paragrafennummer zu der Straftat zu einem festen Begriff geworden. Der 416-bis ergänzte den Straftatbestand der Bildung einer kriminellen Vereinigung um spezifische Mafia-Straftatbestände. Er sieht vor, dass Mitglieder mafiöser Organisationen mit Haft bestraft werden müssen: einfache Mitglieder mit 10 bis 15 Jahren Haft, Führungspersonen mit 12 bis 18 Jahren. Agiert die kriminelle Organisation mit Waffengewalt, kann das Gericht Haftstrafen von bis zu 26 Jahren anordnen. Es lohnt sich also, in dieser Sache zu ermitteln. In Deutschland ist das (leider) anders. Ich habe es bereits gesagt, aber es wichtig, das immer wieder zu betonen: Geht es um die Verfolgung Organisierter Kriminalität, gibt es einiges an Skurrilem in der deutschen Rechtslandschaft. Dass aber der Paragraf des deutschen Strafgesetzbuches, der die Bildung krimineller Vereinigungen unterbinden soll, der § 129, bis 2018 nie zur Verurteilung von Mafiosi in Deutschland verwendet worden ist, dürfte zu einem der herausragenden Beispiele gehören. Gestört hat das bis dato kaum jemanden. In Deutschland verfolgt man lieber einzelne Delikte, als komplexe Strukturen aufwendig aufzuklären. Dass man dabei leicht das große Ganze aus dem Blick verliert, ist hochgefährlich – gerade bei Mafia-Organisationen.

Im Fall des Farao-Clans hatten aufwendige Ermittlungen gezeigt, dass Luttini den Clan Farao bei seinen Machenschaften in Deutschland unterstützte. Es ging dabei um eine sehr spezielle Form des Vertriebs von Produkten, an denen der Clan gut verdiente. Gastwirten wurden Wein, Pizzateiglinge und Olivenöl »angeboten«, oft auch minderwertige Ware zu überhöhten Preisen. Weigerten sie sich, das Angebot anzunehmen, bekamen sie einen Anruf oder gleich Besuch von den Chefs des Clans. Da die Betroffenen allesamt Italiener waren, wussten sie das zu interpretieren. Und kauften. Manche sehen darin eine weniger gefährliche Form von Schutzgelderpressung. Für das deutsche Gesetz ist es nicht einmal das. Diese Masche gilt als bloße Nötigung. Strafrahmen: bis zu zwei Jahren. Deutlich weniger, als wenn man wie früher in ein Restaurant geht, die Pistole auf den Tisch legt und um einen Beitrag bittet. Und das Aktenstudium zeigt leider auch, dass diese mafiöse Nötigung von manchen Gastwirten sogar geduldet wird und sie sogar bereit sind, eine Art Quasi-Vereinsbeitrag zu leisten.

Bisher ist nicht bekannt, ob diese Masche auch in Österreich zur Anwendung gekommen ist. Eine Pizzeria in Linz aber, die von der Familie Assiolo eröffnet worden ist, hatte den entsprechenden Wein der Farao im Angebot. Auf Facebook findet sich ein Bild davon, daneben ein Sinnspruch auf Italienisch: »Am Abend Rotwein, möge die Zeit schön sein«. Salvatore Assiolo war übrigens nicht der einzige Linzer Wirt, der der Mafia zugerechnet wurde. Ende 2022 kam es zu einer Razzia gegen weitere 'ndrangheta-Verdächtige aus Tropea, 14 Standorte wurden gleichzeitig durchsucht.

Entwickelt hatten diesen Modus Operandi die nun verfolgten Männer vom Farao-Clan nicht selbst. Sie hatten die Masche nur übernommen. In Hessen hatten sich ein paar Jahre zuvor Mitglieder des mit den Farao verbündeten Carelli-Clans mittels dieser Masche bereichert, bis die Polizei den Männern auf die Spur kam. Im Gerichtsprozess sagte auch ein erpresster Gastwirt aus, zwei Männer wurden verurteilt. Eineinhalb Jahre danach brannten sein Lokal und seine angrenzende Minigolf-Anlage. Und der Bundesgerichtshof hob das Urteil gegen die Männer auf: Bei der Urteilsfindung hätte berücksichtigt werden müssen, dass der den Wirten aufgezwungene Wein ja auch einen Wert hatte. Der Prozess wurde nicht noch mal aufgerollt, die zwei Männer gingen straffrei aus. Ich habe den Wirt danach besucht. Dank Unterstützung der Stadtverwaltung und der lokalen Kreissparkasse konnte er seinen Betrieb in Containern weiterführen. Tatsächlich sah das Lokal schick aus, durch eine große Glasfront fielen Sonnenstrahlen. Ob wir über die Schutzgelderpressung sprechen könnten, fragte ich ihn. Er lud meinen Kollegen und mich auf einen Espresso ein und sagte höflich ab. Aus seinen Augen blickte uns pure Verbitterung entgegen.

Ein Mann auf verlorenem Posten

Nicht nur unser Bild von Mafiosi ist stark von Filmen geprägt, sondern auch das von Ermittlern. Die Älteren unter uns, mich eingeschlossen, sehen Corrado Cattani, wie er *Allein gegen die Mafia* kämpft. Leger gekleidet, kühner, melancholischer Blick. Stets auf der Hut, keine Angst. Der hübsche einsame Wolf aus dem Norden, ins unwirtliche Süditalien versetzt, wo er es mit der alteingesessenen Unterwelt aufnehmen muss. Nur: So sehen die Leute in echt nicht aus, nicht in Deutschland und auch kaum in Italien. Die Filmermittler arbeiten auch nicht in langweiligen Betonbauten mit aufgereihten, langweiligen Durchschnittsbüros in langweiligen Vor-Ort-Stadtteilen. So aber sieht die Realität des Mannes aus, der im März 2018 in Begleitung seines Chefs zu unserem Pressegespräch kam. Anders als die Filmermittler mit Kapuzenpullover, hemdsärmelig und griffig mit schwäbischem Dialekt: Julius Krehn, ein engagierter, fähiger und kundiger Antimafia-Ermittler im baden-württembergischen LKA, den alle nur »Giulio« riefen. Eines aber teilte er mit den Filmhelden: Nichts warf ihn so schnell aus der Bahn. Zum Glück war Krehn von bemerkenswerter psychischer Stabilität, denn sein Wirken hatte ihm keineswegs höhere Weihen verschafft, sondern vor allem: Schwierigkeiten. Und so ist auch seine Geschichte in gewisser Weise filmreif, allerdings auf ganz andere Art.

Es ist nicht die Geschichte eines unerschrockenen Kämpfers gegen die Mafia, der Intrigen erkannte und überwand und einen Mafioso nach dem anderen festnahm. Es ist am Ende die traurige Geschichte eines bis in die Haarspitzen motivierten und integren Antimafia-Ermittlers, der mehr wollte und nicht durfte. Die Geschichte eines Mannes, der sich und niemanden schonte, der seine

Arbeit so ernst nahm, dass er zwar große Erfolge erzielte, am Ende aber unbequem wurde und ins Abseits geschickt. Julius Krehn trägt in Wahrheit einen anderen Namen. Ich habe seinen hier geändert.

Das erste Mal kreuzten sich die Wege von Julius Krehn und mir im Jahr 2015 bei einem jährlichen Treffen von OK-Ermittlern aus dem In- und Ausland, das Krehn mit dem LKA in Stuttgart auf die Beine gestellt hatte. Ich war als Vortragender eingeladen, Krehn hatte mich eingeladen, über meine Recherchen zu dem Buch *Die Müllmafia* zu referieren, das 2011 erschienen war. Darin erzählte ich von vier Menschen, die sich kriminellen Geschäften mit hochgefährlichen Abfällen entgegengestellt hatten. Die Veranstaltung in den Räumen einer Polizeihochschule war eine Mischung aus Tagung mit erlesenen Expertinnen und Experten und Schullandheim, denn wir alle saßen bis in den späten Abend beisammen, Ermittlerinnen und Ermittler aus Deutschland, Italien, Österreich und der Schweiz, und übernachteten auch in der Schule. Unweigerlich lernte ich Krehn so auch von seiner privaten Seite kennen, als jemanden, der in netter Gesellschaft zu kommunikativer Hochform auflief und eine ganze Gruppe zusammenhalten konnte.

Zwei Jahre später trafen wir uns erneut. Das Theater in Konstanz führte das Stück *Gomorrha* auf, das auf dem gleichnamigen Buch aus dem Jahr 2006 von Roberto Saviano beruhte und von der Camorra berichtete. Wir waren beide zu einem Gespräch im Foyer des Theaters eingeladen, was nicht ohne Ironie war, weil nur wenige Jahre zuvor Mitglieder einer 'ndrangheta-Zelle aus Frauenfeld durch Konstanz spaziert waren, um die dortigen 'ndranghetisti zu provozieren. Die Mafiosi standen unter Beobachtung und der italienische Staatsanwalt Nicola Gratteri befürchtete ein weiteres Blutvergießen à la Duisburg. Die Aktion zeigte, wie aktiv die Mafia im Bodensee-Raum ist. Krehn beschrieb an dem Abend die Lage in Baden-Württemberg nüchtern, ohne den Leuten Angst zu machen, aber auch ohne etwas zu beschönigen.

Umso mehr freute ich mich, Krehn ein weiteres Jahr später wiederzusehen: Nach der Operation Stige hatte ich bei seinem Arbeitgeber, dem LKA in Stuttgart, um ein Pressegespräch angefragt. Gemeinsam mit Norbert Höfler, einem Autor des *Stern*, wollte ich für eine Reportage die Tatorte der Operation abklappern. Am Vormittag hatten wir bereits ein Restaurant am Stadtrand von Stuttgart besucht, dessen Betreiber damals von der Polizei mitgenommen worden war. Die Festnahme war zwar schon einige Wochen her, doch die Türen der Gaststätte zeigten die Spuren dieses Morgens noch deutlich. Die Polizei hatte sie mit einer Ramme und viel Kraft aufgestemmt, des Überraschungseffekts wegen und vielleicht auch, weil es Eindruck machte oder weil sie wussten, dass der Wirt Waffen für die ’ndrangheta lagern soll. Die Schäden waren notdürftig geflickt. In den Fluren hing noch die Werbung für den Wein, den der Farao-Clan italienischen Gastwirten aufgenötigt hatte. Der Wirt wurde später in Crotone unter anderem wegen Mitgliedschaft in der Mafia verurteilt.

Ich legte ein Diktiergerät vor mir auf die Resopalplatte und ließ es mitlaufen. Ich erwartete mir von dem Termin nicht allzu viele neue Informationen, denn aus Italien hatte ich bereits den Haftbefehl bekommen. Norbert Höfler und ich hofften aber auf ein paar griffige Zitate, denn wir wollten auch die Perspektive der Ermittler in unserer Story unterbringen. Nie hätte ich gedacht, dass mich dieses Gespräch noch Jahre später beschäftigen würde. Wir Reporter wurden nicht mit Allgemeinheiten abgespeist, sondern unsere Gegenüber redeten offen. Neben Julius Krehn beteiligte sich sein Chef, ein erfahrener OK-Ermittler, und natürlich saß auch der Pressesprecher des LKA in der Runde, er überließ seinen Kollegen aber das Feld. Wir durften das Gespräch aufzeichnen.

Mit dem Wissen von heute höre ich das Gespräch von damals mit ganz anderen Ohren. Ich entdecke Hinweise, die ich so nicht wahrnahm, interpretiere Details anders. Wenn etwa allgemein die Rede davon war, dass Früchte auch als Schmuggelversteck dienten, dann ist das zum einen eine Binsenweisheit, eine Bananen-Weisheit sozusagen. Wer sich nur ansatzweise mit Drogenschmuggel befasst, weiß, dass Kokain immer wieder kiloweise in Bananenkisten gefunden wird, wenn Irrläufer fälschlicherweise nicht abgezweigt werden. Die Aussage von Krehn war aber zugleich ein Verweis auf die Operation Stige selbst: Ursprünglich ging es bei dem Verfahren nicht nur um den aufgezwungenen Handel mit Lebensmitteln zugunsten des Clans Farao. Ein Nebenstrang bezog sich auf den Vorwurf des Schmuggels von Falschgeld über ein Fellbacher Geschäft und um Lieferungen mit Obstkisten. Eine Kronzeugin hatte diesbezüglich Angaben gemacht, nur fiel dies dann mehr und mehr hinten runter.

Am stärksten von diesem Pressegespräch ist mir die Entschlossenheit Krehns in Erinnerung, wenn es darum ging, den von der Operation betroffenen Personen das Vermögen wegzunehmen. Es ist völlig einleuchtend, dass Kriminalität sich nicht lohnen darf und man daher möglichst viel kriminelle Erträge einziehen sollte, wann immer nur irgend möglich. Und doch passiert es in der Praxis oft nicht. Auch bei der Operation Stige war das bisher nicht geschehen, wie Krehn freimütig zugab: »Im Moment ist nichts beschlagnahmt worden.« Er ließ aber keinen Zweifel daran, dass dies nur ein vorübergehender Zustand sei: »Wir werden im Nachgang prüfen, welche rechtlichen Möglichkeiten vorhanden sind, um hier noch Vermögen zu beschlagnahmen.« Dann setzte Krehn zu einem kleinen Vortrag an, wie man Mafiosi an den Geldbeutel gehen könne. Wie in Italien gebe es auch in Deutschland die Möglichkeit, Straftätern ihre kriminell erlangten Erlöse nach ihrer Verurteilung wegzunehmen; die Regelungen seien sogar vergleichbar. In Italien hätte man aber noch zusätzliche, präventiv ausgerichtete Maßnahmen entwickelt, gegen Personen wie gegen Vermögen. Dahinter stecke ein Gedanke, der in Deutschland so noch nicht verstanden worden sei: Wenn festgestellt werde, dass von einer Person eine Gefahr für die öffentliche Ordnung ausginge, könne es diesen Menschen verboten werden, Vorbestrafte zu treffen oder das Haus zu verlassen, sie können verpflichtet werden, die Grenzen der Heimatregion nicht zu übertreten oder einer geregelten Arbeit nachzugehen.

Auch die vermögensbezogenen Maßnahmen basierten auf einem ähnlichen Gedanken, sagte Krehn, sie gingen nämlich davon aus, dass dieses kriminell erzielte Vermögen in den Händen Krimineller für kriminelle Aktivitäten genutzt werde. Könne die betroffene Person also nicht nachweisen, wie sie zu diesem Vermögen gekommen sei, könne es der Staat ihr wegnehmen – um Schaden abzuwenden. Bei Vorliegen eines entsprechenden italienischen Beschlusses könne diese Beschlagnahme übrigens auch in Deutschland vollzogen werden, sagte Krehn, und zog den Bogen zurück zu dem Thema, das uns hergeführt hatte: die Operation Stige. Man werde im Nachgang von Polizeiseite aus hier nacharbeiten. »Das heißt, da passiert noch was, da geht's noch weiter?«, fragte ich nach. Ich wollte eine noch deutlichere Antwort. »Ja, natürlich!«, sagte Krehn. »Man muss das nacharbeiten. Wir werden einfach jetzt die Sachlage darstellen, gegenüber der Justiz präsentieren und drauf ... und gucken, dass man hier alle Möglichkeiten ausnützt. Es kann natürlich nicht sein, dass man jetzt sagt, Operation Stige erledigt. Des geht net!«

Krehn ging dann in die technischen Details, er hatte sich mit dieser Frage bereits gründlich auseinandergesetzt. Ich kann gut verstehen, dass einem Polizeibeamten diese Frage so wichtig ist: Selbst arbeitet man viele Stunden und wird dafür gewiss nicht überbezahlt; andere halten sich nicht an Recht und Gesetz und bereichern sich auf Kosten der Allgemeinheit. Er sagte, es gebe in der Operation Stige verschiedene Ermittlungsansätze. Wenn man ein Ermittlungsverfahren erreichen würde, wenn also die Staatsanwaltschaft ein Verfahren eröffnen würde, dann könne man in dessen Rahmen Vermögen beschlagnahmen. Falls die Staatsanwaltschaft nicht zu überzeugen wäre, könne man immer noch überlegen, ob man auf dem Rechtshilfeweg etwas beschlagnahmen könne. Ich nehme an, Krehn meinte damit, dass dann eben aus Italien entsprechende Anfragen eingehen müssten. Jedenfalls wollte Julius Krehn etwas erreichen, so viel war sicher. Bevor es aber dazu kam, wurde er kaltgestellt.

In einer Sendung des *SWR*, »Planet Wissen«, wies ich im Januar 2022 auf die unwürdige Behandlung von Julius Krehn hin. Das Thema der Folge war der Innenausschuss des baden-württembergischen Landtags. Der *SWR*-Podcast »Mafia Land« brachte das Thema Mafiabekämpfung in Baden-Württemberg im Mai 2023 erneut auf die Tagesordnung im Landtag. Innenminister Thomas Strobl sagte dann, dass im Jahr 2022 in Baden-Württemberg drei Ermittlungsverfahren gegen die Italienische Organisierte Kriminalität geführt wurden. »Wer sich durch Straftaten bereichern will, ist bei uns fehl am Platz. Wir werden das organisierte Verbrechen weiterhin konsequent und in enger Zusammenarbeit mit unseren internationalen Partnern bekämpfen. Wir halten den Druck hoch.« »So hoch wie mit drei Ermittlungsverfahren in einem Jahr?«, hätte ich ihn gerne gefragt, aber ich war nicht vor Ort. Strobl kam in seiner Rede, die sich im Landtagsarchiv online nachlesen lässt, dann auf die Polizei zu sprechen: »Es ist maßgeblich das Verdienst unserer sehr erfolgreichen Polizeiarbeit, dass wir in Baden-Württemberg in einem der sichersten Länder leben. Danke an alle Polizistinnen und Polizisten, die im Landeskriminalamt und in den regionalen Polizeipräsidien mit hoher Expertise und hohem Engagement, bestens vernetzt, sowohl national als auch international, erfolgreich ihre Arbeit machen.«

Ich frage mich, was Julius Krehn dachte, falls er die Sitzung verfolgte. Sein oberster Dienstherr dankte engagierten Polizisten, und einen von ihnen hatte man gerade deshalb aus dem Amt geschoben. Strobl zählte dann die historischen Gründe auf, weshalb Mafiosi nach Baden-Württemberg gekommen seien. »Die Zahl der der IOK, also der Italienischen Organisierten Kriminalität, zuzurechnenden Personen in Baden-Württemberg variiert natürlich, sie unterliegt Schwankungen. Im Jahr 2021 waren dies etwa 200 Personen. Im Jahr 2020 zählte man bundesweit insgesamt 750 IOK-Bezugspersonen. Vor dem Hintergrund, dass in Baden-Württemberg 30 % der in Deutschland lebenden Personen mit italienischem Migrationshintergrund wohnen, wären statistisch auch 30 % der IOK-Bezugspersonen und damit etwa 230 Personen in Baden-Württemberg zu erwarten. Der baden-württembergische Anteil ist daher im Ergebnis ungefähr proportional.«

Ich kann die Stelle noch so oft lesen, ich finde diesen Gedankengang mehr als verquer und befremdlich.

Der Journalist Rainer Nübel berichtete bei einer öffentlichen Veranstaltung der Landtagsabgeordneten Swantje Sperling von den Grünen in Waiblingen über Neues zum Fall Krehn. Er ist nach wie vor bestens vernetzt und seine Antennen zum Thema Mafia sind stetig auf Empfang. Krehn werde von innenpolitischen Kreisen diskreditiert, sein Engagement als Manie verunglimpft. »Das ist eine menschliche Vorgehensweise, die abgründig ist, ein monströser Umgang mit Menschen«, sagte Nübel.

Während man Krehn aus dem Amt drängte, wurde damals im LKA eine Taskforce eingesetzt mit dem Ziel, neue Ansätze für Ermittlungen zu finden. Sie war direkt dem Präsidenten des LKA unterstellt. Die zwei beauftragten Beamten grasten in der Folge verschiedene Stellen ab, um sich eine Übersicht über den Informationsstand zu verschaffen, wer was über wen wusste. Sie kamen auch zu mir. Im Frühjahr 2018 flogen sie eigens dafür nach Berlin. Ich hatte zuvor angeboten, ich könne auch ins LKA kommen. Wir führten ein freundliches Gespräch, mir leuchtete aber absolut nicht ein, warum der damalige LKA-Präsident parallel zu der IOK-Abteilung von Julius Krehn eine solche Struktur schuf. Hatte er doch einen engagierten und kritischen Beamten, der es mit jedem aufnehmen würde, nur dass er mit dem offenbar nichts mehr zu tun haben wollte.

Ich habe beim LKA nachgefragt, ob diese Maßnahme erfolgreich war. Die Task-Force habe ihre Arbeit inzwischen abgeschlossen und der Staatsanwaltschaft Stuttgart einen Bericht vorgelegt, auf dessen Basis gegebenenfalls weitere Ermittlungen erfolgen. Die Staatsanwaltschaft bestätigt, dass der Bericht Strukturermittlungen zuzuordnen sei, nennt aber mit dem Verweis auf laufende Verfahren keine Einzelheiten.

Aus meiner Sicht wäre es an der Zeit für einen Untersuchungsausschuss zum Thema Mafia im baden-württembergischen Landtag, dieses Mal aber bitte mit der richtigen Zielsetzung. Wenn Jahrzehnte nach der Freundschaft zwischen Mario Luttini und Günther Oettinger noch immer Anhaltspunkte dafür bestehen, dass der Kampf gegen die Mafia in Baden-Württemberg nicht mit voller Kraft geführt wird, dann ist das ein Sicherheitsproblem, und alle Bürgerinnen und Bürger haben ein Recht darauf, die Hintergründe dafür zu erfahren. Man sollte dann auch Julius Krehn im Landtag hören und ihm vorher eine umfassende Ausnahmegenehmigung erteilen. Nur so wäre sichergestellt, dass diese Zweifel ein für alle Mal ausgeräumt werden können. Wenn alles in bester Ordnung ist, sollte sich auch niemand vor seinen Aussagen fürchten müssen.

Der Papst

Jetzt, bei der Arbeit an diesem Buch, blätterte ich durch eine Akte, die in mehrere Bücher gebunden ist und die ich infolgedessen nicht wie die Übrigen gescannt hatte. Ich hatte sie beinahe vergessen und überflog nun Teile, um zu schauen, ob Verwertbares drinstünde. »Luigi Bonaventura lässt seine Hand auf die Schulter von ihm fallen, freundschaftlich, aber als klare Machtgeste.« An dieser Stelle blieb ich kurz hängen, blätterte dann aber doch rasch weiter, es ging mir um verwertbare Informationen. Erst einige Seiten weiter wurde mir klar, wie wichtig auch so eine kleine Stelle sein konnte, selbst wenn sie nichts über Verhaftete aussagte, nichts über Taten, keine Daten und Fakten vermittelte, sondern nur von einer Person handelte, die ich meinte zu kennen. Dass nämlich der Luigi, der hier beschrieben war, ein ganz anderer ist als der, mit dem ich regelmäßig sprach. Hier wurde der Boss beschrieben, der Mann, der als Boss auftrat, der Mafioso. Dessen Handlungen von Leuten um ihn herum interpretiert wurden, aufgrund strenger, überlieferter Verhaltenskodizes. Der Mann, der symbolisch handelte, wie jeder ranghohe Mafioso. Und doch war es ein und dieselbe Person. Und doch war es der Luigi, mit dem ich befreundet war. Und der mich jetzt zu einem Besuch beim Papst eingeladen hatte.

Man könnte ein eigenes Buch schreiben über die katholische Kirche und die Mafia, über Priester, die mit Clans kooperiert haben, die bei der Geldwäsche geholfen haben und und und. Seit Langem ist die Kirche aber auch ein wichtiger Akteur der Antimafia. Viele Priester wurden ermordet, weil sie Mafiosi öffentlich benannten oder sich ihnen entgegen stellten, etwa Giorgio Gennaro aus Ciaculli bei Palermo, getötet im Februar 1916, Costantino Stella, Erzpriester in Resuttano bei Caltanissetta, erstochen 1919, Gaetano Millunzi, erschossen im September 1920 in Monreale bei Palermo, bis hin zu dem zuletzt ermordeten Don Cesare Boschin, der auch mehr Aufmerksamkeit verdient hätte: Er erfasste Lieferungen von toxischen Abfällen auf eine benachbarte Deponie in Borgo Montello bei Rom in seinem Tagebuch. Im März 1995 wurde er so übel zugerichtet, dass er erstickte. Wertvolle Sachen wurden nicht entwendet, sein Tagebuch schon.

Es waren mutige Männer, alle hatten Umtriebe der lokalen Clans öffentlich angeprangert. Auch zwei Päpste haben sich sehr verdient gemacht. Zunächst Papst Johannes Paul II. Don Ciotti, auch er Priester und Gründer von *Libera*, verbrachte mit ihm die Stunden vor einer großen Freiluft-Messe in Agrigent, Sizilien, im Mai 1993. Auf dem Weg zum Gottesdienst nahm der Papst ziemlich spontan die Einladung der Eltern von Rosario Livatino an. Das Ehepaar hatte drei Jahre vorher seinen Sohn zu Grabe tragen müssen, einen jungen Staatsanwalt und Richter. Er war mit dem Auto auf dem Weg zur Arbeit von seinen Mördern gerammt worden, sie streckten den Flüchtenden dann mit Schüssen nieder. Livatino hatte zuvor gegen eine Vielzahl von Mafiosi ermittelt und ihnen – dank des neuen Instruments der Vermögensbeschlagnahme – ihr Vermögen weggenommen. Nicht zuletzt dank der Aussage von Mirko Bischki konnten die Mörder von Livatino ermittelt und festgenommen werden.

Der polnische Papst Johannes Paul II. hörte sich die Geschichte der Familie in deren Wohnzimmer an. Tief erschüttert beschloss er spontan, seine Predigt zu ändern. Engagiert wie selten hörte man ihn später vor Tausenden Gläubigen ausrufen: »Gott hat einmal gesagt: Du sollst nicht töten! Kein Mensch, wer auch immer, keine Ansammlung von Menschen, die Mafia, darf sich an die Stelle dieses heiligsten Rechts Gottes setzen und es mit Füßen treten!« Dann forderte Johannes Paul II. jeden Mafioso direkt zur Umkehr auf: »Im Namen des gekreuzigten und auferstandenen Christus', der Leben, Weg, Wahrheit und Leben ist: Ich sage den Verantwortlichen: Bekehrt euch! Eines Tages wird das Gericht Gottes kommen!«

Dem Papst war es ernst. Schon 1982, als er Palermo besucht hatte, enthielt sein Manuskript ähnliche Passagen. Damals hatte er sie aber übersprungen. Aus Zeitgründen, war die Erklärung. Mit seiner Predigt hatte der Papst jetzt den Grundstein gelegt für eine klare Haltung der Kirche.

Der aktuelle Papst knüpft an diese Linie an: Im Juni 2014 exkommunizierte Franziskus Mafiosi und griff das Thema seitdem mehrmals auf. Er richtete eine Arbeitsgruppe im Vatikan dazu ein und verschärfte die Compliance-Regeln für das vatikanische Finanzwesen, das Mafiaclans in der Vergangenheit immer wieder für Geschäfte genutzt haben. Ich war daher gespannt, Franziskus zu erleben.

Vor unserem Besuch im Mai 2022 war bekannt geworden, dass er Kniebeschwerden hatte. Franziskus hatte darüber mit einem Pilger auf dem Petersplatz gescherzt. »Weißt du, was mir helfen würde? Ein bisschen Tequila!« Nun saßen wir selbst auf dem Petersplatz. Luigi und ich hatten überlegt, ihm ein Fläschchen mitzubringen, doch am Ende hatten er und seine Gruppe ein T-Shirt ihres Vereins dabei. Ich lernte an diesem Tag, dass es drei Klassen von Pilgern gibt: die Massen auf dem Platz, die stehen müssen, die Privilegierten, die rund um den Baldachin, wo der Papst seine Predigt halten würde, Stühle zugeteilt bekamen, und die besonders Privilegierten, die zu Foto und kurzem Plausch mit dem Heiligen Vater unter den Baldachin durften. Es war der 18. Mai, doch die Sonne brannte vom Himmel, als wolle sie sämtliche Sünder sofort töten. Der Papst drehte ein Runde im Papamobil und winkte, herzte Kinder. Unsere Gruppe saß direkt links neben dem Baldachin, der Papst rollte wenige Meter vor uns vorbei. Auf der YouTube-Aufzeichnung war sogar Luigi zu erkennen, dank seiner Cap. Ich konnte von meinem Platz gut beobachten, wie Franziskus sich mühte, aus dem Wagen zu steigen. Ich erschrak ein wenig, einen so schwach wirkenden Mann hatte ich nicht erwartet. Als er dann aber seine Stimme für die Predig erhob, klar und fest, war ich überrascht ob seiner Präsenz. Der Papst sprach in diesen Wochen passenderweise über das Altwerden und über Gebrechlichkeit. Für diese Audienz hatte er sich die Geschichte von Hiob herausgesucht, der viele Schicksalsschläge erleiden musste, der alles, was er hatte, verlor und dem viele Prüfungen gestellt wurden, nur um seinen Gottesglauben unter Beweis zu stellen. Wir saßen still da und hörten aufmerksam zu. Wir, das waren 19 Vertreter von Luigis Verein und ich, als Vertretung von *mafianeindanke*. Ich zog Parallelen zu Luigis Leben. Die Parallelen waren eng begrenzt, Hiob war zeit seines Lebens ein Guter gewesen, ein frommer Mensch und hatte niemandem etwas getan. Prüfungen hatte aber auch Luigi zu bestehen, und zwar nicht zu wenige.

Ich würde gerne schreiben, dass ich Luigi bestens gelaunt erlebt habe und nun alles bestens sei. Wir mögen es, wenn Geschichten gut enden und uns beruhigt zurücklassen. Doch so ist es nicht. Für Luigi gab es bisher kein Happy End, anders als bei Hiob, dessen Glück von Gott wiederhergestellt wurde. Sein Schritt, Kronzeuge zu werden, hat nach wie vor gravierende Konsequenzen für sein Leben, auch weil das Programm nicht so funktioniert, wie es sollte. Es erlaubt jedenfalls nicht allen, was es verspricht: die vollständige Wiedereingliederung in die Gesellschaft mit einer neuen Identität. Das Programm hat viele Webfehler im Detail. Nach wie vor kann sich Luigis Familie nicht einmal in Italien frei bewegen. Paola und die Kinder, die inzwischen erwachsen sind, wären gerne mit zur Papstaudienz gekommen, es wurde ihnen nicht erlaubt. Ein weiteres praktisches Beispiel: Luigis Sohn Salvatore wollte studieren. Er hätte sich dafür an eine Universität außerhalb der Region, in der die Familie lebt, einschreiben müssen. Dort aber gelten seine Dokumente mit dem neuen Namen nicht, er hätte sich also unter dem Gefahr bringenden Namen, den er seit Geburt hat, eintragen müssen.

Luigi weist die Behörden auf diese und die vielen anderen Probleme hin, die andere Betroffene an ihn herantragen. Denn er ist nach wie vor sicher, dass Aussagen von Insidern eines der wichtigsten Instrumente sind, Mafiaclans zu bekämpfen. Und so führt er den Kampf stellvertretend für viele Kronzeugen, die sich nicht nach vorne wagen. Er führt diesen Kampf auf ganz vielen verschiedenen Ebenen: mit Eingaben an die Politik, mit Informationsprogrammen, etwa dem Tiktok-Kanal »Striscia l'Antimafia«. Mit Vorträgen an Universitäten und an anderen Bildungseinrichtungen.

Schließlich wurden wir zum Papst gerufen. Ich hatte ein Buch dabei, das der Priester Benito Giorgetta gemeinsam mit Luigi verfasst hatte: *Passiamo all'altra riva* ist es betitelt, zu Deutsch »Wechseln wir zum anderen Ufer«. Gemeint ist damit, sein Leben zum Guten zu verändern. Don Benito ist noch heute Priester in Termoli, in der Stadt, wo ich Luigi zum ersten Mal traf, er hat dort lange Gespräche mit ihm geführt. Daraus ist dieser Text entstanden. Es ist nicht nur ein sehr persönliches Buch geworden, es ist auch ein politisches, weil es Forderungen stellt, und ein religiöses, denn es lotet schwierige Fragen des Glaubens aus. Papst Franziskus selbst hat das Vorwort beigesteuert, Don Ciotti, der Gründer von *Libera*, das Nachwort, er war jetzt aber nicht anwesend. Als unsere Gruppe sich um den Thron des Papstes scharte, waren also drei Viertel der Autoren des Buchs versammelt. Don Benito erzählte über den Verein, stellte einzelne Mitglieder vor. Der Papst plauderte mit uns. Ich stand direkt neben dem Heiligen Stuhl, hörte aufmerksam zu. Aus Gewohnheit stütze ich mich ab und lege meine Hand auf die Lehne, ohne es wirklich zu merken. Egal, es störte niemanden. Schließlich kam Don Benito auf das Buch zu sprechen. Ich reichte ihm mein Exemplar, als Anschauungsstück. Franziskus nahm es in die Hand, wendete es und gab es dann an seine zwei Helfer weiter. Die Männer waren vor allem dazu da, Franziskus' Geschenke zu versorgen und sie auf einen Stapel zu legen. Ich aber widersprach: Es war ja *mein* Geschenk, Luigi hatte es mir gegeben.

Glück in Österreich

Für viele gehört es zu einem Bundesliga-Wochenende einfach dazu: Vor den Spielen kurz ins Internet, einen Tipp auf ein paar Partien abgeben, und vielleicht gewinnt man ein paar Euro. Andere zocken ganze Nächte lang Poker im Netz, auf der Suche nach dem Glück und ein paar virtuellen Talern. Das Glücksspiel erzielt derzeit Zuwächse, von denen man in anderen Branchen nur träumen kann: Das Szenemedium »Casino.at« beziffert den weltweiten Umsatz für 2023 auf rund 702 Milliarden Euro, das sind mehr als 250 Milliarden Euro mehr als im Vorjahr! Auf Europa entfallen 108 Milliarden Euro, auf Österreich den Angaben zufolge 2,06 Milliarden Euro. Statistisch gesehen spielt also jede Österreicherin und jeder Österreicher für rund 230 Euro pro Jahr, und die wahre Zahl für jeden Spieler liegt um ein Vielfaches höher. Schließlich sind Säuglinge und all die, die nicht spielen, miteinberechnet.

Leider ist die Branche völlig unzureichend kontrolliert. Und so tragen zu diesen Zuwächsen auch Mafia-Clans bei. Sie haben das Glücksspiel im Internet längst für sich entdeckt. Die Lage ist undurchsichtig: Hunderte Seiten bieten Glücksspiele an, die Unternehmen sind verschachtelt, quer über den Erdball verteilt und abgeschirmt, Geldflüsse sind kaum lückenlos zu überwachen. Sicher aber ist: Österreich spielt dabei seit Langem eine wichtige Rolle.

Innsbruck ist vermutlich die Stadt, in der sich die Mafia zum ersten Mal in Österreich im Glücksspiel betätigt hat, vielleicht sogar zum ersten Mal überhaupt außerhalb von Italien, und zwar in Person von Francesco Nania. Bereits 1994 war er in Österreich beim Versuch festgenommen worden, Falschgeld in Umlauf zu bringen. Nania war von größter Bedeutung für seinen Clan: Laut Presseberichten fungierte er in den 2000er-Jahren zuerst als Kassier der Gruppe aus Partinico, einem wichtigen Mafia-Ort. Seine Aufgabe war demnach, Gelder aus Schutzgeld-Erpressungen international zu investieren. Später wurde er zum Boss. Die letzten Bilder von ihm zeigen einen Mann mit leicht grimmigem Gesichtsausdruck, randlose Brille. Sein volles, zurückgekämmtes Haar ist an den Schläfen grau. Der Kumpan, mit dem Nania die Falschgeld-Geschäfte in Österreich aufgebaut hatte, wurde 2005 bei Mafia-Streitigkeiten erschossen.

Nania besaß von 2002 bis 2004 Anteile der »Goldbet Sportwetten GmbH« in Innsbruck. 2008 ermittelten italienische Strafverfolgungsbehörden auch wegen Geldwäsche gegen Goldbet. Auffällig ist, dass das Unternehmen nicht nur von einem Italiener in Österreich gegründet worden war, sondern dass dort auch mehr als ein Jahrzehnt lang nur Menschen mit italienischem Nachnamen in höheren Positionen arbeiteten oder Teilhaber waren. Gegen einige von ihnen wurde wegen verschiedener Delikte wie Betrug oder Geldwäsche ermittelt, sogar im fernen Nigeria. Zwei Männer, die zeitgleich mit dem Boss Nania Teilhaber waren und ihre Anteile abgaben, wurden 2021 beschuldigt, einer Mafiagruppe geholfen zu haben, fast 670 Millionen Euro Spieleinsätze zu sammeln. Im April 2024 begann der Prozess dazu im sizilianischen Catania. Erst seit knapp zehn Jahren und einem Besitzerwechsel schaut man offenbar genauer hin, wer im Unternehmen tätig ist, um den neuen Namen nicht zu beflecken.

Die italienische Mafia hat schon jeher eine Affinität zum Glücksspiel, die neapolitanische Camorra ist gar nach einem Kartenspiel benannt und aus dem Umfeld von Zockerbuden entstanden. Den Nutzen des Online-Glücksspiels erkannte die Organisation schnell für sich: Die ersten Online-Casinos gingen Mitte der Neunzigerjahre ins Netz, nur wenige Jahre später mischte auch die Mafia mit.

Bis die italienischen Behörden auf das neue Phänomen aufmerksam wurden, dauerte es. Schon 2009 hatten Ermittlungen gegen den Casalesi-Clan aus dem Umland von Neapel gezeigt, dass sie mit Kollegen in Kalabrien gemeinsame Sache machen wollten. Erst sechs Jahre später zeigte aber das Verfahren »Gambling« das mafiöse Wettbusiness in seinem ganzen Ausmaß: Es ergab, dass alle vier wichtigen Mafia-Organisationen in Italien im Glücksspiel aktiv waren, zum Teil gemeinsam; dass sie die Strukturen dafür zum Teil selbst aufgebaut hatten und dass diese über Ländergrenzen hinweggingen. Es zeigte auch, dass Wettgelder um die Welt flossen. Den Ermittlern gelang es, zwei Kronzeugen zu gewinnen. Sie haben im Jahr 2018 mit ihren Aussagen das Wettbusiness der Mafia zerlegt und für mehrere Hundert Haftbefehle gesorgt. Einer von ihnen war Fabio Lanzafame. Den Grund für seine Kooperation gab er in einer Vernehmung so an: »Ich bin seit Jahren in Kontakt mit Leuten, die der Organisierten Kriminalität nahestehen, und ich befürchte, mit diesen Subjekten in einen Topf geworfen zu werden.« Lanzafame berichtete dann, dass die Clans nicht nur über ein Netz von Wettbüros in das Online-Glücksspiel involviert sind, sondern auch über eigens geschaffene Spiel-Angebote. Er klärte die Ermittler auf, dass das Online-Glücksspiel aus vielen Komponenten bestehe: aus der eigentlichen Spiel-Plattform, für die eine Lizenz nötig ist und auf der das Spiel technisch abläuft, dazu Skins, also die Seiten, über die das Spiel erfolge. Dazu kämen Dienstleistungen um das Spielangebot herum wie technischer Support und Kundenzentren und entsprechende Zahlungsdienstleister. Malta kristallisierte sich als operatives Zentrum heraus, hier waren die Unternehmen angesiedelt, die die Spiel-Plattformen bereitstellten. Viele weitere nötige Unternehmen saßen anderswo. Oft operierten Unternehmen in einer Grauzone und es war nicht mehr klar zu trennen, was der mafiösen Sphäre zuzuordnen war und was legal.

Bis heute versuchen italienische Ermittler herauszubekommen, wie weit Mafiaclans tatsächlich in Wettstrukturen verflochten sind. Sicher scheint, wenn man Lanzafame bei der Vernehmung zuhört, dass das Eintragen von Unternehmen in Österreich eine der wichtigen Methoden im Wettsektor für die Clans ist: »Heute bin ich Italiener, ich gehe nach Malta, ich gehe nach Österreich und ich gründe eine Firma und verstecke mich. Ich spreche über das organisierte Verbrechen«, sagte er.

Lanzafame selbst hatte in Klagenfurt Wettfirmen für italienische Mafia-Clans registriert. Die »Probet Soft+Sportwetten GmbH« war von 2013 an in der Waaggasse ansässig, neben Lanzafame gilt ein weiterer Teilhaber als Mafioso. Beide waren auch Anteilseigner der »Premierwin Immo GmbH«, ein Immobilienunternehmen, ab 2014 an derselben Adresse ansässig. Italienischen Ermittlern zufolge liefen die Wetten der Probet über ein Unternehmen in Malta, »JV Solutions ltd.«, das ebenfalls der Mafia zuzuordnen sein soll. Ende Dezember 2016 wurden beide Unternehmen in Klagenfurt im Abstand von wenigen Tagen geschlossen, auch die maltesische Firma ist gelöscht.

In Klagenfurt deutet heute nichts mehr auf diese Aktivitäten hin. Ein Nachbar erinnert sich an eine Bar, die kurzzeitig ein Wettbüro war, dann zu einer Shishabar wurde und in deren Räumlichkeiten sich heute ein Reisebüro befindet. Der Vermieter hat keine Erinnerung mehr an den Namen Lanzafame. Ein ehemaliger Mitarbeiter sagt, dass die Unternehmen neben dem heutigen Reisebüro angesiedelt waren. Es habe Ermittlungen wegen Geldwäsche gegeben, sie seien aber eingestellt worden. Während er dort gearbeitet habe, sei alles sauber gelaufen. Für das Anwerben von Kunden sei er nicht zuständig gewesen, sie seien aber aus Italien und anderen EU-Ländern gekommen, einschließlich Österreich. Sein Chef Lanzafame sei ihm von jemandem vorgestellt worden. Die Chefs seien nur nach Klagenfurt gekommen, wenn es geschäftlich etwas zu regeln gab, etwa mit dem Steuerberater.

Der Mann ist freundlich am Telefon. Er war auch für ein weiteres Wettunternehmen in Klagenfurt tätig. Nach seinem Ausstieg kam ein neuer Teilhaber hinzu, Enrico La Commara. Der löste die Firma dann im Dezember 2018 auf. La Commara wurde im Januar 2022 in Neapel verhaftet, der Vorwurf gegen ihn und 32 weitere Beschuldigte: Geldwäsche für die Camorra, fünf Milliarden Euro in zwei Jahren, allerdings drehten sich die Ermittlungen hier um ein anderes Unternehmen.

Eine Durchsuchung im Oktober 2023 rückte das sperrige Thema Glücksspiel und Mafia in Klagenfurt ins Rampenlicht. Italienische Ermittlungen hatten ein Unternehmen in Kärnten zum Gegenstand, es soll fragwürdige Kontakte einer Beteiligten zu einem Polizisten gegeben haben, Geld soll versteckt worden sein. Das Unternehmen war im Jahr 2021 profitabel, nach der Durchsuchung wurde es schnell nach einem Konkursverfahren aufgelöst.

Für eine gemeinsam mit dem Geldwäsche-Experten von *mafianeindanke,* Michael Findeisen, verfasste Studie für das EU-Parlament habe ich Informationen zu hundert Ermittlungsverfahren aus den letzten 25 Jahren zu mafiösem Glücksspiel ausgewertet. Werte von rund 6,7 Milliarden Euro sind dabei von italienischen Ermittlerinnen und Ermittlern beschlagnahmt worden. Nur 17 von 100 Verfahren haben einen Bezug zu Malta, allerdings entfallen mehr als vier Milliarden der 6,7 Milliarden an beschlagnahmten Werten auf diese Verfahren. Es wurden somit drei Fünftel der Werte bei lediglich einem Fünftel der Verfahren konfisziert. Zwei Milliarden davon entfallen auf die Operation Gambling. Hier wurde unter anderem die »Uniq Group Buchmacher GmbH« in Innsbruck beschlagnahmt, die in Besitz eines maltesischen Unternehmens war und ansässig in einer Rechtsanwaltskanzlei, deren Inhaber Honorarkonsul der Bundesrepublik Deutschland ist.

Weil große, bekannte Wettanbieter über Jahre das Geschäft dominieren, nehmen wir das Online-Glücksspiel als eine Branche war, die nicht allzu vielen Veränderungen unterworfen ist. Das Gegenteil aber ist der Fall. Es gibt Hunderte Skins, also Seiten im Internet, über die Wetteinsätze gesammelt werden, beständig kommen neue dazu und verschwinden andere, deren Namen kaum jemandem bekannt ist. In italienischen Ermittlungsunterlagen findet man mindestens eine dreistellige Zahl an Seiten, die Mafia-Aktivitäten zugeordnet werden. Manche sind am Ende mit wechselnden Nummern versehen.

Fabio Lanzafame sprach auch über ein Unternehmen in Natters, die »BD Group GmbH«. Meine Spurensuche dazu folgt einem bewährten Muster, leider: An der Adresse, wo das Unternehmen registriert war, erfuhr ich nichts. In der Steueranwaltskanzlei war man – natürlich – verschwiegen: »Wir geben sowieso nichts preis«, sagte ein jüngerer Mitarbeiter bei einem Besuch.

Wenn Wettunternehmen in Österreich angesiedelt sind, heißt das nicht, dass die maßgeblichen Personen auch dort leben. Bei den Italienern wohnt das Gros in Italien, und ich nehme an, dass das bei

Unternehmen mit anderen Hintergründen genauso ist. Undurchsichtig ist die Lage auch deshalb, weil man außerhalb Italiens selten Anlass zu Ermittlungen sieht, zumal es oft an Aufsichtsbehörden fehlt, die diesem Namen gerecht werden.

In Italien ist die Lage günstiger, denn jedes Online-Glücksspiel, das nicht über italienische Server läuft und somit über Seiten mit der Endung .it, ist illegal. Diese Rechtslage ermöglicht es den Behörden, Finanzströme der legalen Anbieter besser zu überwachen und Ermittlungen gegen diejenigen zu starten, die ihre Wetten über ausländische Kanäle steuern. Allerdings schrumpfen die Ergebnisse vieler Ermittlungsverfahren beim Gang durch die Instanzen oft zusammen. Dies gilt gerade auch für den Mafia-Hintergrund der Handelnden in der Glücksspielbranche. Was sich zum Zeitpunkt von Verhaftungen und Durchsuchungen zuweilen als eindeutig darstellt, wird am Ende vom Kassationsgericht so nicht bestätigt. Oft wurden die Konstruktionen aus Wettunternehmen zwar von der Mafia genutzt. Das bedeutet aber nicht, dass alle Beteiligten zur Mafia gehören und deswegen verurteilt werden.

In Wien liegt ein weiterer Schwerpunkt des Wettbusiness, genau genommen in der Veithstraße. Es wäre schön gewesen, wenn der Steuerdienstleister dort mir Informationen gegeben hätte. Neben der Tür zu seinem Büro zeigt ein großer Bildschirm die aktuell hier residierenden Unternehmen an. So wird schnell deutlich, was ein Wettunternehmen oft eigentlich ist: ein Name, ein Eintrag im Handelsregister, ein Firmensitz. Auf dem Bildschirm erscheinen zudem Namen von Privatstiftungen, die mit Wettunternehmen verbunden sind. Der Mann in der Steuerkanzlei mit Wurzeln in Italien möchte nichts sagen, nichts zu den Unternehmen, nichts zu den Stiftungen. An dem seit 2014 bestehenden Aktien-Unternehmen »Planet Wind Corporation AG« sollen einer Quelle zufolge drei Privatstiftungen beteiligt sein, die »Fostrom«, »Ypgreen« und »Crux«. Warum überhaupt diese Konstruktionen und wer profitiert davon? Für einen Journalisten ist das leider nicht zu recherchieren, seit das Land Österreich keinen Einblick mehr gewährt. Der Mann antwortet mir barsch, dass er sich nicht zu Kunden äußere.

Schade. Über den Bildschirm vor der Tür flimmert die »Planet Wind AG«. Unter diesem Dach ist die ehemalige Leitung des 2016 geschlossenen Wettanbieters »SKS 365 Group GmbH« versammelt. Sie war ebenfalls Gegenstand von italienischen Mafia-Ermittlungen. Gerne hätte ich mehr über Paolo S. erfahren, der Gesellschafter von 2009 bis 2014 war, Vorstand der Crux Privatstiftung und Geschäftsführer der »purplestar GmbH«, die in Besitz der Crux Privatstiftung war. 2010 wird er vor dem Gericht in Lecce wegen illegalen Glücksspiels angeklagt, im Juli 2018 eröffnet er Glücksspiel-Unternehmen auf Teneriffa, dazu betreibt er ein Immobilienunternehmen in Malta. Im November 2018 wird er verhaftet aufgrund eines Haftbefehls der Antimafia-Staatsanwaltschaft in Reggio Calabria, unter anderem wegen Mafia-Zugehörigkeit und illegalem Glücksspiel. Gerne hätte ich auch gewusst, was das Paar Ivana I. und Paolo T. von der Fostrom Privatstiftung mit einem Wiener Restaurant und einem gleichnamigen Unternehmen in Malta zu tun hat. Das Paar war Gegenstand mehrerer Ermittlungsverfahren zum Online-Glücksspiel. Zu schade, dass der Mann vor mir als Steuerberater einem Schweigegebot unterliegt. Er weist mir freundlich die Tür.

Wettmetropole Schwaigern

Bis vor wenigen Jahren galt meine Region als weitgehend unbeschriebenes Blatt, was Mafia-Aktivitäten anbelangt. Ich hatte es mir zur Angewohnheit gemacht, in neuen Akten nach Orten aus meiner Heimat zu suchen. Ich befürchtete Treffer, doch jahrelang blieb es bei einer einzigen Nennung: In einer Übersicht des BKA zu Aktivitäten der 'ndrangheta wurde Mario Luttini als Hintermann eines Restaurants in einem Stadtteil von Heilbronn genannt. Das Papier stammt aus dem Jahr 2009. An der angegebenen Adresse gibt es weiterhin ein italienisches Restaurant, es trägt aber einen anderen Namen. Essen gegangen bin ich dort nie, aber wenn ich mit dem Auto vorbeikomme, schaue ich immer hin. Das bringt natürlich nichts, keinen Erkenntnisgewinn, ich mache es aber trotzdem.

Inzwischen ist die Lage eine andere. Zuerst wurde in Böckingen, einem Stadtteil von Heilbronn, ein Mann verhaftet, von dem nicht wirklich klar wurde, ob er Mafioso ist oder nicht. Sein Kerbholz las sich beeindruckend und wirkte durchaus so: bewaffneter Raub, Entführung, dann gesucht und im April 2016 abgetaucht. Der Mann hat sich vermutlich selbst ans Messer der Ermittler geliefert. Er war – quasi direkt aus dem Untergrund – in einem *Tatort* (»Unter Wölfen«, ausgestrahlt am 26. Dezember 2020) als Statist aufgetreten. Diese temporäre Film-Prominenz genügte, um mit einem Artikel im Gratis-Anzeigenblatt unter die Leute gebracht zu werden. Ich meine, italienische Ermittler erkennen irgendwelche Typen nach Jahren an einem Tattoo in einem YouTube-Video irgendwo im Ausland, da sollte eine Erwähnung mit dem echten Namen kein großes Hindernis für eine erfolgreiche Fahndung darstellen. Und so war es, und zwar Mitte 2020.

Der zweite Festgenommene kein halbes Jahr später ließ mich aufhorchen. Er war seit mehr als einem Jahr flüchtig, ein zertifizierter Mafioso dieses Mal, verurteilt als Mitglied des Cosa-Nostra-Clans Santapaola-Ercolano aus der Gegend um Catania. In einem, sagen wir mal, »schmuddeligen Unterschlupf« spürte die Polizei ihn auf. Jetzt berichtete auch die Heilbronner *Stimme*, die richtige Lokalzeitung (»SEK stürmt in Beilstein Versteck von führendem Mafioso der Cosa Nostra«, 16.12.2020, Stimme.de). Ich war angetan von den Berichten, da steckte eine ordentliche Recherche dahinter. Häufig werden Lokalzeitungen nicht zu Unrecht als Käseblatt abgetan, oft sind sie aber auch viel besser als ihr Ruf.

Der Nachname des Festgenommenen war natürlich abgekürzt. Ich habe ihn trotzdem schnell herausgefunden, in italienischen Medien ist man dankenswerterweise großzügiger. Er ist nicht gerade selten, der Name, und dummerweise der gleiche wie der eines Wirtes in meiner Nachbarschaft, wo wir öfter Pizza holten. Ich beruhigte mich damit, dass der Wirt wusste, was ich tat, und trotzdem immer nett zu mir war und mit seiner gutmütigen Art höchstens einen lausigen Mafioso abgäbe. Man muss auch auf seine Menschenkenntnis vertrauen, ich denke, ich werde dort weiter Pizza holen.

Der Mann aus der Lokalzeitung war nur ein Vorbote. Nicht einmal ein halbes Jahr später stieß ich auf eine Meldung in italienischen Medien, dass ein Unternehmen in Schwaigern beschlagnahmt worden sei. Wieder drehte es sich um Verbindungen zum Clan Santapaola-Ercolano, wieder Catania, Sizilien. Die Glücksspielmafia hatte also in die Provinz gefunden. Im Herbst 2016 war der sizilianische Unternehmer Carmelo Rumolo [Name geändert] nach Neckarsulm gezogen, in meine Stadt. Der Unternehmer hatte die Wettaktivitäten quasi von einem der zwei Kronzeugen aus dem Wettbereich geerbt, von Fabio Lanzafame, der mit den drei Brüdern Carmelo, Vincenzo und Giuseppe Placenti zusammengearbeitet hatte, von denen zwei letztinstanzlich als Mafiosi verurteilt sind. Die drei wählten dann Rumolo und seinen Teilhaber als neue Partner. Rumolo zog wenige Wochen später nach Schwaigern weiter, und so kam es, dass von diesem kleinen Städtchen aus mit dem hübschen Fachwerkkern Wetten im großen Stil organisiert wurden. Die Akte listet 30 Skins auf, also Benutzeroberflächen, und 788 Internetseiten, die Rumolos Unternehmen bereitstellte. Es erzielte einen Gesamt-Spielumsatz von 669 665 561,39 Euro: 0,67 Milliarden Euro! Mehrere Italiener, die weitläufig um Schwaigern herum verstreut waren, halfen Rumolo. Die Gruppe betrieb offenbar nicht nur Online-Glücksspiel. Einer der Mitarbeiter war CEO eines Bauunternehmens in Polen, vorher CEO eines Investmentunternehmens. In der Region ist er als kleiner Handwerker tätig und kickt im Mittelfeld der Mannschaft seines Sportvereins. Nebenberuflich fungierte er zudem als Geldkurier, wie so viele Leute von Rumolos Familie und Umfeld. Einer von ihnen war besorgt, dass die großen Mengen Bargeld, die er bei sich trug, den Metallsensor bei der Sicherheitskontrolle im Flughafen auslösen könnte. Ein anderer sagte, er habe es sich in die Socken gesteckt, er schmuggelte das Geld unter den Füßen. Andauernd hörten die Ermittler über die Wanzen das Rascheln von Geldscheinen und von Plastiktüten, in denen das Cash verstaut wurde.

Der ultimative Beweis, dass die Gruppe ständig Bargeld durch Europa fuhr, nach Malta oder nach Polen (überhaupt findet sich Polen recht oft in Mafia-Akten), erbrachte eine Grenzkontrolle am Brenner im Mai 2017. Die Beamten stoppten den Peugeot 206 der Gruppe, durchsuchten ihn und schafften es, das eingebaute Geheimfach zu öffnen. Man musste dazu einen Stecker in den Zigarettenanzünder stecken und zeitgleich einen bestimmten Knopf drücken, dann sprang das unter der Handbremse verborgene Fach auf. Mehrere Geldbündel zogen die Kontrolleure hervor: 237-mal 500 Euro, 4-mal 200, 189-mal 100 und 770-mal 50 Euro. Insgesamt 176 700 Euro. Der Wagen hatte ursprünglich fast das Doppelte an Bord, doch an einigen Stationen in Italien war schon Geld ausgeladen worden.

Eine Quelle hatte mir verraten, dass dieses Geheimfach in Schwaigern eingebaut worden sei. Deswegen wollte ich mit einem Mechaniker darüber sprechen, der einmal den defekten Motor des Peugeots ausgetauscht hatte. Eigentlich klingele ich nicht einfach so bei Mafiosi oder ihren Helfern an der Haustür, wenn es sich vermeiden lässt. In dem Fall aber ging es ja nur um einen Mechaniker. Ich drückte also den Klingelknopf. Es dauerte nicht lange und ein Fenster im ersten Stock ging auf. Ein Mann streckte seinen Kopf raus und blickte auf uns herunter, neben mir ein Redakteur vom *SWR*, ein Kameramann und ein Kollege, der sich um den Ton kümmerte. Ich erklärte ihm unser Anliegen, dass wir einen Bericht über Rumolo senden wollten und den Mechaniker Fabio Cielo [Name geändert] suchten. »Cielo?«, wiederholte er den Namen und dachte kurz nach. »Non. In Italien! Scho lang.« Mir fiel seine warme Stimme auf. »Wart mal, i komm runter.« »Ich bin Fabio seine Vater, Cibobuono Fabio [Name geändert]«, stellte er sich vor. Verwirrung machte sich breit, denn sein Sohn hieß ebenfalls Fabio und war ebenfalls Mechaniker, aber eben nicht der Mechaniker Fabio, den wir suchten und dessen Vater laut Akten für die Camorra Waffen und Drogen handelte und deshalb sieben Jahre in Haft saß. Ich beschloss, ihn direkt nach dem Wettunternehmer zu fragen. »Carmelo Rumolo? Kenn i net.« Mit dem Mann konnte man sich offenbar gut unterhalten, also erklärte ich, warum wir den Mechaniker suchten. »Ach so, war andere. Mein Sohn hat nix zu tun mit diese Leute.« Ich zeigte auf die Klingel, auf den Namen Cielo. »Der Cielo, nix mehr, schon ein Jahre. Weg, in Italia, er war in Knast hier. Wege Knast musse gehen, mit Familie, alles weg.« »Aber Ihr Sohn und Sie, Sie haben mit der Mafia nichts zu tun?«, bohrte ich nach. Der Mann lachte. »Ich bin Wettmafia, nicht meine Sohn!« »Sie sind Mafia?« »War Spiel!« Ich dachte, das läuft hier ja ziemlich unterhaltsam, da können wir noch etwas weiterreden. Vielleicht konnten wir das Gespräch trotzdem für unseren Beitrag nutzen. »Redet man hier über die Mafia, nachdem es die Operation gab?«, fragte ich ihn, immer noch im Glauben, er habe einen Scherz gemacht. »Ich weiß es net. Der Große war i. Scho lang, 27 Jahre nix mehr! Ich hab Mammutprozess gemacht, weisch? In Stammheim.« »Mussten Sie denn ins Gefängnis?« »Ja, acht Jahre ich habe gemacht. Meine Kollege war dreizehn, andere war fuffzehn, ist vorbei, vor zwanzig Jahre.« Das wurde ja immer heißer! »Für wen waren Sie aktiv?« »Ich war Camorra und Cosa Nostra. Ist vorbei. Bin nix mehr. Meine Familie, mein Sohn, immer sauber! Ich mach nix mehr, bin Rente. Will nix mehr zu tun, fertig.« Das fände ich gut, meinte ich ehrlich. »Geht das denn so einfach?« »Die Kollege von früher lassen mich in Ruhe.« Er machte eine kurze Pause. »Ganz einfach.« »Und die Leute hier, wissen die von Ihrer

Vergangenheit?« »Die Leute hier kenne mi alle. Haja! Polizei, no, i hab keine Problem. Polizei, die wisse alles.«

Vielleicht, denke ich heute, war meine Region auch vor all diesen Festnahmen nicht so sauber, wie es den Anschein nahm. Nur fiel es eben nicht auf.

Als Jugendlicher bin ich häufig mit Freunden an einen See bei Obersulm geradelt, um schwimmen zu gehen. Obersulm ist ein Winzerort, rund 15 Kilometer östlich von Heilbronn. Dort hatte sich auch der Unternehmer Giovanni Britti [Name geändert] aus Parma niedergelassen mit seiner Spedition, im Juli 2016. Ob er selbst oder sein Sohn jemals vor Ort waren, weiß ich nicht. Britti hatte ein Fuhrunternehmen in Parma betrieben und war an einem Betrug mit Benzin beteiligt: Es wurde als Schmieröl importiert, zu einem günstigeren Steuersatz. Verkauft wurde der Stoff dann als Benzin über zwei Tankstellen, die die Organisation zur Verfügung hatte. Britti und seinem Sohn wurde deshalb Hausarrest auferlegt. Zu beiden hatte die Polizei schon Angaben in ihren Datenbanken, der Senior war unter anderem wegen gefälschter Bankgarantien vermerkt. Einen großen Teil des Fuhrparks des Unternehmens beschlagnahmten die Behörden.

Das Mittel der Beschlagnahme kriminellen Vermögens ist noch immer dabei, sich in Europa durchzusetzen. Die Regelungen reichen bei Weitem nicht aus, um auch nur ein Gutteil der Erträge Krimineller einzuziehen. In Italien und einigen weiteren Ländern werden eingezogene Güter sozial wiederverwendet, etwa Immobilien für Seniorentreffs, wohltätige Organisationen und auch Antimafia-Vereine zur Verfügung gestellt. Sogar Polizeiposten in beschlagnahmten Häusern gibt es. In Deutschland gehen die Werte in das Bundessäckel. Aber selbst wenn es in Europa zu Beschlagnahmen kommt, ist noch immer nicht alles in Butter. Es gibt Beispiele von Rennpferden, die wertvoll beschlagnahmt wurden, dann aber nicht geritten wurden und verkümmerten. Sportwagen, die vor sich hin moderten, sind bekannt geworden. Um solche Situationen zu vermeiden, muss jedes Land in Europa ein ARO haben, ein Asset Recovery Office, das die Werte verwaltet. In dem ARO, das für Britti Lastwagen zuständig war, wurde offenbar kräftig geschlafen.

Und hier kam der Clan Megna ins Spiel. Mario Megna ließ sich von seinen Vertretern in Norditalien regelmäßig über den aktuellen Stand informieren. Unter Zutun des Clans verschwand Öl (für 1,50 Euro statt dem eigentlichen Ladenpreis von 4,80 Euro), es wurden Reifen verkauft (200 Euro das Stück), es wurden Lastwagen verkauft. Manch beschlagnahmter Truck kam auf einmal für den Teil des Unternehmens zum Einsatz, der nicht beschlagnahmt worden war. Interessierte konnten sich die gewünschten Fahrzeuge quasi ab Hof bestellen. Einmal passierte es sogar, dass ein beschlagnahmter Anhänger nach Kalabrien gebracht worden war, sein automatisches Ortungssystem war angeschaltet. Hektisch startete eine Suche, um das drohende Unheil, nämlich das Auffliegen des Ausverkaufs, zu verhindern. Tatsächlich suchten auch Carabinieri mit, sie hängten sich an die Megna-Vertreter und fanden den Anhänger in der Nähe eines Obstmarktes, ohne Zugmaschine, deutlich erkennbar durch das Logo »STR« am hinteren Teil. Jemand aus der Verkäufergruppe teilte mit, dass der Wagen auf einem bewachten Platz stehe, er habe sogar mit der Wache gesprochen und werde den Wagen am nächsten Tag abholen und zurückbringen. In den Tagen drauf fotografierten die Ermittler den Wagen vor dem Haus eines Mitglieds der Gruppe – und hörten, wie die Gruppe sich weiter sorgte, dass die Polizei wegen dieses blöden Fehlers auch auf die anderen Fahrzeuge aufmerksam würde, die sich in Kalabrien bewegten.

Das Männervesper

Ich könnte ausführen, dass ich es für wichtig halte, auch mit Leuten über die Mafia an Orten zu sprechen, wo man das Thema vielleicht nicht erwarten würde, oder vor einem Publikum, das sich sonst mit ganz anderen Dingen beschäftigt. Dass ich jedoch bei dem jährlich in meiner Heimat stattfindenden »Männervesper« einen Vortrag hielt, gefolgt von einer Brotzeit mit Hausmacher Wurst und Essiggurken, lag einfach daran, dass Dieter im Organisationskomitee ist und ein wahnsinnig netter Mensch und Freund meiner Familie. Im Grunde gibt es kein Thema, das dort nicht Thema sein kann: An einem Abend vor mir redete ein Steuerberater über seinen Weg zu Gott, der über den Umweg Steuerbetrügereien, dubiose Gestalten, Fahndung, Verhaftung und Suizidgedanken schließlich ans Ziel führte. Im Jahr nach meinem Vortrag 2022 redete ein Professor über Wasserstoff als Element der Energieversorgung der Zukunft.

Ich wusste, dass ich als Lokalmatador auf einen Bonus vertrauen konnte, zugleich erlaubte ich mir wie immer die Mafia in ihrer Komplexität darzustellen, was durchaus Konzentration beim Publikum erfordert (und sicher auch bei meinen Leser*innen ...). Ich war mir nicht sicher, ob meine Präsentation funktionieren würde. Es waren fast nur Männer anwesend, dazu die zwei Journalistinnen, die den Mafia-Podcast für den *SWR* aufnahmen, eine Frau, die sich in betrügerischer Absicht als enge Freundin von mir ausgegeben und hineingeschmuggelt hatte, sowie meine Mutter, die natürlich eine Extragenehmigung erhalten hatte. Stolz berichtete sie mir später, dass sich sogar eine Schlange vor dem Eingang gebildet hatte und die Veranstalter die Tür noch vor Beginn schließen mussten, weil der Saal schon voll gewesen sei. Genugtuung blitzte auf. Ich hatte mich zu der Zeit verzogen; ich wollte meine Ruhe haben und einen Gedanken zu meinem Vater schicken, den ich gerne bei der Veranstaltung dabeigehabt hätte und der irgendwie auch dabei war, nur eben zugeschaltet von irgendwo ganz anders.

Ich habe schon viele Vorträge gehalten inzwischen. Es bringt mich für gewöhnlich nicht aus der Ruhe. Ich hatte vor Ravern gesprochen und vor Managern, vor Schülern, vor Leuten von der Polizei und auch schon vor im Publikum versteckten Mafiosi. Meist denke ich mich in die Zeit zurück, als ich mich noch nicht für das Thema interessierte, erinnere mich, wie ich die *Tagesschau* sah zum Sechsfach-Mord in Duisburg und wie ich dachte, dass das alles nichts mit mir zu tun habe. Von dieser Perspektive aus baue ich meinen Vortrag auf.

Der Vortrag lief zum Glück sehr gut, die Männer hörten aufmerksam zu. Man sieht es Menschen an, wenn sie mitdenken, es ist schön anzuschauen und gibt Energie. Mein Vortrag steuerte auf die erste Klippe zu: das Bild von meinem Vater mit seiner Gitarre und seinem Kumpel Biagio. Viele hier hatten ihn gekannt. Ich setzte mich auf die Ecke eines Tischs auf der Bühne und erzählte von dem Abkommen, das die Bundesrepublik Deutschland mit Italien 1955 abgeschlossen hatte. Dass es den Beginn der Arbeitseinwanderung nach Deutschland markierte und so die ersten Vertreter von Clans in die Bundesrepublik kamen. Dass sich dieser Teil der deutschen Geschichte noch heute an den Mafiapräsenzen in den entsprechenden Gebieten ablesen lasse. Dass aber eben auch viele ins Land kamen, die mit der Mafia überhaupt nichts zu tun hatten. Wie mein Vater etwa. Meine Stimme klang belegt, aber ich meisterte die Stelle. Mehr Respekt noch hatte ich vor der zweiten Stelle. Es ist leicht, über das Thema Mafia an weit entfernten Orten zu sprechen, aber viel schwieriger, wenn man im direkten Umfeld bleibt. Ich muss dafür etwas ausholen. Bevor ich für mein Studium meine Heimat verließ, war ich Mitglied in der Freiwilligen Feuerwehr im Ort. Jahre später berichteten mir meine Eltern, dass ein Feuerwehrkamerad, ein Italiener, mein Buch *Die Müllmafia* bei ihnen gekauft habe. Ich hatte einige Exemplare zu Hause deponiert, da immer wieder Leute danach fragten. Der Mann übernahm später eine Gaststätte am Waldrand, eine beliebte Pizzeria mit einem Biergarten. Bei einem Heimatbesuch kehrten meine Eltern und ich dort ein. Zufällig hielt auch das Organisationsteam des Männervespers gerade Einkehr und wir konnten ein paar Details besprechen. Vor unseren Augen hatte sich gerade eine Szene abgespielt, die einem billigen Mafiafilm hätte entsprungen sein können: Eine Menge eleganter Autos kam auf den Wiesenparkplatz gefahren, Männer in dunklen Anzügen stiegen aus, ich bemerkte auch Kennzeichen von außerhalb des Landkreises.

Als ich die Speisekarte las, verging mir der Appetit: Über einer »Pizza Untereisesheim« und einer »Pizza Obereisesheim« stand eine »Pizza Cosa Nostra« im Menü (»Tomaten, Mozzarella, Scharfe Salami, Emmentaler, Parmesan-Splitter, 8,50 Euro«). Mich ärgert ein derart unreflektierter Umgang mit Begriffen wie »Pate« oder eben »Cosa Nostra«. Ich muss dann immer an die massakrierten Kinder, Mütter, Opfer von Verwechslungen und die Menschen denken, die sich für Recht und Demokratie einsetzen, an die Liste mit den Namen der schuldlosen Opfer der Mafia, die überall in Italien und in Europa am 21. März vorgelesen wird, über tausend Namen, quälende zwanzig Minuten lang. »Wer eine solche Pizza auf der Speisekarte hat, hat es verdient, dass man dort nicht isst«, sagte ich bedächtig von der Bühne, »eine Verbrecherorganisation, die Leute umgebracht hat, die sich fürs Gemeinwohl einsetzen, sollte man definitiv nicht mit einer Pizza ehren.« Ich hörte ein Raunen im Publikum, ein paar Leute vergewisserten sich bei ihren Nachbarn, um welche Gaststätte es gehe.

Nach meinem Vortrag kam eine ganze Reihe von Fragen. »Ich habe eine ernste Spaßfrage, Herr Mattioli«, sagte ein Mann, »wie viele Mafiosi sind jetzt gerade bei uns hier anwesend?« Im Publikum kam Gelächter auf. Der Mann kam dann aber auf einen guten Punkt zu sprechen: Warum die Mafia gerade in Süditalien entstanden sei, wolle er wissen. Ich ging auf beide Fragen mit dem gebotenen Ernst ein, sagte, dass ich immer damit rechnen müsse, dass jemand von der Gegenseite zu meinen Vorträgen komme, sich allerdings selten zu erkennen gäbe. Zur Entstehung referierte ich, was oft vorgebracht wird, dass der Staat in Süditalien damals absent gewesen sei und sich alternative Strukturen herausgebildet hätten. Ich schränkte ein, dass mich das nur bedingt überzeuge, denn ein relevanter Faktor sei sicher auch, dass in Italien nicht so sehr das Gemeinwohl im Zentrum stünde, sondern das Wohlergehen der Familie und der engeren Bezugsgruppe. Ob es überhaupt noch »saubere« italienische Gastwirte gebe, fragte ein anderer. Ich erklärte, dass leider sehr viele Wirte entsprechende Kontakte unterhielten, aber mein Verein *mafianeindanke* ursprünglich aus einer Gruppe von Wirten entstanden sei, die sich gegen die Mafia stellten. Die folgende Diskussion zeigte mir, dass sich meine Zuhörer auf hohem Niveau mit dem Gehörten auseinandersetzten. Mich freut das und gibt mir die Hoffnung, dass meine Vorträge nachwirken. Und auch dieses Buch.

Um es deutlich zu sagen: Ich behaupte nicht, dass mein früherer Feuerwehrkollege in der Mafia ist. Ich beklage nur, dass es völlig normal ist, dass die Leute zum Feierabend sich eine Pizza geben, die nach einer Verbrecherorganisation benannt ist. Ich wünsche mir da mehr Konsequenz. Wenn ein »Zigeunerschnitzel« und ein »Mohrenkopf« nicht okay sind – und die sind nicht okay –, dann ist auch eine »Pizza Cosa Nostra« nicht okay. Über ein Formular auf der Seite von *mafianeindanke* sammeln wir Berichte über Mafia-Marketing und kennen daher die Berliner Sprachschule »Sprachmafia« oder die »Munich Brew Mafia« oder die »Swedish House Mafia« oder den »Wurstpaten« oder den »Burgerpaten« oder die »Dinnershow Mafia Mia«. Ein Gericht in Frankfurt fand es 2020 sogar in Ordnung, dass ein Restaurant namens »Falcone und Borsellino« seine Speisekarte mit Einschusslöchern versah, um der von der Mafia ermordeten Ermittler angemessen zu gedenken, die Sizilien von den Verbrechern befreien wollten. Wir hatten damals vergeblich Statements beigebracht von deutschen Kulturschaffenden, Ermittlern und anderen Personen, die belegten, dass die Antimafia-Helden heute noch in der deutschen Zivilgesellschaft relevant sind und somit Anspruch auf Schutz ihres posthumen Persönlichkeitsrechts haben.

Am Morgen nach dem Vortrag, kurz vor meiner Abfahrt, legte meine Mutter mir die Zeitung hin. »Schau, in Erlenbach hat ein neues italienisches Restaurant eröffnet«, sagte sie. Ich las den Nachnamen des Wirts – die zentrale Zielperson im Ermittlungsverfahren

Quo Vadis hieß so, mit ihr starteten die Ermittlungen. In meinen Akten fand ich den neuen Wirt schnell, er war im Jahr 2000 in Bayern als Mafia-Unterstützer verhaftet und danach ausgeliefert worden. Bevor er nach Deutschland zurückkehrte, saß er in Italien in Haft wegen einer Art Schutzgelderpressung. Und jetzt war er Gastwirt, fünf Kilometer von meinem Heimatort entfernt.

Was jetzt kommt

Ich schreibe jetzt seit rund zehn Monaten nur an diesem Buch und verkümmere kommunikativ immer mehr. Es ist, wie wenn man schlimm verliebt ist. Oder schlimm in Liebeskummer untergegangen. Man wird monothematisch, nur noch Buch, Buch, Buch. Ich rede mit Freunden und mir lieben Menschen über kaum noch etwas Anderes. Ich denke beim Einschlafen daran, auf der Toilette. Gut also, dass es jetzt vorbei ist. Was nun kommt? Ich weiß es nicht. Ich denke, nicht alle werden mit dem Inhalt glücklich sein, die ein oder andere Klage würde mich nicht überraschen. Ich hoffe natürlich, dass viele Menschen mein Buch lesen, auch Menschen, die etwas zu sagen haben, und man die Gefahr künftig ernster nimmt. Denn vor allem deshalb habe ich mich an dieses Buch gemacht: Ich möchte nicht, dass in Deutschland und in meiner Umgebung noch mehr Mafiosi auftauchen oder dass wir Zustände bekommen wie in Norditalien, wo man die Mafia lange geleugnet hat und sie heute aus vielen Geschäftszweigen gar nicht mehr herausbekommt. Nein, wir müssen jetzt aktiv werden!

Ich werde aber trotzdem erst mal Urlaub machen.

Ganz wichtig ist mir, vorher noch all jenen zu danken, die mich unterstützt haben: meinen Quellen für ihr Vertrauen natürlich. Meinen Freundinnen und Freunden für den Beistand. Den Journalistinnen und Journalisten, die zu dem Thema arbeiten. (Es lohnt sich, die Arbeit der Kolleginnen und Kollegen von *MDR* und *FAZ* zu verfolgen, Sanne de Bour, Petra Reski, Helena Piontek und natürlich Roberto Saviano, um nur einige zu nennen.) Allen bei *mafianeindanke* für ihr Engagement, ihr macht mich so stolz, und allen, die *mafianeindanke* unterstützen. Meinem Verlag, dass dieses Projekt wahr geworden ist, und meinem Lektor Marvin Baudisch für die aufmerksame und gründliche Arbeit. Finanziell unterstützt worden bin ich vom Land Berlin mit einem Recherchestipendium und von der »Comùn Gemeinwohlstiftung«. Auch diesen Möglichmachern tausend Dank! Zu guter Letzt danke ich Ihnen und Euch, dass Sie und Ihr dieses Buch gekauft haben und habt. Oder ausgeliehen. Jedenfalls hoffentlich nicht geklaut.